教育部高等学校外国语言文学类专业教学指导委员会

非通用语种类专业教学指导分委员会

东方语言文化论丛

第35卷

解放军外国语学院亚洲研究中心　编

中国出版集团

世界图书出版公司

广州·上海·西安·北京

图书在版编目（CIP）数据

东方语言文化论丛. 第35卷 / 解放军外国语学院亚洲研究中心编.—广州：世界图书出版广东有限公司，2016.10

ISBN 978-7-5192-1956-7

I. ①东… II. ①解… III. ①文化语言学－东方国家－丛刊 IV. ①H0-05

中国版本图书馆 CIP 数据核字（2016）第 247062 号

东方语言文化论丛（第 35 卷）

策划编辑： 刘正武

责任编辑： 张东文

出版发行： 世界图书出版广东有限公司

（地址：广州市新港西路大江冲 25 号　邮编：510300

网址：http://www.gdst.com.cn　E-mail：pub@gdst.com.cn）

发行电话： 020-84451969　84459539

经　　销： 各地新华书店

印　　刷： 广州市德佳彩色印刷有限公司

版　　次： 2016 年 10 月第 1 版　2016 年 10 月第 1 次印刷

开　　本： 787 mm × 1092 mm　1/16

字　　数： 491 千字

印　　张： 28.25

ISBN 978-7-5192-1956-7 / Z · 0097

定　　价： 68.00 元

contents 目录

———————————— 文学研究 ————————————

─────────── 文化研究 ───────────

─────────── 翻译研究 ───────────

语
言研究
·········

基于框架语义方法的越南语文本句法功能标注

■ 解放军外国语学院　林　丽

【摘　要】本文基于框架语义方法制定了越南语句法功能标注标记集，分别对越南语主要句法成分（如主语、谓语、补语、状语、定语）、特殊句子成分和句式（如外部主语、支撑词、透明成分、兼语结构、连谓结构、命名实体）的标注方法进行分析，并将研究成果应用于"越—英—汉时政新闻框架网络"构建中，较好地反映了越南语的句法特点，同时也发现了存在的一些难点和问题。

【关键词】框架语义；越南语；句法功能；标注

一、引言

和单纯的句法标注（如树库标注）不同，框架语义标注中更注重框架元素（Frame Element，FE）标注、短语类型（Phrase Type，PT）、语法功能（Grammatical Functions，GF）标注的结合。本文主要讨论越南语的句法功能标注问题，在应用中仍然按照框架语义标注的习惯称作"语法功能"。框架语义标注中的句法功能指的是某一个特定的框架元素或短语相对于目标词元的句法功能，即在框架元素或短语与目标词元所构成的句法关系中，该元素或短语所起到的句法功能。

句法功能标注范围只包括在句子当中能够承担句法功能的成分（框架元素或短语），在并列或从属成分之中的某个成分在句子中不能充当特定的框架元素时，一般不标注该成分的句法功能。

本文进行的越南语文本句法功能标注（Nhãn chức năng cú pháp）基本使用小

写的英文字母缩写表示。只有谓语中心语（preH）中含有大写字母。

二、越南语主要句法成分分析

越南语的句法体系和英语、汉语有一定的差别，本文参照Tập quy tắc cú pháp tiếng Việt（越南语句法规则集）和Thiết kế tập nhãn cú pháp và hướng dẫn gán nhãn[①]（句法标记集设计及标注说明）制定了如图1的越南语句法功能标注标记集。

下面对越南语中主要的几种句法成分即标注进行分析。

（1）主语（sub）

主语常置于谓语之前，可以由名词短语、动词短语、代词、形容词短语、数量短语充任。

① 主语为名词短语（danh ngữ）。例如：

– Mỹ // vẫn tham gia vào khu vực, nhưng đang ngày càng tỏ ra miễn cưỡng trong việc hỗ trợ đồng minh Philippines.

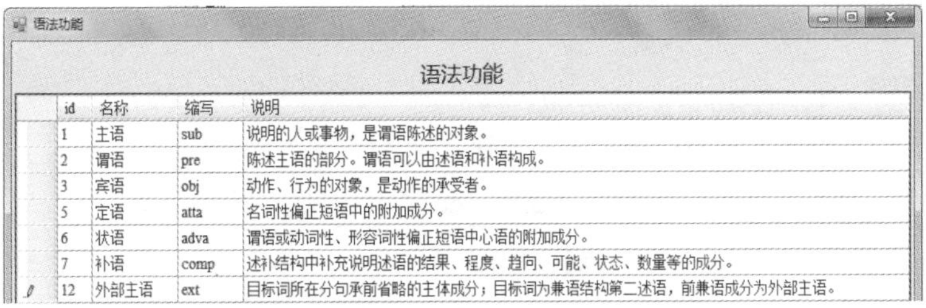
语法功能

id	名称	缩写	说明
1	主语	sub	说明的人或事物，是谓语陈述的对象。
2	谓语	pre	陈述主语的部分。谓语可以由述语和补语构成。
3	宾语	obj	动作、行为的对象，是动作的承受者。
5	定语	atta	名词性偏正短语中的附加成分。
6	状语	adva	谓语或动词性、形容词性偏正短语中心语的附加成分。
7	补语	comp	述补结构中补充说明述语的结果、程度、趋向、可能、状态、数量等的成分。
12	外部主语	ext	目标词所在分句承前省略的主体成分；目标词为兼语结构第二述语，前兼语成分为外部主语。

图1　越南语句法功能标注标记集

（美国//仍参与地区事务，但在支持盟友菲律宾方面越来越力不从心）

– Những di vật ở dưới đất // là một kho tàng rất quý báu, vô giá.

（地下的文物是非常宝贵、无价的宝库。）

概括模型为：<主语> = <名词短语>

② 主语为主谓短语（cụm C-V）。例如：

Cách mạng tháng tám thành công//đem lại độc lập, tự do cho dân tộc.

（八月革命胜利//为民族带来独立、自由。）

概括模型为：<主语> = <主语><谓语>

① 详见http://www.jaist.ac.jp/~bao/VLSP-text/。

③ 主语为<Từ phủ định><Danh từ><Đại từ phiếm định>结构。例如：

Không nước nào // có thể một mình ngăn nổi chủ nghĩa đơn phương của Mỹ.

(没有哪个国家//可以单独遏制美国单边主义。)

概括模型为：<主语> = <否定词><名词/名词短语><泛指代词>

④ 主语为 có (phiếm định)<Danh từ>结构。例如：

Có những điều gì đặc biệt // sẽ diễn ra trong cuộc gặp này.

(一些特别之事//将会出现在此次会晤中。)

概括模型为：<主语> = có <名词短语>

⑤ 主语为<kết từ><danh từ>结构。例如：

Trong hình // là máy bay P-3C của Lực lượng Phòng vệ Biển Nhật Bản.

(图片中//是日本海上自卫队的P-3C战机。)

概括模型为：<主语> = <关联词><名词/名词短语>

⑥ 主语为指时间或句例的平行结构（kiến trúc song hành chỉ khoảng cách không gian và thời gian）。例如：

(Khoảng cách) từ Hà Nội đến Hải Phòng // là 105 km.

(从河内到海防［的距离］//有105公里。)

概括模型为：<主语> = từ <名词短语> đến <名词短语>

⑦ 主语为固定语（ngữ cố định）。例如：

Chỉ tay năm ngón//thường làm hỏng việc.指手画脚//常常坏事。

概括模型为：<主语> = <固定语>

标注中可能遇到主语省略（Tinh lược chủ ngữ）现象，其相应的语义成分可以通过零形式框架元素标识出，在语法功能层面不做标注。

（2）谓语（Vị ngữ）

谓语是影响全句的主要成分和结构中心，构成比主语复杂，通常不可省略。动词/动词短语、形容词/形容词短语、代词、数词、名词等均可充当谓语。谓语中心语的前置成分和后置成分功能不同。常见的前置成分[1]有：

情态动词：phải（应）、muốn（想要）、cần（需要）...

否定副词：không（不）、chả（不）、chẳng（不）、chớ（勿）、đừng（勿）...

方式副词：cũng（也）、vẫn（仍）、đều（都）...

---

① 本文中我们参考梁远、祝仰修（2012：333）《现代越南语语法》的分类。

时态副词：đã（已经）、đang（正）、sẽ（将）...

以及副词组合如：cũng đều（也都）、cũng vẫn（也仍）、cũng chỉ（也只）、cũng đã（也已）、cũng đang（也正）、đều vẫn（都仍）、đều chỉ（都只）、đều sẽ（都将）、đều đã（都已）、còn chưa（还没）、còn đang（还在）、cũng còn phải（也还要）、cũng không（也不）、còn không（还不）、sẽ chỉ（将只）、sẽ vẫn（将仍）等。

后置成分比较有限，主要有 xong rồi, nữa rồi, mãi rồi, được rồi 等，主要表示"完成"。

越南语中的谓语可以由多种词类或短语充任。有动词/动词短语、形容词/形容词短语、代词、名词、特殊动词 là，等等。详细分类可以参考梁远、祝仰修（2012：332—353）。本节只介绍新闻语料中最常见的五类。

① 动词谓语。例如：

Các nước này [trông cậy] vào sự hỗ trợ của Mỹ.

（这些国家［依靠］美国的帮助。）

概括模型为：<谓语> = <动词/动词短语>

② 谓语是特殊动词 là。例如：

Thái Lan [là] đồng minh lâu nhất của chúng tôi trong khu vực này.

（泰国是我们在本地区最早的盟友。）

...nhưng chúng [là] các mối quan hệ khác nhau.

（……但它们是不同的关系。）

Anh ta [là] chiến sĩ anh dũng.

（他［是］英勇的战士。）

概括模型为：<谓语> = là <名词短语/形容词短语>

③ 形容词谓语。例如：

Vấn đề này rất [quan trọng].

（这个问题非常重要。）

概括模型为：<谓语> = <形容词/形容词短语>

④ 名词谓语。该类谓语常表示地点、时间、现象、本质。例如：

Loại máy bay này [hai khoang đạn].

（这款飞机［两个弹舱］）

Cả nước [một lòng].

（全国［一心］。）

Mỗi người [một phòng].

（每人［一间房］。）

概括模型为：＜谓语＞＝＜数词＞＜名词＞或＜谓语＞＝＜类词＞＜名词＞

⑤ 主谓短语（cụm chủ vị）做谓语。例如：

Nhiệm vụ ấy [chúng ta phải quyết làm cho kỳ được].

（这个任务［我们一定要完成］。）

概括模型为：＜谓语＞＝＜主语＞＜谓语＞

在框架语义标注中，谓语作为重要的句法成分不可或缺，但谓语是相对于主语而言的，和宾语、定语、状语、补语并不在一个层次，本文标注的谓语（pre）实际上是谓语中心语（preH）。

（3）补语（Bổ ngữ）

越南语不区分宾语和补语，而是统称为补语，这给相应的动词配价及动词分类研究带来了障碍。越南语中的补语可以分为以下几种：

① 表示谓语中心语支配的对象

也称作"对象补语"，表示与动词或形容词中心语有关系的事物。对象补语在句中出现为了表达中心词要求或支配的意义，常由名词短语、代词充任。根据与动词或形容词中心语搭配是否需要关系词（介词），对象补语可以分为直接补语和间接补语。

直接补语主要回答"谁"、"什么"的问题，由名词短语、代词或命题充任。使用不需要介词。

－Tôi // đã đọc [những tờ báo này]. 我//已经读了［这些报纸］。（名词短语）

－Tôi // đọc [chúng] vào buổi sáng. 我//早上读［它们］。（代词）

－Cô ta // nói rằng [anh ta có thể đến lúc 5 giờ]. 她//说［他可能5点到］。（小句）

间接补语也由名词短语或代词充任，主要回答"为谁"的问题，使用中需要介词cho。例如：

－Tôi//định đi mua ít đồ [cho gia đình]. 我//打算去买点东西［给家里］。

越南语句子中，直接补语和间接补语可以相互搭配，被称作"双补语句"。常出现在含"给予/索取"、"置放"义动词的句子中。本文将"直接补语"标注为"宾语（obj）"，将"间接补语"仍标注为"补语（comp）"。例如：

- tặng [hoa]obj cho [bạn]comp 赠［花］obj 给［朋友］comp

- vay [tiền] obj của [bạn] comp 借钱（领属关系）朋友，相当于"借［朋友］comp 的［钱］obj"。

- đặt [sách] obj lên [bàn] comp 放书（上）桌子，相当于"把［书］obj 放在［桌子］comp 上"。

② 表示谓语中心语行为或变化的产物

常出现在含"制成"义动词的句子中。例如：

- Dân ta lại đánh đổ chế độ quân chủ mấy mươi thế kỷ mà lập nên [chế độ dân chủ cộng hòa].

（我们的人民还推翻了几十个世纪以来的君主制度，确立了［民主共和制度］。）

③ 表示谓语中心语行为或变化的工具

- Chuyến này chúng tôi đi [máy bay], không đi [xe lửa] nữa.

（这趟我们乘［飞机］，不再乘［火车］了。）

④ 表示谓语中心语行为的处所

- Bác trở lại [phòng họp].

（伯伯返回［会议室］。）

⑤ 表示谓语中心语的内容

- Hai nước thỏa thuận [lập quan hệ ngoại giao ở cấp đại sứ].

（两国达成协议，［建立大使级外交关系］。）

⑥ 表示存在、出现或消失的事物

- Trên ngọn đồi đã mọc lên [một ngôi trường lớn].

（山坡上已经建起了［一座大校舍］。）

越南语中形容词常带补语，表示某种性质/状态涉及的事物、范围/程度、处所、根源。这种用法修辞效果更为明显，常用于文学性描写或口语中。例如：

- Cỏ dại // cao [lút đầu]. 野草//高［过头］。（性质的程度）

- No [bụng] đói [con mắt]. 饱了肚子馋了眼睛。（性质涉及的事物）

在框架语义标注中，只有①中的"间接补语"和形容词补语被标注为"补语"，①中的"直接宾语"和②—⑥都标注为"宾语"。

（4）状语（Trạng ngữ）

越南语中状语可以分为时间状语（trạng ngữ chỉ thời gian，TMP）、地点状语（trạng ngữ chỉ nơi chốn，LOC）、方向状语（trạng ngữ chỉ hướng，DIR）、方式状语（trạng ngữ chỉ cách thức，MNR）、目的/理由状语（trạng ngữ chỉ mục đích hay lý do，PRP）等等。例如：

– [Những năm gần đây] ᴛᴍᴘ, máy bay tuần tra săn ngầm P-3C từng [nhiều lần] ᴍɴʀ tiến hành theo dõi tàu thuyền trên biển của Trung Quốc, cung cấp thông tin tình báo [để bảo vệ lợi ích trên biển cho Mỹ, Nhật Bản] ᴘʀᴘ.

（［近年来］ᴛᴍᴘ，P-3C反潜巡逻机曾［多次］ᴍɴʀ对中国海上舰船采取监视行动，［为美国、日本争夺海上利益］ᴘʀᴘ提供情报服务。）

实质上状语中包含部分句法成分的"浅层"语义。可以说，状语的细类通常可以通过相应的"通用非核心框架元素"体现。因此，本文在句法功能部分只标注"状语"一级，不再细分。

（5）定语（Định ngữ）

定语是句子中的附属成分。定语与其所修饰的句子成分（包括主语、谓语、补语或整句）之间是限定关系（quan hệ hạn định）。和汉语相同的是数词、量词常充当前置定语；和汉语不同的名词/名词短语常充当后置定语。

值得注意的是，越南语句子中的này、đó、ấy、kia等指示代词常常作为主语名词短语的终结点，之后接谓语，因此可以作为标注的参考标识之一。例如：

– Loại máy bay đã được cải tạo khả năng mạng này//đã được bàn giao cho Hải quân Mỹ.

（完成了网络能力改造的该机型//已被交付给美国海军。）

目前的框架语义标注中，尚无法将与主语中心语（máy bay）紧密相连的两部分定语（前置定语 loại，后置定语 đã được cải tạo khả năng mạng này）均标注出来，因此将前置定语、主语中心语、后置定语统一标注为主语（sub）。

三、越南语特殊句子成分和句式的标注

除了常规的一些句法成分需要标注外，在许多文本中会出现特殊的句子成分和句式难以辨认和标注。本节主要参考Ruppenhofer, Josef, et al（2010），由丽萍

（2013）对英语和汉语相关特殊成分和句式的分析并进行对比，着重探讨越南语中的相应语言现象的特点及标注方法。

（一）外部主语的标注

"外部主语"实质上是一种"伪语法功能"（pseudo-grammatical-function），是指"感觉"、"认知"、"致使"等框架中充当动作主体的框架元素所在的句法成分与目标词元没有直接句法关系。但它们之间的语义关系对于NLP应用，特别是信息检索和抽取非常重要，因此，在框架语义标注中以"EXT"标签将其标识出。Fillmore（2004）和由丽萍（2013：92）探讨过相关问题。

外部主语常见的情况有以下三种：

（1）目标词元为述宾短语中的宾语成分，与句子主语存在语义关联，句子主语为"外部主语"。

－<美国>EXT 希望从这桩交易中**看到**tgt 更大的市场。

该句中，目标词元"看到"为述宾短语"希望看到更大的市场"中的宾语中心语，全句主语"美国"是目标词元"看到"的"感事"。

英语中类似的情况是"同动词（the Equi verb）"的主语同时也是其补足语的主语。例如：

－<The man>EXT tried to killtgt his father. 那个人试图**杀害**他父亲。

"同动词"try的主语为The man，其补足语为kill，激活的是Killing（杀害）框架，EXT标签表明实现框架元素的成分The man与动词kill不在直接结构之中。

－<Việt Nam> EXT mong muốn tăng cườngtgt hợp tác hữu nghị với tỉnh Vân Nam Trung Quốc. 越南希望**加强**与中国云南省的友好合作。

－<Mỹ> EXT muốn nắmtgt chắc quyền kiểm soát không gian. <美国>希望牢牢掌握制空权。

（2）目标词元充当兼语结构的第二述语，之前的兼语成分标注为"外部主语"。

以 Everybody suspected <the puppy> EXT of having drunktgt the milk（每个人都怀疑小狗喝了牛奶）为例。目标词元drink激活Ingestion（摄取）框架。在整个句子中，the puppy是suspect的宾语，处在以drink为核心的成分的外围（external），但仍将其标注为drink的主语，即"外部主语"。

越南语中也有相似的例子：

– Bắc Kinh làm cho <Philippines> ᴇxᴛ **biết**tgt cái giá phải trả sẽ càng đắt. 北京让 <菲律宾>ᴇxᴛ**明白** tgt代价会更大。

（3）目标词元位于复句或复杂单句的分句中，其承前省略的主体成分为"外部主语"。

– <Tôi>ᴇxᴛ bước trên phố, **thấy được**tgt một bạn đang đến với tôi. <我>ᴇxᴛ走在街上，**看到** tgt一个朋友向我走来。

（二）支撑词的标注

当目标词元充当其他动词（或介词）的宾语或补足成分时，该动词（或介词）的主语与目标词元之间的语法关系呈隐性，但却是实质上的框架元素（由丽萍，2013：95）。该类动词（或介词）与目标词元所构成的短语中，短语的意义主要来自目标词元，因此被标记为支撑词（supp）。

支撑词具有以下特点：词性一般为动词或介词；句法上能够支配目标词元；意义相对虚化；该词语和目标词元的搭配比较固定。主要包括以下几类情况：

（1）形式动词或轻动词（light verbs）在句法上支配目标词元，但这类句法核心在语义角色方面几乎不起作用，而由相关名词或动词兼类充当框架激活者。汉语中有"得以、给以、有、加以、予以、给予、进行、做、作"等；英语中常见的有"do、give、have、make、take"等轻动词与大量的事件名词搭配。它们并非激活框架的词元，越南语中常见的形式动词为tiến hành（进行）、có（有）、được（得以）。例如：

– <make>supp a discussion（进行**讨论**）

– <tiến hành>supp thảo luận（进行**讨论**）

– <tiến hành>supp công tác（进行**工作**）

– <tiến hành>supp giáo dục và phê bình（进行**教育**和**批评**）

– <make> supp a analysis（进行**分析**）

<加深>**理解**（làm sâu sắc thêm sự hiểu biết）

<有>了进一步的**了解**（có sự hiểu biết sâu sắc hơn）

– Trong đó, 2 chuyên gia tình báo sonar có thể <tiến hành>supp phân tích dữ liệu của phao sonar bất cứ lúc nào.

（其中，两名声呐情报专家随时可以对声呐浮标获取的数据进行**分析**。）

－必须放手发动群众，让群众的意见<得以>充分**发表**出来。

(Cần phải phóng tay phát động quần chúng, để cho ye kiến của quần chúng được phát biểu ra đầy đủ.)

作为表层句法形式，特定语言中的形式动词在其他语言中并无相应的形式表达。例如：

－发现问题要及时<加以>**解决**。(Phát hiện ra vấn đề cần phải kịp thời <-> giải quyết.)

－The audience <gave> the speaker a standing ovation. (观众为讲话人起立**鼓掌**。)

－<加深>**了解**（tìm hiểu sâu thêm）

－<弄>不**明白**（Không thể hiểu）

（2）助动词，主要是情态动词，目标词元充当该助动词的宾语中心语，例如：

－人们从地球上只<能>**看到**月球表面的59%。

(Con người chỉ nhìn thấy <được> 59% bề mặt Mặt Trăng từ Trái Đất.)

－Máy bay này <muốn> tuần tra thường xuyên ở biển Đông.

（该飞机<想>在南海例行**巡逻**。）

（3）系动词"是"，目标词元为"是"的宾语。例如：

－这才<是>正确的理解。(Đây mới <là> sự hiểu biết chính xác.)

（4）支撑词为介词，目标词元充当宾语中心语：

－<theo> sự hiểu biết（<据>了解）

－<Theo> thống kê, xuất khẩu của Nhật Bản sang Trung Quốc trong 6 tháng đầu năm 2012 là 74 tỉ USD.

（<据>统计，2012年前6个月日本向中国的出口额为740亿美元。）

（三）透明成分的标注

当一个名词短语的句法核心指示一种数量、类型或评价，而其补足语为该名词短语的语义核心，此时，该句法核心标注为透明成分（null）。

第一类，表示数量、容器、部分、合计及类型的名词"pint（品脱）、lit（公升）、glass（玻璃杯）、cup（杯子）"等，如：drinking <several glasses of> water 喝几杯水。

第二类，英语中的部分助词，如指示完成体的助词 have 等。

汉语、越南语中的透明成分包括以下几类情况：

第一类，"目标词元 + '的'……'是'"结构中，"的"、"是"分别标注为 null；当目标词元出现在"好像"、"是……的"、"好像……似的"等组合之中时，"是"、"好像"标注为 supp，"的"标注为 null。例如：

  – 她给我看见<的>null 永远<是>null 温和的、带着微笑的脸。

  – <是>supp 很偶然认识<的>null。

值得注意的是，越南语中类似的情况被称为"隐中结构"，即隐含中心词成分的偏正式名词短语。如：Đi đầu là công nhân nhà máy xe máy. 走在前头的是摩托车厂的工人们。完整形式为 (Những người)đi đầu là công nhân nhà máy xe máy. 走在前头的（人们）是摩托车厂的工人们。由于中心语已经隐省，因此中心语与偏正修饰成分间的"透明成分"也不存在。

第二类，越南语中有少数情况类似于汉语助词"所"，如关联成分 cho 和 mà 标注为 null。例如：

  – Bị người ta cười <cho> 为人<所>笑

  – Người <mà> tôi quen 我<所>认识的人

  – ý kiến <mà> mọi người nêu ra 大家<所>提的意见

第三类，在目标词元所在短语范围内，全部结构助词都可以标注为 null，如越南语中的定语标志 mà 和状语标志 một cách。例如：

  – 最近亲眼看到<的>情况 những tình hình <mà> dạo này tận mắt nhìn thấy

  – Hãy bảo vệ mật khẩu <một cách> cẩn thận. 要小心<地>保护密码。

  – Tôi đã mua quyển sách <mà> thầy giáo giới thiệu. 我已经买了老师介绍的书。

第四类，越南语中双音节动词的重叠多为 AABB 式，不适合标注 null 形式，另有 AaAB 式、ABA'B' 式、A'B'AB 式，可以将非 AB 部分标注为 null。例如：<lấp ló> lấp lửng（模棱两可）、lảm nhảm <làm nhàm>（胡说八道）。

第五类，被动句的被动标记"被"、bị/được 省略宾语时标记为 null，被隐省的框架元素可以标注为零形式。例如：

  – 他<被>评为劳动模范。

  – Băng Cốc <được> bình chọn là điểm đến du lịch "hot" nhất thế giới năm

  （曼谷被评为2013年世界最"火"旅游点。）

第六类，目标词元后面出现趋向补语，如 lại（来）、đi（去）、xuống（下来）、lên（上去），并且该趋向补语实际动作趋向不明显、意义较为抽象时可以标记为 null：

－ Khi thủy triều lên cao vùng bãi cạn thì bị chìm <xuống> mặt nước.

（涨潮时浅滩就被淹没在水面下。）

－ Họ phải đưa <lên> Tòa án quốc tế

（他们应该提交到国际法庭。）

－ Sau này quan hệ xấu <đi> cũng đã gây thiệt hại rất lớn đến quan hệ song phương.

（之后关系的恶化也对双边关系造成了严重伤害。）

（四）兼语结构的标注

兼语结构多以"使令"义动词为目标词元，其句法形式为 V1+N+V2，N 为兼语，既充当 V1 的受事，又兼任 V2 的施事。标注兼语结构时，若 V1 为目标词元则将 V2 标注为 V1 的核心框架元素；句法功能方面，N 可以标记为 pivt（兼语），V2 标记为 soc（兼语补语）。例如：

－ 眼前的情景**使**<我>ₚᵢᵥₜ<想起过去的事>ₛₒ꜀。

－ 审判有了结果，该案所发生的一切却不<能>ₛᵤₚₚ**不让**<人们>ₚᵢᵥₜ<沉思>ₛₒ꜀。

－ 这段弯路**使**<我们>ₚᵢᵥₜ<提出新的思路>ₛₒ꜀。

－ <Mỹ đưa máy bay tuần tra săn ngầm P-3C đến> chắc chắn sẽ làm cho<ý đồ phong tỏa tàu ngầm hạt nhân chiến lược Trung Quốc vươn ra biển xa của Mỹ>ₚᵢᵥₜ<được thực hiện>ₛₒ꜀.

（美军 P-3C 的到来，无疑将会使美军封堵中国战略核潜艇走向远洋的阴谋得逞。）

（五）连谓结构的标注

两个动词性成分 V1+V2 构成连谓结构（va）。根据 V1 和 V2 之间的语义关系，可以进行不同类型的标注。下面分析最常见的四种：

① V1 和 V2 表示先后连续的动作行为，但无明显语义关系，非目标词元的动词不标注。例如：

－ Anh **viết** một bản báo cáo *nộp* lên. 你写个报告交上去。

② V1 和 V2 表示先后连续的动作行为，V2 是 V1 的目的。V1 为目标词元，则 V2 标注为通用非核心框架元素"目的（Purp）"，其语法功能标注为连谓成分（va）；V2 为目标词元，则 V1 不标注。例如：

– **di** <thăm>purp-va nước này 到该国 <访问>purp-va。

– 到该国**访问**。

③ V1 为"有"或có（有），其宾语大多表示抽象事物。V1 为目标词元，则 V2 不标注；V2 为目标词元，V1 标注为通用非核心框架元素"依据（depend）"和连谓成分（va）。例如：

– **有办法**研究

– <有办法>depend-va **研究**

– **有权利**置疑

– <有权利>depend-va **置疑**

– Dân có quyền làm tất cả những gì pháp luật không cấm.

（民众**有权**做一切法律不禁止之事。）

– Dân <có quyền> làm tất cả những gì pháp luật không cấm.

（民众<**有权**>depend-va **做**一切法律不禁止之事。）

（六）命名实体标注

面向NLP任务，尤其是事件抽取和本体转换的框架网络构建，离不开对命名实体的标注和识别。

根据MUC会议的规定，命名实体的任务包括三个子任务：①实体名（Entity Name），包括人名、地名、机构名；②时间表达式（Temporal Expressions），包括日期、时间和持续时间；③数字表达式（Number Expressions），包括钱、度量衡、百分比以及基数。

2004年863NE评测中，命名实体的识别任务包括：①命名实体（ENAMEX），包括人名、地名、机构名；②时间表达式（TIMEX），包括日期、时间；③数值表达式（NUMEX）。

根据领域语料库的特征确定命名实体的类别，制订标注标记。本文规定，命名实体的标记符号全部使用英文大写字母。本文的研究语料为时政新闻语料，包含的命名实体大致分为七类：人名、国家名、地名、机构名、武器装备名、新闻媒体名和文件名。时间和数字表达式未作为命名实体标注。

词性标注时，已经将专有名词标注为 Np。通过标注工具的"通用数据管理"可以添加和管理命名实体数据。

图2　越—英—汉时政新闻框架网络命名实体标注集

下面以例句 Philippines triển khai máy bay tuần tra săn ngầm P-3C ở biển Đông（菲律宾在南海部署 P-3C 反潜巡逻机）为例，说明越—英—汉时政新闻框架网络中命名实体标注的必要性。该句的 VLSP 句法分析①结果为图3所示：

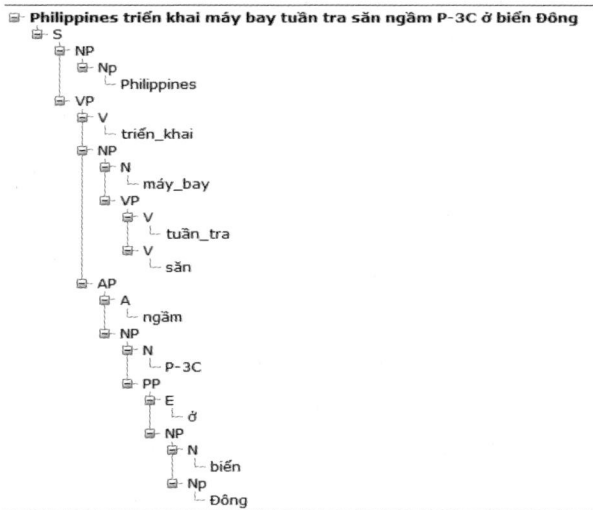

图3　VLSP句法分析结果示例

máy bay tuần tra săn ngầm P-3C 为"P-3C 反潜巡逻机"，未经标注的命名实体会造成短语识别和句法识别的错误。其中，máy bay tuần tra săn ngầm（反潜巡逻机）可以作为名词词条加入越南语分词词表。

---

① vlsp.vietlp.org:8080/demo/ 可以在线进行越南语句法分析。

四、例句标注实验

我们将越南语文本句法功能标注研究成果应用于"越—英—汉时政新闻框架网络"构建中。标注界面如图4所示：

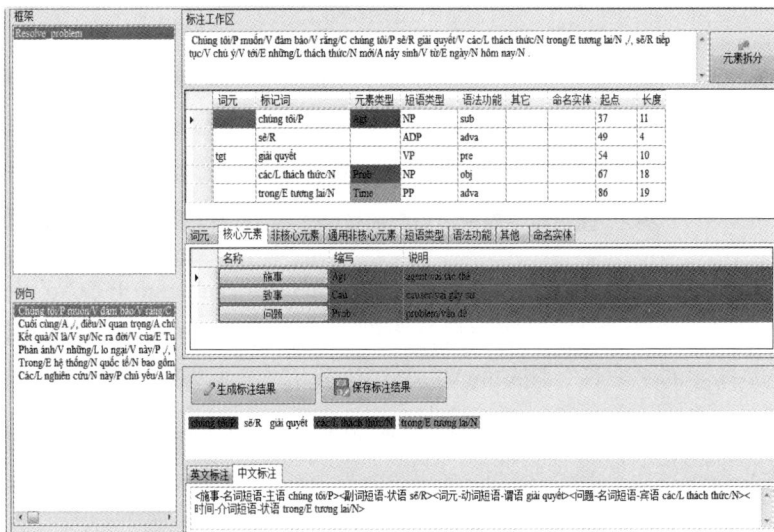

图4 越—英—汉时政新闻框架网络例句标注界面

经过框架元素、短语类型和句法功能（实验中称为语法功能）标注等后，所有的例句标注结果存于例句库中，可以导出为文本文件。已标注例句有英文标注（序号+E）和中文标注（序号+C）两种样式，分别如下：

[①E]<Agt-NP-sub Mỹ><tgt-VP-pre triển khai><Ent-NP-obj-WE&EP máy bay tuần tra săn ngầm P-3C><Loc-PP-adva ở biển Đông>

[①C]<施事—名词短语—主语Mỹ><词元—动词短语—谓语中心语triển khai><客事—名词短语—宾语—武器装备名máy bay tuần tra săn ngầm P-3C><处所—介词短语—状语ở biển Đông>

[②E]<Time-NP-adva Hiện nay><Agt-NP-sub các căn cứ của quân Mỹ><Loc-PP-atta-TOPONYM ở châu Á-Thái Bình Dương><ADP-adva cũng> <tgt-VP-pre triển khai><Quan-ADP-atta rất nhiều><Ent-NP-obj-WE&EP máy bay P-3C>

[②C]<时间—名词短语—状语Hiện nay><施事—名词短语—主语các căn cứ của quân Mỹ><处所—介词短语—定语—地名ở châu Á-Thái Bình Dương><副词短

语—状语cũng><词元—动词短语—谓语中心语triển khai><数量—副词短语—定语rất nhiều><客事—名词短语—宾语—武器装备名máy bay P-3C>

[③E]<Ent-NP-sub-WE&EP P-3C反潜巡逻机><ADP-adva 已><Loc-PP-adva 在日本、韩国、台湾><tgt-VP-pre 部署>

[③C]<客事—名词短语—主语—武器装备名P-3C反潜巡逻机><副词短语—状语 已><处所—介词短语—状语 在日本、韩国、台湾><词元—动词短语—谓语中心语 部署>

五、小结

经过分析和实验，我们发现基于框架语义方法的越南语文本句法功能标注能够比较全面地反映越南语的特点，理据性强，易于操作。同时，也存在如下问题及难点：（1）很多目标词元并非做谓语中心语，而是做各类型短语的构成成分；（2）整句的嵌套层次多，结构复杂，标注难度高，目前只能先标注核心句；（3）命名实体的标注层次不清，拆分句子成分时，按语块拆分的话，命名实体被包含其中，无法单独标注。以上问题将在今后的研究中继续探索。

参 考 文 献

［1］梁远，祝仰修. 现代越南语语法［M］. 广州：世界图书出版广东公司，2012：333.

［2］冯志伟. 自然语言处理的形式模型［M］. 合肥：中国科学技术大学出版社，2010.

［3］鲁川. 知识工程语言学［M］. 北京：清华大学出版社，2010.

［4］由丽萍. 面向中文信息处理的框架语义分析［M］. 北京：经济科学出版社，2013：92—95.

［5］Fillmore, C. J., Josef Ruppenhofer, and Collin F. Baker. FrameNet and Representing the Link between Semantic and Syntactic Relations Computational Linguistics and Beyond [C]. Eds. Chu-ren Huang, and Winifred Lenders. Language and Linguistics Monographs Series B. Taipei: Institute of Linguistics, Academia Sinica, 2004: 19-62.

［6］Ruppenhofer, Josef, et al. FrameNet II: Extended theory and practice [DB/OL].

2010-09-14. https://framenet2.icsi.berkeley.edu/docs/r1.5/book.pdf.

［7］Cao Xuân Hạo. Câu và kết cấu chủ vị [J]. Tạp chí Ngôn ngữ, 2002 (6).

［8］Cao Xuân Hạo. Sơ thảo ngữ pháp chức năng tiếng Việt [M]. TP Hồ Chí Minh: Nhà xuất bản giáo dục, 2006.

［9］Diệp Quang Ban. Ngữ pháp tiếng Việt [M]. Hà Nội: Nhà xuất bản giáo dục, 2005.

［10］Đinh Văn Đức. Ngữ pháp tiếng Việt (từ loại, viết bổ sung). Hà Nội: Nxb ĐH Quốc gia Hà Nội, 2001.

越南语趋向动词 ra 的认知语义分析及 ra+X 空间运动事件表达的认知解读①

■ 解放军外国语学院　曾添翼

【摘　要】现代越南语趋向动词ra②的语义范畴是一个原型语义范畴，形成以原型义项为中心、向周围辐射的多义词语义网络，体现了人类认知发展的一般规律。隐喻机制作用下，表示物理空间运动的概念投射到时间域、事件域、行为域、性状域、结果域、关系域③等认知域，ra的语义得以扩展，不仅能表示现实运动方向义，还能表示虚拟运动方向义，再加上越南民族认知思维特点的影响，形成了以突显运动路径终点为主的ra+X④空间运动事件表达式。

【关键词】越南语；空间认知；运动事件；趋向动词ra

一、引言

现代越南语中有一组特殊的词，包括lên, xuống, ra, vào, sang, qua, đi, lại, về, đến, tới等11个成员，越南学者大多称其为động từ chỉ hướng vận động（指运动方向的动词）。就词类而言，它们属于动词范畴，就语义内涵而言，它们既包含位移义素，又包含方向义素。为便于论述，在参照现代汉语相关概念的基础上，本

---

① 本课题受国家留学基金管理委员会2015年国家公派高级研究学者及访问学者（含博士后）出国留学基金项目资助。

② 实际上，根据越南学者黄批所编《越南语词典》中的注解，ra除了做动词之外，还可以做副词。本文重在讨论现代越南语空间运动事件表达，因此只考察ra做动词的情况。

③ 这六个认知域是根据词典释义和语料分析归纳总结而成的，或许还存在其他认知域的情况，依照不同的分类标准会有不同的分类结果。

④ 此处的X指表示运动终点所在场所的名词，如sân, vườn, ga, bến等。

文将这组词称为现代越南语趋向动词。现代越南语趋向动词虽然数目不多，词形简单，但语义丰富，用法灵活，还涉及越南人空间认知的思维特点，因此对非本族语者来说是一个难点。囿于篇幅，本文只对ra展开讨论。在越南语教学实践中，中国学生习惯将现代越南语的ra与现代汉语的"出"相对应，但实际上两者在语义、语用层面都存在较大的差别。本文从认知语义学角度对多义词ra进行语义分析，探讨ra在表达空间运动事件时反映的越南人空间认知特点。

二、现代越南语趋向动词 ra 的认知语义分析

在黄批主编的《越南语词典》（2015年版）中，ra做动词时有10个义项：[①]

序号	释义	举例
①	转移到外边的地方或位置	ra khơi（出海），ra trận（上阵）
②	脱离、停止在某环境、某组织中的活动	ra viện（出院），ra quân（退伍）
③	植物长出某个部分	ra lộc（发芽），ra hoa（开花）
④	告知、要求他人执行	ra lệnh（下令），ra điều kiện cho đối phương（向对方给出条件）
⑤	变成，成为	trước còn thắm thiết sau ra lạnh lùng（当面亲切背后冷淡，形容当面一套，背着一套，态度截然相反）
⑥	表现得看起来符合性质、意义	chơi ra chơi, học ra học（玩有玩样，学有学样）
⑦	经过一段时间，进入新的时间	ra Tết（到春节了），ra giêng（到正月了）
⑧	表示从内到外、从窄到宽、从无到有、从受限到顺利的活动方向	bước ra sân（走到院子里），mở cửa ra（打开门），nói ra sự thật（说出事实），sáng mắt ra（开眼）
⑨	表示活动取得预想的结果	tìm ra kết quả（找出结果） nhận ra lỗi của mình（认识到自己的错误）
⑩	性质、程度处于发展、增加的趋势	càng ngày càng béo ra（越老越胖了） giặt xong, cái áo trắng hẳn ra（衣服洗完变白了）

根据现代词典编写原则，在对多义词进行释义时，往往将最基本的义项放在首位，其余义项依据频率高低依次排列。因此，大体确定现代越南语趋向动词ra的基本义项就是"①转移到外边的地方或位置"。

---

① 各义项原文详见 Hoàng Phê chủ biên, *Từ điển tiếng Việt*, Nxb Đà Nẵng, Đà Nẵng, 2015, tr.1286，为重现各义项原貌，其译文尽量忠实于越南语原文，各例子的译文则尽量遵照汉语的表达习惯。

借助认知语言学理论可以分析、解释趋向动词ra各义项之间关系。认知语言学家提出用原型范畴理论来研究一词多义现象。①由此我们假设，多义词ra各义项构成一个原型语义范畴。其中，基本义项是原型义项，其余义项由基本义项派生而来，是非原型义项，与原型义项具有家族相似性。多义词ra以原型义项为中心，向外辐射形成语义网络。参考《越南语词典》的释义，我们从认知语言学角度分析ra的语义，考察各个义项之间的联系，最终勾画出ra的语义网络。

一般的运动事件包含起点、路径、终点、位移、方向等要素，现代越南语趋向动词ra既表位移又表方向，反映出越南语中空间运动事件表达的特点。广义上的"空间"概念可以包括物理空间、生理空间和心理空间，又可以分为现实空间和虚拟空间。因此，任何运动事件都在一定的空间内发生。本文将趋向动词ra的各个义项归为两大义群，即：现实空间运动义和虚拟空间运动义，因此ra也相应表示现实运动方向和虚拟运动方向②。

（一）趋向动词 ra 表示现实方向

1. 表示从内到外

一个完整的运动事件包括"静止→运动→静止"三个阶段。借助路径意象图式观察运动事件，可以细化对趋向动词ra的语义考察。

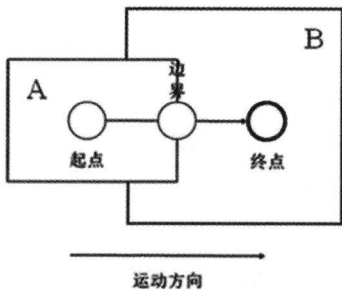

图1 趋向动词ra的路径意象图式

ra的基本义为"转移到外边的地方或位置"，表示自内而外的运动过程。由路径意象图式可知，这一运动过程包含三个阶段：

阶段A：运动发生在容器内部，物体从起点出发，运动到接触边界内表面。

---

① 相关理论详见束定芳. 认知语义学［M］. 上海：上海外语教育出版社，2008.

② 本文中的现实方向指运动主体的物理运动方向，虚拟方向指运动主体的非物理运动方向，如时间、心理等。

阶段B：运动发生在容器边界，物体通过边界，从开始接触边界内表面到即将脱离边界外表面。

阶段C：运动发生在容器外部，物体开始脱离边界外表面，运动到终点。

结合语料分析发现，ra在表达空间运动事件时，不同场合突显不同要素，于是得出以下三种含义：

（1）"出发"义：突显起点，终点未知，参照物通常为具有一定容量的立体容器。在"越南语语料库"①中检索，所得语料有限，说明该义项在现代越南语中出现频度不高。例如：

Chàng đi ra xe lấy đồ.（他走出车去拿东西。）

Ra viện mấy tháng sau, Phục trở lại công tác...（出院几个月后，阿服重返工作岗位……）

Chị đàn bà ... một tay lôi trong túi ra bao thuốc.（她……一只手从口袋里扯出一包药。）

（2）"通过"义：突显边界，起点已知，终点未知。边界的几何结构由容器的物理空间属性决定：容器为三维立方体时边界为平面结构，容器为二维空间时边界为线性结构。考察语料发现，门、窗是常见的边界物。例如：

nhìn ra cửa sổ（望向窗外）

Rồi nắm tay từ biệt sư bà, bước ra cổng chùa, ...（于是与老尼姑握手告别，走出寺庙大门……）

（3）"抵达"义：突显终点，终点与ra共现，起点和参照物隐含在语境中，具有模糊性。相比之下，该义项出现频度最高。例如：

Ra vườn hái trái chanh mà gội cho trơn tóc.（到园子里摘柠檬洗头让头发油亮。）

Bước ra đường, gió đêm thật mát.（走到路上，晚风真凉爽。）

Mẹ và anh em Dân ra bờ suối.（母亲和阿民兄弟俩来到溪边。）

在上述三个例句中，ra后接的是终点或终点所处的地域范围，而不是起点或起点所处的地域范围，也不是充当参照物的容器。终点得以突显，显现在话语编码中，起点和参照物没有出现在句中，需要根据上下文语境进行推理，这正是现

---

① "现代越南语语料库建设"（项目号：2009A028），洛阳市2009年度社会科学基金规划项目，负责人：谢群芳副教授。该项目于2010年底结项。本文大部分例句引自该语料库，以确保语料的真实性。

代越南语相关表达①的特别之处。例如，我们分别用汉语、英语来表示越南语中
"Anh ấy ra sân vận động"的运动事件，其语言编码分别为：

汉语：他去操场。

英语：He goes to the playground.

经分析，在这个运动事件中，终点"操场"得以突显。用趋向动词ra对运动
事件进行编码，说话人和听话人之间存在一个预设，即运动起点位于比"操场"
狭小的空间内，而汉语、英语的表达就没有这层含义。因此，回到本文引言中提
到的问题，现代越南语的ra和现代汉语的"出"并不能完全对应，只有在突显起
点时才能互换。如果把这个运动事件生译成"他出操场"，意思完全相反了。

反过来，如果要用越南语、英语表示汉语"他出操场"的运动事件，其语言
编码应该为：

越南语：Anh ấy bước ra/ ra khỏi sân vận động.

英语：He goes out of the playground.

此时，"操场"不再是终点，而成了起点和参照物，单用一个ra会与突显终
点的语言编码重合而产生歧义，因此需要辅以其他词来完成编码。例如，在ra
前加上表示运动方式的bước，或者在ra后加上表示运动结果的khỏi（ra khỏi表示
"脱离"，突显运动主体与参照物"操场"的位置关系）等等。

综合汉、越、英三种语言有关上述运动事件表达的对比，我们可以得出以下
结论：

a.在表达空间运动事件时，越南语的ra倾向于突显终点，并且将起点和终点
之间的关系蕴含其中；汉语的"出"和英语的out则倾向于突显路径。

b.在表达空间运动事件时，趋向动词ra和"出"都兼表位移和方向，因此
行为动词（如"走"、"跑"等）可以缺省；在英语中，位移由行为动词（如go）
表示，方向由介词（如to）或介词短语（如out of）表示。因此，用Talmy的理
论②来表述就是：汉语、越南语属于卫星框架语言，英语属于动词框架语言。

2. 表示脱离

上文提到在ra后加上khỏi可以表示脱离，其实在很多场合下，ra后不加khỏi

---

① 为便于论述，文中用"相关表达"来表示与现代越南语趋向动词ra相关的空间运动事件表达。
下同。

② 根据Talmy的词汇化模式理论，世界上的语言可分为两大类：动词框架语言和卫星框架语言。
越南语中正是趋向动词的运用使其具有了卫星框架语言的特征。

也可以表示脱离，ra突显运动主体与参照物的位置关系。如下图所示，假设有两个物体A和B，当B附着或包裹在A表面时，趋向动词ra表示B脱离A，A与B在空间上相离。

图2　趋向动词ra表示脱离

落实到越南语语料上，我们有以下例子：

Loan lánh sang một bên và buông tay ra.（阿鸾躲到一边，放开手。）

cởi áo ra（脱掉衣服）

（二）趋向动词 ra 表示虚拟方向

当运动事件发生在物理空间时，其运动方向具体、形象、可见，而趋向动词ra的基本义"转移到外边的地方或位置"就能表示现实方向。随着人类认知能力的发展，需要对更多运动事件进行语言编码，于是赋予趋向动词ra新的意义，用来表达与基本义项密切相关但更为抽象的运动事件。这体现了语言的经济性。赵艳芳将莱考夫在《人们赖以生存的隐喻》一书中列举的隐喻大致分为三类：结构隐喻、方位隐喻和实体隐喻。① 容器隐喻是很典型的实体隐喻，也是分析趋向动词ra的非物理空间域义项的根据。运动事件发生的场所（如房子、田地、物体的某个部分等等）都带有容器的基本属性（即：有一定的存储空间，分内部、边界和外部），具体、形象的容器实物可以通过隐喻机制来表达抽象、无形的容器概念。因此，ra的语义得以延伸，原本属于物理空间域的概念通过隐喻机制投射到时间、事件、行为、性状、结果、关系等抽象的非物理空间域，产生了隐喻式的表达。

1. 时间域意义

人类认知发展规律表明，人类最早形成了对空间概念的认识，而后在此基础上形成了对时间概念的认识。隐喻思维是人类认知事物的重要手段，时间被赋予了容器属性，分为内部、边界和外部，原本表示物理空间运动事件的概念投射到

---

① 赵艳芳. 认知语言学概论［M］. 上海：上海外语教育出版社，2001：106.

时间域，使得ra衍生出表征时间运动的语义项：表示经过当前时间段（在容器内部运动），来到某个新的时间段（抵达容器外部），并且强调与当前段相分离的时间（突显运动终点）。例如：

Vịt đã bỏ vào nồi cả, ra giêng không còn gì. （鸭子全下锅了，出正月啥都没了。）

由于时间呈线性铺陈，因此可以借助时间轴图式来理解ra所表示的时间域运动事件。如图3所示，"ra Tết"可以理解为运动主体在时间轴上经过"春节"，抵达之后时间点的运动；"ra tháng"可以理解为运动主体经过这个月，抵达下月初的运动。

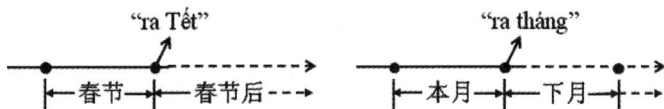

图3 "ra Tết"和"ra tháng"的时间轴图式

2. 事件域意义

（1）生育事件

认知能力发展初期，人类倾向于以自身为参照来感知客观世界。比如，在感知空间方位时，以人体站立姿势为基准，把头部所在方位作为上方，把脚部所在方位作为下方，于是人体部位"头"和"脚"就成了方位概念"上"和"下"的具象表征；把人体看作容器，区分体内和体外，就有了"内"和"外"的空间概念。因此，结合人体特征表征空间概念，新生命的降生就可以借助趋向动词ra描述成由内及外的运动过程，例如：

Nó phải sinh ra để làm con trai mới đúng. （她生出来的时候应该是个男孩才对。）

Nhưng mà biết đứa nào đã đẻ ra Chí Phèo? （谁知道是哪个家伙生的志飘？）

在此基础上，人类的认知范围从人体本身扩大到动植物，例如：

đẻ ra một bầy vịt con （生出一群小鸭子）

Cây của người ta đang ra quả. （别人的树在结果。）

（2）抽象事件

从具象认知到抽象认知是一个漫长的进程。抽象事件不直观，起初难以被人类所认识和理解。随着不断接触和习得抽象概念，人类逐渐形成了对抽象事件的认知。这些事件之所以抽象，是因为具体内容尚不确定，或者是因为过于复杂，无法论及具体内容，只能高度概括。趋向动词ra可以表示抽象事件从酝酿到产生，例如：

Hắn nhìn ánh mắt đó lo sợ vô cùng, không biết điều gì sẽ xảy ra. （他看着那无比忧惧的眼神，不知道将会发生什么事情。）

Cách mạng Tháng Tám bùng ra, anh chào đón nó với tất cả lòng chân thành của anh. （八月革命爆发了，他一片忠心迎接革命。）

3. 行为域意义

人类参与到运动事件中，充当施为主体，事物在人力作用下运动到容器外部，既是施为受体，又是运动主体。此时，趋向动词ra就有了行为域意义，表示"从无到有，从陌生到熟悉"的过程，具体分以下两种情况：

（1）事物在施为主体的作用力下得以建立或形成。例如：

Nguyễn nghĩ ra lối thoát. （阿阮想到了出路。）

Tôi không tính vào những gì được viết ra. （我没把写出来的算进去。）

Em khéo léo đưa ra đề nghị. （弟弟巧妙地提出建议。）

Trong tương lai, người ta sẽ chế tạo ra các robot đa chức năng làm mọi việc trong gia đình. （将来，人们会制造出包办所有家务的多功能机器人。）

（2）事物在施为主体的作用力下得以明确或熟知。例如：

Tôi nghe ra tiếng mẹ tôi. （我听出了我母亲的声音。）

Dọc đường, Phan đã nhận ra xác Diễm. （途中，阿潘认出了阿艳。）

4. 性状域意义

人类认知发展过程表明，相比形象、具体的运动事件，人类不太容易感知抽象的性状变化过程。然而，性状变化过程往往包含颜色、形状、大小等属性的变化，这些变化是可以用肉眼观察到的，为人类感知性状变化提供了依据。语料分析表明，趋向动词ra能够表示性状/程度由低到高的变化趋势，并且ra通常位于形容词之后。例如：

Bây giờ anh mới sáng mắt ra. （这时他才开眼。）

Chúng tôi thấy tình hình mỗi lúc một nặng ra. （我们感到形势越来越严峻。）

Hương khen tôi béo, trắng ra khiến tôi vừa buồn cười vừa hổ thẹn.（阿香夸我胖了，白了，让我觉得既好笑又惭愧。）

5. 结果域意义

一个完整的运动过程通常包含起点、路径、方向和终点等要素，一个完整的事件通常包括开始、经过和结束等阶段。行为完成或事件发生之后，人的注意力会向事后的结果和影响聚焦，并做出评价。趋向动词ra的语义从物理空间域映射到结果域，表示人的主观判断，带有否定意味。这种情况出现的频率不高，例如：

Tao bảo không nghe, rồi tao ghét thì không ra gì đâu.（老子说的不听，老子怨恨也没什么用。）

6. 关系域意义

完形心理学"相似原则"认为，在某一方面相似的各部分趋于组成整体。因此，同一空间范围内不同物体之间或同一物体不同部分之间的边界趋于模糊化，其区别特征不再是关注的焦点。但也有特殊的情况，比如地形地貌完全相同的接壤两国边境地区依旧会勘界立碑划分范围。此时，边界被突显，个性得以显现，整体性不再保持，各个物体好像彼此相离，而不再是整体的一部分。趋向动词ra能表示这种"个体—整体"的关系，也是其物理空间域概念投射到关系域产生的语义效果。例如：

... có hành lang và ngăn chia ra thành nhiều phòng nhỏ.（……有走廊和隔段分出很多小房间。）

由于相似，原本分散的对象看起来就像一个整体。但是，毕竟还存在位置差异，有的对象靠近中心，整体性得到突显，有的对象远离中心，整体性不明显。现代越南语"ngoài...ra"的表达有对整体中的不同对象进行区分的作用。例如：

Ngoài ra, du lịch cũng là một yếu tố quan trọng trong quan hệ giữa hai nước.（此外，旅游也是两国关系的一个重要因素。）

Ngoài Bá Nhỡ ra, cấm dân ấp không được ai lai vãng gần nơi đó.（除霸孽之外，禁止任何过往村民靠近那个地方。）

（三）趋向动词 ra 的认知语义网络

由上述分析得知，趋向动词ra的语义形成一个以基本义为中心、向外扩展形成辐射状语义网络的原型语义范畴。ra所表示的运动事件与路径意象图式、容器意象图式密切相关，其语义分布特征取决于多个因素。

趋向动词ra表示现实运动方向义的情况主要观察现实物理空间的运动过程。参照路径意象图式和容器意象图式，根据运动主体和容器之间的空间位置关系，ra所表示的运动事件分为"出发"、"通过"、"到达"三个阶段，说话人可以根据突显原则进行语言编码选择。容器内部空间结构被淡化时，关注焦点落在运动物体和容器整体之间的关系，于是ra衍生出"分离"义项。

趋向动词ra表示虚拟运动方向义的情况则更为复杂。现实运动方向义被投射到多个非物理空间认知域，衍生出表示时间、事件、行为、性状、结果、关系等六个方面的隐喻义项。这六个隐喻义项并非单从空间域直接映射衍生而来，它们彼此之间或许还交织着错综复杂的联系。然而，要理清这些联系，光凭逻辑推理和定性分析是做不到的，恐怕还要借助心理语言学的实验手段，来区分孰先孰后、孰因孰果的问题。本文暂不讨论各隐喻义之间的联系，姑且将其并行排列。因此，遵循趋向动词ra的语义衍生路径，本文试将ra的认知语义网络描绘如下：

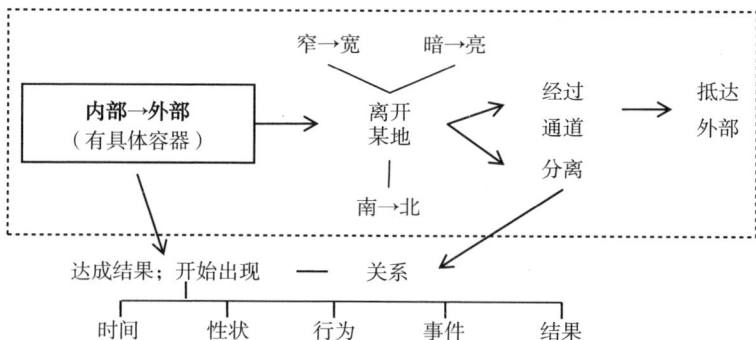

图4　趋向动词ra的认知语义网络

三、ra+X 空间运动事件表达的认知解读

上文运用认知语义学的有关理论梳理了现代越南语趋向动词的语义网络形成

过程，趋向动词ra的语义制约着越南人运动事件表达的编码选择。关于语言符号和客观世界的关系，赵艳芳根据"心生而言立"的观点指出，语言不能直接反映客观世界，而是由人对客观世界的认知介于期间，更强调人的认知参与作用，其模式是：客观世界→认知加工→概念→语言符号。①因此，客观事物的运动，经由人体体验和认知加工（图示化、概念化），形成语义，最后通过语言编码表现出来。可见认知因素是形成ra+X空间运动事件表达式的重要因素，具体地说：

（一）人体体验、感知客观世界的结果

Lakoff和Johnson认为，认知语言学的哲学基础是体验哲学，概念和意义源于人类身体构造的体验和感知，通过这种感知，人类能够获得包括空间在内的各种知识。②人之所以能够体验、感知空间，有两点值得注意：

1.人类本身生存在一定的空间范围内。人类存在于由空间和时间构成的坐标系中。从某种意义上说，人类活动就是不断征服外部空间的行为过程，因此认识和运用空间概念是生存的必然，于是人类逐渐将空间概念内化、本体化，作为进一步认识客观世界的工具。人类逐渐认识到，世界上的物体分为运动和静止两种状态，运动是绝对的，静止是相对的，而运动过程又分为"静—动—静"三个阶段。运动事件在一定的空间中发生，运动主体随时间推移而变换位置，其运动方向为人类所感知。

2.人类拥有认知空间概念的生理基础。人类通过视觉、听觉、嗅觉、触觉、味觉等生理机能来感知周围的世界。因此，人类在认知客观世界的过程中习惯于把人体自身作为衡量、感知事物的标尺。人类天生拥有感知方位的器官，出生不久就能掌握有关空间方位的知识，并逐渐在大脑中形成有关方位的经验。其中，视觉和触觉对人类空间认知能力的发展贡献最大。人体本身就是一个立体空间，以此为参照，人类区分了"体内"和"体外"两个对立的空间范畴（比如现在的医院科室仍然分内科和外科），形成了"内"和"外"的静止方位概念，又通过对空间运动事件的观察形成了"进"和"出"的运动方向概念。例如，"nhổ ra"（吐出）和"uống vào"（喝进）就是一对反向的肌体动作。此外，人的肌体动作不都是从体内发出，有时候指人体某个部位离开原来位置而改变姿势。这时，人体仿佛处在无形的包裹中，而ra表示人体某个部位突破这重无形的包裹。比如，

① 赵艳芳. 认知语言学概论［M］. 上海：上海外语教育出版社，2001：35.
② 郭熙煌. 语言认知的哲学探源［M］. 武汉：华中师范大学出版社，2009：142.

当我们描述伸手拿某物时，会用"đưa tay ra（để lấy cái gì）"来表达，又比如：Một anh xe chìa tay ra không phải để xin tiền Oanh mà để trả lại tiền.（一个车夫伸出手来，不是为了向阿莹要钱，而是为了还钱。）

（二）特殊参照框架的影响和制约

参照框架也是影响ra+X空间运动事件表达的重要认知因素。不同语言在表达空间概念时选择的参照框架不同，表达的结果不同。列文森将参照框架分为三类：内部参照框架、相对参照框架和绝对参照框架。其中，相对参照框架是三元性质的，涉及三个要素：观察者的视角、图形和背景①之间的空间关系。②通过对趋向动词ra的语料分析发现，越南人在描述"内→外"型空间运动事件时的参照框架也是三元性质的，涉及图形（运动主体）、背景1（参照物1）和背景2（参照物2）三要素。但是这种参照框架不同于列文森提出的相对参照框架，因为不涉及观察者角度这一要素，ra+X表达式不受观察者视角的影响，而受参照物1和参照物2两者空间大小对比关系③的影响，因此可以视为一种特殊的参照框架，这也是越南语相比汉语、英语的独特之处（详见前文分析）。

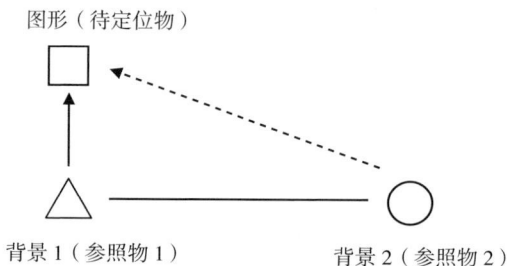

图形（待定位物）

背景1（参照物1）　　　　　　　背景2（参照物2）

图5　ra+X表达的参照框架

例如：ra vườn（到园子里去），ra đường（到马路上去），ra bến（去车站），ra biển（出海）。这类运动事件的参照物有两个：起点（或所在的场所）和终点

---

① 图形（figure）与背景（ground）是认知语言学中的重要概念。图形指某一认知概念或感知中吐出的部分，即注意的焦点部分；背景即为突出图形而衬托的部分。详见赵艳芳. 认知语言学概论 [M]. 上海：上海外语教育出版社，2001：148. 此外也有人将figure译为焦点。

② 郭熙煌. 语言认知的哲学探源 [M]. 武汉：华中师范大学出版社，2009：144.

③ 参照物1和参照物2两者空间大小对比关系主要还是取决于客观事实，但也有特例，例如越南人从狭长的中部地区（如顺化）到开阔的南部平原地区（如胡志明市）不用ra而用vào，这又不光是参照框架的问题，而是在越南民族文化心理影响下产生的特殊语言现象。

（或终点所在的场所）。终点是主要的参照物，体现在表达式中；起点是次要的参照物，不体现在表达式中，但起点与终点之间的空间大小对比关系蕴含其中，即终点往往是比起点更为宽敞、开阔、明亮的场所。

四、结语

论文通过对越南语趋向动词ra的认知语义分析，解释了多义词ra各义项之间的联系。ra的基本义表示物理空间由内及外的运动，一方面，在运动路径的不同阶段分别表示出发义、经过义、抵达义；另一方面，由容器属性特征衍生出从窄处到宽处、从暗处到明处的含义。隐喻机制使人类对运动事件的认知从现实空间扩展到虚拟空间，于是产生了时间、事件、行为、性状、结果、关系等非物理空间域中表示虚拟运动方向的语义项，因此，趋向动词ra的语义分布符合人类认知发展的规律。从认知角度对ra+X运动事件表达式进行分析发现，人类体验活动的影响和相对参照框架的制约是越南语ra+X表达成立的关键因素。

参考文献

［1］曹蓉. 从认知角度看越南民族的空间定位及表达［J］. 解放军外国语学院学报，2009（4）：42—46.

［2］曹蓉. 越语方位词 "ngoài" 的认知语义分析［C］//东方语言文化论丛：28. 北京：军事谊文出版社，2009：169—181.

［3］郭熙煌. 语言认知的哲学探源［M］. 武汉：华中师范大学出版社，2009.

［4］黄敏中，傅成劼. 实用越南语语法［M］. 北京：北京大学出版社，1997.

［5］蓝纯. 认知语言学与隐喻研究［M］. 北京：外语教学与研究出版社，2005.

［6］马玉汴. 趋向动词的认知分析［J］. 汉语学习，2005（6）：34—39.

［7］束定芳. 认知语义学［M］. 上海：上海外语教育出版社，2008.

［8］韦长福. 越南语方位趋向词语义逻辑及认知特征［J］. 广西民族大学学报（哲学社会科学版），2006（2）：136—138，149.

［9］赵艳芳. 认知语言学概论［M］. 上海：上海外语教育出版社，2001.

［10］Hà Quang Năng, Một cách lí giải mối quan hệ ngữ nghĩa giữa động từ chuyển động có định hướng và từ chỉ hướng trong tiếng Việt, tạp chí Ngôn ngữ, số 2 – 1991, tr.

48-53.

〔11〕Hoàng Phê, Từ điển tiếng Việt, Nxb Đà Nẵng, Đà Nẵng, 2015.

〔12〕Lý Toàn Thắng, Ngôn ngữ học tri nhận: Từ lý thuyết đại cương đến thực tiễn tiếng Việt (Tái bản có sửa chữa, bổ sung), Nxb Phương Đông, Hà Nội, 2009.

〔13〕Nguyễn Đức Tồn, Tìm hiểu đặc trưng Văn hóa – Dân tộc của ngôn ngữ và tư duy ở người Việt, Nxb đại học quốc gia Hà Nội, Hà Nội, 2002.

〔14〕Nguyễn Lai, Nhóm từ chỉ hướng vận động trong tiếng Việt, Nxb Khoa học Xã hội, Hà Nội, 1990.

〔15〕Nguyễn Tài Cẩn, Một số chứng tích về ngôn ngữ, văn tự và văn hoá, Nhà xuất bản Đại học Quốc gia Hà Nội, Hà Nội, 2003.

〔16〕Tào Dung, Khảo sát phương vị không gian trong tiếng Việt từ góc độ tri nhận, LVTS, Học viện Ngoại ngữ Quân giải phóng nhân đan Trung Quốc, 2009.

老挝语工具格标记 "ໂດຍ" 和 "ດ້ວຍ" 比较

■ 解放军外国语学院　舒导遊

【摘　要】作为老挝语工具格标记，"ໂດຍ" 和 "ດ້ວຍ" 的用法既有相同点也有区别。基于原型范畴理论可以发现，两词都以各自最基本意义对应的用法为原型、通过用法拓展而形成各自的范畴。该范畴能直观地从用法的范围、特性、差异性内在原因等方面反映两词多种用法背后的内在联系和异同。

【关键词】原型范畴理论；老挝语工具格；格标记比较研究

老挝语属于汉藏语系壮侗语族壮傣语支，是一种孤立语，缺乏形态的屈折变化，主要依靠功能词来标记工具范畴。"ໂດຍ" 和 "ດ້ວຍ" 是老挝语最基本、最常用的工具格标记，做工具格标记也是这两个词最基本的用法。这一基本用法具有极强的能产性，能拓展出许多相关用法。两词做工具及相关用法标记时，前置于工具格，在很多地方可以换用，但也有明显区别。目前，国内关于两词的专门研究还很缺乏，只是在一些老挝语教材中有所涉及。本文立足于认知语言学中的原型范畴理论，总结了 "ໂດຍ" 和 "ດ້ວຍ" 作为老挝语工具格标记时的原型用法和非原型用法，并对其进行对比分析，在此基础上得出两词的用法表，并加以分析和诠释，以直观地从用法的范围、特性、差异性内在原因等方面反映其多种用法背后的内在联系和异同，希望能为老挝语语法研究提供参考。

一、原型范畴理论

原型范畴理论（the prototype theory）是认知语言学的主要理论之一。该理论认为，"人们不可能完全客观地认识外部世界，隶属于同一范畴的各成员之间不存在共享所有特征的现象，充分必要条件不能很好地说明它们，这些成员只具有家族相似性，特征不是二分的，范畴的边界是模糊的，范畴内的成员地位不相等"（王寅，2011：35）。其关键概念有范畴化、原型、意象图式、认知模式等。

范畴化指的是"人类在复杂的现实中看到事物的歧异与相似，并据以将可辨的不同事物置于一起处理，由此对世界万物进行分类，进而形成概念的过程和能力"（岑运强，2012：215）。范畴化的结果即形成了范畴。

在范畴化的基础上，认知语言学家又提出了原型，原型是指"作为范畴核心的图示化的心理表征，是范畴化的认知参照点"（赵艳芳，2001：63）。通俗地讲，原型可以理解为与范畴内其他成员享有更多共性（家族相似性最大）的成员，处于范畴的最中心，是范畴最典型的代表。其他成员即为非原型成员，原型成员、非原型成员构成一个相应的范畴。

近年来，原型范畴理论已经被运用到音位、多义词、词性、时态语态、所有格构式等许多语言现象的研究上。老挝语标记工具及相关用法的标志词"ໂດຍ"和"ດ້ວຍ"用法丰富，各用法互相关联，笔者认为也可以用原型范畴理论对其加以研究，以直观地反映两个词的适用范围、异同以及两词众多功能用法间的内在联系。

二、"ໂດຍ"和"ດ້ວຍ"的原型用法比较[①]

一个词的用法也可以视为一个范畴。原型用法是指该词的用法范畴中最基本的用法或原型成员，是运用该词最基本意义时该词的一系列相关用法。而该词用法范畴中的其他用法即非原型用法，是原型用法在语言发展过程中拓展出的用法。因此，我们分别构建"ໂດຍ"和"ດ້ວຍ"做工具格标记时用法的范畴，并对其原型用法和非原型用法进行分析。

由于工具格是用来指示名词或是主语达成或者完成一个行动所凭借或使用的工具和方法（方式），所以这里的工具格可以表示工具、材料和方式（含凭借条件），即工具格标记能标记的基本意义是工具、材料和方式。

工具格标记"ໂດຍ"和"ດ້ວຍ"都可以标记以上三种义项，但是针对每一种义项，两词的用法和适用域不尽相同。具体说来，"ໂດຍ"在标记"方式"（例1—例3）时用法丰富、适用域广，在标记"工具"时只能后接名词标记交通工

① 由于国内没有专门对"ໂດຍ"和"ດ້ວຍ"用法的归纳，所以下列11种用法都是基于笔者个人5年来学习老挝语的认识总结。

具（例4），适用域窄，不能标记"材料"；"ດ້ວຍ"在标记"工具"（例4、例6）、"材料"（例5）时用法丰富，适用域广，而在标记"方式"（例1、例7）时只能后接名词，可搭配词组也远不如"ໂດຍ"多。

"ໂດຍ"和"ດ້ວຍ"标记工具格基本意义时，用法举例如下：

例1：ສັນນິຖານ<u>ໂດຍ/ດ້ວຍ</u>ທາງຮູບນອກ①

译文：从外表判断

例2：ພວກເຮົາຮູ້ຈັກກັນ<u>ໂດຍ(ຜ່ານ)</u>ການແນະນຳຂອງພວກເພື່ອນ.

译文：我们通过朋友介绍认识。

例3：ກິດຈະການສຳຫຼວດນ້ຳມັນ ແລະ ແກ໊ສທຳມະຊາດໄດ້ເລີ່ມສູບນ້ຳມັນດິບຂຶ້ນຈາກບໍ່ລອມມີ2017ບາເຕີ<u>ໂດຍໃຊ້</u>ເວລາ14ວັນ.

译文：石油和天然气勘探项目已启动原油开采，将在14天内从井下开采2017桶油。

例4：ລາວກັບຄືນປັກກິ່ງ<u>ໂດຍ/ດ້ວຍ</u>ເຄື່ອງບິນພິເສດ.

译文：他坐专机回北京。

例5：ຝັ້ນເຊືອກ<u>ດ້ວຍ</u>ຕອກໄມ້ໄຜ່

译文：用竹篾搓绳

例6：ຟາດ<u>ດ້ວຍ</u>ແສ້

译文：用鞭子抽

例7：ເພິ່ນເວົ້າ<u>ດ້ວຍ</u>ຄວາມລາວ.

译文：他用老挝语讲。

"ໂດຍ"标记"方式"时，意为"凭借，通过，依靠"，后接工具格并后置于句子主干。"ໂດຍ"其后除了可接名词和名词短语（例1）、动名词（例2），还可以接分句（例3），也可以做结构助词接形容词和副词（如ໂດຍກົງ［直接］）；可以单用（例1、例3），也可以与其他词共同构成标记词（例2），使用频率非常高。因此，可以将标记"方式"视为"ໂດຍ"的用法范畴的原型用法，而将标记"工具"视为其非原型用法。

"ດ້ວຍ"标记"材料"、"工具"时，做介词，单独使用，意为"用，以，乘

---

① 本文语料主要来自老挝今日万象网站vtetoday.la，老挝通讯社网站www.kpl.net.la和黄冰（2000：586—590）编著的《老挝语汉语词典》，其他语料来源为覃海伦、黄勇、波里·巴帕潘（老挝）（2014：8—9，23—24，105）编著的《基础老挝语（2）》，以及张良民（2001：120）编著的《老挝语实用语法》。其中，来自互联网的例句较长，本文有所删减。

坐"，后接名词或名词短语并后置于句子主干，适用域广。因此，可以将标记"材料"、"工具"视为"ດ້ວຍ"的用法范畴的原型用法，而将标记"方式"视为其非原型用法。

三、"ໂດຍ" 和 "ດ້ວຍ" 的非原型用法比较

同一情景，由于人们观察角度和焦点不同，就会在大脑中形成不同的意象，使得情景中的某些部分成被突显出来为图形（所描写的对象），某些部分成了背景（赵艳芳，2001：149）。对于一个使用工具的行为，其存在起点、过程和终点，我们也可以根据观察角度和关注对象的不同将老挝语工具格标记的非原型用法（除上面提到的材料、工具、方式外）分为三类：起点标记类、过程标记类和终点标记类。

（一）起点标记类

起点标记类，即该标记连接与动作开始直接相关的概念，主要包括动作发生的原因和施事者。

1. 原因

"ໂດຍ" 和 "ດ້ວຍ" 标记原因时，意为"因为，由于"，用法举例如下：

例8：ໄດ້ເສຍໂອກາດໂດຍຄວາມຜິດເຊວຊອງຕົນເອງ

译文：由于个人的过错失掉了机会

例9：ໂດຍ/ດ້ວຍໄດ້ຮັບການຊ່ວຍເຫຼືອຈາກໝູ່ຮຽນ, ທ້າວຄຳແສນຈຶ່ງໄດ້ຮັບຄວາມກ້າວໜ້າຫຼາຍ.

译文：由于得到了朋友的帮助，陶坎献才取得了巨大的进步。

例10：ການທີ່ພະພຸດທະເຈົ້າຊົງວອະບຸຍາດໃຫ້ພິກຂຸປະອາລະບາຕໍ່ກັນນີ້ກໍໂດຍທີ່ຊົງ ເຫັນວ່າເມື່ອພິກຂຸຢູ່ຈຳວັດສາ, ຫຼາຍອົງອາດມີການປະພຶດຜິດຜາດ.

译文：因为佛祖认为许多僧侣在禁足期间可能会有过失，所以他让众比丘自我批评、相互批评。

例11：ລາວບໍ່ໄດ້ເກງກົວຄວາມຢ້ານ, ດ້ວຍວ່າລາວກ້າຫານທີ່ສຸດ.

译文：因为他最勇敢，所以他没有恐惧。

例12：ດ້ວຍເຫດນີ້, ທ້າວພອນສັກຈຶ່ງບໍ່ໄດ້ມາຂ້ອງຮຽນ.

译文：因为这个原因，朋沙才没有来学校。

构建原因状语时，两词使用频率非常高，适用域很广，并且不受位置、形态和词性的限制。其可以放前（例9、例12），也可以放后（例8、例10、例11）；可以单用（例8、例10、例12），也可以与其他词共同构成标记词（例10、例11）；可以作为介词，后接名词（例8、例12），也可作连词，后接从句（例9、例10、例11）。

2. 施事

"ໂດຍ" 和 "ດ້ວຍ" 标记施事时，意为 "由，被"，其用法举例如下：

例13：ປະທານຸກົມນີ້ຮຽບຮຽງ<u>ໂດຍ</u>ສາສະດາຈານທອງ.

译文：这本词典是黄教授编的。

例14：ຫຼັກພາສາລາວປະກອບ<u>(ໄປ)ດ້ວຍ</u>ອັກຂະຫຼະວິທີ,ວະຈີວິພາກ,ວາກະຍະສຳພັນ ฯลฯ.

译文：老挝语语法由正字法、词法、句法等组成。

例15：ການພົບປະຄັ້ງນີ້ໄດ້ເຕັມໄປ<u>ດ້ວຍ</u>ບັນຍາກາດອັນອົບອຸ່ນ.

译文：这次会晤气氛热烈。

表施事时，"ໂດຍ" 和 "ດ້ວຍ" 一般只能做介词，后接名词或名词短语并后置。"ໂດຍ" 一般用在动词后（例13），后接施事者；"ດ້ວຍ" 既可以放动词后（例14），也可以放形容词后（例15），表示某个地方有某物或某个物体囊括某部分。依据动词（形容词）的不同，其在某些情况下需单用，有些情况则需搭配 "ໄປ" 使用。

（二）过程标记类

过程标记类，即该标记连接动作进行过程中涉及的概念，主要包括动作进行的状态、动作贯穿时间、对动作的补充说明和伴随。

1. 状态

"ໂດຍ" 和 "ດ້ວຍ" 都可以标记状态时，用法举例：

例16：ຍ້ອນກຳລັງປ້ອງກັນຊາດອ່ອນແອ, ຕໍ່ກັບຄຳຮຽກຮ້ອງອັນອະທຳຂອງບັນດາ ປະເທດທີ່ໃຊ້ອຳນາດບາດໃຫຍ່, ລັດຖະບານຊິງກໍຕ້ອງຍອມ<u>ໂດຍ/ດ້ວຍດີ</u>.

译文：因为没有强大的国防，面对各国列强无理的要求，清政府也只能乖乖接受。

例 17：ຫາຍມື້ແລ້ວ<u>ໂດຍ</u>ບໍ່ໄດ້ຮັບຂ່າວຄ່າວຫຍັງເລີຍ.

译文：好些日子没有得到一点消息了。

例 18：ຂໍສະແດງຄວາມໄວ້ອາໄລ<u>ດ້ວຍ</u>ຄວາມເສົ້າສະຫຼົດໃຈ.

译文：谨表示沉痛的哀悼。

表"状态"时，"ໂດຍ"和"ດ້ວຍ"用法差别较大。"ໂດຍ"使用频率高，适用域广，可做结构助词，后接形容词（如ໂດຍທົ່ວໄປ［普遍的］）、副词（如ໂດຍທັນທີ［立即］、例 16）做状语，并后置，表示动作行为的性质、状态，相当于汉语的"地、得"；也可以引申为连词，连接从句（例 17），并后置。"ດ້ວຍ"适用域较广，但不如"ໂດຍ"，一般只能接名词构成介词短语，作后置状语，表达一种感情心情（例 18）或精神品质（如ດ້ວຍນ້ຳໃສໃຈຈິງ［真诚地］），也可以表达事物的运行状态（如ດ້ວຍຄວາມໄວຊົ່ວໂມງລະ100ກິໂລ［以每小时 100 公里的速度］）；只有极少数情况（例 16）可以接形容词，描述动作的状态，用法类似"ໂດຍ"+形容词①。

表状态时，"ໂດຍ"和"ດ້ວຍ"还有一种特殊用法，其做介词，后接名词短语单独成句。常用在书面文体中，意为"谨致以/表示"，后接成分表达一种态度，但用法十分有限，如：

例 19：<u>ໂດຍ/ດ້ວຍ</u>ຄວາມນັບຖືມາເປັນຢ່າງສູງ

译文：谨致以崇高的敬意

这种特殊用法实际上是一种省略，如例句可补充为"ຂ້ອຍຂໍລາຍງານການໃຫ້ທ່ານໂດຍຄວາມນັບຖືມາເປັນຢ່າງສູງ"，"ໂດຍ"引导的部分做状语。两词此类用法类似，可互换，但"ດ້ວຍ"更常用。

2. 补充说明

"ດ້ວຍ"不能标记补充说明，而"ໂດຍ"则可以标记，用法举例如下：

例 20：ການເຂົ້າເປັນສະມາຊິກຂອງອົງການການຄ້າໂລກ(WTO)ຢ່າງສົມບູນເຮັດໃຫ້ຈີນກາຍເປັນສະມາຊິກອັນດັບທີ143ຂອງWTO<u>ໂດຍ</u>ຈະສົ່ງຜົນໃຫ້ຈີນສາມາດເຂົ້າເຖິງຕະຫຼາດຕ່າງປະເທດໄດ້ງ່າຍຍິ່ງຂຶ້ນ.

译文：正式加入世贸组织，标志着中国成为其第 143 个成员国，这将使得中国更容易进入国外市场。

例 21：ຣະຊວງໂຍທາທິການ ແລະ ຂົນສົ່ງໄດ້ອອກກະແຫຼງການກ່ຽວກັບຜົນຂອງການ

---

① "ດ້ວຍດີ"意义与"ໂດຍດີ"相近，都有"好地，顺利地，正常地"等意义。

ສືບສວນ-

ສອບສວນສາເຫດທີ່ພາໃຫ້ເຮືອບິນຕົກ<u>ໂດຍ</u>ການຊ້າງຮ່ວມຖະແຫຼງຊີ້ແຈງຂອງ ລັດຖະມົນຕີຊ່ວຍວ່າການກະຊວງໂຍທາທິການ ແລະ ຂົນສົ່ງ.

译文：公共工程和运输部发表了关于坠机原因调查结果的声明，公共工程和运输部副部长参与了解释声明。

表补充说明时，"ໂດຍ"做连词或介词，后接从句（例20）或名词性短语（例21）置于主句后，并对主句中的动作进行补充说明，其中从句又可以单独成句，这种用法在老挝语中很常见。

3. 时间

"ດ້ວຍ"不可以标记时间，"ໂດຍ"可以标记时间，后接名词构成介词短语做状语，意为"在某一时间段，贯穿"，但搭配不多，比如：

例22：ເຂົາບໍ່ໄດ້ນອນ<u>ໂດຍ</u>ຕະຫຼອດຄືນ.

译文：他整夜没睡。

4. 伴随

"ໂດຍ"不能标记补充说明，而"ດ້ວຍ"则可以标记，意为"和，及"，做并列连词，后接名词置于句末，用法比较有限。用法如下：

例23：ລັດຖະມົນຕີວ່າການກະຊວງຍຸຕິທຳໄດ້ໃຫ້ການຕ້ອນຮັບການຊ້າງຢ້ຽມຍາມຕຳມັບ ຂອງລັດຖະມົນຕີຊ່ວຍວ່າການກະຊວງຍຸຕິທຳຈີນ<u>ພ້ອມດ້ວຍ</u>ຄະນະ.

译文：司法部部长迎接了来访的中国司法部副部长及其代表团一行。

（三）终点标记类

终点标记类，即该标记连接与动作结束直接相关的概念，主要包括动作的目的和指涉的对象。

1. 目的

"ໂດຍ"和"ດ້ວຍ"都可以标记目的，意为"以，为了"，用法如下：

例24：<u>ໂດຍ</u>ຕອບສະໜອງຄວາມຕ້ອງການຂອງຕ້ອງການຂອງຕະຫຼາດ,ບໍລິສັດແຫ່ງນີ້ໄດ້ເປີດ ກວ້າງການຜະລິດ.

译文：为了满足市场需求，这家公司扩大了生产。

例25：ແຜນການເຫຼົ່ານີ້ເປັນເອກທີໃນການສົ່ງເສີມການຮ່ວມມືປະສານງານລະຫວ່າງ

ລັດຖະບານລາວ ແລະ ບັນດາຄູ່ຮ່ວມພັດທະນາ<u>ໂດຍເຮັດໃຫ້ມີຜົນສໍາເລັດໃນຫຼາຍດ້ານເປັນ</u>ກ້າວ ໆມາ.

译文：上述计划为促进老挝政府和各发展合作伙伴的合作提供了舞台，以使其在许多方面逐步取得成效。

例26：ລັດຖະບານພວມຈັດຕັ້ງປະຕິບັດ"ໂຄງການສົ່ງເສີມໂຮງຮຽນປອດຄວັນຢາສູບ 100%"<u>ດ້ວຍຈຸດປະສົງເພື່ອ</u>ເປັນການບັງຄັບໃຊ້ກົດໝາຍວ່າດ້ວຍການຄວບຄຸມຢາສູບ.

译文：政府正在推行"校园100%无烟工程"以严格落实《烟草管控法》。

表目的时，"ໂດຍ"接从句构成目的状语，可以置于主句之前（例24），也可以置于主句之后（例25）。"ດ້ວຍ"接名词短语构成目的状语（例26），置于主句之后。两词既可单用（例24），也可以与其他词构成固定搭配连用（例25和例26）。

2. 涉及的对象

"ໂດຍ"不可以标记涉及的对象，"ດ້ວຍ"虽然可以做此标记，但用法十分有限，只能作为介词后接名词或名词短语。常构成搭配 "ວ່າດ້ວຍ"，意为"关于"，多用于文章题目或书名，如：

例27：ກົດໝາຍ<u>ວ່າດ້ວຍ</u>ການສຶກສາ

译文：《教育法》

例28：<u>ວ່າດ້ວຍ</u>ວິທະຍຸ

译文：浅谈无线电

四、"ໂດຍ"和"ດ້ວຍ"的用法总结 ①

根据上述分析，本文对"ໂດຍ"和"ດ້ວຍ"做老挝语工具格标记时的用法总结如下：

表1　"ໂດຍ"做工具格标记时的用法

		词性	后置成分	能否单用	适用域
原型用法	方式	连词、结构助词和介词（连词最主要）	从句、形容词/副词和名词	能	广

---

① 本文总结的11种用法只是对工具格共时用法的尽可能诠释，并不是一个穷尽性的列举。

（续表）

			词性	后置成分	能否单用	适用域
非原型用法	工具		介词	名词	能	较窄
	起点	原因	介词和连词	名词和从句	能	广
		施事	介词	名词	能	较窄
	过程	状态❶	连词或结构助词	从句和形容词/副词	能	广
		补充说明	连词	从句（独立性强）	能	较广
		时间	介词	名词	不能	窄
	终点	目的	连词	从句	能	广

注：❶ "โดย" 表 "状态" 时极少情况下可做介词，后接名词短语，此处不将其列出。

表2 "ด้วย" 做工具格标记时的用法

			词性	后置成分	能否单用	适用域
原型用法	工具/材料		介词	名词	能	广
非原型用法	方式		介词	名词	能	较广
	起点	原因	介词和连词	名词和从句	能	广
		施事	介词	名词	能	较广
	过程	状态	介词	名词	能	较广
		伴随	并列连词	名词	不能	较窄
	终点	目的	介词	名词	能	较广
		涉及对象	介词	名词	不能	窄

五、"โดย" 和 "ด้วย" 用法对比的认知解析

结合原型范畴理论，我们做如下分析：

（一）单独分析表 1、表 2

1. 做工具及相关用法标记时，"โดย" 做连词时的情况最多，也可做介词和结构助词，而 "ด้วย" 基本都为介词，但两词都倾向以单用为主，这是和两词的原型用法（"โดย"：方式；"ด้วย"：工具/材料）相吻合的。

这也说明，原型用法拥有更多的与范畴内其他用法相同的特性，处于范畴的

最中心，是这个范畴最典型的用法；工具格范畴的基本意义（方式、工具、材料）和原型用法在典型性方面具有一致性。

2.对于任一个词来说，其适用域越广的用法，越能单独使用，词性、后置成分也越接近原型用法；反之，适用域越窄的用法，就越倾向于和其他词共同构成标记词，词性或后置成分也越可能远离原型用法。

这也可以理解为每个用法的各特性间具有一致性。越靠近范畴中心位置的用法，其各个性质（词性、后置成分、适用域）都与其他成员具有越多共性，该范畴越边缘的用法，其各个性质都与其他成员共性越少，整个范畴显示出向心性特征。具体说来，两词用法范畴中各非原型用法与原型用法的距离如下：

表3 "โดย"和"ด้วย"用法范畴中各非原型用法与原型用法的距离

	原型	近	较近	较远	远
โดย	方式	原因、状态、目的	补充说明	工具、施事	时间
ด้วย	工具/材料	原因	方式、施事、状态、目的	伴随	涉及对象

（二）对比表 1、表 2

1."โดย"和"ด้วย"都可以标记"原因"、"目的"、"方式"、"工具"、"状态"、"施事"；但"โดย"不可标记"材料"、"伴随"和"涉及的对象"，"ด้วย"不可以标记"时间"以及"补充说明"。

2.两词可标记相同的用法，但同一用法被两词标记时呈现出不同的特性。如"状态"这一用法，"โดย"标记它时的特性为"做连词或结构助词，后接从句和形容词/副词，能单用，适用域广"；而"ด้วย"标记它时的特性为"做介词，后接名词，能单用，适用域较广"。此外，结合表3，我们可以发现，一个词离原型用法较远的某些用法，与该词原型用法的特性差异较大，却与另一个词原型用法的特性相接近。如"ด้วย"标记原因时，可以做连词，后接从句，这和"โดย"的原型用法相接近。

在原型范畴理论看来，一词某一用法的特性与该词用法范畴的"家族相似性"（所有成员享有的共性）存在一致性，同一用法被两词标记时呈现出不同的特性是因为两词用法范畴的"家族相似性"不同。但是由于范畴的边界是模糊的，范畴的特征不是二分的，所以一词的某些用法也可能位于另一词的用法范畴。如果在词义、用法演变的过程中，这些用法受到另一个词的影响更大，则其特性可能与另一词的原型用法相接近。

3.结合表3，我们还可以发现，两词的非原型用法中，"原因"、"状态"、"目的"都处于各自范畴中心或靠近中心的位置，"施事"次之，而不被两词共有的用法，除补充说明外，都离各自范畴中心较远。由于"ໂດຍ"和"ດ້ວຍ"是老挝语最典型和常用的工具格标记，我们不妨建立一个老挝语工具格用法拓展的范畴。结合上述分析，我们可以推断，在这个范畴中，"原因"、"状态"、"目的"是工具格最常见的拓展用法，"施事"次之，而"补充说明"、"伴随"、"时间"、"涉及的对象"的代表性则比较弱。

六、结语

对于词的比较，传统方法是将两个词的意义和用法简单罗列并贴上标签，但是这种方法不直观，也无法反映词之间和词内部各用法间的内在联系。本文创造性地将认知语言学研究语义的原型范畴理论运用到老挝语"ໂດຍ"和"ດ້ວຍ"意义和用法的研究比较中，以直观地反映其多种用法背后的内在联系和异同，并借以分析其产生的原因。

此外，认知语言学下还有很多理论和认知机制可以对老挝语工具格进行研究，如通过隐喻和转喻理论判断"ໂດຍ"和"ດ້ວຍ"做工具格标记时的认知过程和功能拓展方向等。

由于语言学很多现象、关系之间无法截然分开，加上笔者理论基础还不够扎实，对于"ໂດຍ"和"ດ້ວຍ"标记工具及相关用法时的用法也只是尽可能充分地诠释，不可能列举穷尽，因此，在这次尝试中，笔者的阐释并不一定完整、唯一，还有许多待修缮的地方，这也是笔者以后的努力方向。

参考文献

［1］岑运强. 语言学概论［M］. 3版. 北京：中国人民大学出版社，2012.

［2］邓云华，石毓智. 工具格概念结构及其功能拓展［J］. 外语研究，2006（4）：1—6.

［3］黄冰. 老挝语汉语词典［Z］. 昆明：国际关系学院昆明分部，2000.

［4］覃海伦，黄勇，波里·巴帕潘. 基础老挝语：2［M］. 广州：世界图书出版广东公司，2014.

［5］王寅. 什么是认知语言学［M］. 上海：上海外语教育出版社，2011.

［6］赵新建，金基石. 朝鲜语工具格词尾的多义性分析［J］. 民族语文，2013（5）：56—61.

［7］赵艳芳. 认知语言学概论［M］. 上海：上海外语教育出版社，2001.

［8］ສົ່ງວງແຂກ ກອນນີວົງ. ວັດຈະນາບຸກິມພາສາລາວ [Z]. ວຽງຈັນ: ກິມພິມຈຳໜ່າຍບະຄອນຫຼວງວຽງຈັນ, 2005.

高棉语中梵语源外来词之考释

■ 解放军外国语学院　郑军军

【摘　要】印度文化在柬埔寨的传播导致了梵语源外来词对高棉语的大量输入。这些外来词涉及领域广泛，出现于以碑铭为主要文字载体的柬埔寨古代文字作品中。对高棉文碑铭中梵语源外来词的考释，使高棉语中最早出现的梵语源外来词得以准确考证，并展现了高棉文碑铭中的梵语源外来词概貌。其中对地名类梵语源外来词的重点考释，则揭示了这类外来词的总体特征及词汇类别。

【关键词】柬埔寨；高棉语；梵语源外来词

在柬埔寨文化的发展长河中，外来文化对柬埔寨的传播、柬埔寨文化与异族文化的接触是极为普遍的现象。在这其中，印度文化很早传入柬埔寨，与柬埔寨文化进行了长期、持续而又深入的碰撞和融汇，其间自然包含着高棉语①与梵语的接触。而作为印度文化传播的载体，梵语源外来词伴随着印度文化的引进和传播源源不断地输入到高棉语中，分布于宗教、文学、建筑与雕刻艺术、政治、法律、历法等领域，出现于柬埔寨古代各类文字作品中。

在古代柬埔寨，由于没有纸张和印刷术，富含梵语源外来词的历史文献或雕刻于碑铭上，或记载于加工过的贝叶②上，或书写于兽皮上。由于柬埔寨气候炎热潮湿，碑铭成为最易于长久保存和流传的文字载体。所以柬埔寨碑铭是我们研究高棉语中梵语源外来词的最可靠的资料来源和最重要的文献形式。在对高棉语

---

① 高棉语是柬埔寨主体民族高棉族的民族语言和柬埔寨王国官方语言。高棉语属南亚语系孟-高棉语族，是孟-高棉语族中最早有书面语言记载的语言，其起源与高棉族的形成紧密相关。

② 贝叶是用于刻写经文的树叶。这种树叶需要经过一种特殊工艺的加工才可用于刻写经文。写有经文的树叶用绳子穿成册，可保存数百年之久。后来，贝叶亦借指佛经。

中梵语源外来词进行考释之前，我们有必要对柬埔寨碑铭的概况做一总体考察。

一、柬埔寨碑铭概况

"碑铭"一词在高棉语中的对应词是"សិលាចារឹក"，它是一个复合词，由"សិលា"和"ចារឹក"这两个词复合而成。សិលា表示"石；岩石"之意，ចារឹក表示"雕刻；书写；标记"的意思，两词合二为一意为"刻在竖石上的文字，即碑铭"。[①]简而言之，柬埔寨碑铭是通常雕刻于寺庙的墙壁上、石柱上、大门上或屋梁上的文章，是具有史学性、纪念性、叙述性的文章，是公文类文章，或是关于人名、地名清单的文章。

作为东南亚历史最为悠久的文明古国，柬埔寨拥有极为丰富的碑铭资源，其碑铭数量在全世界名列前茅。法国学者Georges Coedès称，人们发现的柬埔寨碑铭数量共计1005块。[②]1971年，法国学者Claude Jacques在其发表的文章中表示，人们又新发现了45块柬埔寨碑铭。[③]1988年，他又在一篇文章中补充说明道，柬埔寨碑铭现在共有1150块。[④]

据考证，在越南南部的芽庄市[⑤]乌干村发现的大约为公元2世纪或3世纪（属扶南时期）[⑥]的碑铭是柬埔寨历史上，也是东南亚历史上最早的碑铭，上面的文字被鉴定为"印度南部的文字"。[⑦]而柬埔寨历史上最晚的碑铭则雕刻于公元14世纪。这意味着柬埔寨的碑铭时代是从公元2或3世纪直至公元14世纪，即柬埔寨碑铭始于扶南王朝时期，终止于柬埔寨王朝末期。

法国学者Henri Parmentier曾根据柬埔寨碑铭覆盖的地域范围绘制出高棉帝国的地图。从地图中我们发现，柬埔寨碑铭覆盖的领土面积广阔，这片领土横跨今天的柬埔寨、泰国和老挝三国。仅公元7世纪即扶南王朝末期的碑铭，在今日柬埔寨领土上就发现了230块，在柬埔寨邻国土地上发现了55块。在今天的泰国，无论是城市还是偏远省份，都曾发现过公元7世纪的柬埔寨碑铭。

---

① 汉语词"碑铭"在《现代汉语词典》（第6版）中被认为与"碑文"一词同义，将其做两种解释：一是"刻在碑上的文字"，二是"准备刻在碑上的或从碑上抄录、拓印的文字"。该词在汉语中最早见于《后汉书·翟酺传》："酺免后，遂起太学，更开拓房室，学者为酺立碑铭於学云。"

② Georges Coedès, Inscriptions du Cambodge, Vol.XVIII, Paris 1966, Pages 73-255.

③ Claude Jacques, Supplément au tome VIII des Inscriptions, Cambodge BEFEO. t.LVIII, 1971.

④ Claude Jacques, enrevue «Dossiers, Histoire et Archèologie», No.125, Paris 1988.

⑤ 芽庄曾是古代柬埔寨扶南王国的属地。

⑥ 这块碑铭究竟是成文于公元2世纪还是3世纪，在学界尚无统一定论。

⑦ ព្រះមហាវិរិយ: បណ្ឌិតោ ប៉ាង ខាត់: ពុទ្ធសាសនា ២៥០០. ទំព័រទី ៩.

历史上，柬埔寨碑铭以梵文、高棉文或巴利文书写而成。以这三种文字雕刻的碑铭特点各异。据统计，目前已发现的柬埔寨的梵文碑铭共有503块，^①其文章体裁为诗歌，通常叙述的是宗教（即婆罗门教和佛教）活动。梵文碑铭经常一开始先按照诗韵对婆罗门教的神灵进行祈祷，使整篇诗文充满神灵论和吠陀哲学的气息。碑铭诗歌的内容通常是对国王的歌功颂德，如描述王族史的变迁、叙述国王在沙场奋勇抗敌的功绩、赞颂国王的统治铸就了国家的繁荣昌盛。有一些碑铭诗歌赞颂僧侣或教徒等高层人物建庙筑塔、建苑筑坝等佛事功德，还有一些诗歌描述了与外敌浴血奋战的重大历史战事。

法国学者K. Bhattacharya在其关于柬埔寨碑铭中梵语词研究的书中表示，柬埔寨碑铭中对梵语的运用准而优美。的确，柬埔寨碑铭中的梵文诗歌呈现出高贵而又磅礴浩大的风格，充满着生动形象的辞藻比较与隐喻。诗歌按照优美的韵律和动听的音节撞击性创作而成，为了吟诵，如诵经，或为了吟唱歌颂婆罗门教诸神、佛祖、菩萨和国王的赞歌。

高棉文碑铭目前共计619块，年代横跨前吴哥王朝时期和吴哥王朝时期。其中前吴哥王朝时期（即公元6世纪至8世纪）的有164块，吴哥王朝时期（即公元9世纪至14世纪）的有455块，^②其文章体裁为散文。除了一部分文章与历史事件有关外，大部分高棉文碑铭文章可看作是国家事务、民政、司法等方面的资料。从这些文章中我们可获取关于古代柬埔寨的社会形态和社会管理制度方面的信息，如新土地上寺庙、经堂和村落的建造；贵族阶层、婆罗门祭司和僧侣在国家发展事务中的宗教与经济活动；赠予寺庙和用于祭奠神灵的众多供品：从田地、庄园到奴隶、牲畜、金银器皿，不一而足；关于开展各项王国事务的圣旨的颁布实施，尤其是垦荒拓地、建设村落、建造寺庙、开渠筑坝等活动。前吴哥时期和吴哥时期几乎所有的高棉文碑铭文章都有一个共同特点，那就是叙述了寺庙和贵族阶层被国王赐予的村庄、田地和庄园的地理状况，并呈现了为寺庙开展各项服务的人的姓名。因此，通过高棉文碑铭，我们能收集到大约5000个人名和1500个地名。^③从高棉文碑铭中，我们还发现，寺庙是古代柬埔寨社会的经济和文化中心，是柬埔寨人民宝贵的精神家园。与梵文碑铭的文风和语言风格不同的

---

① ឡេង សេៀម: សិលាចារិកជាប្រភពនៃការសិក្សាអក្សរសាស្ត្រនិងប្រវត្តិសាស្ត្រនៃប្រទេសកម្ពុជា. កម្ពុជសុរិយា(លេខទី ២ ឆ្នាំ ១៩៩៨).

② 同上。

③ 同上。

是，所有的高棉文碑铭都以平实、清晰的语言风格组织成文，文章内容能被大多数不懂梵语的普通百姓所理解。

至于巴利文碑铭，在柬埔寨这类碑铭的数量极少，在此便不详述了。

柬埔寨碑铭不仅为研究柬埔寨的历史、宗教、社会、文学等提供了极为珍贵的资料，而且它还是高棉语研究的富矿，尤其是研究前吴哥时期和吴哥时期高棉语的重要基础，它使我们得以知晓古高棉语的语言状况，了解高棉语在历史长河中的演变和发展。

二、高棉文碑铭中的梵语源外来词

高棉文碑铭提供了关于梵语源外来词的典范语料，展现了不同历史时期的梵语源外来词状况及其在高棉语中的变化发展过程。

（一）高棉文碑铭中的梵语源外来词概貌

柬埔寨碑铭学和文字学专家龙辛（ឡុង សៀម）认为："如果不研究高棉语中的梵语源外来词，就无法研究古高棉语词汇。"[1]的确，梵语源外来词在整个高棉语词汇系统中具有举足轻重的地位，其在高棉语中的历史源远流长。可以毫不夸张地说，高棉语出现文字之时便是梵语源外来词进入高棉语之时。成文于公元611年的安哥波利碑铭（即K.600碑铭）[2]是现今发现的最早、最完整的高棉文碑铭，其出现标志着高棉语文字史的开始。在这块碑铭中，人们就已发现许多梵语源外来词。这些词主要是人名，确切地说是表示那一时期的宫廷歌者和舞者的名字。例如：

ស្សន្តមាលិកា，高棉语释义是"ផ្កាម្លិះនារស្សន្តរដូវ"，即雨季的茉莉花；
គន្ធារី，高棉语释义是"មានគុណសម្បត្តិល្អ"，即有优点；
ចារុមតី，高棉语释义是"ម្ហូបចំណីសំរាប់ពិចារណ"，即用于思考的菜肴；
អរុណមតិ，高棉语释义是"ធម្មិពេលព្រលឹម"，即早晨的见解；
គន្ធីនី，高棉语释义是"មានក្លិនឈ្មុយឈ្ងប់"，即芳香。

由上述例词可知，梵语源外来词人名具有不同于高棉语固有词人名的鲜明特征：均为多音节、读音独特、词义具体而明晰。更为重要的是，这些梵语源人名出现于柬埔寨历史上第一块高棉文碑铭中，不仅对应着高棉语文字史的开启，而

---

[1] ឡុង សៀម: វក្យសព្ទសំស្រ្ឹតដំបូងក្នុងភាសាខ្មែរបុរាណ. កម្ពុជសុរិយាលេខទី ១ ឆ្នាំ ១៩៩៦.
[2] K.600是柬埔寨碑铭的编号。

且标志着梵语源外来词已开始进入高棉语语言体系内，同时这也是高棉语外来词输入史的发端。

除了安哥波利碑铭这块最早的高棉文碑铭外，我们还在之后各个时期的高棉文碑铭中发现大量的梵语源外来词，其中以人名和地名类梵语源外来词较有代表性。这些梵语源人名通常是国王、王公贵族、高层官员等上层阶级的名字，有的是负责神庙修建者的名字，还有的是一代代供奉婆罗门教神灵的家族成员的姓名。并且由碑铭可知，前吴哥时期和吴哥时期历代国王的名字均为梵语源外来词。例如：

ភវវរ្ម័ន，高棉语释义是"ជនដែលព្រះឥសូររាររពារ"，即被艾梭拉神（湿婆神的别称）保护的人。该词出现于 K.149 碑铭中。

ឥសានវរ្ម័ន，高棉语释义是"ជនដែលព្រះឥសានការពារ"，即被伊奢那神（湿婆神的别称）保护的人。该词出现于 K.22 碑铭中。

ជយវរ្ម័ន，高棉语释义是"ប្រកបដោយជ័យជំនះ"，即拥有胜利。该词出现于 K.453 碑铭中。

ឥន្ទ្រវរ្ម័ន，高棉语释义是"ជនដែលព្រះឥន្ទ្រការពារ"，即被因陀罗神保护的人。该词出现于 K.14 碑铭中。

សុរិយាវរ្ម័ន，高棉语释义是"ជនដែលព្រះអាទិត្យការពារ"，即被太阳神保护的人。该词出现于 K.31 碑铭中。

梵语源外来词地名也广泛存在于各个历史时期的高棉文碑铭中，这其中就有前吴哥时期和吴哥时期柬埔寨各都城的名称。例如：

រ្យាធបុរៈ，高棉语释义是"ទីក្រុងរាជាដែលជាព្រានប្រមាញ់ដំរី"，即猎人捕象的王城，简称"猎手之城"。

សំកុបុរៈ，高棉语释义是"ទីក្រុងព្រះគិរៈ"，即湿婆神之城。

ឥសានបុរៈ，高棉语释义是"ទីក្រុងព្រះឥសាន"，即伊奢那神之城。该词出现于 K.314 碑铭中。

ហរិហរាល័យបុរៈ，高棉语释义是"ទីក្រុងព្រះវិស្ណុនិងព្រះឥសូរ"，即毗湿奴神和湿婆神之城。该词出现于 K.235 碑铭中。

កម្វុបុរៈ，高棉语释义是"ទីក្រុងតាបសកម្វុ"，即名叫甘字的修行者之城。该词出现于 K.283 碑铭中。

យសោធបុរៈ，高棉语释义是"ទីក្រុងដ៏ស្រស់ប្រិមប្រិយ"，即美丽而光荣的城市。该词出现于 K.70 碑铭中。

在下文中我们将专门对高棉文碑铭中地名类梵语源外来词进行考释，所以在此便不再对其加以详述了。

从公元611年第一块高棉文碑铭中出现最早的梵语源外来词开始，在之后的数百年间，梵语源外来词持续不断地输入高棉语中，在公元13—14世纪即吴哥王朝末期达到顶峰。在这一时期的高棉文碑铭中，梵语源外来词与高棉语固有词数量相当。例如雕刻于公元1327年的K.470碑铭是关于圣旨的文章，在这篇碑文中共有240个词语，其中就有110个词是借自梵语。在公元13至14世纪的K.117碑铭和K.144碑铭中，梵语源外来词的数量甚至超过了高棉语固有词。①

（二）高棉文碑铭中地名类梵语源外来词考释

在高棉文碑铭中，地名类梵语源外来词数量庞大。据统计，在目前已发现的所有高棉文碑铭中，大约有400个高棉语地名是梵语源外来词，约占碑铭中高棉语地名总数的三分之一以上。②并且，地名类梵语源外来词在梵语源外来词中特色鲜明，值得探究。

1. 梵语源外来词地名与高棉语固有词地名的不同特点

梵语源外来词地名有着与高棉语固有词地名迥然不同的特点。就指称对象而言，高棉语固有词地名通常指称山、湖、池塘、森林、高原、土地等等，而梵语源外来词地名则一般指称国家、地区、城市、寺庙及各种宗教场所等等。

就产生方式而言，首先，从社会层面上看，高棉语固有词地名是由高棉语本族语使用者以一种无意识的方式在日常语言交际中自然而然地创造出来的，而梵语源外来词地名则是由柬埔寨本国精通梵语的学者或受过教育的人经过深思熟虑创制而成的。这些梵语源地名经常出现于圣旨中，用于表示柬埔寨本国各种行政区划，如省、王都、市、县等，或表示寺院、山脉、水域、河流和各种建筑物，等等。其次，从语言层面上看，高棉语固有词地名是借助植物学和动物学术语的自然命名，而梵语源外来词地名是通过将婆罗门教诸神之名加以拆分或精选用于祈福、祷告仪式的名词和形容词而创制出来的。

2. 梵语源外来词地名的类别

以梵语源外来词地名是由神灵之名还是祈福词构成为依据，我们将其分为如

---

① ឡុង សៀម៖ វក្យសព្ទសំស្ក្រឹតដំបូងក្នុងភាសាខ្មែរបុរាណ. កម្ពុជសុរិយាលេខទី ១ ឆ្នាំ ១៩៩៦.
② ឡុង សៀម៖ ហាននាមខ្មែរមានប្រភពពីភាសាសំស្ក្រឹត.កម្ពុជសុរិយាលេខទី ១ ឆ្នាំ ១៩៩៦.

下两类：

第一类：由婆罗门教诸神之名构成的梵语源地名。

之所以用婆罗门教诸神之名构成梵语源地名，是由于在公元1世纪至14世纪漫长历史中的大多数时期，柬埔寨都是以婆罗门教为国教的，尽管其间有过多种宗教并存或所信仰的婆罗门教教派不尽相同的现象。所以，婆罗门教对古代柬埔寨的影响是极为深远而又广泛的。在古代柬埔寨，生产力十分低下，人们对天地万物和各种自然现象的认识极其有限，一方面会产生恐惧和无助的情绪和心理，另一方面又将大自然神格化，将其看作是一种有着无所不能神奇力量的存在。于是古代柬埔寨人民歌颂自然、崇尚自然，崇拜神格化的婆罗门教自然神，尤其是崇拜毗湿奴和湿婆这两大主神。他们坚信毗湿奴能够维护宇宙间的和平，湿婆能降伏妖魔、繁衍世间万物，坚信婆罗门教诸神能赐予人们美好的生活，所以他们用诸神之名来构造各种地名，希望以婆罗门教神灵的巨大威力来庇佑高棉大地上的万物生灵。

由于古代柬埔寨人民最为崇拜的是毗湿奴和湿婆这两大主神，自然更多的是用毗湿奴和湿婆的名字来创制各种地名。具体情况如下：

以湿婆之名及与湿婆相关的一切事物来命名的地名，例如：

គិរិលិង្គ：意为"湿婆的林伽"。林伽即男性生殖器，是湿婆神的象征，刻成石柱状，做祭祀之用。该词出现于K.697碑铭中，用作某寺庙的名称，即ប្រាសាទគិរិលិង្គ。该词在现代高棉语中写作សិលិង្គ。

គិរិបាទ：意为"湿婆的脚"。该词出现于K.344碑铭中，用于表示与湿婆神相关的一座寺庙的名称，即ប្រាសាទគិរិបាទ。该词现写作សិបាទ。

គិរិបុរៈ：意为"湿婆之城"。该词出现于K.195碑铭中，用作古代柬埔寨某城市之名。该词现写作សិរិបុរៈ。

គិរិតរៈ：意为"湿婆的诞生"。该词出现于K.809碑铭中，用于表示古代柬埔寨某区域之名，即ស្រុកគិរិតរៈ。该词现写作សិតរៈ。

គិរិគុប្ជ：意为"湿婆的支持"。该词出现于K.212碑铭中，用作古代柬埔寨某区域的名称，即ស្រុកគិរិគុប្ជ。该词现写作សិគុប្ជៈ。

以毗湿奴神的神名来命名的地名，例如：

វិស្ណុបុរៈ：意为"毗湿奴之城"。该词出现于K.67碑铭中，用作古代柬埔寨某区域的名称，即ស្រុកវិស្ណុបុរៈ。

វិស្ណុគ្រាម：意为"毗湿奴的领地"。该词出现于K.521碑铭中。

　　以上列举的毗湿奴和湿婆神名构成的梵语源外来词地名只是冰山一角，在公元4—14世纪的柬埔寨碑铭中还有许多这类词汇，这说明在前吴哥王朝和吴哥王朝时期，毗湿奴和湿婆这两大婆罗门教主神受到古代柬埔寨社会的虔诚崇拜，历朝国王根据个人喜好，有的推崇毗湿奴教派，有的信奉湿婆教派。但不管怎样，毗湿奴教派和湿婆教派都对当时的柬埔寨社会造成了深刻影响。

　　为了避免以同一神灵之名表示不同地名的同音异义现象的频繁出现，学者们便利用湿婆神的其他名字和毗湿奴化身的名字来构造新地名。法国学者Kamaleswar Bhattacharya在其创作的《古代柬埔寨的婆罗门教》一书中表示，湿婆神有30多个名称，其中一些用于表示地名。例如：

　　រុទ្រ:，出现于K.467碑铭中：ក្នុងស្រុករុទ្រ:

　　ឝសាន:，出现于K.314碑铭中：នៅរាជធានីឝសានបុរ:

　　ឝស្វរ:，出现于K.91碑铭中：នៅ(ប្រាសាទ)ឝស្វរបុរ:

　　ហរ:，出现于K.175碑铭中：នៅ(ស្រុក)ហរគ្រម:

　　វិអន្ទ្រ，出现于K.467碑铭中：នៅ(ស្រុក)វិអន្ទ្របុរ:

　　គវ្ឭ（现写作សវ្ឭ:），出现于K.44碑铭中：នៅ(ប្រាសាទ)សវ្ឭគ្រ្សម:

　　កវ៌:，出现于K.939碑铭中：នៅ(រាជធានី)កវ៌បុរ:

　　ត្រិភុទ្រ៌ីគ្វរ:（现写作ស្រីភុទ្រ៌ីគ្វរ:），出现于 K.852 碑铭中：នៅ(ស្រុក)ត្រិភុទ្រ៌ីគ្វរគ្រម

　　អមោយ:，出现于K.221碑铭中：នៅ(ដែនដី)អមោយបុរ:

　　ស្វយម្ភុ，出现于K.580碑铭中：នៅ(ស្រុក)ស្វយម្ភុបុរ:

　　通过对上述例词的分析，我们发现，湿婆之名សិរ:及其别名用于古代柬埔寨国内各种地名中，并且湿婆的这些名字都是精选自梵语普通词汇的神圣词语，蕴含着崇高的象征意义。例如：

　　គីរ:（现写作សិរ:）意为"仁慈的，慈善的；安乐的"

　　កវ៌:意为"发展；繁荣"

　　អមោយ:意为"富饶的，肥沃的"

　　ភទ្រ:意为"美丽的；美好的"

　　ហរ:意为"毁灭（坏事物）"

　　通过对公元4—14世纪柬埔寨碑铭的研究，我们还发现，毗湿奴化身的一些名称也被用作构造地名。例如：

　　គ្ឫស្ណ，出现于K.221碑铭中：ណ្ដាងគ្ឫស្ណ，表示某座洞穴的名称。

នរាយន៍，出现于 K.221 碑铭中：ប្រាសាទនរាយន៍，表示某座寺庙的名称。

រាមក្សេត្រ៍，出现于 K.221 碑铭中，意为"ចំការរបស់ព្រះរាមា"，表示某个地区的名称。

វិក្រម៍，出现于 K.221 碑铭中：រាជធានីវិក្រម៍，表示古代柬埔寨某个时期的王都之名。

需要特别指出的是，在柬埔寨不同历史时期的王都之名中，有一个名称叫作ហរិហរលយ，它是由两个梵语源神圣词语ហរិ（诃利，即毗湿奴的别名）和ហរ៍（诃罗，即湿婆的别名）通过连音的方式组合而成。该词出现于 K.293 碑铭中，意为"毗湿奴和湿婆的居住地"。该地名印证了这样一个历史事实，即在前吴哥王朝时期的阇耶跋摩一世时代，毗湿奴与湿婆在国王的大力提倡下融合为一个天神，毗湿奴教派与湿婆教派也由此合二为一。这种和谐的宗教融合状况为后任国王阇耶跋摩二世实施民族和解政策奠定了良好的基础。通过实施民族和解政策，阇耶跋摩二世平定了国内动乱，统一了水、陆真腊，①建立了吴哥王朝。

通过对梵语源地名的研究我们发现，与婆罗门教另一位主神——梵天相关的地名并不像毗湿奴类地名与湿婆类地名那般多见，仅在一些碑铭中发现这类地名。例如：

ព្រហ្មបុរ（现写作ព្រហ្មបុរ៍），意为"梵天的王都"，出现于 K.235 碑铭中：ស្រុកព្រហ្មបុរ៍。

ព្រហ្មតភិ（现写作ព្រហ្មតភិ），意为"梵天的诞生"，出现于 K.352 碑铭中：ស្រុកព្រហ្មតភិ，ស្រែព្រហ្មតភិ。

ព្រហ្មបទ（现写作ព្រហ្មបទ），意为"梵天的居住地"，出现于 K.235 碑铭中。

在公元4—14世纪的柬埔寨碑铭中，梵天类地名不像毗湿奴类地名与湿婆类地名那样普遍，这从另一个侧面说明在前吴哥王朝和吴哥王朝时期，婆罗门教三大主神的受崇拜程度是不一样的：高棉人对梵天的信奉远不及毗湿奴和湿婆那样在全国广泛流行。

除了三大主神外，婆罗门教副神的名字也被用作构造梵语源地名的重要成分。例如：

---

① 大约公元710—717年间，真腊因王位继承问题而发生政治动乱，最后分裂为南北两国：南部因靠海而被称为水真腊；北部因多是山地而被称为陆真腊。

ឥន្រ្ទ（因陀罗，即暴风雨神），出现于 K.235 碑铭中：នគរឥន្រ្ទបុរ:，表示古代柬埔寨某一时期王都的名字。还出现于 K.292 碑铭中：ស្រុកឥន្រ្ទ:បរស្យ，表示某个地区的名称，ឥន្រ្ទ:បរស្យ意为"因陀罗神遗弃了他的养子——日后的吴哥国王"。

សោម（俱毗罗，即月亮神），出现于 K.918 碑铭中：ស្រុកសោមលយ:，表示某个区域的名称。

ចន្រ្ទ:（月亮神），出现于 K.117 碑铭中：(ទីតាំង)ចន្រ្ទបុរ:，表示某一处所的名称。

សុរ្យ:（太阳神），出现于 K.31 碑铭中：ប្រាសាទគ្រីសុរ្យ្យបរិត，表示某座宫殿的名称。

កាម（爱神），出现于 K.467 碑铭中：ស្រុកកាមធេនុ，表示某地之名。

អនង្គ（爱神的别名），出现于 K.292 碑铭中：ស្រុកអនង្គបុរ:，表示某地之名。

វរុណ（雨神；水神），出现于 K.262 S 碑铭中：ស្រុកវរុណ:，表示某地之名。

វគិន្រ្ទ（善于雄辩的神），出现于 K.380 E 碑铭中：ស្រុកវគិន្រ្ទ，表示某地之名。

在上述例词中，ចន្រ្ទ:（月亮神）、សុរ្យ:（太阳神）、កាម（爱神）这三个梵语源词早已为柬埔寨人所熟知，并逐渐衍变为高棉语中的普通名词，分别表示"月亮"、"太阳"和"欲望"之意。

第二类：由祈福词构成的梵语源地名。

之所以用祈福词来创制梵语源地名，原因在于古代柬埔寨人的生活环境是非常恶劣的，风雨雷电、洪水猛兽、传染性疾病以及外敌入侵经常会给他们带来毁灭性的灾难。而古代柬埔寨的生产力是十分低下的，柬埔寨人对自然灾害的无法消除、对生老病死的无法解释、对外敌入侵的难以抵御，使他们内心深处产生出祈求上天赐福的强烈渴望。这种祈福又逐渐发展成为他们的一种精神信仰，他们相信通过祈福能为他们消除天灾人祸，于是他们以祭祀作为祈福最经常性的表达形式和手段。此外，他们还通过用祈福词构造地名的方式来表达祈求福泽、希望幸福安康的美好愿望。

以祈福词构造的地名从语义角度可分为以下六种：

第一种：祈求健康和幸福的地名。例如：

សុខលយៈ, សុខ意为"健康", 出现于 K.393 碑铭中: ស្រុកសុខលយៈ

មង្គលបុរ, មង្គល意为"幸福", 出现于 K.205 碑铭中: ស្រុកមង្គលបុរ

第二种: 祈求长久和平与安宁的地名。例如:

ប្រសាន្តគ្រាម, ប្រសាន្ត: 意为"和平", 出现于 K.187 碑铭中: ដែននីប្រសាន្តគ្រាម

អមរលយៈ, អមរ: 意为"不朽的; 永生的", 出现于 K.393 碑铭中: ស្រុកអមរលយៈ

អភយបុរៈ, អភយ: 意为"无畏的", 出现于 K.357 碑铭中: ប្រាសាទអភយបុរៈ

第三种: 祈求发展与繁荣的地名。例如:

ភោគបុរៈ, ភោគ意为"财富; 财物", 出现于 K.843 碑铭中: ស្រុកភោគបុរៈ

ធនវហៈ, ធន意为"财产; 财宝", វហៈ意为"车, 车辆", 出现于 K.467 碑铭中: ស្រុកធនវហៈ

ផលប្រិយៈ, ផល 意为"成果; 产物; 收获", ប្រិយ: 意为"令人愉快的", 出现于 K.205 碑铭中: ស្រុកផលប្រិយៈ

វស្សន្តបុរៈ, វស្សន្ត 意为"春季, 春天", 出现于 K.221 碑铭中: ស្រុកវស្សន្តបុរៈ

第四种: 祈求胜利、成功的地名。例如:

សិទ្ធិបុរៈ, សិទ្ធិ意为"成功", 出现于 K.702 碑铭中: ស្រុកសិទ្ធិបុរៈ

វិជយបុរៈ, វិជយ意为"胜利", 如ស្រុកវិជយបុរៈ

វិក្រន្ត, 意为"胜利的; 凯旋的", 出现于 K.697 碑铭中: ស្រុកវិក្រន្ត

第五种: 祈求美好与辉煌的地名。例如:

វង្គបុរៈ, វង្គ 意为"生动的; 别致的; 多彩的", 出现于 K.476 碑铭中: ស្រុកវង្គបុរៈ

ភទ្របុរៈ, ភទ្រ 意为"美丽的; 美好的", 出现于 K.56 碑铭中: ប្រាសាទភទ្របុរៈ

ស្រេស្ឋនិវសៈ, ស្រេស្ឋ 意为"美丽的; 美好的", 出现于 K.467 碑铭中: ភូមិស្រេស្ឋនិវសៈ

ជ្យោតិគ្រាម, ជ្យោតិ意为"光芒", 出现于 K.219 碑铭中: ស្រុកជ្យោតិគ្រាម

第六种: 祈求快乐、至福并希望拥有充满道德和智慧生活的地名。例如:

មោក្សលយៈ, មោក្ស 意为"无知; 愚昧", 出现于 K.58 碑铭中:

ស្រុកមោក្សលយ

ធម្មបុរៈ, ធម្ម意为"法规，法则；宗教道德"，出现于 K.697 碑铭中：
ស្រុកធម្មបុរៈ

វិទ្យាវាសៈ, វិទ្យា意为"知识；学识"，វាស:意为"住处，居住地"，出现于
K.617碑铭中：ស្រុកវិទ្យាវាសៈ

វិទ្យាស្រមៈ, 意为"知识的圣殿"，出现于 K.262 碑铭中：
ប្រាសាទវិទ្យាស្រមៈ

កៃរល្យបុរៈ, កៃរល្យ:意为"永远的幸福"，出现于 K.868 碑铭中：
ស្រុកកៃរល្យបុរៈ

三、结语

本文重点对高棉语中的梵语源外来词进行了扎实具体的考释，这些外来词涉及领域广泛，出现于以碑铭为主要文字载体的柬埔寨古代文字作品中。通过考释高棉文碑铭中的梵语源外来词，笔者考证出了高棉语中最早出现的梵语源外来词，展现了高棉文碑铭中的梵语源外来词概貌。并通过对地名类梵语源外来词的重点考释，揭示了这类外来词的总体特征及词汇类别。

参考文献

[1] 陈显泗. 柬埔寨两千年史 [M]. 郑州：中州古籍出版社，1990.

[2] 杜继文. 佛教史 [M]. 北京：中国社会科学出版社，1991.

[3] 冯承钧. 中国南洋交通史 [M]. 北京：商务印书馆，2011.

[4] ព្រះមហាវិរិយៈ បណ្ឌិតោ ប៉ាង ខាត់: ពុទ្ធសាសនា ២៥០០. ទំព័រទី ៩.

[5] ឡេង សៀម: សិលាចារឹកជាប្រភពនៃការសិក្សាអក្សរសាស្ត្រនិងប្រវត្តិសាស្ត្រនៃប្រទេសកម្ពុជា. កម្ពុជសុរិយា (លេខទី ២ ឆ្នាំ ១៩៩៥).

[6] ឡេងសៀម:វាក្យស័ព្ទសំស្ត្រឹតដំបូងក្នុងភាសាខ្មែរបុរាណកម្ពុជសុរិយា(លេខទី ១ ឆ្នាំ ១៩៩៦).

[7] ឡេង សៀម: ហាននាមខ្មែរមានប្រភពពីភាសាសំស្ត្រឹត. កម្ពុជសុរិយា(លេខទី ១ ឆ្នាំ ១៩៩៦).

[8] Georges Coedès, Inscriptions du Cambodge, Vol.XVIII, Paris 1966, Pages 73-

255.

　　［9］Claude Jacques, Supplèment au tome VIII des Inscriptions, Cambodge BEFEO. t.LVIII, 1971.

　　［10］Claude Jacques, enrevue «Dossiers, Histoire et Archèologie», No125, Paris 1988.

近代缅语声母系统的基本特征与声母的变化

■ 解放军外国语学院　钟智翔

【摘　要】缅语的语音体系从来就不是一成不变的，缅语语音的发展变化定会涉及其声母系统。缅语发展到近代时期，其声母系统的擦音、塞擦音及颤音在一定程度上出现了新的发展，复辅音也有了合流与单音化的过程，并呈现出音位互换、多位并合和简化的趋势。

【关键词】近代缅语；声母系统；语音演变

近代缅语是指缅甸贡榜王朝成立以后至殖民地时期初期的缅语，即18世纪初至19世纪末的缅语。这一时期的缅语较近古缅语时期又有了新的发展。从成书于18世纪中晚期的《缅甸译书》①和同时期西方学者所留下的语音材料来看，外来因素对缅语的影响在加大，语音变化显得突出而强烈。

一、近代缅语声母系统的基本特征

《缅甸译书》在卷一之首以"字母三十三字"为题将缅语辅音字母表（单辅音）做了详细例举，并在每个字母下面配以汉字注音，具体如下：②

缅语字母	က	ခ	ဂ	ဃ	င	စ	ဆ	ဇ	ဈ	ည
汉字注音	嘎	克	葛	客	牙	诈	擦	渣	插	娘
汉字转注	kɔ	khə	kɔ	khə	ja	tsa	tsha	tʂa	tʂha	ȵa

---

① 《缅甸译书》为清代彭元瑞（1731—1783年）所编礼部十种译字书中的一种，是在会同四译馆合并前（乾隆十三年［1748年］）《华夷译语》抄本的基础上整理而成的。

② 汉字之国际音标注音及辅音析出非《缅甸译书》原书所有，本文汉字国际音标注音采用《等韵图经》明代语音体系。

近代拟音	*k	*kh	*g	*gh	*ŋ	*ts	*tsh	*dz	*dzh	*ȵ
缅语字母	ဋ	ဌ	ဍ	ဎ	ဏ	တ	ထ	ဒ	ဓ	န
汉字注音	褡	他	打	达	那	大	搭	答	榻	娜
汉字转注	ta	tha	ta	tha	na	ta	tha	ta	tha	na
近代拟音	*t	*th	*d	*dh	*n	*t	*th	*d	*dh	*n
缅语字母	ပ	ဖ	ဗ	ဘ	မ	ယ	ရ	လ	ဝ	သ
汉字注音	把	帕	八	扒	马	雅	热	剌	娲	萨
汉字转注	pa	pha	pa	pha	ma	ja	ʐɛ	pa	wa	sa
近代拟音	*p	*ph	*b	*bh	*m	*j	*r	*l	*w	*s
缅语字母	ဟ	ဠ	အ							
汉字注音	哈	拿	阿							
汉字转注	ha	nu	a							
近代拟音	*h	*ḷ	*a							

从《缅甸译书》杂字之汉字注音分析，近古时期缅语辅音存在以下特点：

（一）塞音、擦音、塞擦音声母仍分清浊

清浊音是缅语自上古以来就有的语音特征。为《缅甸译书》杂字注音的汉语到了近代，其官话系统中的浊声母已基本消失，浊声母字演变成为清声母字。反映到《缅甸译书》的杂字注音上就是用清声母代替浊声母。在上述缅语字母表的注音中，代替浊声的清声字有“葛、客、渣、插、打、达、答、榻、八、扒”等10个。其中属于中古时期庄母字的有“渣”tsa，[1]初母字有“插”tsha，端母字有“打”tieɴ、“答”tap，透母字有“达”thiei、“榻”thʌp，帮母字有“八”pat、“扒”pjɛt。这些浊声母注音汉字虽然在中古时期不属于浊声母字，[2]且通过推测近代缅语字母汉字注音的中古属性并不能证明近代缅语是否分清浊，但在19世纪初前后，分别由莱登（Leyden，1810）、陶维斯（John Towers，1798）所标注的缅语读音显示，近代缅语辅音分清浊的现象仍然存在，这从上述10个浊辅音的标注方式上可以得到证实：

① 此处为中古汉语拟音，下同。

② 中古汉语时期，汉语声母也分清浊。据清代陈澧《切韵考》研究发现，《广韵》所载40个中古汉语声类中，清声占21类、浊声占19类。详见：林焘，耿振生．音韵学概要［M］．北京：商务印书馆，2004：115．

缅语字母	ဂ	ဃ	ဇ	ဈ	ဍ	ဎ	ဒ	ဓ	ဗ	ဘ
汉字注音	葛	客	渣	插	打	达	答	榻	八	扒
莱登注音	ga	gha	za	z'ha	da	d'ha	da	d'ha	ba	b'ha
陶维斯注音	g	c'h	j	ch'h	d	t'h	d	t'h	b	p'h

莱登的缅文辅音字母注音载《缅、马来、泰语词汇比较》(A Comparative Vocabulary of the Burma, Maláyu and Thái Languages，1810)一书中。在对缅语浊辅音字母注音时，莱登选择了浊塞音 ga 对 ဂ、gha 对 ဃ，da 对 ဍ 和 ဒ、d'ha 对 ဎ 和 ဓ，ba 对 ဗ、b'ha 对 ဘ；擦音 z、z'h 则与 ဇ、ဈ 对应。这充分证明了上述塞音、塞擦音字母为浊辅音字母。陶维斯注音中（1798年）则将不送气音注为浊音、送气浊音为清音。根据缅文字母表编排规律和缅语发展情况，我们认为陶维斯对于字母表纵列送气浊音的注音是不正确的。19世纪欧洲人记录中用西文拼出的缅语词汇也证明了近代缅语时期塞音、塞擦音有清浊对立。如：

缅语	西文拼写	年代[①]	声母及类别	汉义
ဂဠုန်	ga-loon	1855	g，塞音	伽龙
ဘုရင်	buren	1827	b，塞音	国王
ဒလ	dalla	1795	d，塞音	达拉（地名）
ဓါး	dha	1795	dh，塞音	刀
စော်ဘွား	chobwa	1795	b，塞音	土司
ဇရပ်	za-yat	1827	z，擦音	亭子

（二）塞音、塞擦音清辅音仍维持送气与不送气的对立

塞音、塞擦音的送气与不送气的对立是自蒲甘朝有文字记载以来就一直存在的现象。近代缅语时期塞音、塞擦音清辅音一如从前，有送气与不送气的对立。《缅甸译书》证实了这种现象。如：

杂字转写	杂字注音	编号[②]	汉义
kum saŋ	恭些	572	衰
a khaa	阿喀	113	时

---

① 此处年代指西文记录的年代，一般以书籍出版的时间为准。

② 近代缅语时期的缅语例词主要取自剑桥大学图书馆藏《缅甸译书》，编号指《缅甸译书》杂字的编号。此编号与《缅甸馆译语》杂字编号不同。

tuu	都	509	幼
thuu:	兔	404	应
pa:	巴	67	薄
pham	潘	406	捕
tsaa:	鲊	667	吃
tsha raa	策颊	528	师傅

上例中，缅语字母表第一列送气音与第二列不送气音在《缅甸译书》中分别以送气和不送气音转注，表明缅语的这一语音属性在近代仍然得到了较好的保存。但在《缅甸译书》为数不多的浊音词汇中，我们也发现了注音汉字送气与不送气音混用的情况。如 b、bh：be tɔ 丕多[132大明]、bhu raa：珀拉[248圣]（均用带送气音的汉字标注）；d、dh：dhaa：鞑[916大刀]、dut 毒[918棍]（均用不带送气音的汉字标注）。甚至同样的缅语送气音用不同的汉字转注，如：dhaa

鞑（不送气），dhun 樋（送气）。这表明近代缅语塞音、塞擦音浊辅音送气与不送气的对立仍然发展不完善，浊送气音仍旧未被固有语吸收，语音对称结构体系还远没有建立起来。

二、近代缅语声母的发展变化

（一）塞擦音和擦音曾发生过双向演变，音位类型存在互换现象

1. 塞擦音向擦音的转化

声母塞擦音在藏缅语中有着十分悠久的历史。早期藏文和缅文中就存在大量的塞擦音。缅语进入近代发展期以前，存在着一套舌尖齿龈塞擦音：ts、tsh、dz、(dzh)。近古时期的《缅甸馆译语》杂字的汉字注音表明，这类塞擦音仍广泛存在。如：

汉义	吃	盐	十
藏文	za	tshwa	btɕugn̩is
缅文	tsaa	tshaa	tshaj
载瓦语	tso[21]	tsho[55]	tshe[51]
勒期语	tsɔ:[33]	tsho[55]	tshe[33]ə k[55]
喜德彝语	dzɯ[33]	tshɯ[33]	tshi[33]ṇi[34]
傈僳语	dza[31]	tsha[31]bo̥[33]	tshi[33]ṇi[31]

哈尼语	dza^{31}	tsha^{31} dʐ^{31}	tshe$^{\check{}55}$ n̩i^{31}
基诺语	tsɔ^{44}	tshə^{55} khə^{42}	tshɣ^{42}ni^{55}
缅甸馆译语	乍^{474}	叉^{463}	钗^{637}
缅甸译书	鲊^{677}	叉^{668}	钗^{1169}

进入近代缅语阶段后，ts、tsh、dz开始出现演变迹象。尽管上例中《缅甸译书》例词与前一时代没有变化或变化不大，但通过对《缅甸译书》的研究，我们还是发现了变化的痕迹。如：

缅甸译书	杂字注音	编号	汉义
tsit tshui	习初	537	罚过
tshe ui	谢窝	880	烟袋
tshii mii	徙米	860	灯
tshii	洗	667	油
tshuiw	嗅	402	答
tshu khja	苏怯	536	赏功
dzeː	斜	170	街
la tsham ŋaːrak	剌散卡衙	222	望

通过《缅甸译书》的汉字注音，我们可以发现上述例词中，舌尖齿龈塞擦音ts、tsh、dz开始脱落其塞音部分，向擦音s、sh、z转化。[①]这种转化早在18世纪中晚期就已开始了。如：《缅甸译书》杂字"赏功"（536字）的注音"苏怯"；"望（日）"（222字）的注音"剌散卡衙"。我们认为，近代早期ts>s、tsh>sh、dz>z等的变化可能是局部的、分层次进行的。19世纪西方人的记录中，也显示了这种变化过程。如：

碑文转写	缅甸译书	西文拼写	西文年代	声母及类别	汉义
tsam paa	诈巴^{1013}	sampa	1827	擦音s	稻谷
tsats kuiŋ	积^{304}	sagaing	1827，1855	擦音s	实皆
tsats kai	积敢^{349}	zicche[②]	1833	擦音z	统帅
tsɔ bhwaa	做拔^{130}	saubwa	1827	擦音s	土司
tsa lwaj	—	tsalwe	1855	塞擦音ts	绥带

① 到了清朝中叶，汉语开始出现"尖、团"不分现象。详见：王力. 汉语史稿 [M]. 北京：中华书局，2004：144—150.

② 此处为意大利文转写。

tshan	鞑[1012]	zan[①]	1833	擦音 z	大米
tshaŋ rwaa	唱[1056]耍[295]	senywa	1827	擦音 s	象村
tshit	赤[160（同音字）]	zeip，saik	1827	擦音 z, s	码头

这里，我们主要列举了19世纪上叶西方人记载的缅语词汇。从西文（主要是英文）中可以发现，到19世纪上叶，ts组塞擦音向擦音的转化接近完成，转化过程可能长达半个世纪。我们认为，这种转化是整个缅语语音体系演变的结果。从音理上看塞擦音本来就带有塞音和擦音的性质。它们在语音上虽被认定为单辅音，但实际上应当看作是发音部位相同且结合程度较高的两个辅音。在近代缅语音系骤变时期，由于语音的非线性发展，塞擦音 ts、tsh、dz、(dzh) 脱落其前一个辅音也就十分自然了。缅语支语言中，ts组塞擦音的发展可为我们提供很好的旁证。如：

汉义	老鹰	小米	十	鼓
载瓦语	tsun[51]	tsap[55]	tshe[51]	tsiŋ[51]
浪速语	tsum[31]	tsɛʔ[55]	tshɛ[31]	tsaŋ[31] pauŋ[35]
波拉语	tsɔn[55]	tsɛʔ[55]	tǎ[31] thai[55]	taŋ[55]
勒期语	tsɔn[31]	tsɛʔ[255]	tǎ[31] tshe[33]	tsən[31]
标准缅语	sũ[22]	sha[ʔ4]	she[22]	si[22]

缅语支亲属语言中，载瓦语、浪速语、波拉语、勒期语与缅语相比，保留了较古的语音形式。标准缅语的擦音基本上与其他亲属语言的塞擦音对应。这与我们上文提到的《缅甸译书》杂字汉字注音的塞擦音与西文拼写的近代缅语擦音对应的情况一致。但在上例中我们也看到部分波拉语词以塞音同塞擦音对应的现象，如taŋ[55]（鼓）、thai[55]（十）。这种现象的出现表明舌尖齿龈塞擦音的演变可能有两条路线：（1）脱落塞音成为擦音，包括缅语在内的多数语言循此方法演变；（2）脱落擦音成为塞音，如波拉语。ts音的演变呈现出多元发展态势。

2. 擦音向塞擦音的转化

近代缅语擦音向塞擦音的转化主要指擦音 s 向塞擦音 tθ 的演变。这一演变是缅语语音演变中的一种特殊现象。近代缅语早期，如《缅甸译书》时期，擦音 s 大量存在，其文字符号仍然以∞为标识。如：

---

① 此处为意大利文转写。

缅甸译书	原文	杂字注音	汉义
tuu saa	တူသာ	都撒[292]	外甥
si	သိ	洗[367]	知
sa naa:	သနာ:	萨纳[523]	怜悯
sam	သံ	桑[924]	铁
a sak krii	အသက်ကြီ	阿萨几[301]	尊长
se	သေ	晒[505]	死
sɔ..	သော့.	锁[887]	锁
sa pɔk	သပေါက်	涉保[343]	仆人

到了18世纪末19世纪初，随着缅语音系的变化，擦音s也开始发生剧变，发音部位由舌尖齿龈前移至舌尖齿间，并伴有塞音t的特征，成为tθ音。19世纪上叶，西方人的记录显示了s>tθ的演变。如：

现代缅语	西文拼写	年代	汉义
$tθi^{22}tĩ^{55}tço^{ʔ4}$	tha-ten-kywat	1827	缅历七月
$tθa^{53}jɛ^{ʔ4}$	tharet	1827	芒果
$tθã^{22}lwĩ^{22}$	thaluan（法文）	1825	萨尔温江
$tθã^{22}\,tθa^{53}mã^{22}$	than-ta-man	1827	使者
$tθa^{53}khĩ^{22}$	thanken	1827	主人
$tθi^{ʔ4}$	theit	1855	新的
$tθẽ^{22}$	thein	1855	戒堂
$tθu^{22}\,tçi^{55}$	thoo-gyee	1855	村长

上例中，缅语擦音s为θ音所取代。[①] 这表明到19世纪中叶，s向tθ的演变基本完成。我们认为，s向tθ的转变应和ts组音向s组音的转变在同一时期，即在18世纪末19世纪初。从西文记录的异写形式中可以看出，19世纪初，缅语s>tθ尚处于转换完结初期，且仍有s音遗存。如：

现代缅语	西文拼写	年代	声母	汉义
$tθã^{22}ja^{22}wa^{53}di^{22}$	sarawadi	1827	*s	达礁瓦底
	tharawadi	1832，1855	*tθ	

---

① θ音西文拼写为th。由于西方语言中缺乏tθ音，故西方人记录中一般用θ音替代tθ音。

tθã²²tɔ²²khã²²	sandohgaan	1795，1825	*s		礼仪官
	than-d'hau-gan	1827	*tθ		
	than-dau-gan	1855	*tθ		

1827年以后 s 音（∾）在西文中基本被 θ（西文拼写为 th）所替代，表明 s>tθ 的转变基本完成。近代缅语擦音向塞擦音的转变，作为一种特殊的语音现象，在缅彝语与保留较多古语特点的其他藏缅语的对比中可得到印证。如：

汉义	土地	牙齿	鹿	角儿
藏文	sa	so	ɕwa	zur
墨脱门巴	sa	ça	çaː⁵⁵	zur³⁵
兰坪普米	tɕa⁵³	ʂʮ⁵⁵	tsɛ⁵⁵	zu¹³
喜德彝语	tsa³³	dʑʅ³³	tshe³³	dʑʅ³³
纳西语	tʂʅ³³	xɯ³³	tʂhua⁵⁵	ko³³
拉祜语	tsi³¹	tɕi³¹	khɯ³⁵zi³¹	ɔ³¹kho³³
绿春哈尼	mi⁵⁵tsha³¹	sʮ³¹	xe³¹tsɛ³³	la³¹khø⁵⁵
仰光缅语	mje²²tθa⁵⁵	tθwa⁵⁵	tθa⁵³mĩ²²	tɕho²²

上例中，藏文和门巴语的擦音基本上与缅彝语言的塞擦音形成了较为严整的对应关系。徐世璇认为擦音向塞擦音的演变时间不会太早。他推测是在缅彝语从藏缅语分化出来之后，再次分化之前。[①]但从缅语的情况来看，擦音向塞擦音的演变似乎仅仅是在200年以前的事。

（二）颤音 r 向无擦通音 j 的演变

颤音 r 是古缅语的一个重要音位，在中古、近古时期广泛存在。颤音 r 的变化首先出现在近古缅语时期。《缅甸馆译语》中复辅音声母 Cr 中的颤音 r 多以来母汉字注音，发 l 音。而同一时期的颤音单辅音声母 r 则选用稔母字注音，发 r 音。上章中，我们论证了 Cr→Cl→Cj 的演变过程。揭示了复辅音声母中 r 音的变化轨迹为 r>l>j。进入近代缅语时期以后，作为单辅音声母的颤音 r 也沿复辅音声母 Cr 中 r 音的发展轨迹依次演变成 l、j。《缅甸译书》杂字注音为我们展现了 r>j 音的演变过程。如：

---

① 徐世璇. 缅彝语言塞擦音声母初探 [J]. 民族语文，1995（3）：67.

缅甸译书	杂字注音	声母及类别	编号	汉义
a rui	阿绕	r，颤音	613	骨
raj	髯	r，颤音	387	笑
rɔŋ	攘	r，颤音	515	卖
a rak	阿立	l，边音	662	酒
kha rii we	克礼渭	l，边音	164	路远
ma rii	马礼	l，边音	272	嫂
mii phu raa:	米普拉	l，边音	242	皇后
a raŋ	阿朗	l，边音	591	本银
pha rum	伯隆	l，边音	700	冬瓜
im raŋ	恩漾	j，无擦通音	320	主
hnaŋ re	暖叶	j，无擦通音	12	露
ra se	呀菲	j，无擦通音	347	仙
rui se	豫谢	j，无擦通音	491	迎

根据我们抽样统计，《缅甸译书》颤音类词汇以汉字稔母字注音者占15%，边音类词汇以汉字来母字注音者占30%。这说明18世纪中叶以后颤音r>l>j音的转变已经进入了第二阶段（即边音l阶段），并继续向第三阶段j音过渡。而在另一项对19世纪欧洲人记录的缅语词汇进行统计时，我们发现，1821年以前颤音r与无擦通音j的发音比为40：10，1821年以后为22：28，无擦通音j的发音比重由20%上升为56%，颤音r的比重由80%下降为44%。这表明r向j的转化速度在加快。同时，19世纪上叶r、j混用的现象也十分普遍，甚至出现了同一个词在同一时期即发r音又发j音的现象，如"秘书、文员"一词在1829年出版的《1827年印度总督派往阿瓦朝廷的使臣记事录》一书中就分别被拼为saregyi和saye-d'haugyi。一般而言，语音的混用表示语音转型仍在继续。笔者推测，r音最终演变为j音应在19世纪下半叶的近代缅语晚期。由于j音是一个古音，r音朝j的转化过程也可以认为是r音并入j音的过程。

（三）声母复辅音的发展变化

1. 声母复辅音 kj、khj、gj 的单音化过程

近古时期，缅语声母复辅音主要有Cr、Cl、Cj、Cw、hC等几种类型。其

中Cr、Cl、Cj到近古末期已经开始合流。以舌根塞音k、kh、g为基本辅音的复辅音合流为kj、khj、gj后，到近代缅语时期开始演变成为塞擦音单辅音声母tɕ、tɕh、dʑ。这一过程，我们称之为复辅音单音化过程。在这一过程中，后置辅音j音的腭化十分重要。从音理上讲，复辅音kj、khj中的前后两个构成成分在发音方法上互相影响，相互融合，发音部位逐渐前移，最后发展成为舌面前塞擦音。如：

缅甸译书	杂字注音	编号	汉义
kje kja	给夹	436	致仕
khjam khaa	遣喀	187	冷
rwaa krii	悦几	119	塞
khre	气	597	脚
kjin lum	惊笼	852	鞭
khje	乞	500	借
krɔŋ	降	1085	猫
krak	皆	1066	鸡

近代缅语中基本辅音为舌根塞音的声母复辅音kj、khj、gj向塞擦音单辅音声母tɕ、tɕh、dʑ的演变，在19世纪西方人的记录中也可以得到印证。如：

现代缅语	西文拼写	年代	汉义
tɕɛ^{24}	kyet	1827	鸡
tɕa^{24}	kyat	1855	缅元
tɕũ^{55}	kyun	1827	岛屿
tɕhĩ^{55} twĩ^{55}	kyen-dwen	1827	亲敦江
mĩ^{55}ta^{53}ja^{55}tɕi^{55}	menderagee①	1825	莽达刺纪
mjo^{53}tθu^{22}tɕi^{55}	myosugi	1827	市长
lõ^{22}tɕi^{22}	lungee②	1825	纱笼

舌根音k、kh与无擦通音j相拼，形成腭化之后舌位前移，演变成tɕ、tɕh的现象在近代汉语中也可以找到旁证。清乾隆八年（1743年）存之堂著《圆音正考》中就有教人辨别尖音、团音的章节，说明尖音、团音在当时已经演变成了

---

① 此处为法文转写。
② 此处为法文转写。

tɕ、tɕh音。[①]因此，近代缅语kj>tɕ、khj>tɕh、gj>dz的变化有例可循，符合音理。

2. 声母复辅音 Cr、Cl 向 Cj 的合流

《缅甸译书》显示，Cr经过近古时期的发展，在本时期主要发Cl和Cj音，且以Cj音为主，表明Cr>Cl>Cj演变的完成。如：

缅甸译书	杂字注音	编号	汉义
praŋ tai	逼歹	125	国
tsa kaaː pran	诈嘉变	344	大通事
ra prii	呀比	530	年丰
pru tsu	彪祖	538	扶弱
pjak	哗	389	起
pjaaː	必牙	698	蜜
phreː phreː	片片	497	慢
phrɔŋ..	飘	558	信
phjaŋ	骗	750	布
re phjaa	热拍	179	汉
mre	乜	120	地
mraŋ	棉	1057	马
mjɔk	藐	1077	猴
mjaŋ	面	366	见

在《缅甸译书》中，我们仅发现个别Cr发Cl音，如"流"re praŋ热白浪[137]，表明Cr>Cl>Cj过程中Cr>Cl的残留，但也从另一个侧面证实了Cr变Cj的过程中确实经历了Cl音阶段。19世纪初，西方人记录中Cr音与Cj音已经完全合流，表明声母复辅音Cr> Cl> Cj演变过程的完成。3个复辅音最后归并于Cj音，与现代缅语无异。如：

缅语原文	缅甸译书	西文转写	年代	复辅音	汉义
ဝၥၟၠ	dha nu phruu	danubyu	1827	bj	达努漂
၁ြ၁၁၁၁	praa saad	piasath[②]	1795	pj	尖顶阁
၀ြည်ဝ၇	praŋ wan	pyi-woon	1827	pj	卑谬侯

---

① 参见：胡安顺. 音韵学通论 [M]. 北京：中华书局，2003：161.
② 此处为荷兰文转写。

| ြမန် | mran | myan | 1827 | mj | 快 |
| ြမို့စား | mrui tsaa: | myo-sa | 1827 | mj | 食邑主 |

三、结语

　　语言是一种历史存在，本质上属于非线性结构。语音的变化是一个系统工程，表现在语音的各个方面。声母、韵母、声调共处一个结构整体之中，相互依存，相互制约，形成了一种严密的互动关系。我们既可以从音节上看语音的变化，也可以以音位为单位来分析这种变化。结合到近代缅语声母系统的变化，我们可以发现音节结构的演变是各构成成分互为制动的结果。各语音结构成分既有自己内部的演变规律，又互为演变条件。音节的每一个构成成分在一定范围内都可以充当制约其他成分发展变化的决定因素。这种制约不仅仅是声母、韵母、声调各子系统内部的，它也是跨声、韵、调系统的。

参 考 文 献

［1］车谦. 吐蕃时期藏语声母的几个问题［J］. 民族语文，1986（2）.

［2］黄布凡主编. 藏缅语族语言词汇［M］. 北京：中央民族学院出版社，1992.

［3］李永燧. 共同缅彝语声母类别探索［J］. 民族语文，1996（1）.

［4］刘光坤. 羌语复辅音研究［J］. 民族语文，1997（4）.

［5］倪大白. 侗台语复辅音声母的来源及演变［J］. 民族语文，1996（3）.

［6］潘悟云. 汉藏语历史比较中的几个声母问题［C］//语言研究集刊. 上海：复旦大学出版社，1987.

［7］孙宏开. 原始汉藏语的复辅音问题——关于原始汉藏语音节结构构拟的理论思考之一［J］. 民族语文，1999（6）.

［8］徐世璇. 缅彝语言塞擦音声母初探［J］. 民族语文，1995（3）.

［9］郑张尚芳. 汉语介音的来源分析［J］. 语言研究，1996（增刊）.

［10］西田龍雄. 緬甸館譯語の研究——ビルマ言語學序説［M］. 京都：松香堂，1972.

［11］大野徹. 十八世紀末期のビルマ語——ヨーロッパ人の記録を中心として［J］. 大阪外國語大學學報，第16號，1966年.

［12］ဦးထွန်းမြင့်၊ သဒ္ဒဗေဒ[M]၊ ရန်ကုန်၊ ကျိအီးစိ(ပညာရေး)သမဝါယမလိမိတက်၊ ၁၉၆၆ ခုနှစ်။

印尼语语篇小句的划分问题

■ 解放军外国语学院　陈　扬

【摘　要】语篇小句是组成语篇的基本语言单位，也是研究和分析语篇的基础。然而，印尼语中复杂的句子结构和模糊的词性分类给划分语篇小句带来了问题。印尼语语篇小句的划分应以一个主谓结构（包括主语为零形式）为划分的主要标准，以停顿和功能为划分语篇小句的次要标准。根据上述标准，可以解决介词结构、yang结构、独立结构、连谓结构、兼语结构和断句等复杂结构中的小句划分问题。

【关键词】印尼语；语篇；小句；划分

在语篇研究中，研究者经常需要先把某个语篇或是话段划分为一个个语篇小句（下文简称小句，Clause/Klausa），然后再进行研究分析。例如，使用Givón（1983）的"话题延续性（Topic Continuity）"理论来分析语篇，首先就需要将语篇划分成小句，再具体计算回指对象和先行语之间间隔多少个小句的距离。再比如，根据Ariel（1990）的可及性理论（Accessibility Theory），语篇中所指对象可及性的高低由四个因素决定，其中先行语和回指语之间的距离就占据突出地位，而距离也是以间隔小句的数量来衡量的。由此可见，定义和划分语篇小句是印尼语语篇研究必须完成的首要工作。

一、印尼语小句的定义

陈平（1991：182）对语篇小句的定义是："一般以标点符号为标记，把用逗号、句号、问号等断开的语段算作小句。"在对汉语和英语语言回指的研究中，小句的定义和传统以标点符号断开为划分的方法有所不同。Li & Thompson（1979）、Chu（1998）、徐赳赳（2003）都认为，小句以一个主谓结构（包括主语为零形式）为划分的主要标准，以停顿和功能为划分篇章小句的次要标准。

在小句的定义上，印尼语语言学家也持有类似的观点。如，Kridalaksana（2008：124）认为："小句是由词组成的语法单位，至少由主语和谓语构成，并且具有成为句子的潜在能力。"Alwi（1998：39、312）也认为："小句是由两个或两个以上的词组成的、含有谓词成分的句法单位。小句是指至少拥有主语和谓语但无特定语调或标点符号的词的排列。"

本文基本赞同这些印尼语权威学者对小句的定义。但需要指出的是，上述定义中并没有反映出主语为零形式的情况。另外，上述定义似乎还忽略了一点（尽管无关于上述定义的准确性），那就是印尼语谓语成分极其复杂：名词短语可以做谓语，介词短语也可以做谓语，并且印尼语的词性分类也不明确，这些都会影响到印尼语语篇小句的划分。

二、印尼语小句划分的难点

最早感觉到印尼语小句划分较为棘手的可能是Verhaar（1982：102—103）。他在阐述完英语小句划分的原则和方法后，针对印尼语中几个特殊句型的小句划分提出了开放性的个人观点。例如：

例1：Mengingat pentingnya perkara itu, mari kita mulai segera.

译文：鉴于那件事情的重要性，我们就立即开始吧。

例2：Ia tidak datang karena hujan.

译文：因为下雨他没来。

例3：Rumah yang besar itu mahal sekali.

译文：这栋大房子豪华极了。

例4：Orang itu // mesin ketiknya // pitanya // sering putus.[①]

例4a：*Orang itu mesin ketiknya pitanya sering putus.

译文：这个人的打字机的墨带经常断。

Verhaar认为，例1中的"Mengingat pentingnya perkara itu"在功能上有点类似于英语的现在分词结构。尽管英语中的分词结构不具有小句的地位，但他明确

---

① 原文用"//"表示语音的停顿。

表示："印尼语中不存在分词形式、不定式形式或动名词形式，因此不能否认上述结构的小句地位。"然而，对于例2和例3，Verhaar表示："由于印尼语范畴化（kategorisasi）并不清楚，很难给出明确答案。只要意识到还有未解决的问题就足够了。"

例4被Verhaar称作"断句（klausa buntung）"。他认为，该句存在一个逐步话题化的过程，即累进地限定话题。最初的话题是某个特定的人，紧接着是这个人的打字机，再接着是打字机的墨带，最后才说明墨带经常损坏。这样的句子如何进行语法分析？因为每一次都有停顿，所以从音系学的角度来说，每一个主语都是一个小句（从属）。另一方面，该小句功能又不够完整，无法区分主语和谓语。如果没有停顿的话，这类断句就不符合语法，如例4a①。此外还有些经常遇到的结构如"Sudah datang?""Coba cepat!""Belum!"，也存在问题。

先简单总结一下Verhaar遇到的问题。例2主要因为karena词性存在争议。如果是karena连词，karena hujan应该被视为小句；而如果karena是介词，karena hujan就是介词短语。在《印尼语大词典》（第四版）中，karena标注的词性是连词；而在《印尼语词类》（Kridalaksana，1994：97&103）一书中，karena既划入介词又划入连词。例3则涉及yang结构的复杂用法，很难判断yang besar是小句还是短语。下文将逐一回答上述疑问并解决其他小句划分难题。

三、印尼语复杂结构的小句划分

本文对印尼语小句的划分将参照Li & Thompson（1979）、Chu（1998）、徐赳赳（2003）等提出的划分标准，即小句以一个主谓结构②（包括主语为零形式）为划分的主要标准，以停顿和功能为划分篇章小句的次要标准。根据这个标准，将重点讨论印尼语语篇中相对复杂的结构：介词结构、yang结构、独立结构、连谓结构、兼语结构和断句。

本文中，所有例句中的斜杠"/"均表示语篇小句的界限。

（一）介词结构

首先需要明确的是，根据小句划分标准，如果一个介词后面接的是动词构成

---

① 但是例4a的结构在部分亲属语言，如爪哇语中是成立的。

② 这里的谓语不等于动词。如Mencuri itu perbuatan dosa.（偷窃是有罪的）mencuri是动词短语做主语。

的主谓结构（含零主语）就应该看作是一个独立小句，如果接的是名词短语就不是一个独立小句，如 di sekolah kita。

徐赳赳（2003：74）曾提出把汉语中的介词短语都看作是小句的一部分。这大概是因为汉语中的介词短语一般比较短，而且介词后面的部分可以看作是主谓词组+名词成分，如"为了大家方便"等于"为了大家的方便"；"当他长到九岁那一年"等于"当他长到九岁的那一年"。

在这一点上，印尼语和汉语有所不同。最主要的问题在于，印尼语介词和连词的界限并不十分清楚，兼类现象较多（张琼郁，1993：15；Alwi，1998：296），例如 karena、sesudah、sejak、sebelum、dengan 等。不仅如此，介词和动词也有兼类现象，如 mengenai、menurut、menuju 等，这就给小句的划分造成了困难，如前文例1所示。

不过，尽管介词和连词界限不明，但两者在功能上还是有区别：介词重在介绍"状态"，而连词重在结构"连接"。因此，我们认为一个兼类的介词如 karena、mengenai，如果后面接的是名词、形容词和副词，那就不能单独成为一个小句；如果后面接的是动词构成的主谓结构（含零主语）或主谓结构的代指形式（如 itu、begitu、hal itu），那就是一个单独的小句，这是由语篇回指的性质决定的，因此例2中的 karena hujan 不具有小句地位。

例5：Uang pembayaran ONH Patek sesungguhnya berasal dari tabungannya di Koperasi al Amin. / <u>Orang-orang</u>₁ pada umumnya tidak percaya <u>terhadap hal itu</u> / dan <u>karena itu</u> / Ø₁ menyangka / dan Ø₁ menuduh <u>Jali</u>₂ berdiri di belakang <u>Patek</u>₃ / <u>dengan</u> <u>Ø₂ telah membiayai</u> <u>Patek</u>₃ / membayar ONH.

译文：巴德去朝觐的钱确实是他在"至慈"合作社的存款。大部分人对此都不相信，因此他们怀疑和指责加利在背后资助了巴德，支付了朝觐费。（*Si Gila dari Dusun nCuni*，M. Dawam Rahardjo，Cerpen Kompas 15/01/2006）

上例中，karena itu 是一个单独的小句，因为在该语篇中，光杆指示词 itu 指代的是事件，存在先行语，即"大部分人都不相信巴德去朝觐的钱是他合作社的存款"，这是一个完整的主谓结构。类似的结构还有 sejak itu、karena begitu、karena hal itu 等等。但是，同句中的 terhadap hal itu 却不能看作是一个小句，因为介词"terhadap"不能兼任连词，尽管后面的 hal itu 也是指代事件。这样就较好地解决了在句法分析中关于 karena itu 地位的难题。另一个介词结构 dengan telah membiayai 同样也是一个独立的小句，因为介词 dengan 后面接的是一个省略主语的主谓结构。

此外，还有一类特殊的介词结构，如：

例6：Pak Barita tidak mau ikut anaknya ke Amerika / karena ia telah berjuang untuk negara ini / dan ingin mati <u>di sini</u>, / <u>di kampung halamannya</u>, / <u>di sisi ayah bundanya dan kerabat dekatnya</u>.

译文：巴利达先生不想跟着他的孩子去美国，因为他曾为这个国家奋斗，想要终老在这里，在他的家乡，在他父母和家人身边。（*Lonceng*，Wilson Nadeak，Cerpen Kompas Edisi 05/02/2006）

上例中的最后两个介词结构，因为可以看作是第一个介词结构的同位语，不仅在语气上有停顿，而且具有表示强调的功能，因此分别算是一个独立小句。

（二）yang 结构

Yang结构，也经常被称为关系小句，"在印尼语里占有相当重要的地位"（张琼郁，1993：313）。《印尼语大词典》（第四版）、《印尼语词类》（Kridalaksana，1994：103）和Alwi（1998：300）均认为，yang是连词。

但是yang结构就复杂多了，张琼郁（1993）总结的有：

1. yang+形容词：orang yang pintar，berita yang terlalu mengembirakan；

2. yang+动词（+附加成分）：tamu-tamu yang datang，api yang sedang menyala-neyala dengan hebatnya；

3. yang+副词：Dan selama itulah pula aku mesti menderita kesusahan yang amat sangat.；

4. yang+（疑问、指示）代词：cerita yang itu-itu juga，mesin yang begitu；

5. yang+数（量）词：kain yang 5 rupiah semeter；

6. yang+动宾：pengawal yang sedang menjaga pintu；

7. yang+介宾：pengunjung yang ke museum；

8. yang+联合成分：badan yang sehat dan kuat；

9. yang+主谓结构；negeri yang penduduknya kebanyakan beragama Islam；

10. yang+名词结构：pemain yang putra，karcis yang hari ini。

除了上述十点外，yang可以兼做关系代词，即没有形式上的先行词，如"Yang tua itu kusangka Ibunya.（我猜那个老人是他母亲）"。

本文提出，不论yang是关系连词还是兼做关系代词，如果yang结构是简单结构，就不是独立小句；如果是复杂结构，就是独立小句。这里说的复杂结构是指：多个包含谓语的yang结构并列使用或者嵌套使用，yang+主谓结构，yang+多个谓语结构。主要理由是：yang的复杂结构中有多个谓语，能拆分出不同的主谓小句，而且往往会出现明显的停顿。比如：

例7：Maklumat itu diumumkan <u>yang berwajib itu</u>.

译文：那则通告是由负责者公布的。（沙平，1951：334）

例8：<u>Yang ini</u> / <u>yang kiri ini</u> bupatinya. / <u>Yang kanan</u> wakilnya.

译文：这个，左边这个是县长。右边是副县长。（*Rokok Mbah Gimun*，F. Rahardi，Cerpen Kompas Edisi 07/10/2005）

例7中，yang后面只有一个动词，yang结构不能算是小句。例8中，只有yang ini算一个独立小句，因为存在一个同位语结构。再如：

例9：Mereka <u>yang sedang makan dan minum itu</u> / Ø teman saya.

译文：正在吃喝的那些人是我的朋友。

例10：Sudahkah Tuan terima surat orang tua saya <u>yang dikirimkan minggu yang lalu</u> / dan Ø <u>yang menerangkan</u> / saya telah bekerja di surat kabar baru itu.

译文：您收到我父母上周寄出来的信吗？信上说我已经在一家新报社工作。

例9中，yang结构是单独小句，因为有两个并列关系的谓词成分，即makan和minum。例10中，有两个yang结构并列修饰surat orang tua saya，一个是yang dikirimkan minggu yang lalu，另一个是yang menerangkan+宾语从句。第一个yang结构不是独立小句，尽管里面又套嵌了一个yang结构（minggu yang lalu），但没有第二个谓词成分。而后一个yang结构可以看作是一个独立小句，因为有一个零主语后面还有宾语从句。当然，宾语从句本身也是一个小句。

例11：Baris-baris yang di depan dan di belakang belum dibubarkan.

译文：前排和后排的队伍还没有解散。

例12：Serdadu musuh yang tertawan pasukan kita dalam pertempuran yang telah berjalan sengit selama 2 hari itu / Ø sudah kita bebaskan.

译文：我们部队在那次持续两天的激战中俘虏的敌军士兵被释放了。

例11是yang+两个介词结构的情况，该yang结构不算独立小句。例12存在yang结构的嵌套：第一个yang结构yang tertawan pasukan kita dalam pertempuran修饰Serdadu musuh，第二个yang结构yang telah berjalan sengit selama 2 hari itu修饰pertempuran，因此整个嵌套的yang结构可以看作是一个独立小句。

（三）独立结构

印尼语独立结构大致有三类：呼语、叹词（包括拟声）成分以及插入成分。

第一，关于呼语。徐赳赳（2003：72）的观点是：如果是单纯称呼，看作是独立小句；如果是"左置句子话题"或在篇章中充当主语成分，就不是独立小句。对此，我们有不同看法。

"左置句子话题"如例13b，左置的组构成分提前后，其典范位置由指称相同的代词或名词短语填充，反映出了一个完整的认知回指过程。根据语篇先行语和回指语分别处于两个不同小句的理解，我们认为"左置句子话题"也是一个独立小句。这样一来，一个附加的好处就是，只需要确定呼语是否在篇章中充当主语就可以快速划分小句。例如：

例13a：Meristin, / apakah itu bukan robot babi?

译文：莫利斯汀，那东西不是机器猪吗？（*Roti Tawar*，Kurnia Effendi, Cerpen Kompas Edisi 28/11/2004）

例13b：Meristin, / kau mau ke mana?

译文：莫利斯汀，你要去哪？

例13c：Meristin, mau ke mana?

译文：莫利斯汀，要去哪？

例13a的Meristin是单纯称呼，可以视作一个小句；例13b的Meristin是话题，也是一个小句；而例13c的Meristin在句中充当主语，因此不是独立小句。

第二，关于叹词。因为要表达特定的情感，具有单独的功能，被看作为独立小句。比如：

例14：Bersyukurlah / di sini kau selalu akan makan nasi. / Insya Allah, / Tuhan akan selalu memberkati.

译文：太好了，你在这里总能吃到米饭。感谢真主。真主总是赐福我们。（Gadis Pantai，Pramoedya Ananta Toer）

例15：Cis, / tidak tahu diri.

译文：呸，不害臊，（张琼郁，1993：387）

上两个例子中，bersyukurlah、Insya Allah 和 cis，都是独立小句。

第三，关于插入部分，也看作是独立小句。见张琼郁（1993：389）的几个例句：

例16：Ia <u>tampaknya</u> / seakan-akan sudah 3 hari tak makan, / apa saja dilahapnya.

译文：他看来好像是三天没吃了，无论什么抓来就吃。

例17：Kalau begitu terus, / <u>terus terang</u>, / aku akan menarikan diri.

译文：要是这么下去的话，坦率地说，我将要退出。

例18：<u>Sudah jelas,</u> / itu bukan kesalahannya.

译文：很清楚，那不是他的错。

例19：Tidak boleh ada pilih kasih atas dasar pembagian antara, / <u>umpamanya saja</u>, / warga negara kelas satu yang memiliki lebih banyak hak tersebut / dengan warga negara kelas dua / yang haknya dikurangi.

译文：不能在公民之间划分等级，而厚此薄彼。比如说吧，划分为一等公民和二等公民，一等公民享有更多权利，二等公民的权利被削减。

同位语也可以看作是一种插入成分。在同位语结构中，两个或两个以上的短语在一个句子里同指一个事物或对象，而且又同做一个成分，缺少一个对句子的基本意思没有太多影响。我们把同位语看作是一个独立小句。理由是：印尼语的名词短语可以做谓语，而同位结构可以看作是没有系词的同等句。此外，同位语能提供额外的信息，具有特殊的语法和语用功能，而且同位语之间也存在停顿。例如：

例20：Jakarta, / ibu kota Indonesia, bertambah indah dan damai.

译文：雅加达，印尼的首都，越来越漂亮祥和。

例21：Ah, / betapa kasihan, / adikku / si gendut yang suka wayang itu, / kalau masih saja senakal itu, tentu dizazb.

译文：啊，多么可怜啊，我的弟弟，那个喜欢哇扬戏的小胖墩，如果还是这么淘气的话，肯定要下地狱的。（Sorga di Bumi, Sugiarti Siswadi）

例20中的Jakarta ibu kota Indonesia就是一个合格的同等句，因此全句共有两个小句。例21中，叹词ah是个独立小句，si gendut yang suka wayang itu是adikku的同位语，是个独立小句。

（四）连谓结构

印尼语和汉语一样，在同一个句子里，可以同时包含两个以上词义紧扣成一句的连谓结构。印尼语的连谓结构不如汉语的连动句复杂，如徐赳赳（2003：

65）将汉语的连动句分为"单一主语连动句"和"复杂主语连动句"①，这种情况印尼语也有但是不普遍。不过印尼语连谓结构有个特点：谓语动词之间（主、被、遭）语态可以不一致。因此，本文将印尼语连谓句区分为"单一语态连谓句"和"混合语态连谓句"。如以下张琼郁（1993：258—268）的例句：

例22：Maka Malik itupun pergilah / dengan membawa kendi, / lalu berjalan / berkeliling / mencahari air.

译文：那马力克也拿着陶水壶出去了，边走边转，四处找水。

例23：Dia menggigil / kedinginan / meskipun saat itu baru musim gugur.

译文：他冷得瑟瑟发抖，尽管那是刚刚入秋。

例24：Pak guru duduk / tegak pada kursinya yang tinggi di muka kelas. / Matanya berputar-putar / mengawasi anak-anak satu per satu. / Sebentar kemudian beliau berdiri / dan berjalan / berkeliling / memerikasa / dan mengawasi anak-anak. / Ya, / anak-anak kelas VI itu sedang mengerjakan ulangan matematika.

译文：老师先生直直地坐在教室前面的高椅子上。他的眼睛四处看，挨个儿监看着孩子们。之后不一会，他站了起来，围着孩子们走来走去，东瞅瞅、西瞧瞧。不错，那些六年级的孩子正在参加算术测试。

我们把印尼语连谓句中每个谓词成分都看作是一个独立小句。例22是一个单一语态连谓句，主语Malik是后面所有动词的施事，每个谓词结构都可看作是主语省略的主谓结构。例23是一个混合语态连谓句，主语"他"是第一个谓语动词"发抖"的施事，但是是第二个谓语动词"受冻"的受事。例24则是一个更为复杂的连谓结构例子。

（五）兼语结构

印尼语中也存在兼语结构，即前一个谓语（都是及物动词）的宾语（受事宾语）又兼做后一个谓语（大部分是动词，少部分是形容词）的主语（施事主语），套用一个公式表达，就是"主₁—谓₁—主₂—谓₂"。兼语结构中的"谓₁"具

---

① 徐赳赳（2003：65）认为，单一主语连动句指的是这个连动句，不管有多少个动词，句首主语和句中零形主语相同；复杂主语连动句指的是这个连动句中句首主语和句中零形主语不同，或者是几个句中零形主语不同。

有"封闭性",都是表示"使令"含义的及物动词①。因为存在两个主谓结构,因此兼语结构可以看作是两个独立小句,这一点问题不大。问题是兼语结构在何处划分小句。

徐赳赳(2003:66—69)就汉语兼语句提出的划分方法是"主₂/谓₂",其理由是汉语中谓₁和主₂结合得更加紧密。徐的划分方法参考了吕叔湘(1990)关于兼语句和主谓短语句的划分方法,以及黄伯荣和廖序东(1981:361)的"加状语法"。本文对此划分方法表示赞同,比如:

例25:Pertempuran ini membikin musuh / kelam kabut.

例25a:Musuh dibikin / kelam kabut.

译文:那场战斗让令敌人晕头转向。

例26:Mengapa orang Belanda melarang dia / berpolitik?

例26a:Mengapa dia dilarang / berpolitik?

译文:为什么荷兰人禁止他从政?

例27:Kemudian kedua mereka itu menolong Mak Naruma / menanam padi.

例27a:Kemudian Mak Naruma ditolong (oleh kedua mereka itu) / menanam padi.

例28b:*Kemudian kedua mereka itu menolong padi ditanam Mak Naruma.

译文:后来他们俩帮助纳鲁玛婶婶种水稻。

同时,本文再添加两个新的证明方法。

第一,印尼语中普遍存在不想明说(或是不想突出)施动者,而使用被动句的现象。如果把兼语结构的"主₁—谓₁—主₂"变为被动句"主₂—谓₁",整个句子意思不仅没有任何变化,还显得更紧凑如同连谓结构,如例25a、26a、27a。但如果把兼语结构的"主₂—谓₂"变成被动形式,就会遇到问题,如例28b。这说明兼语句的"谓₁—主₂"比"主₂—谓₂"结合得更紧密。

第二,还有一种兼语结构也应该看作是两个小句。没有"主₁","谓₁"是ada, tiada, tidak ada, belum ada等表示"有或没有"的存在动词,后面的"谓₂"再做出进一步说明。其实,这里在"主₂—谓₂"之间,省略了关系代词yang,这也进一步说明了两者关系较为松散。如:

---

① 例如:melarang, memanggil, membantu, membawa, membiarkan, membikin, membolehkan, membuat, mendorong, mendukung, mengajak, mengharuskan, mengizinkan, menolong, menyuruh, mendesak, memerintahkan, membujuk, menipu, mengundang, mempersilakan, mencari 等。

例29：Belum ada pembeli / membelinya. = Belum ada pembeli yang membelinya.

译文：还没有顾客购买它。

（六）断句

断句是印尼语话题化（topicalization）的一个典型结构，在使用中十分常见。根据生成语言学的理解，话题化句是通过移位得到的，如："Orang itu mesin ketiknya bagus"是由"Mesin ketik orang itu bagus"通过NP-移位派生而来，-nya是NP（orang itu）移位后留下来的语迹，是回指语，且和NP同标。

一个断句，因为存在回指过程，自然是分别属于两个小句。此外，我们认为在语义上mesin ketik和bagus更为紧密，因为如果需要插入yang变为一个短语时，yang不能添加在"mesin ketiknya"和"bagus"之间，如例30b。

例30：Orang itu / mesin ketiknya bagus.

例30a：Orang yang mesin ketiknya bagus itu

例30b：*Orang mesin ketiknya yang bagus itu

译文：那人的打字机不错。

在回头看例4。该句可以看作是两次话题化，因此可以划分出3个小句，形如：

例4：Orang itu / mesin ketiknya / pitanya sering putus.

四、结语

为了对印尼语语篇进行研究和分析，首先必须系统地定义印尼语的语篇小句，确定语篇小句的划分原则和方法。通过对语篇小句的划分，不仅可以更好地运用话题延续性理论和可及性理论分析印尼语语篇，还可以更进一步地认识印尼语语篇的特点。印尼语小句的划分标准应该以一个主谓结构（包括主语为零形式）为划分的主要标准，以停顿和功能为划分篇章小句的次要标准。在划分印尼语小句过程中，介词结构、yang结构和断句是较为复杂的，主要原因是词类范畴不清、yang结构的大量使用和印尼语句子的话题化。

参 考 文 献

［1］陈平. 现代语言学研究：理论方法与事实［M］. 重庆：重庆出版社，1991.

［2］黄伯荣，廖序东. 现代汉语［M］. 兰州：甘肃人民出版社，1981.

［3］吕叔湘. 吕叔湘文集［M］. 北京：商务印书馆，1990.

［4］徐赳赳. 现代汉语篇章回指研究［M］. 北京：中国社会科学出版社，2003.

［5］张琼郁. 现代印尼语语法［M］. 北京：外语教学与研究出版社，1993.

［6］Alwi, Hasan. dkk. Tata Bahasa Baku Bahasa Indonesia (Edisi Ketiga)［M］. Jakarta: Balai Pustaka, 1998.

［7］Ariel, M. Accessing Noun-Phrase Antecedents［M］. London/New York: Routledge, 1990.

［8］Badan Pengembangan dan Pembinaan Bahasa. Kamus Besar Bahasa Indonesia (Edisi Keempat)［Z］. Jakarta: Balai Pustaka, 2008.

［9］Chu Chauncey C. A Discourse Grammar of Mandarin Chinese［M］. New York: Peter Lang Publishing Inc., 1998.

［10］Li, Charles N. & Sandra A. Thompson. Third-person and zero anaphora in Chinese discourse［C］// T. Givón (ed). Syntax and Semantics 12. New York: Academic Press Inc, 1979: 311-335.

［11］Givón, Talmy (ed). Topic Continuity in Discurse Analysis: A Quantitative Cross-linguistic Study［M］. Amsterdam: John Benjamins Publishing Company, 1983.

［12］Kridalaksana, Harimurti. Kelas Kata dalam Bahasa Indonesia (Edisi Kedua)［M］. Jakarta: PT Gramedia Pustaka Utama, 1994.

［13］Verhaar, John W. M. Pengantar Lingguistik (Jilid I)［M］. Yogyakarta: Gadjah Mada University Press, 1982.

印尼语定语的句法位置及其认知动因

■ 解放军外国语学院　张向辉

【摘　要】印尼语作为典型的VO型和前置词型语言，其定语的句法位置表现出与介词类型这一核心参项理想的语序和谐，符合语言类型学的优势语序倾向。通过对认知语言学中图形/背景理论的分析阐述，可以证明中心词/定语是图形/背景这一认知原则在句法层面上的体现，而印尼语中心词居前、定语居后的句法排序正是由先图形、后背景的认知动因所决定的。

【关键词】定语；句法位置；认知；图形；背景

印尼语定语的句法位置一般为后置，这是不同于汉语的显著特征之一，而传统语法对印尼语定语句法位置的研究仅限于一般形式特征描写，对于深入掌握和理解印尼语定语特点而言尚存在不足。由于学习、掌握语法规律需要由一般的语感认识深入到理性认识，由"知其然"到"知其所以然"，所以从认知的视角来解释语法为语法研究提供了一个更为有益的视角，为探究语法背后的深层次动因提供了一个行之有效的思路。

如果说过去的语法研究目的在于总结规则的话，认知语言学则探索着向纵深挺进，试着揭示其中暗含的规则成因及制约机制。萨丕尔—沃尔夫假说揭示了语言与认知之间的关系：一种语言的语法语序组合往往和特定民族的认知策略、思维方式紧密联系。印尼语定语的句法位置与汉语完全不同，而这一语言差异的背后一定隐藏着不同的认知机制，而对这些认知机制进行探索无疑将会加深对印尼语定语句法位置的理解和掌握。正是基于以上的认识，本文尝试通过对印尼语定语的句法位置及其在语序类型学上的意义进行分析描述，根据其特点结合认知语言学的相关理论来找出印尼定语句法位置背后的"所以然"——认知动因。

一、印尼语定语的句法位置及其在语序类型学上的意义

（一）印尼语定语的句法位置

印尼语定语和中心词的位置比较固定，都是"中心词+定语"，张琼郁先生在其著作《现代印尼语语法》中将其称为"定语后置律"。许多印尼语法学家称之为"Hukum Yang Diterangkan Mendahului Yang Menerangkan"，简称为"Hukum D-M"[①]，例如：

（1）petani *biasa*（形容词）

（2）pemimpin *negara*（名词）

（3）buku *saya*（代词）

（4）cara *belajar*（动词）

（5）pantai *yang sangat panjang*（"yang"结构）

（6）pekerjaan *membangkitkan kegairahan kerja kaum tani*（动宾结构）

（7）Komisi PBB *untuk Penyatuan dan Rehabilitasi Korea*（介词短语）

（8）Ini kiranya salah satu contoh mengapa terjadi kekurang-puasan pada pihak *eksportir swasta nasional di bidang perkayuan terhadap beberapa kebijaksanaan yang diambil oleh pemerintah.*（定语从句）

印尼语中还有定语前置的情况：序数词之外的其他数词以及在少数固定搭配中，定语位于中心词前，例如：

（9）*sebuah* meja

（10）*banyak* buruh

（11）*setiap* orang

（12）*ratusan* kilometer

（13）*berat* hati

（14）*ringan* mulut

（15）*keras* kepala

---

① 张琼郁. 现代印尼语语法［M］. 北京：外语教学与研究出版社，1993：309.

（二）印尼语定语句法位置在语序类型学上的意义

当代语言类型学将语法研究作为其主要关注点，其中语序更是成为类型学的核心领域，可以说以语序作为主要研究内容的语序类型学已取得了非常多的成果。语序类型学所总结的共性或者占优势的倾向都是在得到许多语言的现象、规律验证后得出的，所以这些共性具有牢固的经验基础。在对印尼语定语位置进行认知解释之前将其放在语序类型学的框架下进行分析，目的是更深入地了解印尼语中哪些定语的句法位置体现了语言共性。

在进行语序类型分析之前，首先需要了解语序类型学中对参项的定义。所谓参项就是语序在不同语言间可以表现出结构差别的某种关系或范畴[1]。比如动宾结构关系有VO和OV两种语序表现，动宾关系就是一个参项。并不是所有的参项都具有同等的类型学价值，如果某个参项的语序能够作为预测其他结构语序的基础，那么这种参项就是类型学研究中的重要参项，本文在这里将其称为核心参项。语序类型学一般将S、V、O三个句法成分的排列组合作为重要的核心参项，以此参项作为基础对其他参项进行归纳是语序类型学中非常重要的研究内容。在刘丹青所著的《语序类型学与介词理论》一书中，将介词（前、后置词）作为核心参项的重要性突显了出来。根据语序类型学的研究，大部分定语与其他参项特别是核心参项存在语序和谐的类型特征。

Siewierska在其著作中对动宾类型学和介词类型学中两种不同核心参项下的各种语言成分语序进行比较，并根据Greenberg（1966）的附录Ⅱ列出了以下两张表[2]：

动宾类型学

	VO型（共78种语言）	OV型（共64种语言）
Prep ： Post	71% ： 28%	8% ： 92%
GN ： NG	29% ： 71%	83% ： 17%
AN ： NA	33% ： 66%	45% ： 55%
NA+NG ： AN+GN	51% ： 14%	17% ： 45%

---

① 刘丹青. 汉藏语言的若干语序类型学课题 [J]. 民族语文，2002（5）：1.
② 刘丹青. 语序类型学与介词理论 [M]. 北京：商务印书馆，2004：49.

介词类型学

	前置词（共63种语言）	后置词（共79种语言）
GN : NG	10%：90%	89%：11%
AN : NA	29%：71%	47%：53%
NA+NG : AN+GN	70%：8%	9%：44%
VO : OV	92%：8%	25%：75%

这两张表反映了在动宾关系、前后置词两个核心参项下其他参项在语种分布上的数量差异，从中可以看到VO型语言和前置词型语言表现出明显的定语后置倾向，在两种类型语言中NG和NA所占的比例明显大于GN和AN所占的比例。就两个核心参项来说，动宾类型条件下各参项的百分比差异较小，说明VO/OV这一核心参项和其他参项的相关性小，以此为依据的语序和谐性较弱；介词类型条件下各参项的百分比差异较大，显示介词类型和其他语序的相关性大，以此为依据的语序和谐性较强。

笔者通过调查问卷对英、法、德等28种语言的定语语序进行调查后发现，除了领属定语和形容词定语以外，名词定语、动词定语、介词短语定语的语序类型同样与介词类型这个核心参项保持明显的语序和谐，前置词语言以后置为主，如下表所示：

	前置词（共14种语言）	后置词（共14种语言）
NN : NN	13：1	2：12
NV : NV	13：1	2：12
N+FP : FP+N	13：1	7：7

印尼语作为典型的VO型和前置词型语言，与这两个核心参项的语序表现出完全的和谐，领属定语、形容词定语、名词定语、动词定语、介词短语定语都是以后置为主。

此外，关系从句作为重要的语序参项，并不像领属定语和形容词定语那样，表现出与其他核心参项的语序和谐，而是存在优势倾向的语序，它与其他语序的和谐是在优势语序基础上的和谐。关系从句的优势语序就是后置。根据Dryer（1999，表4）的统计，在全世界410种有关系从句语料记载的语言中，关系从句在后的为320种（62种形名型+258种名形型），关系从句在后占绝对优势。在VO型语言中，定语本来倾向于后置，正好与关系从句后置的优势相配，因此在VO型语言中关系从句几乎都是后置的[①]。印尼语定语从句与中心词的语序符合这种优势语序倾向，其语序特征为后置。

指称类定语由于在修饰中心词时是用来限定中心词的外延，所以在语序类型学中需要单独进行讨论。类型学家Greenberg在其经典论文《一些主要与语序有关的语法共性》的"共性20"中这样论述到："当任何一个或者所有的下述成分（指别词、数词、描写性形容词）居于名词之前时，它们总以这种语序出现。如果它们后置，语序或者依旧，或者完全相反。"[②]根据这条共性的描述，Greenberg认为这三个定语成分之间只有两种可能的语序，即"指别词+数词+描写性形容词"或者"描写性形容词+数词+指别词"。但在印尼语中这三类定语的语序为"数词+描写性形容词+指别词"，这与Greenberg所提出的"共性20"不相符。在笔者对28种语言的定语进行调查时发现，数词位于中心名词前的语言占主导优势（有24种位于中心名词之前），指别词一般都是位于名词短语的最外侧。根据语言调查结果，对指称类定语的优势语序可以做出如下界定：相对于描写性形容词，指别词一般距中心词较远，如果数词与指别词位于中心词的一侧，那么在大多数情况下数词要比指别词相对更靠近中心词。

通过以上分析可以看到，指称类定语和定语从句以外的印尼语定语表现出与介词类型这一核心参项理想的语序和谐，而指称类定语和定语从句又同时符合优势语序倾向，但其他很多语言的定语难以达到这种理想的和谐状态，为什么会有这种情况存在？语言类型学在一开始是描写重于解释，但是随着类型学的发展，语序类型学家往往在描写的同时也致力于对语言共性的解释。总体上，大部分类型学家倾向于用功能方面的因素来解释语言共性，这样的解释方法有一定的合理性，不同语言间语序的异同以及和谐程度所出现的差异可以通过认知功能进行解释。不同语言和民族在认知方式上的共性和个性导致了语序在"不同"中有着"和谐"，在"和谐"中存在着"不同"。本文的研究内容不是语序类型学，所以不便铺展开来论述认知因素在共性的语序类型中的作用，但通过研究印尼语定语位置表现出这种理想和谐状态背后的认知动因，就能够为VO型和前置词型语言提供印尼语的参考。

---

① 刘丹青. 汉藏语言的若干语序类型学课题 [J]. 民族语文，2002（5）：7.

② Greenberg, Joseph H. Universals of Language [M]. MA: MIT Press, 1966: 70.

二、图形 / 背景理论 ① 与认知语言学

（一）图形 / 背景理论产生的背景

图形/背景理论首先是由丹麦心理学家Rubin提出的，他用著名的"脸与花瓶幻觉图"（face/vase illusion）来描述人类在视觉感知时焦点感知和背景的关系。

我们在观察这个图的时候，会有两种不同的观察结果：白色背景中的两张脸或者黑色背景中的一只花瓶。但是，我们不可能同时看到这两种图像，这是因为大脑对视觉信息的组织遵循"图形/背景分离原则"。

图形/背景理论在Rubin提出来之后由完形心理学家借鉴来作为研究知觉（主要是视觉和听觉）及描写空间组织的方式。当我们观看周围环境中的某个物体时，通常会把这个物体作为知觉上突显的图形，把环境作为背景，这就是突显原则。完形心理学家认为，知觉场总是被分成图形和背景两部分。图形这部分知觉场具有高度的结构，是人们所注意的那一部分，而背景则是与图形相对的、细节模糊的、未分化的部分。人们观看某一客体时，总是在未分化的背景中看到图形。图形和背景的感知是人类体验的直接结果，这是因为在日常生活中人们总是会用一个物体或概念作为认知参照点去说明或解释另一个物体或概念，这里的"背景"就是"图形"的认知参照点。

Rubin的"脸与花瓶幻觉图"证明了图画中的确存在着"知觉突显"，这一事实启发我们不得不问这样一个问题：是什么因素支配人们对图形的选择呢？当

---

① 这一术语源于英文的Figure/Ground，有的国内学者将其翻译为焦点/背景，本文采用图形/背景这一翻译。

然，这里的"脸与花瓶幻觉图"只是一个特殊的例子，因为它允许图形与背景相互转换。但在日常生活中，大多数视觉情景是图形/背景分离的现象。例如，当我们看到"墙上有幅画"这样的情景时，"画"通常会被认为是图形，墙是背景。根据完形心理学家的观点，图形的确定应遵循"普雷格郎茨原则"（Principle of Prägnanz），即通常是具有完形特征的物体（不可分割的整体）、小的物体、容易移动或运动的物体用作图形。例如，当描述"桌子上有一本书"这样的情景时，我们总是会把书当作图形，把桌子当作参照点即背景，因为相对于桌子来说，书的体积要小些。正因为如此，人们在表达这个情景时会说"书在桌子上"，除非在极端情况下，否则人们一般不会说"桌子在书下面"。这个例子告诉我们，桌子与书之间存在一种具体的方位关系，也就是说，图形与背景之间的关系可以看成是由介词"在…上面"或者"在…下面"表达的一种方位关系，或者说，方位介词的意义可以理解为是一种图形/背景关系。正是由于像介词这样的语言表达式可以用图形/背景分离原则来解释，这一原则引起了认知语言学家的极大关注。

（二）图形/背景理论在认知语言学中的应用和发展

最早将图形/背景理论运用到语言认知研究中的是认知语言学家Talmy，他认为图形和背景是语言中同时存在的两种基本认知概念，前者需要被定位，后者可以作为参照点。Talmy首先用图形/背景关系来解释自然语言里的空间关系，包括方位关系和位移关系。比如下面的例子：

（16）<u>Pena itu</u>（图形）terletak di atas <u>meja</u>（背景）.（方位关系）
（钢笔放在桌上。）

（17）<u>Pena itu</u>（图形）jatuh dari <u>meja</u>（背景）.（位移关系）
（钢笔从桌子上掉下来。）

在这两个例子中，"pena"和"meja"之间的空间关系通过"di atas"和"dari"体现出来，也就是说，空间介词的意义可以被理解为一种图形/背景关系。空间关系是图形/背景理论在认知语言研究中最先开始并且研究比较深入的领域。在此之后，Talmy把研究深入到对复杂句的分析中，Langacker、Ungerer & Schmid、Chen、Croft & Cruse等学者相继对图形/背景理论进行了广泛的研究，并将这个理论的运用扩展到句法、语篇和言语事件等语言范畴的研究中。

Talmy和Langacker这两位学者是对图形/背景理论研究最为深入的认知语言

学家，他们对图形/背景的理解和定义也更为精辟和到位。Talmy在其专著《走进认知语言学》中结合他的研究成果，将图形和背景定义为①：

图形是一个移动的或概念上可移动的实体，它的路径、位置或方向被认为是一个变量，相关的问题就是这个变量的具体的值。

背景是一个参照实体，它有一个相对于参照框架静止的场景，图形的位置、路径和方向可以通过这个参照框架来描述。

图形是在时间轴上位置不确定的一个事件，可以被视为一个变量，它的特定值是一个相关性事实。背景是一个参照事件，处于一个参照框架内（通常是一维的时间轴），拥有一个固定的场景，图形的时间位置特征依照参考框架而确定。

Langacker在他的专著《认知语法基础（I）：理论前提》中也对图形和背景进行了论述，他认为图形和背景是认知功能中最基本而且确定的特征，根据这个特征，Langacker进一步提出了侧面/基体、射体/界标等概念。Langacker将图形/背景放在"视角"这个大的理论框架下进行研究，对图形和背景做出如下定义②：

主观上来讲，一个情景中的图形是一个次结构，在被感知时，它相对于情景的其余部分（背景）更"突出"，被给予特殊的显著性，成为中心实体，情景围绕图形组织起来，并为它提供一个环境。

通过对比可以看到，Talmy和Langacker对图形和背景所下定义在本质上是一致的：首先，图形和背景具有分离性和共存性，不论是描述方位事件、运动事件，还是时间事件，在认知层面上，图形和背景必定同时存在，二者相互依存却又互相独立，不过，在语言层面上背景可以隐去；其次，背景具有多样性，图形和背景并不一定是一对一的关系，同一个图形可以对应若干个背景；再者，图形和背景具有确定性，在一个情景当中，由于认知的原因，什么作为图形、什么作为背景是确定的，这是人认识事物的基本规律。需要说明的是，图形/背景在人类认知中具有普遍性的特征，相同的图形和背景并不因为民族的不同而改变。

从上面的分析可以看到，图形/背景理论具有较强的理论张力，但它的研究和应用还处于起步阶段，还有很多图形/背景所限制决定的语言现象有待去发现，

---

① Talmy. Toward a Cognitive Semantics, Vol.I: Concept Structuring Systems [M]. MA: MIT Press, 2000: 312, 320.

② Langacker, R. W. Foudations of Cognitive Grammar, Vol.I: Theoretical Prerequisites [M]. Stanford: Stanford University Press, 1987: 120.

图形／背景和中心词／定语就是其中之一。

三、印尼语定语句法位置的图形／背景解释

（一）图形／背景理论的再认识：图形／背景和中心词／定语

将上述图形／背景理论铺展开来，可以把日常的语言理解成一个特定语境，也就是说具体的话语是图形，它定会恰当地包含在一个背景中，因而产生出一副完整的图画。但语言中的图形和背景与视觉场中的有所不同，视觉场中的图形和背景往往是由具体的实体构成，比如上面 Rubin 的"脸与花瓶幻觉图"，脸和花瓶分别是两个实体，它们之间是空间的关系。在具体的语言中图形和背景则有太多的不确定因素，可以是空间中的运动事物或方位事件中相关的两个实体，也可以是在时间上、因果关系上或其他情况中彼此相关的两个事件。

在一个名词短语中，中心词一般是一个名词实体，而定语则既可以是实体，又可以表示一种关系。中心词本身具有特定值（特征或性质），这是一个相关性事实，但同时它的具体值是不确定的；而定语拥有一个固定的场景，形成的是一个参照框架。中心词的具体值需要放在具体的参照框架中才能确定。比如"apel *merah di atas meja*"这个名词短语，中心词"apel"拥有特定值"苹果"，但是它的具体值是不确定的，比如说是生的还是熟的、是红的还是青的等等，需要参照框架来确定，在这个名词短语中"颜色"是由"merah"这个值来提供，而"方位"则是由"di atas meja"这个值来确定。

所以笔者认为，中心词／定语是图形／背景这一认知原则在句法层面上的一个体现，人们一般把特征不明确的事物（中心词）作为图形，而把拥有已知特征，并将自己的已知特征作为参照点来描述图形未知特征的事物（定语）作为背景。我们可以将一个名词短语理解成一幅具体的图画，中心词是这个图画中的图形，而定语则是这个图画的背景，图形的扩展是通过背景来完成的。

图形和背景具有共存性，但在语言层面背景可以隐去，名词短语同样符合这一特征。作为图形的中心词与作为背景的定语具有共存性，同时在语言层面上作为背景的定语可以隐去。如果语言的表达者认为他所表达的中心词的具体值对于听者或者读者来说可根据具体的环境或者语境来确定，那么在表达的时候定语可以省略。另外，背景具有多样性，同样，一个中心词所对应的定语往往不止一个，因为中心词不确定的值有很多，但是具体在语言表达中用多少个定语、用什

么定语就取决于语言表达者所想要明确的中心词的具体值有多少，"一百个人心中有一百个哈姆雷特"，对同一个中心词的认识，不同的人在不同的环境下根据不同的想法会表达出不同的结果。

（二）图形与背景的抉择

图形和背景作为人类认知心理的一个重要特征，具有普遍性，它的存在并不因为民族或者语言的不同而不同，不同民族的人对同一个场景中图形和背景的认识是一致的。比如说"在一张桌子上有一支笔"这个场景，任何人都会将"笔"作为图形进行认识，而不是将"桌子"作为图形。归入到语言层面上，任何语言在对这个场景进行表达时其表达的意义肯定是"桌子上的一支笔"或者"桌子上有一支笔"，除非在极端条件下，一般不可能表达为"笔下面的一张桌子"或者"笔下面有一张桌子"。

虽然图形和背景在认知上具有普遍性的特征，但是具体到语言表达中却不一定相同，因为语言是线性和一维的，而具体的场景是立体和多维的，这就导致了具体的场景在不同语言的表达中可能有所不同，例如：

（18）贸易代表团的到来

（19）kedatangan delegasi perdagangan

　　　　到来　　代表团　　贸易

在上面的例子中，面对同一个场景，汉语和印尼语采取了完全相反的表述方式，一个是先说中心词，另一个是先说定语。在上文对印尼语定语句法位置进行的分析中已经提到，除了数量词和个别习惯表达以外印尼语中几乎所有的定语都是后置于中心词，而汉语的定语则全都位于中心词的前面。面对相同的图形和背景为什么在语言的表达上会出现这样相反的情况呢？

学者们在用图形/背景理论进行语言研究时，都是将重心放在什么是图形和什么是背景的分析上，它重视的是人类普遍的认知上的选择。但是就线性语言中的图形和背景而言，两个信息的编排存在着由图形信息到背景信息或者由背景信息到图形信息两种编排方式，认知方式的不同决定了信息编排方式，这是图形/背景理论中所忽略的部分。人类拥有共同的认知选择——图形/背景的选择，但不可忽视的是，不同民族拥有不同的思维表达方式，它所代表的是这个民族自身的认知特点，在共同的、具有普遍性意义的认知选择基础上存在着个性的认知方式，共性寓于个性之中，个性是共性的具体体现。具体到名词短语上，作为图形的中心词和作为背景的定语在不同的语言中表达顺序不尽相同，而在图形和背景的选择上却是一致的。因此，可以对印尼语定语的句法位置做出如下解释：印尼语名词短语的中心词前置、定语后置，遵循由图形信息到背景信息的编排方式，这样的句法排序是由先图形、后背景的认知方式所决定的。

如果说印尼语在表达名词短语所包含的特定认知场景时表现出的是这种先图形、后背景的认知方式，那么在其他存在图形和背景的认知场景的语言表达上是否同样遵循这样的认知方式呢？

通过对印尼语各种文体的归纳分析发现，印尼语的篇章结构中同样体现了先图形、后背景的认知方式。例如在科技语体中，一般在文章的开头就对其观点进行陈述，这种开门见山的表达方式有很多，有的是先摆论点，然后加以论证，有的是先提出设问，作者再接着加以回答，等等。在报道评论语体中，开头通常都是提出文章的中心问题。总之，在印尼语的篇章结构中，开头都是为主题服务的，开门见山是主要的特点，之后才是对文章主题的论述和说明。在表达思想时，印尼民族的思维更直截了当，他们习惯把要点放在句首说出，然后再把各种标志一一补进。这与汉语篇章的表达不太相似，汉民族习惯于从侧面说明、阐述外围的环境，最后点出话语的信息中心，所以在语言上表现为从背景信息到图形信息的编排。通过对比印尼语与汉语在篇章表达上的不同，就能更加清晰地感觉到两个民族在思维形态上的差异，从而进一步说明先图形、后背景这一认知方式在印尼语表达中所起的作用。

（三）固定搭配

这里所说的固定搭配是指在印尼语中所存在的"形容词+名词"结构，从形式上看这是定语前置的情况，但是实际上这种结构的产生有其他方面的原因。

这些以"形容词+名词"作为形式的结构大部分属于习语，内容一般都是含有比喻的意思，不能按字面的意思去理解，而且都比较典型，如果把词序颠倒，意思往往就不同了。从修饰、被修饰的关系上来看，前面的形容词反而是词组的重点，是受修饰的中心词，而后头的名词则应该是名副其实的定语[①]。所以说它依然符合印尼语先图形、后背景的认知方式。

比如"putih hati"这个词组，如果将形容词"putih"理解为定语，那么这个

---

① 张琼郁. 现代印尼语语法 ［M］. 北京：外语教学与研究出版社，1993：310.

词组的意思为"白色的心",而这个词组本身的意思是"真心诚意","putih"是作为中心,可以理解为"心是白色的、纯净的,没有任何杂念",这样的例子有很多,如下表所示:

besar hati	骄傲;引以为自豪,高兴快慰
besar hidung	十分自豪;高傲,傲慢
besar mulut	大言不惭的,信口雌黄的
kecil hati	信心不足,无精打采;胆怯
berat mulut; berat lidah	沉默寡言
ringan mulut	说话和气;健谈
ringan kepala	脑子好使
panjang mulut; panjang lidah	挠舌,唠叨
panjang mata	淫荡(女)
panjang tangan	偷窃成性
salah adat	违反老规矩,不合常规
salah alamat	地址错了;目标错了,搞错对象
salah anggapan	判断错误
keras hati	任性的,刚愎的;刚强,坚忍不拔
keras hidung	任性的;心胸狭窄的
keras lidah	舌头生硬;不善于讲话
keras tulang	骨头硬,刚强

四、结语

定语后置是印尼语定语的主要特征之一,其定语语序与共性的优势语序倾向表现出理想的和谐,但是形式上完美和谐的原因并不能继续从形式上得出答案,需要从认知功能方面进行解释。本文通过对印尼语定语句法位置及其在语序类型学上的意义进行描述,分析了认知语言学中的图形/背景这一认知方式在定语与中心词关系中的体现,进而得出印尼语定语中心词居前、定语居后的句法位置排列方式是由先图形、后背景的认知动因所决定的。对印尼语的定语句法位置进行认知研究将有助于对印尼语语法的深层次理解和掌握，同时也启发我们进一步对其他语法现象背后的认知动因进行研究，为语言的学习和理解提供有益参考。

参 考 文 献

［1］刘丹青. 语序类型学与介词理论［M］. 北京：商务印书馆，2004.

［2］刘丹青. 汉藏语言的若干语序类型学课题［J］. 民族语文，2002（5）：1—11.

［3］金立鑫. 语法的多视角研究［M］. 上海：上海外语教育出版社，1999.

［4］卢植. 认知与语言［M］. 上海：上海外语教育出版社，2006.

［5］王寅. 认知语言学探索［M］. 重庆：重庆出版社，2005.

［6］张琼郁. 现代印尼语语法［M］. 北京：外语教学与研究出版社，1993.

［7］Greenberg, Joseph H. Universals of Language［M］. MA: MIT Press, 1966.

［8］Langacker, R. Foudations of Cognitive Grammar, Vol.I Theoretical Prerequisites［M］. Stanford: Stanford University Press, 1987.

［9］Talmy, Leonard. Toward a Cognitive Semantics. Vol.I: Concept Structuring Systems［M］. MA: MIT Press, 2000.

印度《太阳报》对华报道情态策略管窥
——与《战斗报》中昆明火车站暴恐案报道的比较分析

■ 解放军外国语学院　李俊璇

【摘　要】《太阳报》和《战斗报》分别是印度和巴基斯坦影响力最大的媒体之一。以韩礼德的情态系统分析为方法，从情态结构数量、情态值取向、情态值跨度三个方面对昆明火车站暴恐袭击的报道进行比较分析。以《战斗报》的报道为参考点，发现《太阳报》通过大量使用情态结构、情态取向多样化、情态值较高、多声介入等策略建构出一个完全不同的事实空间，塑造出一个惨烈的、令人震动的、隐含主观判断的事件，从而塑造出一个社会治安堪忧、民族矛盾突出的中国社会形象。究其原因，包括了内部和外部两方面。内部原因是中印之间复杂的历史交往和情感，而外部原因则是西方媒体对中国的长期负面塑造。

【关键词】印度媒体；对华报道；情态策略

　　印中之间有着漫长的历史交往及复杂的相互关系，而两国又都是21世纪发展最快的国家之一。随着中国"一带一路"战略的提出与实施，未来这两个国家之间的互动会成为牵动国际关系的重要因素。

　　国际交往的前提是相互了解，而主体之间的了解并非仅仅简单地取决于双方做了什么。当代国际关系的建构主义理论认为，国家之间的关系取决于相互之间的认知与定位。而建构主义思路发端于语言及哲学领域提出的语言本体论，萨丕尔假说则更为直接地指出："语言形式决定着语言使用者对宇宙的看法；语言怎样描写世界，我们就怎样观察世界。"①因此，"人类没有观察世界的自由，一切

---

　　① 刘润清. 西方语言学流派［M］. 北京：外语教学与研究出版社，1999：179.

观点都受着语言形式的支配"①。对此西方的批评理论学家有着更进一步的研究，他们以批评为工具，以社会改善为目标，将解剖的对象从社会结构具体到话语结构，从政治法律政策到日常话语，力求将话语中隐藏的意识形态清晰地展示出来。在这一过程中，媒体话语因为传播快、影响广、被公认客观等等特点而成为意识形态隐藏的重要部分，并成为批评者们研究的重点对象之一。在法兰克福学派之后，话语分析，尤其是批评话语分析逐渐进入人们的视野，媒体的话语分析也成为人们了解国与国之间相互看法及认知程度的一个重要途径。

本文从一个很小的角度切入，对印度的《太阳报》中关于昆明火车站恐怖袭击的报道进行分析，并以巴基斯坦《战斗报》中同一事件的报道为参照点，从比较的角度对其中的情态策略进行分析，以期管窥印度《太阳报》的对华认知以及对中国形象的塑造。

由于情态系统的涉及范围非常大，并且一味的数据分析不能具体体现其中的一些特征，因此本文没有像诸如及物性、分类等等方法那样进行统计性分析，而是选择一则两个媒体均给予报道的事件，以描述性分析为主、数据分析为辅对语料进行取样分析。

Halliday将情态分析进行了三个向度的分类：一是从言语功能中的中介类型分类将情态分为概率、频率、义务、意愿四个类型进行分析；二是从主观与客观角度进行了情态"取向"（orientation）的分解；三是对情态的程度进行了高中低三个等级的情态值区分。

其中情态的"取向"分为主观、客观、明确、非明确四种，进行排列组合的话可以形成明确主观、非明确主观、非明确客观、明确客观四个程度值刻度，其客观性由弱到强。明确的主观和客观取向都是由小句来表达的，因此是隐喻性的；而由情态动词或情态副词来表达的是非隐喻性的情态，介于隐喻和非隐喻之间的是由介词短语表达的情态。情态的程度是将级差值的概念引入语法研究中，作为对变项程度的划分，用高、中、低三级来表示情态值的程度。本文将情态的取向及程度区分作为分析的依据，对新闻进行情态分析。

---

① 刘润清. 西方语言学流派［M］. 北京：外语教学与研究出版社，1999：180.

一、媒体及新闻的选取

1. 媒体选取根据

印地语日报中 *Dainik Bhaskar* 是目前印度影响力最大的印地语报纸之一，意为"太阳日报"。该报是一个全国性报纸，为印度DB集团所出版。该报于1958年创建于中央邦首府 Bhopal，是印度发行量最大的印地语日报，在印度国内共有9个版本发行。根据2010年的统计数据，该报发行量居于印度各类报纸发行量的首位，并且在全球报纸发行量排名第11位。其网站的目标也是致力于建设印度最大的印地语新闻网站。

巴基斯坦最大的乌尔都语报纸是 *Daily Jang*，意为"战斗日报"。该报是巴基斯坦历史最悠久的报纸，创立于1939年，至今从未中断过发行。在卡拉奇、拉合尔、拉瓦尔品第、奎塔、木尔坦、谢赫浦尔、巴哈瓦尔浦尔、古吉拉特、锡尔科特、费萨拉巴德发行，甚至在英国的伦敦、伯明翰也发行，每日发行量超过80万份，是全国性报纸，也是巴基斯坦第一大报。

2. 新闻选取根据

印度《太阳报》对于中国涉疆暴恐新闻的报道大多将恐怖分子称为"袭击者"，在事件塑造中也常常回避"恐怖主义"这一概念，同时报道的侧重点也是以"新疆发生了武装袭击"、"中国政府处决了很多穆斯林"居多。[①]在这一类新闻报道中，《太阳报》倾向于将发生在新疆的暴力袭击案件塑造为民族对立下汉族与穆斯林的矛盾，甚至是"少数民族的反抗"。在这种倾向化塑造形成的认知背景下，发生在新疆的暴恐事件在印度读者的心目中被改写为民族矛盾。

而发生于2014年3月1日的昆明火车站暴力恐怖袭击案件，则是一起非常明显毋庸置疑的暴恐袭击，对于这一事件的恐怖主义定性是无疑的。云南虽然也是一个少数民族省份，但是新中国成立以来各个民族融洽共居，社会稳定，不存在所谓的"民族对抗"的土壤。因此，这一起暴恐袭击案件的性质是恐怖主义袭击非常明确且不容改写。

---

① 李俊璇. 印度《太阳报》与巴基斯坦《战斗报》涉华报道话语策略及意识形态塑造比较研究［D］. 2015.

二、昆明火车站恐怖袭击报道的情态分析

（一）《战斗报》中情态数据统计及分析

1.《战斗报》的报道原文及参考译文

چین، ٹرین اسٹیشن پر چاقو برداروں کا حملہ، 27افراد ہلاک، 109زخمی

بیجنگ (اے پی) چین کے صوبے ینعان میں چاقو بردار افراد نے ٹرین اسٹیشن پر حملہ کرکے 27افراد کو ہلاک جبکہ 109کو زخمی کردیا۔ سرکاری میڈیا نے کنمنگ شہر میں ہونے والے حملے کو دہشت گردی کی خطرناک کارروائی قرار دیا ہے۔ مقامی ٹی وی کے مطابق کئی حملہ آوروں کو پولیس نے گولیوں کا نشانہ بھی بنایا۔ زخمیوں کو اسپتال منتقل کردیا گیا ہے۔ پولیس نے علاقے کو گھیرے میں لے کر لوگوں سے تفتیش کا سلسلہ شروع کردیا ہے۔

参考译文：

中国，火车站上持刀者袭击，27人遇害，109人受伤

北京（美联社）在中国云南省持刀者袭击火车站杀死27人并且伤害109人。官方媒体将昆明市发生的袭击称为恐怖主义危险行为。根据当地电视台的报道警方也击毙了几个袭击者。伤员已经被送往医院救治。警察封锁了该地区并开始了对可疑人员的一系列调查。

2. 情态分析数据统计

对这一新闻进行情态分析，得到如下数据：

	数值	低值	中值	高值
情态结构总数	5			
明确主观				
非明确主观			5（100%）	
非明确客观				
明确客观				

《战斗报》的这则新闻，完全符合其关于中国新闻报道的一贯风格——简明扼要，评论接近于无。在这种全部是事件讲述且评论几乎为零的新闻中，一个突出特点是情态结构使用较少。全文一共有情态结构五处。其中三项是情态助动词，有两项是完成分词表示情态。同时所有的情态均是非明确客观结构，可见

Jang在这个事件上的报道比较客观，同时也没有添加过多的评论性话语。

بیجنگ (اے پی) چین کے صوبے ینعان میں چاقو بردار افراد نے ٹرین اسٹیشن پر حملہ کرکے 27افراد کو ہلاک جبکہ 109کو زخمی کردیا ۔ سرکاری میڈیا نے کنمنگ شہر میں ہونے والے حملہ کو دہشت گردی کی خطرناک کارروائی قرار دیا ہے ۔ مقامی ٹی وی کے مطابق کئی حملہ آوروں کو پولیس نے گولیوں کا نشانہ بھی بنایا ۔ زخمیوں کو اسپتال منتقل کر دیا گیا ہے ۔ پولیس نے علاقے کو گھیرے میں لے کر لوگوں سے تفتیش کا سلسلہ شروع کردیا ہے ۔

（下划线为情态结构标注）

在导语中使用了情态助动词دینا，与杀害及伤害的动词连用，چاقو بردار افراد نے ٹرین اسٹیشن پر حملہ کرکے 27افراد کو ہلاک جبکہ 109کو زخمی کردیا（持刀者对火车站发动袭击之后杀害 27 人同时伤害 109 人），表示一种强势向外的动作倾向，表现出持刀袭击者在残杀无辜群众时动作的一种未经思索与选择的强势性，句中的完成分词表现出袭击动作的连续性，与句末的情态助动词配合使用表现出恐怖袭击行动的突发性连续性，以及在这种快速的毫无理性的伤害下群众来不及反应的现实情况。在زخمیوں کو اسپتال منتقل کر دیا گیا ہے（将伤员送往医院抢救）中也使用了同样的一个助动词，也是表现出市政应急机构在送治抢救伤员上的及时迅速。而پولیس نے علاقے کو گھیرے میں لے کر لوگوں سے تفتیش کا سلسلہ شروع کردیا ہے中使用了两个情态结构，一个是用于表达警察动作的先后顺序，表现出一种井然有序的警方工作程序，另一个是用于表达警方“已经开始系列调查”，表现出执法机构反应及时，应急迅速，采取行动快速有效。同时，所有的情态均是非明确客观取向，说明语言较为平实，既没有主观论断及评论，又没有采用高情态值的结构表达某种意图，表现出新闻报道力求客观公正的态度。

（二）《太阳报》中情态数据统计及分析

1.《太阳报》的报道原文及参考译文

33 लोगों की मौत से दहला चीन, इस्लामी आतंकियों को जिम्मेदार ठहराया

बीजिंग। चीन ने कुनमिंग शहर के रेलवे स्टेशन पर चाकुओं से किए गए आतंकी हमले के लिए झिंजियांग प्रांत के इस्लामी आतंकवादियों को जिम्मेदार ठहराया है। इस जघन्य हमले में 33 लोगों की हत्या कर दी गई थी जबकि 130 घायल हुए हैं। इस बीच राष्ट्रपति शी चिनफिंग ने कहा कि कानून प्रवर्तन मामले की जांच कर विधि के तहत आतंकियों को सजा दे।

देश के दक्षिण पश्चिमी प्रांत युनान की राजधानी कुनमिंग के भीड़भाड़ वाले रेलवे स्टेशन

पर शनिवार की रात चाकू और तलवार से लैस आतंकवादियों के एक समूह ने बेतरतीब ढंग से लोगों पर हमला किया था। सरकारी समाचार एजेंसी शिन्हुआ ने रविवार को अपनी रिपोर्ट में कहा कि यह एक सुनियोजित और हिंसक आतंकी हमला था। पुलिस चार हमलावरों को ढेर कर चुकी है और बाकी की तलाश कर रही है। माना जा रहा है कि इस हमले में दस से अधिक संदिग्ध आतंकवादी शामिल थे। कुनमिंग की नगर पालिका ने कहा कि घटनास्थल से मिले सुबूतों से पता चलता है कि इसके पीछे झिंजियांग के अलगाववादी ताकतों का हाथ है।

9/11 जैसा है कुनमिंग आतंकी हमला

चीनी मीडिया ने कुनमिंग के रेलवे स्टेशन पर आतंकियों द्वारा नागरिकों की गई जघन्य हत्या को चीन का 9/11 करार दिया है। सरकारी मीडिया और सांसदों ने आतंकवाद के खिलाफ सख्त कार्रवाई की मांग की है। शिन्हुआ ने कहा कि नागरिकों की निर्मम हत्या को सही नहीं ठहराया जा सकता है। यह चीन का 9/11 है।

जबकि पीएलए नौसेना की विशेषज्ञ परामर्श समिति के निदेशक यिन झूओ ने कहा कि हमें आतंकवाद के खिलाफ राष्ट्रव्यापी अभियान शुरू करना चाहिए। नेशनल पीपुल्स कांग्रेस (एनपीसी) के उप प्रमुख चेन शु ने आतंकवादियों के खिलाफ शीघ्र और कठोर करने के लिए देश के सांसदों से आग्रह किया है।

भय और अराजकता का था माहौल

दिल दहला देने वाली वारदात के प्रत्यक्षदर्शियों ने बताया कि घटना के बाद हर तरफ डर और अराजकता का माहौल था। स्टेशन पर हर तरफ सामान बिखरा दिखा और प्लेटफॉर्म पर चारों तरफ खून फैला रहा। एक प्रत्यक्षदर्शी चेन ने कहा कि उसने पांच-छह लोगों को चाकू लिए देखा। वे पागलों की तरह लोगों पर वार कर रहे थे। समीप के एक सुपर मार्केट के रेन गुआंगकिन ने कहा कि पिछली रात हर कोई मेरे सुपर मार्केट में घुस रहा था। पूरा सुपर मार्केट लोगों से भर गया था। उनमें दो लोगों को चाकू लगा था। लोगों की निर्मम हत्या से मैं बेहद डर गया था।

参考译文：

33人的死亡令中国发抖，归因于穆斯林恐怖分子

北京：中国将昆明市火车站持刀行凶的恐怖主义袭击的责任归于新疆自治区的穆斯林恐怖分子。在这起残忍的袭击中33人被杀害，同时还有130人受伤。对此国家主席习近平说，执法机关调查事件之后要依法惩治恐怖分子。

在中国南方的云南省省会昆明拥挤的火车站上，周六晚上以刀剑武装起来的一个恐怖主义团伙毫无目标地袭击群众。中国官方通讯社新华社周日在报道中说，这是一起有计划的暴力恐怖袭击。警察打死四个袭击者，并且正在寻找其余嫌疑分子。人们认为，这次袭击有超过10名的恐怖嫌疑分子参与。昆明市政府说，现场得到的证据表明，这起事件背后有新疆分裂主义势力支持。

如同"9·11"一样的昆明恐怖袭击

中国媒体将昆明火车站恐怖分子对无辜群众实施的残忍袭击称为中国的"9·11"。官方媒体与人大代表都要求严惩恐怖主义。新华社称残杀无辜群众（的行为）决不能被说成是对的。这是中国的"9·11"。

同时中国人民解放军的海军（信息化）专家咨询委员会主任尹卓说，我们应该开始在全国范围内打击恐怖主义。全国人大（NPC）（常务委员会）副委员长陈竺呼吁（全国人大代表提请议案）果断坚决地打击恐怖主义。

（当时是）一片恐惧而混乱的气氛

（这一）惊心动魄的事件目击者说，惨案发生之后到处都是恐惧与混乱的氛围。火车站上行李四散到处可见，站台上鲜血横流。一个姓陈的目击者（陈宇贵）说，他看见5—6个人持刀。他们像疯子一样攻击着人们。附近一个超市的店主（芮广根）说，昨晚大家进了我的超市。整个超市都挤满了人。其中有两个人被刀砍伤。对于残杀无辜群众我害怕极了。

2. 情态结构数据统计

根据对该新闻的情态结构统计得出如下统计表格：

	数值	低值	中值	高值
情态结构数量	26			
明确主观				1（3.8%）
非明确主观				3（11.5%）
非明确客观			12（46.2%）	8（30.8%）
明确客观			2（7.7%）	

在《太阳报》的这则新闻中，一共有情态结构26处。在情态结构上，出现了情态小句、情态动词、情态助动词、情态副词与形容词，还有时态表示的情态结构以及祈使类的情态结构，情态结构类型较为丰富。在情态取向上，明确主观、非明确主观、非明确客观以及明确客观均有包括，具有取向多样化趋势。在

情态值上，较为集中于中值以及高值，并且还出现了低情态值与否定词合用后转化为高情态值的情况，情态值的使用有中、高值倾向。

情态结构类型丰富，说明新闻的各个语法层面均具有情态化倾向，这种类型的语篇可以从各种结构中透露出作者想要表达的意图，具有较高的观念和情感影响力；情态取向的多样化趋势，显示出语篇中说话者较多，事件建构的角度多样，有以"我""我们"角度的言论，以"他""他们"角度的言论，还有以"事实如此"角度的言论，从多个方面进行事实建构，会使得语篇中具有多种声音，显得事件报道更为真实客观；情态值使用的中值倾向会使得语篇显得更为客观中性，而情态使用的高值倾向则会使得语篇具有一种较为强烈的画面动态感以及激烈的情绪带动性。这种情态的高值使用倾向能够绘声绘色、栩栩如生，甚至有时候可以言过其实地描述事件，令事件生动，让读者进入到作者所建构的事件中并被作者的情绪与观点所影响。下面选取了一些有代表性的情态结构进行详细分析。

（1）"चीन ने कुनमिंग शहर के रेलवे स्टेशन पर चाकुओं से किए गए आतंकी हमले के लिए झिंजियांग प्रांत के इस्लामी आतंकवादियों को जिम्मेदार ठहराया है।"

जिम्मेदार ठहराया है让……承担起责任，将责任归于……，使用现在完成时来表示责任认定之后的固定化状态。非明确客观，中值。将穆斯林恐怖主义者置于受事的位置，将中国政府置于施事的位置，及物性与情态结合后更加有力地表明新闻作者的态度，即对于中国政府的这种责任归因的不完全认同。之所以不完全认同，是因为这起暴力恐怖主义事件实际上就是新疆恐怖主义策划并亲自实施的，但是由于其残暴性与危害性较大，而且具有较为明显和完整的恐怖主义特征，且发生于没有民族矛盾的地区，无法用"民族矛盾"来掩饰其恐怖主义性质，因此是一起地地道道的恐怖主义袭击事件，任何人都无法否认其性质。在前面章节的分析中我们发现，《太阳报》倾向于将新疆暴力恐怖主义行为建构为民族矛盾社会矛盾激化而引起的少数民族反抗，企图回避其恐怖主义本质，因此在昆明暴恐事件发生后就这起事件是否是新疆恐怖主义所为的问题上躲躲闪闪，只引用中国言论，不肯主动承认这一事件与新疆暴恐事件的直接联系。

（2）इस बीच राष्ट्रपति शी चिनफिंग ने कहा कि कानून प्रवर्तन मामले की जांच कर विधि के तहत आतंकियों को सजा दे।

कहा कि...दे使用了"说"由于后面的谓语部分是虚拟语气"将要"，因此"说"的实际含意是"下令""执法机构""定要"，在中国的相关新闻报道中使用了"批示"以及"重要指示"，属于祈使结构，祈使类情态结构从交换物分类来看属于情态系统中的意态，从语言功能来看又属于其下的提议—命令类，从中介类型来看则进一步归入义务类情态。因此这一情态结构表面上是一个非明确客观中值，但实际含意上是一个非明确客观高值。

（3）"सरकारी समाचार एजेंसी शिन्हुआ ने रविवार को अपनी रिपोर्ट में कहा कि यह एक सुनियोजित और हिंसक आतंकी हमला था। पुलिस चार हमलावरों को ढेर कर चुकी है और बाकी की तलाश कर रही है।"

चाकू और तलवार से लैस आतंकवादियों के एक समूह以刀剑武装的一个恐怖主义团伙。情态形容词，非明确客观，中值。与前面的"拥挤的火车站"相配合，可以让读者更好地理解刀剑这一冷兵器也可以造成较大的杀伤性。

ढेर कर चुकी 情态助动词"完成""迅速完成"，动词本意是"痛殴"、"打倒在地"、"打死"，配合使用了表示迅速完成的情态助动词，塑造了警察不问青红皂白将犯罪嫌疑人殴打致死的第一印象。实际上四名暴恐分子是在追杀无辜群众过程中被警察击毙的，而这里却使用了"打死"，一个人被殴打致死是需要较长时间的，新闻放慢了暴徒死亡过程，回避了现场暴恐分子屠杀无辜群众的紧急性，让人们联想到警察而不是袭击者的残暴。非明确客观，中值。

（4）"शिन्हुआ ने कहा कि नागरिकों की निर्मम हत्या को सही नहीं ठहराया जा सकता है।"

सही नहीं ठहराया जा सकता 是不能被认为是正确的，情态动词，非明确客观，सकना（能够）本身是一个表示意态的低值情态动词，但是由于加了否定词之后，其情态值反而由低值变为高值。例如，意态化的高中低值分别是 must do –will do –can do，其情态值是从高到低；但是加了否定词之后是 needn't do –won't –can't，其情态值是从低到高，由此可见，低值+否定词=高值。如果需要对这种现象进行解释的话，可以使用一个金字塔来理解：

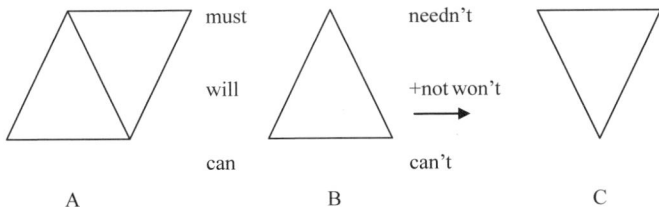

假设人们的行为是一个整体范畴A，由祈使类情态来对所有的行为进行规定

与限制的话,就会形成人们的行动空间B。此时,高情态值的情态结构由于限定较多而可选择范围小,于是位于金字塔的顶端,在限定较多的情态值下其行动空间就小,而低值情态类的祈使结构由于限定较少而行动空间就相对较大,则位于金字塔底端。当这些情态加上否定成分之后,正好相当于行动空间B的180度旋转。高情态值结构被限制空间大行动空间小,进行否定之后变为被限制空间小而行动空间反而增大,而同样,低情态值结构加上否定之后被限制空间大而行动空间反而变小。

这一低值+否定=高值的情态结构是引述新华社的言论,代表了中国的官方态度。以高值的情态来表达中国的官方言论,从而营造出该事件引起中国举国震惊,以及强烈反应与激愤情绪,从而与标题中所说的"33人死亡令中国发抖"的"事实"相呼应。

(5)"नेशनल पीपुल्स कांग्रेस (एनपीसी) के उप प्रमुख चेन शु ने आतंकवादियों के खिलाफ शीघ्र और कठोर करने के लिए देश के सांसदों से आग्रह किया है।"

आतंकवादियों के खिलाफ शीघ्र और कठोर करने के लिए (为了迅速而坚决地反恐) 从言语功能的中介类型来分的话属于概率类情态,非明确客观,高值,与动词आग्रह किया (坚决要求,固执地请求) 相配合使用,突出了情态的高值。

另外,值得注意的是,《太阳报》中这则报道的篇幅较长,一共包括了三个部分五个段落。相比起来,《战斗报》相同事件相近角度的报道只相当于该新闻的第一段。三个部分包括了第一部分的事件陈述及现场细节描述、第二部分的中国官方态度及各级官员言论,以及第三部分的目击者描述及言论。新闻从各个角度对该事件进行说明与刻画,描绘出一幅非常生动的事件场面,并且从多个角度表现了事件的破坏性、严重性以及灾难性,符合标题"令中国发抖"的概括;也说明了在该事件上记者或者编辑所要表达的重点,即强调中国的负面类事件,以突出中国的负面形象。

三、两个媒体报道的情态策略比较分析

通过对同一主题下相对较为接近的角度进行报道的同一事件的分析,得出的异同有以下几点:

1. 从语法层面来看

（1）情态结构的不同数量体现出不同媒体在新闻客观性追求上的差异

《战斗报》中情态结构使用较少，新闻显得平淡而客观，与一个自然类灾难如台风地震等的报道几乎没有多少差别；而《太阳报》中则使用了非常多的情态结构，新闻显得生动而吸引眼球，对读者进行多角度暗示，有关于"9·11"的暗示，有穆斯林恐怖主义的暗示，以及中国民族矛盾的暗示等等，令读者产生多种联想并自动在其脑海建立起一个充满冲突矛盾的中国形象。

（2）情态取向上的差异体现出不同媒体在事件建构角度选择上的差异

《战斗报》中情态取向全部是非明确客观，是以记者的角度在对事件进行描述，同时是以一个单一而客观的叙述角度对事件进行建构；而《太阳报》则包括了从明确主观、非明确主观、非明确客观到明确客观所有可能的描述角度，并且引用了多方的言论及态度，建构出一个负面影响非常大、波及范围非常广，对群众乃至国家情绪造成了严重伤害的轰动性事件。

（3）情态值使用上倾向化差异体现出对于新闻语篇的语境设置以及感染力差异

《战斗报》中的情态值全部使用了中值，其情态值波动接近于无，建立起一个客观冷静的事件态度；而《太阳报》中情态值主要是从中值到高值，建构起一种强烈的、刺激的事件面貌以及唤起读者激动的、兴奋的态度。

2. 在语篇层面上，整体情态倾向能够表达出某种意图

总体来说，《战斗报》的情态结构使用非常少，情态取向与情态值单一，均为非明确客观，语篇的整体情态表现出一种客观，甚至是一种冷淡。对于该事件的报道与其他自然灾难类事件报道在情态表达上没有明确的区别与不同，说明在语篇层面上，或者说整体情态上，《战斗报》采取了一种低强度、冷静化及客观化的报道立场与态度，并无多余的言外之意或者某种暗示，达到了就事论事的新闻报道要求。

而在《太阳报》中，情态结构类型十分丰富，情态取向多样化，并且情态值总体上中等偏高。整个语篇表现出记者或者编辑的极大兴趣，以及他们对于这类新闻的热衷以及报道热情。篇幅较大，报道详细，刻画细致，引入多种声音，以

及以多种手法引起读者兴趣并对读者进行暗示等等，均表现出一种高烈度、兴奋化、客观中隐含主观的报道立场及报道态度。这是情态化意识形态塑造的典型案例。

另外，两则新闻中所报道的伤亡数字不一样，《战斗报》中是死亡27人，受伤109人；而《太阳报》中则是死亡33人，130人受伤。实际上根据两则新闻均说明的出处新华网3月2日的报道，该事件共造成27人死亡，109人受伤。同时，两则新闻均为2014年3月2日分别在《战斗报》和《太阳报》中登载。在《战斗报》的报道中，数字是符合新华网的报道数据的，而在《太阳报》中所报道的数据明显多于实际数据，在伤亡人数上有了夸大之嫌。这与前面所说的其情态使用具有高烈度、兴奋化，强调事件灾难性，对读者进行冲突对抗激烈的暗示，以及突出中国社会矛盾激烈程度等话语意图是相符合的。

四、情态策略与意识形态控制

在Halliday的系统功能语法中，情态被归入了人际功能，相对于归入了概念功能的及物系统，情态系统在表达说话者的观念与概念方面不如及物性那样能够通过语言组织及过程运用来直接折射出说话者的意识与思维方式，而是通过一些人际互动来表现其中的意识形态性，相对及物系统而言，情态系统中的意识形态性更为间接，需要通过对话语中的人际因素进行分析才能探知。因而，这种意识形态性会显得更加隐秘与不明显，而这种分析也会更加有价值。

情态系统的作用方式是通过对事件或者他人言论的态度与判断来表现的，并且可以在一定程度上影响他人的态度。情态系统的功能主要是考察说话者对命题所承担的责任程度，对预期行为的承诺和承担的责任等等。同时，由于话语的人际功能包括了语言参与与角色关系，情态系统还包括了说话者对受话者的态度及交际距离等方面的考察，并进而通过交际关系分析其权势关系等等。因而，情态分析是与交际有关的分析，态度的表达会涉及交际角色、交际意图等等。在Halliday看来，情态词的加入正是为了掩盖说话者对于事实的不肯定，"即使是高值的情态词也不如极性形式肯定"（胡壮麟等，2005：149），这一观点其实从某种程度上对情态的使用效果进行了说明，并且直指情态使用的话语意图。

情态系统由于与人际功能有关而在叙事方面具有独特的建构性意义。前面说过，情态的使用与语用有着突出的联系，而语用原则的适用是通过对人际交往的言外之意进行分析而体现的。在人际交往中，特别是新闻的作者与读者的双方交际中，对话的双方正是通过事实建构来分享一个共同的事件空间，在此共享空间中作者向读者传达着自己本身希望传达，同时希望读者能够体会到的观念。在事实的建构过程中，作者不可避免地会使用叙事来向读者进行描述。而情态的使用会建构出一个个事件空间，这些建构的事件空间与真实的事件空间之间或者无限接近重合，或者部分重合，或者人为阻止重合，甚至完全不允许重合。这种无限接近重合、部分重合、人为阻止重合，以及完全不重合的建构事件空间，就是所谓的真实报道、部分真实报道、部分不实报道（或者歪曲报道）以及虚假报道。在这些不同程度的重合度控制过程中，作者正是通过对情态的控制来调节建构事件空间与真实事件空间之间的重合度。而事件建构的直接方式是叙事，因此，情态控制最直观的体现就是在叙事中的情态调节，通过在整体叙事中情态系统的运用，对所建构的事实空间进行控制。《太阳报》与《战斗报》中对于同一事件报道中所使用的不同的情态策略建构了不同的事件空间，并且这两个不同的建构空间之间有着明显的渲染度差别。

印度媒体对中国长期的负面建构已经不是个别问题或者偶发现象，从整体上来看，《太阳报》中对于中国的整体负面塑造是一贯的，并且相比起《觉醒报》来，《太阳报》在所有知名的印地语媒体中属于涉华报道比较客观的媒体。其中所塑造的中国社会形象总体上是饮食习惯令人作呕、素质低下、环境污染严重、社会矛盾突出、阶层对立严重等等。

五、结语

媒体话语因其特殊身份而有着比政治话语更为突出的影响力与塑造力，《太阳报》对中国暴恐事件的负面塑造并非个案，甚至对中国的整体负面塑造也并非个别行为。可以说，印度媒体总体上对中国并不友好。

这种现象的原因很多，有自身和外部两个方面的原因。

从自身原因来说，印度对中国有着复杂的情感。其中包括边界纠纷、中印边境自卫反击战中印度"耻辱的"惨败、以前的中俄印现在的中美印之间的合纵连横、冷战思维、制衡思维、中印相互之间的竞争、尼赫鲁理想主义与机会主义思路破灭后印度彻底转向现实主义的外交战略[①]、对英国人殖民遗产最大限度继承的心理，甚至是印度人狭隘的民族心理，以及迥异的思维方式等等，这些原因使

---

① 李俊璇. 印度外交政策的发展［J］. 解放军外国语学院学报（社科版），2011（6）.

得印度对中国的感情是复杂而不友好的。

从外部原因来说，西方媒体对中国同样进行着长期的负面塑造。这些负面塑造通过西方媒体的权威性以及在"客观公正性"的"追求"下所掩盖的意识形态性，直接或者间接地影响着很多发展中国家对中国乃至对世界的看法。媒体间的相互引用使得西方媒体对中国的塑造成为"权威"，而印度对西方的亲近与认同则使得他们更愿意接受那个负面的中国形象。

另外，媒体为生存而进行的商业化竞争也使得媒体为了取悦读者而创造一个让他们进行情绪宣泄的场所。在政党政治下，渲染民族的伤痛历史和外交矛盾被用于煽动民众情绪和转移公众注意力成为一种惯用手法。

参 考 文 献

［1］范·戴克. 精英话语与种族歧视［M］. 齐月娜，陈强，译. 北京：中国人民大学出版社，2011.

［2］费尔迪南·德·索绪尔. 普通语言学教程［M］. 高名凯，译. 北京：商务印书馆，2003.

［3］刘润清. 西方语言学流派［M］. 北京：外语教学与研究出版社，1999.

［4］弗雷德里克·S. 西伯特，西奥多·彼得森，威尔伯·施拉姆. 传媒的四种理论［M］. 戴鑫，译. 北京：中国人民大学出版社，2011.

［5］高航. 认知语法与汉语转类问题［M］. 上海：上海交通大学出版社，2009.

［6］高宣扬. 当代社会理论［M］. 北京：中国人民大学出版社，2005.

［7］高一虹. 语言文化差异的认识与超越［M］. 北京：外语教学与研究出版社，2000.

［8］格雷姆·伯顿. 媒介与社会：批评的视角［M］. 史安斌，主译. 北京：清华大学出版社，2007.

［9］龚鹏程. 文化符号学［M］. 北京：世纪出版社，2009.

［10］Fairclough, Norman. Language and Power [M]. London: Longman, 1989.

［11］Fariclough N. Discourse and Social Change [M]. Cambridge: Polity Press, 1992.

［12］Fowler, Roger, B. Hodge, and G. Kress, et al. Language and control [M].

London: Longman, 1997.

[13] Fowler, Roger. Language in the news: discourse and ideology in the press [M]. London: Routledge, 1991.

[14] Fowler, R. Polyphony in Hard Times. In Carter & Simpson (eds). Language, Discourse and Literature, 1989.

[15] Habermas, J. On the Logic of the Social Sciences [M]. Cambridge, Mass: The MIT Press, 1967/1988.

[16] Halliday, M. A. K. An Introduction to Functional Grammar [M]. London: Edward Arnold, 1985.

[17] Halliday, M. A. K. English Systems Networks [C]// Gunther Kress (ed.). Halliday: System and Function in Language. London: Oxford University Press, 1976: 101-135.

[18] Halliday, M. A. K. Linguistic function and literary style: an inquiry into the language of William Golding's The Inheritors. In S. Chatman (ed), Literary Style: A Symposium, Oxford: OUP, 1971.

[19] Halliday, M. A. K. Poetry as scientific discourse: the nuclear sections of Tennyson's "In Memoriam". In D. Birch and M. O' Toole (eds), Functions of Style, 1988.

尼泊尔的语言政策及尼泊尔语言现状

■ 解放军外国语学院　王　宗

【摘　要】尼泊尔是一个多民族、多语言的国家，长期以来实行"一个"国语的政策，使用人口最多、流行最为广泛的尼泊尔语成为国语，也成为尼泊尔各民族之间进行交流的通用交际语言。随着民主革命的发展，长期遭到歧视和漠视的少数民族语言、文字及其文学作品得到了发展的机会。尼泊尔现有125个民族，操持123种语言，近三分之一的语言处于消亡的边缘。各界要求制定新的"多语言政策"的诉求也越来越强烈。

【关键词】尼泊尔；语言政策；语言现状

尼泊尔语产生于公元10世纪左右。[①]尼泊尔语在尼泊尔、印度、不丹、缅甸及中国香港等近50个国家和地区有操持者。全世界使用者大约在4000万左右，而以尼泊尔语为母语者大约为2200万左右。除尼泊尔外，印度也有大量的尼泊尔语操持者，主要分布在印度的锡金、大吉岭等地区，在这些地区，尼泊尔语已经成为政府官方语言。此外，在阿萨姆、马尼普尔、德哈拉顿、阿尔莫达等地区也有说尼泊尔语者。尼泊尔语已经不再局限于尼泊尔的政治版图，而成为全世界尼泊尔民族的共同语言。

---

① 尼泊尔考古学家莫亨普拉萨德·卡纳尔（मोहनप्रसाद खनाल）教授于1976年在戴勒克县发现了公元959年的全部用尼泊尔语书写的碑铭。此前，学界发现的最早的用尼泊尔语文字记载的证据为1120年的碑文。这块碑铭的发现，对于研究当时卡斯王国的历史、艺术、文化、政治及宗教都具有重要意义。卡纳尔. 尼泊尔语的一千年［EB/OL］. http://www.ekantipur.com/nepal/article/?id=3289.

一、尼泊尔的语言政策

尼泊尔语源自梵语变体普拉克里特语，最早流行于尼泊尔的西部山区。居住在尼泊尔西部山区的卡斯人操持的语言叫卡斯库拉语，在西部山区具有很好的群众基础，在统一前的尼泊尔各土邦王国的上层和谷地的马拉王朝宫廷里也在一定程度上流行。1768年廓尔喀国王普里特维·纳拉扬·沙阿统一尼泊尔后，就将卡斯库拉语改称尼泊尔语，积极在全国进行推广，使其成为维系统一国家的共同语言。在沙阿统治者的大力推广下，经过两个多世纪的发展，尼泊尔语已经名副其实地成为尼泊尔的国语。它不仅有效地促进了各民族之间的交流，而且有力地维系着国家的团结和统一。

（一）尼泊尔语言政策的演变

语言政策是和一个国家的民族政策紧密相连的。尽管尼泊尔政府从来没有颁布过明确的语言政策，但长期以来，尼泊尔的民族政策中暗含着语言政策的导向。沙阿王朝建立之初，尼泊尔语得到大力推广。1846年，拉纳家族攫取了尼泊尔的统治大权后，于1854年正式颁布"民法大典"，使种姓制度文化及其载体尼泊尔语在全社会处于中心和主导的地位。该法典将所有小民族的人民，除了少数头人外，统统定为首陀罗。这样在实际上取消和否定了各民族的平等地位。拉纳统治者长期实行愚民政策，不普及和发展教育，也不鼓励民族语言文字和文学的发展。他们认为，尼泊尔是一个统一的社会，要加强国民对"尼泊尔民族"的认同感，任何民族身份的确定，都将对国家统一和其统治地位构成威胁。除了不鼓励发展小民族的语言文字外，也不许创制小语种的字母和文字。拥有用自己民族语文写作的文献被看作是非法。这种政策，造成各部族在文化和社会发展方面日益落后。

在这种没有明确发布，但却一直实施的民族政策的影响下，许多弱小民族的语言和文字濒于灭亡，一些具有较好基础的民族语言文学得不到发展。拉纳统治者对尼瓦尔语文学的创作和发展就采取了镇压的政策，不允许用尼瓦尔语出版和发行刊物，将一些尼瓦尔语作家投入监狱，使得许多尼瓦尔语作家被迫改用尼泊尔语写作，而尼瓦尔语的书写形式（文字）也改用与尼泊尔语相同的天城体。一些跨界民族（比如林布族）则选择到国外去发展自己民族的语言文学。

　　1950年，拉纳统治被推翻后，沙阿王朝重新回到权力中心。朝野都比较忌讳谈论民族问题，似乎谈论民族问题会影响到国家的认同和统一，影响民族团结，对外则强调尼泊尔是一个统一的尼泊尔民族。1962年，马亨德拉国王解散议会和民选政府后，为了巩固其无党派的评议会制度，巩固王权统治，更加强调"一种文化、一种服饰和一种语言"，并着力在全国实施印度教化，这样一来，各小民族的文化被进一步边缘化并走向衰落。学校教育得到了空前的发展，但尼泊尔语被定为教学用语，宣扬的是印度教的思想观念和文化，这对各小民族的文化是致命的打击。20世纪70年代后期，尼泊尔的政治环境逐步宽松，一些小民族开始成立自己的文化机构，积极动员地方和私人投资，推动本民族语言文化和文学的发展，举办研讨会，培训教员和辅导员，编写和出版教科书等，部分小民族的语文有所复兴。

　　1990年，实行了30年的无党派评议会制度被推翻。在当年制定的新宪法中，尼泊尔提出了一个比较明确的民族政策。新宪法在"第一编·前言"中明确规定："尼泊尔是一个多民族、多语言、民主、独立、不可分割、拥有主权的印度教君主立宪制王国。"同时规定，"尼泊尔的国语是用天城体字体书写的尼泊尔语，尼泊尔语是官方语言。""在尼泊尔地方作为母语使用的所有语言都是尼泊尔的语言。"这是首次在宪法层面对尼泊尔语的国语地位进行确定，同时也明确了其他民族语言的平等地位。

　　1993年4月，尼泊尔皇家学院举办了第一次全国性的林布语言文学研讨会。一些少数民族语言的字典和文学创作也得到进一步发展和重视。林布、拉伊、尼瓦尔、塔鲁、达芒、马嘉和夏尔巴等民族的语言地位得到提高。目前，尼泊尔广播电台除了使用尼泊尔语和英语进行广播外，还增加了8种地方语言的广播。1997年6月，尼泊尔政府成立了一个由地方发展部长任主任的全国民族发展委员会，专门负责民族发展方面的工作。

　　2006年尼泊尔颁布临时宪法，所有在尼泊尔地方作为母语使用的语言经过登记后都被赋予了"国语"的地位[1]，这相当于削弱了尼泊尔语的特殊地位。但2006年的临时宪法同时也赋予了尼泊尔语政府公文用语的地位。[2]

---

① 尼泊尔临时宪法2006，第一部分第5条第1款。
② 尼泊尔临时宪法2006，第一部分第5条第2款。

（二）尼泊尔语的尴尬地位

1978年，尼泊尔曾经推动将尼泊尔语作为高等教育课堂用语，但并没有得到很好的实行。1990年宪法规定，尼泊尔实行多语言政策。1992年，特里普文大学取消了将尼泊尔语作为高等教育课堂用语的规定。在1993年尼泊尔民政局颁布的新教学大纲中，废除了公务员必须进行国语尼泊尔语考试的规定。这样一来，尽管尼泊尔语还是政府公务用语，但由于政府不重视其发展，尼泊尔语的规范化和现代化并没有得到很好的重视。作为尼泊尔国内使用人口最多、流行最广泛、文学最发达的尼泊尔语处于与其他民族语言地位相同的一个尴尬境地。

目前，尼泊尔联邦制建构还没有定型，各主要大党联合尼共（毛）、尼泊尔大会党、尼共（联合马列）等在自己的竞选纲领中都强调，要根据尼泊尔的多语言政策来确立尼泊尔联邦政府工作语言和联系语言。尼泊尔大会党指出，应将尼泊尔语作为政府工作语言及国家联系语言，而另外两大党则没有这方面的提议。但无论如何，由于尼泊尔语是尼泊尔大多数人民的母语，是所有尼泊尔人的共同的交际语言，是尼泊尔人之间精神团结的媒介，对于构建民族团结的精神起到了很大的作用，其主体地位不应该削弱。

尼泊尔目前还没有一个完善的国家语言政策，学者们呼吁国家尽快出台语言政策，以保护尼泊尔众多的语言，推行多语言教育政策。[①]

二、尼泊尔的语言状况

尼泊尔是一个多民族、多语言的国家。1996年尼泊尔政府组织人员对全国的民族状况开展了一次空前规模的调查和鉴别，最后于2000年确认在全国的非印度教社会，共有61个民（部）族。而据最新人口统计（2011年）显示，尼泊尔国内现有125个民（部）族，共123种语言。[②]尼泊尔全国总人口为2649.4万人，其语言使用人口及流行地区如下：

序号	语言	母语人口比例	流行地区
1	尼泊尔语	48.61%	尼泊尔所有县区（山区和平原地区）

---

① 学者们建议制定国家语言政策［EB/OL］. http://nayakhabar.com/?p=51918.

② 尼泊尔中央统计局. 人口普查2011：国家报告［R］. 加德满都. 而2001年的人口统计显示，当时的语言种类为92种语言，民（部）族的数量为100个。两次人口普查中出现这么大的出入，表明人口普查的科学性值得怀疑。

（续表）

序号	语言	母语人口比例	流行地区
2	梅提里语	12.30%	东特莱平原的马霍特里、萨尔拉西、塔努萨、萨普特里、希拉哈县
3	博杰普里语	7.53%	特莱平原的巴拉、帕尔萨、罗德哈特、奇特旺和鲁班德西县
4	塔鲁语	5.86%	特莱平原的莫朗、奇特旺、卡比勒瓦斯图、当、德乌库理，盖拉里、肯真普尔和巴尔迪亚县
5	达芒语	5.19%	加德满都盆地周边地区、卡普雷帕兰乔克县中部及山坳地区、热索瓦、新都帕尔乔克、努瓦科特、塔定、马克万普尔、新图里及拉梅查帕等县
6	尼瓦尔语	3.63%	加德满都盆地、多勒卡、卡普雷、新图里、新图帕尔乔克、马克万普尔、拉梅查帕、丹洪、努瓦科特及卡斯基等县
7	马嘉语	3.39%	帕尔帕、丹洪、香贾、郭尔喀、纳瓦尔帕拉西、卢古姆、罗尔帕、皮尤坦、多尔帕、巴格龙等县
8	阿瓦提语	2.47%	西特莱平原的纳瓦尔帕拉西、鲁班德西，从卡比勒瓦斯图到邦克、巴尔迪亚、肯真普尔一线
9	万特瓦语	1.63%	东尼泊尔的桑库瓦萨帕、索伦昆布、乌代浦尔、波杰普尔、奥克尔通加、坦库达、廓坦、伊拉姆
10	古隆语	1.49%	西区的马囊、拉姆忠、郭尔喀、卡斯基、帕尔瓦特、香贾、木斯塘
11	林布语	1.47%	东大区的班杰特尔、代勒图姆、塔普勒宗、坦库达、桑库瓦萨帕
12	巴基卡语	1.05%	罗德哈特、萨尔拉西
13	乌尔都语	0.77%	尼泊尔干则
14	拉则翁西语	0.57%	莫朗，查帕
15	夏尔巴语	0.57%	索伦昆布
16	印地语	0.47%	比尔干则、比拉特纳卡尔、派勒瓦

前表显示，尼泊尔语是尼泊尔大多数人的母语。在印地语之后，处于第17位的是查姆岭语，占比0.91%，操持者大约4.4万人。统计结果显示，尼泊尔境内母语人口低于4.4万人的语言还有76种。这些语言大多没有文字，只存在于口头流传，很多正处于灭亡的边缘。母语人口在1000人以下的语言除了外来移民的母语如汉语、英语等外，还有梅瓦亢语、梵文、卡伊克语、拉乌特语、吉散语、朱罗提语、巴拉姆语、迪龙语、羯罗语、东马利语、乌迪亚语、岭齐木语、

库孙达语、新提语、郭杰语、哈利亚尼语、马尕西语、萨姆语、库尔玛丽语、卡噶特语、宗卡语、酷奇语、琴当语、米佐语、纳加语、洛米语、阿萨姆语、萨塔尼语等尼泊尔的地方语言。

（一）尼泊尔语言的谱系分类

从谱系分类来看，尼泊尔境内语言可以分为以下几大类：

（1）印欧语系：印欧语系是雅利安人进入印度次大陆时带入的语言体系。属于这一语系的尼泊尔语言有：尼泊尔语、梅蒂里语、博杰普里语、塔鲁语、阿瓦提语、巴基卡语、乌尔都语、拉杰翁西语、印地语、达奴瓦里语、孟加拉语、马尔瓦拉语、马奇语、达拉伊语、库玛勒语、博特语、旁遮普语、英语、梵语、朱罗提语等。上述语言主要分布在尼泊尔中、南部的广大地区。

（2）汉藏语系：汉藏语系主要分布在尼泊尔中、北部同印、中交界地区。主要语言有：达芒语、尼瓦尔语、马嘉语、万特瓦语、拉伊-吉拉迪语、古隆语、林布语、夏尔巴语、切邦语、塔米语、迪马勒语、塔卡里语、吉雷利语、梅杰语、苏努瓦里语、巴亚西语、拉乌特语、帕哈利语、藏语、勒帕查语、杜拉语等等。

（3）南亚语系：萨达尔语、森塔尔语、森达尔语、卡地亚语。萨达尔-森塔尔语流行于特莱平原的莫朗和查帕地区，使用者约占人口的0.18%。

（4）达罗毗荼语系：属于这一语系的语言比较少，只有仓格尔等极个别语种，流行于尼东部的逊沙里、莫朗两地，由于数量极少，这一语系往往被忽略。仓格尔语流行于特莱平原的查帕、比拉特纳加尔、希拉哈，贾纳克普尔等地。该语言的使用者约占全国人口的0.13%。

（5）库孙达语系：库孙达语。库孙达语以前被列入汉藏语系的藏缅语族进行研究，但随着研究的深入，发现该语言和其他语系均无发生学关系，后被单独列为一个语系。该语言已经日渐消失，目前尼泊尔正采取措施进行抢救保护。

属于汉藏语系拉伊-吉拉特语族的共有36种分支语言。[①]因此，从语言种类来说，尼泊尔境内汉藏语系的语言（超过70种）最多，而作为母语使用人口最多的语言则是印欧语系诸语言。据2001年人口统计，尼泊尔操印欧语系诸语言的人口达79.1%，而操汉藏语系（藏缅语族）诸语言者人口占18.4%。尼泊尔境

---

① 莫亨罗杰·夏尔马，克里希纳哈利·巴热尔. 语言学及尼泊尔语［M］. 加德满都：加德满都图书中心，1993：144.

内藏缅语族很多语言正处于消亡状态。印欧语系诸语言梅蒂里语、博杰普里语、阿瓦提语、乌尔都语、印地语、孟加拉语、马尔瓦拉语、梵语、英语等语言操持者主要分布于印度境内，此外，达罗毗图语诸语言也主要流行于印度。汉藏语系中的藏语则主要流行于中国西藏地区。

尼泊尔是个多民族、多语言个国家，很多人操持双语或者多语。据日本学者寺岛研究，尼泊尔人平均能讲3.8种语言。①

尼泊尔诸语言书写形式各不相同，有的语言还不止一种书写形式。比如：勒普查语使用勒普查字体，林布语使用西里宗噶字体，森达尔语使用的是奥尔奇基字体，达芒语使用的是藏文字体和天城体，尼瓦尔语使用的是仁遮纳字体和天城体字体，古隆语使用的是天城体字体、罗马拼音和凯马字体，梅蒂里语使用的是天城体字体、凯提字体及梅蒂里字体，马嘉语使用的则是天城体和阿卡字体。其他有文字（或用文字拼写的语言）大多使用天城体字体书写。

目前，书写形式正在确立或完善的语言有塔鲁语、达芒语、马嘉语、古隆语、拉伊-吉拉特语支下的图隆语、班德瓦语、查姆岭语、卡岭语、库隆语、塔卡里语、夏尔巴语等等。没有文字的语言则有萨达尔-森塔尔语、达奴瓦尔语、切邦语、马尔瓦拉语、塔米语、马基语、仓格尔语、迪马尔语、达雷语、基热勒语、臣特雅尔语、卡玛语、卡哥特语、盖克语、要勒姆语、拉吉语、库玛勒语、博特语、巴亚西语、拉伊-吉拉特语支下的那齐岭语、东梅瓦夯语、桑木邦语、北罗火龙语、南罗火龙语、压卡诺、勒姆巴亚卡语、乌木布语等29种语言。

已经或正面临消亡的语言有哈玉语、杜拉语、库孙达语、拉乌达语、果玉语、普马语、杰隆语、提隆语、杜米语、侗马里语、瓦灵语、琴当语、拉姆比冲语、姆噶里语、贝拉热语、旁杜瓦里语及楚隆语等19种语言。②

尼泊尔80.62%的印度教徒及10.74%的佛教徒中的大乘佛教的宗教语言则是梵语。其他佛教徒则大都使用藏语和巴利语，伊斯兰教徒（4.2%）大多使用乌尔都语，吉拉提人多使用吉拉提语，基督教徒则多使用英语、尼泊尔语或拉丁语。梵语的影响不局限于南亚地区，还对东亚的泰语、柬埔寨语、印度尼西亚语、马来语等产生了广泛的影响。③

---

① 马特瓦普拉萨德·博克列尔. 尼泊尔的语言现状 [EB/OL]. http://www.google.com http://madhavpokhrel.com.np/p=65.

② 国家语言政策建议委员会报告 [R]. 2003：58.

③ 马特瓦普拉萨德·博克列尔. 尼泊尔的语言现状 [EB/OL]. http://www.google.com http://madhavpokhrel.com.np/p=65.

（二）尼泊尔的语言问题

现在，尼泊尔的语言发展面临着诸多问题。其中语言问题政治化倾向比较严重，其次是印地语和英语等强势语言对尼泊尔语言的影响和冲击也非常严重。这都引起了尼国内有识之士的担忧。

1. 语言问题的政治化倾向

由于流行于尼泊尔和印度的尼泊尔语、梅蒂里语、博杰普里语、阿瓦提语等有很多的共同之处，出于大国沙文主义心态，一些印度语言学家将这些语言都划归印度印地语的方言或者分支语言，引起尼泊尔民族主义者的不满。

另外，活跃于尼泊尔南部特莱平原地区的马迪西各政党，要求在整个特莱地区建立一个单独省，试图将流行于该地区的所有语言统一起来，从而为建立单独的语言邦奠定基础。据报道，在2011年的人口普查中，特莱地区的马迪西政党出于政治斗争的需要，号召母语为梅蒂里语、博杰普里语、阿瓦提语和塔鲁语的尼泊尔南部地区居民，将自己的语言属性填写为印地语。这样一来，在2001年人口普查中只占0.48%的母语为印地语的人口数量，在2011年的人口普查中将急速增加。由于印地语是印度的官方语言，把印地语作为母语的印度人口数量达到4亿2200万，其文学作品也具有相当大的影响力。在教育、传媒、影视作品、歌曲等领域印地语的使用和影响力都很广泛，其对尼泊尔社会的影响已经越来越深入。特莱地区很多人都是印度移民的后裔，他们具有分裂主义倾向。印地语的坐大，不光对尼泊尔语等尼泊尔的语言造成威胁和冲击，还威胁到了尼泊尔国家的统一，这使得很多尼泊尔有识之士忧心忡忡，尼泊尔的民族统一性受到影响。

尼泊尔境内流行的尼瓦尔语、梅蒂里语、林布语、博杰普里语、阿瓦提语、印地语、乌尔都语、藏语诸语言，其书写形式都得到了很好的发展。很多语言属于跨境语言，更多地流行于尼泊尔的邻国，其语言文学的发展也相对于尼泊尔语来说要好得多。其中梅蒂里语、尼瓦尔语、印地语等在各种传媒中得到了广泛的运用，同时在高等教育中也成为修习科目。

2. 尼泊尔语言受到的严重威胁及语言迁移现象

为了保护尼泊尔国内的少数民族语言，尼泊尔政府将所有民（部）族语言都视为国语，赋予它们平等的地位。但这个政策在实践中缺乏可操作性，因为很多语言往往是口口相传，停留在民间话语中。它们没有文字，更不要说语法、字典、文学创作这些有利于语言传播的基本要素。尼泊尔的很多语言（超过50种）操持者人数在5000人以下。他们往往居住于深山老林中，生活极度贫困。这导致他们的社会及教育状况非常差。对他们来说，生存的压力已经远远超出了对自己语言、文化及民族性的关注。另外，世界经济危机的影响对很多受过较好教育的尼泊尔青年产生了较大的压力，很多人不得不出国谋生，对这些人来说，掌握流利的外语成为谋生的必要技能之一，自己的母语、文化则被视为一种传统。因此，经济的问题不解决，民族特性就会逐渐削弱直至最终消亡。在尼泊尔，有超过10种的语言操持者已经不足100人，这些语言最终都难逃湮灭的命运。

语言也是文化软实力的一部分。世界经济强国的语言也非常强势。与英语、汉语、法语、日语等强势语言比较起来，尼泊尔的语言要弱势得多。即便被认为较为发达强势的尼泊尔语，和印地语、梅蒂里语、孟加拉语、乌尔都语比较起来也要弱势得多。因此，尼泊尔政府在一种语言都未得到很好的推广发展的情况下，贸然采取均等主义政策将所有语言置于同等重要的地位，为在尼泊尔社会生活中本身已经非常强势的语言（英语和印地语）提供了扩大影响和使用范围的机会。印地语在本地化和国际化的名义下，语言殖民思想在不知不觉中出现。尼泊尔共和国第一任副总统坚持使用印地语进行就职宣誓，以及各党派对此做法的推崇进而促成修宪，以及在2011年人口统计中马迪西政党强迫要求其他语言操持者将自己的母语写成印地语的所作所为，都引起了尼泊尔其他语言操持者的警觉。否则，有朝一日，印地语将在尼泊尔占据更加强势的地位。

随着现代传媒的发展，尼泊尔城市小孩从电影、电视、歌曲等诸多渠道很轻易地就学会了印地语。因此，如果不能从技术上强化语言、为语言使用者提供足够多的资料，这种语言的生命力就会大打折扣。现在，尼泊尔社会语言迁移现象非常严重。少数民族中受过教育的人，由于地区的局限性并不愿意自己的孩子只会说本民族的语言，这对其他人也产生了影响。一个受过教育、有正式职业的古隆人会说："我的母语曾经是古隆语，但儿子的母语则是尼泊尔语。将来孙子的母语可能就是英语了。"听了他的话，另外一个没有受过正规教育但是比较警觉的古隆人就会说："哦，现在不让自己的孩子学习英语和尼泊尔语，难道要让他们像自己一样将来成为农夫？"同样，一个对自己的语言文化情有独钟的尼瓦尔人要求自己学习基因工程技术的儿子好好学习尼瓦尔语，儿子就会反驳说："现在连尼泊尔语都不管用了，您还叫我学习尼瓦尔语？"这些都是新一代尼泊尔人中出现语言迁移的有力证据。因此，如果不及时采取措施将尼泊尔语推广为尼泊尔所有民族的共同语，那么印地语将很快压缩尼泊尔所有语言（包括尼泊尔语）的使用空间，最终取代它们的地位。对尼泊尔语的状况，尼泊尔的有识之士也提出了有益的见解。有人说："与其用印地语和英语来取代87%的尼泊尔人都能理解的尼泊尔语，还不如思考如何用一种比较简易可行的办法来让百分之百的尼泊尔人都学习尼泊尔语。"①

（三）尼泊尔语作为族群间交际语言的作用

尼泊尔语早已成为尼泊尔各民族之间的共同交流语言。不同语言操持者之间要探讨某一种语言问题时，尼泊尔语也是最方便的交流工具。而且，尼泊尔语也有地方方言，由于地理的阻隔，尼泊尔东部和西部地区尼泊尔语方言差异还是比较大的，在这种情况下，二者要进行交流，标准尼泊尔语就成为交际语言。

此外，尼泊尔语还是尼泊尔那些没有文字的语言在文字、语法、词典、文学创作方面的重要媒介语言。那些具有悠久文字历史的尼瓦尔语、梅蒂里语等现在也开始逐渐使用尼泊尔语使用的天城体文字系统书写。如果尼泊尔的所有语言都使用天城体字母书写，那么辨识起来就会简易得多。

三、目前尼泊尔围绕语言问题的争论

尼泊尔是个多民族、多文化、多语言的国家。最新人口统计表明，现在尼泊尔还有123种语言存在。但有近三分之一的语言人口不足总人口的0.04%（也就是1万人）。这些语言大多数只有口语，没有文字。有近20种语言的操持者人数不足100人。由于讲这些语言的人极度贫困，很多语言正面临着灭绝的威胁。尼泊尔语言政策建议委员会曾于1993年提出建议，要求政府加强对面临消亡危机语言的保护力度，但并没有受到政府的重视。再者，语言问题，在现在尼泊尔的政治语境下，已经成为一个敏感的话题。特别是尼泊尔副总统和马迪西主义政党及其他团体时不时鼓噪语言问题的纷争。因此，部分语言政策分析人士提出了在尼泊尔特莱平原地区实行印地语、在尼泊尔山区实行尼泊尔语、在北部喜马拉雅山地区实行夏尔巴语的建议。

2011年6月14日，尼泊尔近百名语言学者、民族事务工作者在博卡拉召开了一次题为"尼泊尔的语言现状及尼泊尔语的地位"的研讨会。他们呼吁采取特

---

① 威迪亚纳特·柯伊拉腊. 尼泊尔联邦：语言管理与发展的国内外方法 ［D］. 2010；普拉迪普·吉利. 印地语不是我们的母语 ［EB/OL］. 2011-04-10. http:// www.nagarik news.com.

殊措施对面临消亡或极少语言操持者的语言进行保护；推广用母语进行初级教育的政策；组建语言委员会，对所有的语言一视同仁；逐步改善由于过去实施"一种语言"政策对其他语言产生的消极影响；正式确认母语人口最多、流行地区最广泛、具有丰富的文学宝库、已经成为尼泊尔共同交际语言的尼泊尔语为国语。同时，与会者还强烈谴责了那些下令将其他语言划归印地语的机构，并对新一代年轻人对自己母语的冷淡，母语转移及英语、印地语对尼泊尔的所有语言产生的生存空间的挤压及边缘化表示了担忧。

参 考 文 献

［1］黑芒罗杰·阿提卡利. 社会实用语言学［M］. 加德满都：拉特纳图书社，2010.

［2］马特瓦普拉萨德·博克列尔. 尼泊尔的语言现状［EB/OL］. http://www.google.com http://madhavpokhrel.com.np/p=65.

［3］莫亨罗杰·夏尔马，克里希纳哈利·巴热尔. 语言学及尼泊尔语［M］. 加德满都：加德满都图书中心，1993.

［4］穆克特辛格·达芒. 尼泊尔联邦的多语言政策［EB/OL］. http://www.himalkhabar.com/hkp/new.php?id=2279.

［5］帕尔斯摩尼·班达里. 社会实用语言学［C］// 民族语言政策咨询委员会报告（1993）及尼泊尔的语言现状. 加德满都：学生书屋民族语言政策咨询委员会，1993：64.

［6］http://www.nagarik news.com，2011-04-10.

类型学视角下尼泊尔语动词"लाग्नु"分裂作格现象研究

■ 解放军外国语学院 黄恒超

【摘 要】"लाग्नु"是尼泊尔语中使用频率非常高的一个不及物动词，义项丰富且用法灵活。"लाग्नु"所搭配的主语在普遍情况下均使用宾格形式，仅在个别情况下用主格形式。现有的尼泊尔语语言学和语法文献对此解释尚显不足。本文试从语言类型学关于作格的理论出发，论证"लाग्नु"具有分裂作格现象，并在此基础上对"लाग्नु"的分裂作格机制进行研究。

【关键词】尼泊尔语；动词；लाग्नु；分裂作格

一、问题的提出

尼泊尔语从属于印欧语系，形态变化十分丰富，格缀数量众多且用法灵活。在尼泊尔语句子中，及物动词所接的宾语，一般应当使用"लाई"这一宾格标记，在一些情况下也可以省略，在个别情况下应当使用零标记的形式。通常情况下，"लाई"便可视作从形态上确定尼泊尔语宾语的格缀标记。

"लाई"的使用方法非常灵活[①]，最主要最常见的用法是使用在及物动词句人物名词（或人称代词）做宾语时，充当宾格标记，而非人物名词做宾语时一般不加"लाई"。例如：

---

① 何朝荣. 尼泊尔语语法［M］. 北京：军事谊文出版社，2003：274—276. 该书基本囊括了尼泊尔语从词到句的各种基本语法规则。按照该书所举，"लाई"共有15种用法，非常灵活。

例1：सीताले यो कुरा मलाई भनेकी थिइन्।
　　　悉达　 这　事　 我　 说

译文：悉达给我说过这件事。

例2：हामी बाढीमा पीडित मानिसहरूलाई सहयोग गर्न खोज्दैछौं।
　　　我们　洪水　受苦的　　人们　　援助　　　 寻求

译文：我们正在设法援助遭受水灾的人们。

例3：रेडियो नेपालले सबै समाचारहरू प्रसारित गर्यो।
　　广播电台　　尼泊尔 所有的　　新闻　　播送

译文：尼泊尔广播电台播送了所有的新闻。

例4：बूढापाकाहरू पनि नयाँ कुरा सिक्न खोज्छन्।
　　　老年人　　也 新的 东西 学习 寻求

译文：老年人也在尝试学习新的东西。

例1句子中充当宾语成分的"म"（我）是人称代词，例2句子中充当宾语成分的"मानिसहरू"（人们）是人物名词，按照语法规则，均使用了宾格标记"लाई"。而例3和例4两个例句中充当宾语成分的"समाचार"（新闻）和"कुरा"（东西），均是非人物名词，所以按照规则没有使用宾格标记"लाई"。

尽管"लाई"一般情况下充当宾格标记，且其他使用方法也很灵活，但按照传统语法的解释有一点是明确的，即"लाई"不能使用在充当主语成分的名词之后。但是，在不及物动词"लाग्नु"做谓语的部分句子中，充当主语成分的名词之后加上了"लाई"，使得主语具有了与及物动词所接宾语一样的形式。例如：

例5：मलाई भोक लाग्यो।
　　　我 饥饿 感觉

译文：我感到饿了。

例6：हरिलाई लट्ठीले चोट लाग्यो।
　　　哈利 棍子 伤 施加

译文：哈利被棍子打伤了。

例7：तपाईंलाई रुघा लागेछ, अलिक होशियार गर्नू।
　　　您 感冒 感染 一些 小心

译文：您患上感冒了，要小心一点。

例5到例7三个例句中，"म"（我）、"हरि"（哈利）和"तपाईं"（您）都充当句子的主语成分，但其后均带有"लाई"，在形式上与例1到例4四个例句中的宾语成分相同。这就违背了宾格标记"लाई"不能加在主语之后的规则。

不及物动词"लाग्नु"做谓语的部分句子中，主语形式与及物动词的宾语形式相同。除了"लाग्नु"之外，尼泊尔语中还有数个不及物动词部分地存在这种语言现象，如"उठ्नु"（上升）、"रुच्नु"（喜欢，感兴趣）、"गहाउनु"（不喜欢，讨厌）和"आउनु"（会，懂得）等等。尼泊尔语的语言学传统研究曾对该问题做出过解释。

二、传统研究的解释与不足

对于"लाग्नु"存在的这种语言现象，尼泊尔语的语言学传统研究将注意力集中在了主语的宾格标记"लाई"上面，认为这是格缀"लाई"的一种特殊用法。传统研究认为："लाई"的这种特殊用法主要集中于描述中心名词的感受、受益和承受情况的句子中，且认为中心名词在句子中均不做主语。① 具体如下：

1. "लाई"用于不做主语成分的感受格名词之后。例如：

例8：तपाईंलाई थकाइ लागेको हुनुपर्छ।

　　　　您　　　劳累　感觉

译文：您一定觉得累了。

例9：मलाई रीस उठ्यो।

　　　 我　怒气　升起

译文：我生气了。

例10：उसलाई भात रुच्छ।

　　　　他　米饭　喜欢

译文：他喜欢米饭。

例11：कमलालाई अचार गहाउँछ।

　　　　卡莫拉　咸菜　讨厌

译文：卡莫拉讨厌咸菜。

例12：तपाईंलाई ज्वरो आएछ।

　　　　　您　　发烧　到来

译文：您发烧了。

---

① 何朝荣. 尼泊尔语语法［M］. 北京：军事谊文出版社，2003：276.

2. "लाई" 用于不做主语成分的受益格名词之后。例如:

例 13: म<u>लाई</u>   पानी   चाहियो।

　　　　我　　水　　需要

译文: 我需要水。

例 14: राम<u>लाई</u>   काम   प्राप्त   भयो।

　　　　拉姆　工作　获得

译文: 拉姆找到了工作。

3. "लाई" 用于不做主语成分的承受格名词之后。例如:

例 15: हरि<u>लाई</u>   लात्तीले   लाग्यो।

　　　　哈利　　脚踹　　承受

译文: 哈利挨了一脚。

例 16: उस<u>लाई</u>   पानीका   छिटा   पर्यो।

　　　　他　　雨水　点滴　承受

译文: 他淋了雨点。

例 8 到例 11 四个例句均是描述中心名词 "तपाई"(您)、"म"(我)、"उ"(他)和 "कमला"(卡莫拉)的喜怒感受,例 12 句子描述的是中心名词 "तपाई"(您)所处的状态,可解释为 "您" 感受到了 "发烧" 这种状态。例 13 和例 14 两个例句中,中心名词 "म"(我)和 "राम"(拉姆)分别受益于 "水" 和 "工作"。而例 15 和例 16 两个例句中,中心名词 "हरि"(哈利)和 "उ"(他)分别承受了 "脚踹" 和 "雨点"。经过观察可以发现,这九个例句的共同之处均在于,中心名词均是从外界受到了影响,似乎具有受事的性质。

按照传统研究的解释,例 8 到例 12 五个例句中的中心名词均是感受格名词,例 13 和例 14 两个例句中的中心名词均是受益格名词,例 15 和例 16 两个例句中的中心名词均是承受格名词,这些中心名词在例句当中均没有充当主语成分。那么问题出现了,这九个例句中的中心名词在各自句中分别充当什么语法成分? 而又为什么会使用宾格标记 "लाई"? 此外,经过观察可以发现,例 8 到例 16 九个例句中的谓语动词,即 "लाग्नु"(感觉,承受)、"उठ्नु"(上升,升起)、"रुच्नु"(喜欢,感兴趣)、"गह्राउनु"(不喜欢,讨厌)、"आउनु"(到来)、"चाहिनु"(需要)和 "पर्नु"(承受)等,均是不及物动词,按照语法规则不能接宾语成分。那么句中为何会出现带有宾格标记 "लाई" 的名词性成分? 经过观察还可以发现,这些例句中的感受格、受益格和承受格名词,均是人物名词。而尼泊尔语及物动词句中，恰好也是人物名词做宾语成分时带有宾格标记"लाई"。出现这种巧合的内在逻辑又是什么？

对于以"लाग्नु"为代表的部分不及物动词出现的这种语言现象，既有的传统研究从"लाई"出发，提出了初步的解释，指出了例句中的非主语中心名词是感受格、受益格和承受格名词，均是受到了外部因素影响，具有受事的特征。传统研究的这种解释为我们进行进一步的研究提供了有益的参考。但是，传统研究对这种特殊语言现象的解释存在不足，无法完全回答前面提出的问题。

三、"लाग्नु"具有分裂作格现象

对于不及物动词"लाग्नु"所具有的这种特殊语言现象，传统研究的解释存在不足，需要从新的角度进行研究和阐释。而语言类型学中的"作格"相关概念，为解决前面提出的问题提供了新的思路。

"作格"（ergative），按照《现代语言学词典》中的解释是："对某些语言，如爱斯基摩语和巴斯克语，作语法描写时需要有一个术语来描写这样一类构式，其及物动词的宾语与不及物动词的主语有相同形式（即同格）。及物动词的主语称作'作格'，而不及物动词的主语和及物动词的宾语一起称作通格。在某些语言中，这种格标记只见于一部分情形，其他情形采用受格标记模式（分裂作格性［split ergativity］）。"①由此可见，"作格"主要关注的是句中名词的语法身份问题。"作格"这一概念的关注点，正好是前面关于"लाग्नु"等词所提出问题的关注点。能否使用"作格"概念对"लाग्नु"的特殊语言现象进行研究，首先需要证明"लाग्नु"具有作格用法。

（一）尼泊尔语中存在作格现象

按照"作格"的相关概念，判断一个语言中是否存在作格现象，主要是比较该语言的及物动词的宾语和不及物动词的主语是否有相同形式。在尼泊尔语中，及物动词的人物名词宾语应当使用宾格形式，即在宾语后面加上宾格标记"लाई"，非人物名词宾语则不加宾格标记"लाई"而使用零标记形式。例如：

例17：प्रहरीले अनशन गर्ने विद्यार्थीहरूलाई समात्यो।

　　　　警察　　绝食　　　　学生们　　　抓捕

---

① ［英］戴维·克里斯特尔. 现代语言学词典［M］. 沈家煊，译. 北京：商务印书馆，2000：130.

译文：警察逮捕了绝食的学生们。

例18：व्यापारले हरि<u>लाई</u> धनी बनायो।

　　　　贸易　　哈利　富人　使成为

译文：做生意使哈利成了富人。

例19：ऊ कुखुरा पनि मार्न सक्तैन।

　　　　他　鸡　也　杀　不能

译文：他连一只鸡都杀不了。

例17到例19三个例句中的动词"समात्नु"（逮捕）、"बनाउनु"（使……成为）和"मार्नु"（杀，致死）均为及物动词。例17和例18两个例句的宾语部分，即"विद्यार्थीहरू"（学生们）和"हरि"（哈利），均为人物名词做宾语，所以带有宾格标记"लाई"，即"विद्यार्थीहरूलाई"和"हरिलाई"。而例19句子的宾语名词"कुखुरा"（鸡），因为不是人物名词，所以不加宾格标记"लाई"而使用了零标记形式。

尼泊尔语中，大部分不及物动词的主语都使用主格形式，也有个别不及物动词的主语会使用宾格形式，即主语带有宾格标记"लाई"。[①]例如：

例20：वर्षापछिको जुनेली रातमा माछापुच्छ्रे हिमाल टल्करिरहेको हुन्छ।

　　　雨　晴朗的　夜晚　　　鱼尾峰　　　闪耀

译文：雨过天晴的夜晚，鱼尾峰总是在月光下熠熠生辉。

例21：पृथ्वीनारायण शाह विक्रम सम्वत् १७७९मा जन्मेका थिए।

　　普里特维·纳拉扬·沙阿　　　尼历1779年　　出生

译文：普里特维·纳拉扬·沙阿出生于尼历1779年。

例22：उस<u>लाई</u> भात रुच्छ।

　　　他　米饭 喜欢

译文：他喜欢米饭。

例23：म<u>लाई</u> तिमी मन पर्छ।

　　　我　你　心　施加

译文：我喜欢你。

---

① 前文有所提及，对于部分不及物动词句中带有宾格标记"लाई"的名词成分，尼泊尔语传统研究不将其视为主语成分。笔者认为，不论从语义上加以判断，还是从作格的角度进行分析，都可认为这部分带有宾格标记"लाई"的名词成分在句子中是充当主语成分的，只不过形式特殊而已。为表述方便，作者在此处先行使用了将这部分带有宾格标记"लाई"的名词界定为主语成分的说法，后文将对此进行论证，特此说明。

例 20 到例 23 四个例句中的动词"टल्कनु"（闪耀）、"जन्मनु"（出生）、"रुच्नु"（喜欢）和"पर्नु"（施加）均为不及物动词。例 20 和例 21 两个例句的主语部分，即"माछापुच्छ्रे हिमाल"（鱼尾峰）和"पृथ्वीनारायण शाह"（普里特维·纳拉扬·沙阿）均使用了主格形式。而例 22 和例 23 两个例句的主语部分"उ"（他）和"म"（我），则是使用了宾格形式，即"उसलाई"和"मलाई"。对比可以发现，不及物动词句例 22 和例 23 两个例句的主语成分在形式上与及物动词句例 17 和例 18 两个例句的宾语成分相同，都使用了宾格标记"लाई"。

不及物动词句例 22 和例 23 两个例句同及物动词句例 17 和例 18 两个例句的比较结果证明，在尼泊尔语中存在作格现象，即：尼泊尔语部分不及物动词句，其主语形式与及物动词句的宾语形式相同。但是，具有作格现象的不及物动词在尼泊尔语全部动词当中所占比例很小，这些不及物动词也并非在所有句子中都使用作格形式。

（二）"लाग्नु"具有作格现象

"लाग्नु"是尼泊尔语中一个使用非常灵活的不及物动词。要界定不及物动词"लाग्नु"是否具有作格现象，必须证明存在"लाग्नु"所搭配的主语使用宾格形式的句子。只要证明存在"लाग्नु"的主语使用宾格形式的句子，则可判定不及物动词"लाग्नु"具有作格现象。经过搜集与分析，可以发现：存在"लाग्नु"所搭配的主语使用宾格形式的句子。例如：

例 24：मलाई दुख लाग्यो।
　　　 我　 痛　 感觉

译文：我感觉痛了。

例 25：तिमीलाई डर लाग्छ, क्या हो?
　　　 你　　 害怕 感觉 怎样

译文：你害怕了怎么的？

例 26：तिमीलाई रुघा लागेछ, अनि ज्वरो पनि आएछ।
　　　 你　　 感冒 发生 并且 发烧 也　 发生

译文：你感冒了，还发着烧。

例 24 到例 26 三个例句中，不及物动词"लाग्नु"的主语成分"म"（我）和"तिमी"（你）无一例外均使用了宾格标记"लाई"。"लाग्नु"这种用法的句子在尼泊尔语书面语和日常口语中均能找到很多，此处不再列举。综上所述，证明存在"लाग्नु"的主语使用宾格形式的句子，符合作格的定义，可以判定"लाग्नु"具有作格现象。

在运用作格理论判定不及物动词"लाग्नु"具有作格现象后，可以对前述传统研究存在的不足之处做出部分补充完善。传统研究的一个不足之处在于，将带有宾格标记"लाई"的中心名词界定为不做主语成分的名词之后，既会导致句子缺少主语成分，也无法回答这些中心名词在句中充当什么成分。如例27：

例27：तिमीलाई   सुख   लाग्छ?

　　　　你　　　幸福　　感觉

译文：你感觉幸福吗？

按照尼泊尔语传统研究的解释，"तिमी"（你）在例27这个句子中不充当主语成分。但从句子的语义和日常生活经验上看，"你感觉开心吗"中的"你"（即"तिमी"）在句子中确实充当主语成分。这就与尼泊尔语传统研究的解释产生了不一致。而按照作格理论，"तिमी"在本句中充当主语成分，且加上了宾格标记变成了"तिमीलाई"。综上可见，运用作格理论进行分析，既符合从语义和日常生活经验上做出的判断，也弥补了传统研究对这个问题解释的不足之处。

（三）"लाग्नु"的作格现象存在分裂

在"作格"概念基础上，有学者提出了作格的分裂问题，即"分裂作格"。作格的分裂是指在一些语言当中，作格现象只见于一部分情形。对于一个不及物动词，如"लाग्नु"，如果存在作格的分裂现象，则必然既存在主语使用宾格形式的现象，也存在主语使用主格形式的现象。在前文已证明"लाग्नु"是具有作格现象的基础上，要证明"लाग्नु"存在分裂作格现象，则需证明存在"लाग्नु"所搭配的主语使用主格形式的句子。经过搜集和分析，可知"लाग्नु"存在这种用法的句子。例如：

例28：उसका यिनै किताबहरू काम लाग्ने छन्।

　　　　他　 这些　 书　　 用处　 具有

译文：他的这些书有用。

例29：आज   टहटह   जुन   लागेको   छ।

　　　　今天　 明亮的　 月亮　 出现

译文：今晚升起了明亮的月亮。

例30：उमा   रुन   लागी।

　　　　乌玛　哭泣　开始

译文：乌玛哭了起来。

例31：ऊ   घरतिर   लाग्यो।

　　　　他　　家　　趋向

译文：他往家里去了。

例32：तँ   चुप   लाग्।

　　　　你　安静的　保持

译文：你住口。

例33：घाम   लाग्यो,   अब   लुगा   सुक्ने   भयो।

　　　　阳光　　出现　　现在　衣服　变干

译文：太阳出来了，现在衣服该干了。

　　例28到例33六个例句中，不及物动词"लाग्नु"所搭配的主语"किताब"（书）、"जुन"（月光）、"उमा"（乌玛）、"ऊ"（他）、"तँ"（你）和"घाम"（阳光）均使用了不带主格标记"ले"的主格形式。

　　由此可见，在由不及物动词"लाग्नु"充当谓语成分的句子中，有一部分句子的主语形式与及物动词句的主语形式相同。而例24到例26三个例句已经表明，在由不及物动词"लाग्नु"充当谓语成分的句子中，有一部分句子的主语形式与及物动词句的宾语形式相同。两种情况结合起来，表明在由不及物动词"लाग्नु"充当谓语成分的句子中，主语成分的形式出现了分裂。"लाग्नु"所具有的作格现象，是一种分裂作格现象。

　　综上所述，尼泊尔语中存在作格现象，存在数个具有作格现象的不及物动词，而"लाग्नु"就是一个典型的例子，并且其所具有的作格现象是分裂作格现象。

四、"लाग्नु"分裂作格现象的机制

　　前文证明了"लाग्नु"具有分裂作格现象，但这只是从表面上补充完善了传统研究在此方面存在的一些不足之处，而对"लाग्नु"所具备的分裂作格现象还需要从理论上做进一步的探讨。"लाग्नु"为什么会有作格用法？其作格用法为什么会分裂？以"लाग्नु"充当谓语成分的句子，其主语成分在何种情况下会使用宾格形式？这一系列问题都需要通过对"लाग्नु"分裂作格现象的机制进行研究

才可能找到答案。

在语言类型学学者当中，Dixon 最早提出了关于分裂作格的问题。Dixon 曾于 1979 年提出："如果某一种语言的一些形态表现出了作格/通格模式，另一些形态表现出了主格/宾格的聚合，那么是什么因素决定了这种分裂？"①学者 Delancey 于 1981 年提出了分裂作格的三种模式，即：人称分裂模式、时体分裂模式和动态分裂模式。② Delancey 关于分裂作格模式问题的观点在语言类型学中具有代表性。本文将依照 Delancey 的观点对"लाग्नु"分裂作格现象的模式进行考察。

（一）人称分裂模式

Delancey 提出的人称分裂模式，是指某些语言内部出现的作格分裂现象，主要是由句子的主语人称决定的。"लाग्नु"的分裂作格现象是否属于人称分裂模式？可以按第一、第二和第三人称进行分类考察。

1. 第一人称

例 34：म<u>लाई</u>　भोक　लाग्यो।

　　　　我　　饥饿　感觉

译文：我感到饿了。

例 35：म　कथा　भन्न　लागें।

　　　我　故事　讲述　开始

译文：我开始讲故事了。

例 34 和例 35 两个例句当中，主语成分都是第一人称的"म"（我），但是例 34 呈现的是作格模式，而例 35 呈现的是非作格模式。可见，主语成分为第一人称时，不及物动词"लाग्नु"做谓语成分的句子既有可能呈现作格模式，也有可能呈现非作格模式。"लाग्नु"的分裂作格现象与主语是否为第一人称无关。

2. 第二人称

例 36：तपाई<u>लाई</u>　रुघा　लागेछ，अलिक　होशियार गर्नू।

　　　　您　　感冒　感染　一些　　小心

---

① Dixon, R. M. W. Ergativity [J]. Language, 1979 (55): 79.

② DeLancey, S. An Interpretation of Split Ergativity and Related Patterns [J]. Language, 1981 (57): 626-657.

译文：您患上感冒了，要小心一点。

例37：तँ   चुप   लाग् ।
　　　你 安静的   保持

译文：你住口。

例36和例37两个例句当中，主语成分都是第二人称，分别是"तपाई"（您）和"तँ"（你），但是例36呈现的是作格模式，而例37呈现的是非作格模式。可见，主语成分为第二人称时，不及物动词"लाग्नु"做谓语成分的句子既有可能呈现作格模式，也有可能呈现非作格模式。"लाग्नु"的分裂作格现象与主语是否为第二人称无关。

3. 第三人称

例38：अरे, उसलाई रीस लाग्यो ।
　　　哎呀   他   怒气 产生

译文：哎呀，他生气了。

例39：ऊ घरतिर लाग्यो ।
　　　他   家   趋向

译文：他往家里去了。

例40：यो टिकट कति पैसा लाग्छ?
　　　这 票   多少 钱   花费

译文：这张票得花多少钱？

例38到例40三个例句中，主语成分都是第三人称，分别是"ऊ"（他）、"ऊ"（他）和"टिकट"（票），但是例38呈现的是作格模式，而例39和例40两个句子呈现的是非作格模式。可见，主语成分为第三人称时，不及物动词"लाग्नु"做谓语成分的句子既有可能呈现作格模式，也有可能呈现非作格模式。"लाग्नु"的分裂作格现象与主语是否为第三人称无关。

综上，当主语成分分别为第一、第二和第三人称时，不及物动词"लाग्नु"做谓语成分的句子既有可能呈现作格模式，也有可能呈现非作格模式。所以，"लाग्नु"的分裂作格现象与人称无关，不属于Delancey提出的人称分裂模式。

（二）时体分裂模式

Delancey 提出的时体分裂模式认为，某些语言内部出现的作格分裂现象主要是由句子的时体所决定的。作格形态与过去时或完成体相关，而与现在时、将来时或未完成体无关。鉴于尼泊尔语时体组合的类别比较多，下面试以过去时、现在时和现在完成体三种时体状态为例，对"लाग्नु"的分裂作格现象是否属于时体分裂模式进行考察。

1. 过去时

例41：मलाई दुख लाग्यो।

      我   痛   感觉

译文：我感觉痛了。

例42：घाम लाग्यो, अब लुगा सुक्ने भयो।

     阳光   出现 现在 衣服 变干

译文：太阳出来了，现在衣服该干了。

例41和例42两个例句中，"लाग्नु"使用的都是过去时"लाग्यो"，但是例41的主语成分"म"（我）呈现的是作格形态"मलाई"，而例42的主语成分"घाम"（阳光）呈现的是主格形态。Delancey 的时体分裂模式认为作格形态与过去时有关，"लाग्नु"与此不完全相符。

2. 现在时

例43：मलाई सुख लाग्छ।

     我 幸福 感觉

译文：我感觉幸福。

例44：यो टिकट कति पैसा लाग्छ?

    这   票   多少 钱 花费

译文：这张票得花多少钱？

例43和例44两个例句中，"लाग्नु"使用的都是现在时"लाग्छ"，但是例43的主语成分"म"（我）呈现的是作格形态"मलाई"，而例44的主语成分"टिकट"（票）呈现的是主格形态。Delancey 提出的时体分裂模式认为作格形态与现在时无关，"लाग्नु"与此不完全相符。

3. 现在完成体

例45：आज   टहटह   जुन   लागेको   छ।

　　　今天   明亮的   月亮   出现

译文：今晚升起了明亮的月亮。

例46：सीतालाई   खोकी   लागेको   छ।

　　　悉达   咳嗽   发生

译文：悉达患上了咳嗽。

例45和例46两个例句中，"लाग्नु"使用的都是现在完成体"लागेको छ"，但是例45的主语成分"जुन"（月光）呈现的是主格形态，而例46的主语成分"सीता"（悉达）呈现的是作格形态"सीतालाई"。Delancey提出的时体分裂模式认为作格形态与完成体有关，"लाग्नु"与此不完全相符。

综上，在以过去时、现在时和现在完成体为例的三种时体状态中，不及物动词"लाग्नु"做谓语成分的句子均既有可能呈现作格模式，也有可能呈现非作格模式。所以"लाग्नु"的分裂作格现象与时体无关，不属于时体分裂模式。

（三）动态分裂模式

Delancey提出的动态分裂模式，是指在某些具有作格现象的语言中，不及物动词句的主语格标记处于动态分裂之中，有时呈现主格形态，有时呈现宾格形态。Delancey还进一步指出，在某个不及物动词句中，如果所描写的核心事件的发生是主语有意愿的，那么这个句子的主语成分则呈现主格形态，具备了施事的特征；如果核心事件的发生主要是由外部原因引起，主语是无意愿的，那么这个句子的主语成分则呈现宾格形态，具备了受事的特征。

不及物动词"लाग्नु"的分裂作格现象是否属于动态分裂模式，可以通过部分例句进行考察。例如：

1. 主语成分呈现主格形态

例47：उसका   यिनै   किताबहरू   काम   लाग्ने   छन्।

　　　他   这些   书   用处   具有

译文：他的这些书有用。

例48： आज टहटह जुन लागेको छ।

今天　明亮的　月亮　　出现

译文：今晚升起了明亮的月亮。

例49： ऊ घरतिर लाग्यो।

他　家　趋向

译文：他往家里去了。

例50： म कथा भन्न लागें।

我　故事　讲述　开始

译文：我开始讲故事了。

例47到例50四个例句中的主语成分均呈现主格形态。例47中，核心事件是"书有用"，虽然书是否有用与书本身有关，但是"书"作为一个非人物名词不具有意愿。例48与例47相似，"月光"作为一个非人物名词也不具有意愿。例49和例50两个例句中，主语成分是人物代词和人物名词，主语成分对于核心事件的发生是否有意愿具有了可供进一步分析的基础。从句子本身所提供的有限信息分析，没有表明核心事件"往家里去"和"开始讲故事"的发生是由外界因素引起的，一般可以认为主语成分对核心事件的发生是有意愿的。例47到例50四个例句符合Delancey提出的动态分裂模式。

2. 主语成分呈现宾格形态

例51： मलाई भोक लाग्यो।

我　饥饿　感觉

译文：我感到饿了。

例52： हरिलाई लट्ठीले चोट लाग्यो।

哈利　棍子　伤　施加

译文：哈利被棍子打伤了。

例53： तपाईलाई रुघा लागेछ, अलिक होशियार गर्नू।

您　感冒　感染　一些　小心

译文：您患上感冒了，要小心一点。

例51到例53三个例句的主语成分为人物代词或人物名词，使得分析主语成分是否有意愿具有了操作基础。例51的核心事件"我感到饿"一般都是人无意愿发生的行为。从外部进食不足，是导致人感觉到"饿"的主要原因。例52的核心事件"哈利被棍子打伤"中，首先主语成分哈利没有受伤的意愿，其次伤痛是由棍子击打这一外部因素导致而成。例53的核心事件是"您患上感冒了"。患上感冒是主语成分无意愿发生的行为，且感冒是由感冒病毒、降温等可能的外部因素所引起的。所以，例51到例53三个例句符合Delancey提出的动态分裂模式。

综上所述，可以认为不及物动词"लाग्नु"的分裂作格机制属于Delancey提出的动态分裂模式。在不及物动词"लाग्नु"充当谓语成分的句子当中，如果核心事件的发生是主语有意愿的结果，则主语成分使用主格形态；如果核心事件的发生是主语无意愿的、受到外界影响的结果，则主语成分使用宾格形态。

五、小结

借助于语言类型学的作格理论，通过研究可以发现，不及物动词"लाग्नु"具有分裂作格现象，且其分裂作格机制属于动态分裂模式。

就目前所搜集到的例句看来，不及物动词"लाग्नु"在呈现作格形态时，其句子的主语成分都是对外界能产生各种意愿的人物名词或人物代词。而这也是Delancey动态分裂模式理论的基础之一。回顾传统研究对于宾格标记"लाई"特殊用法的解释，可以发现在所举的各种例句中，"लाई"所跟随的名词性成分都是人物名词或代词，而对"लाई"特殊用法的解释则是用在从外界承受、受益、感受的名词性成分之后。实际上，"लाई"作为宾格标记，本身就具有受事的内涵。从这个角度看，传统研究和类型学中的作格理论具有一定的一致性，可以相互补充与借鉴。对于不及物动词"लाग्नु"的分裂作格现象，还具有进行进一步分析研究的可能性和必要性。而对不及物动词"लाग्नु"的作格分析，也可以尝试能否应用到其他具有类似现象的不及物动词上，这需要另外进行分析研究。

综上所述，从语言类型学视角出发以作格理论对"लाग्नु"的特殊用法进行分析研究，证明"लाग्नु"具有符合动态分裂模式的分裂作格现象，较好地弥补了传统研究的不足之处，也为后续对"लाग्नु"的进一步深入研究和对其他类似语言现象的研究提供了参考。

参 考 文 献

［1］何朝荣. 尼泊尔语语法［M］. 北京：军事谊文出版社，2003.

［2］陆丙甫，金立鑫. 语言类型学教程［M］. 北京：北京大学出版社，2015.

［3］王宗，何朝荣. 基础尼泊尔语（1—4）［M］. 广州：世界图书出版广东公司，2012—2013.

［4］曾立英. 现代汉语作格现象研究［M］. 北京：中央民族大学出版社，2009.

［5］曾立英. 作格研究述评［J］. 现代外语，2007（4）.

［6］DeLancey, S. An Interpretation of Split Ergativity and Related Patterns［J］. Language, 1981 (57).

［7］Dixon, R. M. W. Ergativity［J］. Language, 1979 (55).

［8］सोमनाथ सिग्द्याल. मध्यचन्द्रिका［M］. ललितपुरः साझा प्रकाशन, २०५५।

普什图语名词格标记现象

■ 解放军外国语学院　　缪　敏

【摘　要】"格"是语法研究中的重要范畴之一。国内外各学者对于普什图语格范畴的划分看法不尽相同。本文主要从形态层面将普什图语的格范畴分为原格、变格和呼格三种，其中原格是类型无标记的，变格和呼格是有标记的。通过分析归纳，笔者建立了普什图语名词标记等级环形模式，并归纳分析得出：（1）在普什图语名词系统中格与生命度的关系不是很密切，但与数的关系非常密切且微妙；（2）格与数之间有一种交互作用，数有提高名词带格标记的作用。

【关键词】普什图语；名词；格标记；数范畴；生命度

　　"格"是语法研究的重要范畴之一，是语言形态句法研究领域一个重要的基本概念，是用词形变化表示名词、代词与句子里其他成分的关系。作为西方语言学的标志性术语之一，"格"最早可以追溯至希腊语，称为 πτώσις，源自动词词根 πίπτω（意为"坠落"）；希腊人认为主格是语词的"垂直下降"（upright）形式，又称之为"直格"；除主格以外的其他格位相对于主格"偏移"，因而有"旁格"之说。（唐均，2008：7）世界上有许多语言都有格范畴，但格的数目和名目都不尽相同。在普什图语中，格是表示某些实词（如名词、代词、数词和形容词等）在句子中所处的地位和所起的语法作用。但国内外各学者对于普什图语格范畴的划分看法不尽相同。本文主要从形态层面研究普什图语名词的格标记现象。以语言类型学的标记理论为指导，以词尾形态变化为根本，结合普什图语名词的性、数和格三个范畴同时对名词进行描写、分析，试图寻找普什图语名词格标记现象后的蕴含共性。

一、普什图语格范畴的划分

普什图语沿用了希腊—拉丁语法体系中关于"格"的概念，借用自然现象比拟语言变化，即以自然界中主干和分支的生长关系来比拟，认为主干是"直接的"（direct）、"原本的、原始的"（اصلی حالت），从主干生发出分支就是"倾斜的"（oblique）、"非直接的"（غیراصلی حالت），从而产生了"原格/直接格"和"变格/间接格"的概念。

（一）国内外各学者对普什图语格范畴的划分

阿富汗语言学家常用"فاعل"（意为"动作的实施者，doer of an action"）作为不及物动词和及物动词的主语，"مفعول"作为及物动词的宾语，并通过格标记和动词一致关系来解释两个主语的不同。关于普什图语的格范畴的划分，国内外各学者对此的看法也不尽相同。

H. G. Raverty（2001：6—12）[①]从语义出发，在总论中论述词格时提出了7种格：①主格（حالت فاعلی, the nominative）；②属格（حالت اضافت, the genitive）；③与格（حالت مفعول, the dative）；④宾格（حالت مفعول, the accusative）；⑤呼格（حالت ندا, the vocative）；⑥夺格（حالت جری, the ablative）；⑦工具格（the instrumental case）。在实际论述中，他又增加了一个方位格（the locative），并且他注意到普什图语及物动词过去时的主语（或者说施事）（فاعل, agent）都采用变格形式这一现象，但可惜没有提出"施格"这一概念。

Penzl（1955）（Tegey，1996：164）主要从词形出发，区分了4种格：①直接格（direct case）；②第一间接格（oblique case1）；③第二间接格（a second oblique case）；④呼格（vocative case）。他认为名词中有第二间接格，仅出现在前置词"تر"、"له"之后做宾语用，而且仅仅在以辅音结尾的名词做疑问句时出现。但 Habibullah Tegey 认为 Penzl 所举的第二间接格这一微小的区分可能属于方言的区别。

صدیق الله رشتین（1962）[②]认为普什图语中的格可以从两个层面进行区

[①] 该书写成于1855年，1859年作者扩充了其中的名词和形容词部分，2001年由亚洲教育服务项目重新出版。

[②] صدیق الله رشتین使用的是阿拉伯语法体系。传统阿拉伯语法体系对于格范畴的分辨是基于动词和

分：词义上的（معنوى）和形态上的（لفظى）。从词义的层面进行划分的话，可以分为 4 种格：①主格（فاعلى حالت），即在句子中充当主语的成分，如："خط"中的خلمى；②宾格（مفعولى حالت）即在句子中充当宾语的成分，如："بريالى لیکى"中的دودئ خورى；③呼格（ندایى حالت）即在呼唤或呼喊某人时使用的词，如"ورورهو!هلکه، اى هلکه، اى وروره"中的④连接格（ارتباطى حالت）[①]是指和置词连用的名词，在句子中通常充当表示地点、方向、工具等。本人比较认同صدیق الله رشتین从形态和语义两个层面对格范畴进行区分，但他在实际划分中未能详细展开深入研究，尤其是其中的连接格，概念过于笼统，从而导致与其他学者的第二间接格没有太大区别。

Shafeev（1964）区分了 3 种格形式：①通格（absolutive case）；②施格（ergative case）；③呼格。他是第一个在普什图语过去时结构中使用"施格"这一术语的人。（Khalid Khan Khattak，1988：72）尽管他第一个提出普语中有"施格"这一概念，但普语是一种分裂施格语言，除了施通格，还有主宾格，如果简单地把普语视为施通格语言也有所不妥。

D. N. Mackenzie（1987：468）将普什图语格范畴归纳为 4 种：①直接格（direct case）；②第一间接格（oblique case）；③第二间接格（the second oblique case，也称前置格，prepositional case）；④呼格。Mackenzie 认为名词的直接格既可以做（语法的）主语，又可以做动词的宾语。格关系总是利用间接格形式，通过前置词、后置词或前后置词来表现的。单独的间接格形式可以做副词，例如یوه ورځ（有一天）。简单的前置词加名词，例如"د"（意为"…的"）表示所属关系；"له"（从…）、"په"（在…）、"تر"（到…）表示方位关系，通常还会与其他后置词合用，构成前后置词，如"...په"、"سره...له"、"نه...له"、" له...څخه"、"باندی...په"、"پوری...تر"、"لاندی...تر"、"کی...په"、"پسی...په"等等。大部分前置词和所有的后置词都要使用间接格形式。可以看出这里的"前置格"的概念源于俄文术语，因为俄语中的介词几乎都是前置词，但普什图语中的介词有前置词、后置词和前后置词，所以仅用前置格来命名有些勉强。

静词的区分而展开的，只区分了动词的内外论元（主格、宾格）和名词的修饰语（属格），相对而言显得并不发达。

① 阿富汗语法学家把توری ارتباطى等前缀与前置词一起称为غیر، بی، نا等前缀与前置词一起称为。其实，附置词与其他词连用时，并不因之构成新词，因此与前缀有别。但也应看到，上述前缀在构成新词及词组时，有时确有类似前置词的作用，而且能与固定的前置词连用。如：بی کاره، غیر له دی، ناآشنا، بی له دی等。

Habibullah Tegey（1996：46—64）区分了3种格：①直接格；②间接格；③呼格。其中，直接格有2种形式：1、在现在时句子中做主语；2、也可在现在时句子中做直接宾语；间接格也有2种：1、用于介宾短语；2、在及物动词过去时做主语。

中国学者车洪才、张敏（2003：19—20）区分了3种格：①原格或叫直接格（اصلی حالت）；②变格或叫间接格（غیر اصلی حالت）；③呼格（ندایی حالت）。其中原格又分为主格（فاعلی حالت）和宾格（مفعولی حالت）。总体来说，车、张的观点与Habibullah Tegey 的比较相似。

综上所述，呼格是用来进行招呼或称呼，常与感叹词连用，所有学者对于此看法完全一致，较为简单，不属于本文讨论范围。大部分学者对于直接格的看法基本一致，但对于间接格或变格则说法各有不同。有将间接格分得更为细致的两类——间接格和前置词格，也有将其笼统地归为一类的。笔者认为，对于间接格的不同分类是由于其格标记形式相同但功能交叉而引起的。

（二）本文对普什图语格范畴的划分

笔者认为可以从形态和语义两个层面对普什图语格范畴进行划分。如果从语义层面进行分类的话，可以分为：施事格（agentive）、客体格（objective）、工具格（instrument）、处所格（locative）、与事格（dative）、时间格（time）、属格（genitive）等。如果从形态层面进行分类的话，可以分为以下3种：原格（又叫直接格）、变格（又叫间接格）和呼格，其中原格是类型无标记的，变格和呼格是有标记的。两个层面之间格的联系是从语义层面来划分的格在形态层面表现为3种形式：①原格；②变格；③附置词+变格。本文主要根据名词的形态变化探讨普什图语格范畴，因此，原格和变格是本文讨论的重点。

1. 原格

原格是指名词性短语以零形式出现，可以在句子中充当主格或宾格。

（1）原格做主格

主格是指名词性短语在句子中做主语。主要包括以下两种情况：

甲．在不及物动词句中做主语，涵盖任何时态

① پښتانه په کابل کې اوسی

pax̌tā'nə	pə	kābul	ke	osi
Pashtuns-DIR	In-pre	Kabul-OBL	In-post	Live-prs-3pl

译文：普什图族人生活在喀布尔。（Tegey，1996：62）

这一例句为不及物动词现在时，其中"پښتانه"为"پښتون"的复数原格形式，是该句主语。

② زما ملګری شانگهای ته لاړ

zmā	malgə'rai	shanghai	ta	lāṛ
my	friend-DIR	shanghai	to-post	go-pst-3sg

译文：我朋友去上海了。（车洪才、张敏，2003：19）

这一例句为不及物动词过去时，其中"ملګری"为单数原格形式，是该句的主语。

乙．在及物动词句的现在时、将来时中做主语

③ زلمی لوبی کوی

zal'me	lo'be	kawi
Zalme-DIR	Games-DIR	Do-prs-3sg

译文：扎尔麦在玩游戏。（Khattak，1988：76）

这一例句为及物动词现在时，其中，"زلمی"为单数原格形式，是该句的主语。

（2）原格做宾格

宾格是指名词性短语在及物动词现在时和过去时句中做宾语。

① زلمی لوبی کوی

zal'me	lo'be	kawi
Zalme-DIR	Games-DIR	Do-prs-3sg

译文：扎尔麦在玩游戏。（Khattak，1988：76）

这一例句为及物动词现在时，其中"لوبی"为复数原格形式，是该句的宾语。

---

① 本文参照目前类型学界较为通行的莱比锡标注系统（the Leipzig Glossing Rules）。第一行为原文；第二行用拉丁字母对原文进行转写；第三行逐词对译，一般只用英语标出实义词，语法意义只用字母缩写（缩写形式也参照常用的类型学术语或莱比锡标注缩写形式）；第四行为自由翻译行，附语料来源。

②. زلمی لوبی وکړی

zal'mi	lo'be	wəkṛe
Zalme-OBL	Games-DIR	Do-PST-3pl

译文：扎尔麦曾在玩游戏。（Khattak，1988：76）

这一例句为及物动词过去时，其中"لوبی"为复数原格形式，是该句的宾语。

2. 变格

变格是指名词性短语相对于原格在形态上发生屈折变化的格形式。变格在句子中主要有两种功能：

（1）变格做主格

变格在及物动词过去时句子中做主语。

①. زلمی لوبی وکړی

zal'mi	lo'be	wəkṛe
Zalme-OBL	Games-DIR	Do-PST-3pl

译文：扎尔麦曾在玩游戏。（Khattak，1988：76）

这一例句为及物动词过去时，其中"زلمی"为单数变格形式，是该句的主语。

（2）变格与附置词合用，做介宾短语

在很多语言中，附置词与格标记合用的现象十分普遍。普什图语中也有类似现象，通常，受附置词限定的名词、形容词、数词和代词都需要使用变格形式，表示所属、时间、地点、方式等，即可以构成属格、工具格、与格、方位格等。

① د پښتانه زوی په کابل کي اوسی

də	paḥtā'na	zoy	pə	kābul	ke	osi
Of-pre	Pashtuns-OBL	son	In-pre	Kabul-OBL	In-post	Live-prs-3pl

译文：（这个）普什图族人的儿子生活在喀布尔。（Tegey，1996：62）

这一例句中"پښتانه"为单数变格形式[1]，有前置词"د"（意为"…的"）修饰，表示所属关系，构成属格。由于本文主要从形态层面描写分析普什图语名词的格范畴，因此语义层面上的格范畴就不再展开。

---

[1] پښتون的复数形式与单数变格形式相同。

3. 呼格

呼格是用来进行招呼或称呼，常与感叹词连用。

① ای هلکه !

ey	halə'ka
Int	boy-VOC

呼格一般都是在原格的基础上加"ه"（发/a/音）或加"ی"（发/əi/音）构成。

综上所述，可以用下面的表格简要概括普什图语格范畴形态层面和句法层面之间的关系。

	原格	变格
现在时	主语、宾语	介宾短语
过去时	宾语	主语、介宾短语

二、普什图语名词的格标记现象

(一) 语言类型学视角下的标记理论

语言类型学把标记理论从音位学和形态学扩展到句法学，有力地推动了标记理论的发展。然而，尽管类型学也采用标记现象概念，但和布拉格学派的标记现象的概念有所不同。布拉格学派所说的标记现象是特定语言中某个语法范畴的特定属性，而类型学中的标记现象是概念范畴的普遍属性。例如，当谈及"数"的概念时，是指这个概念在世界语言中的编码，而不仅仅是在汉语、英语等特定语言中的语法范畴。类型学对标记理论的发展主要表现在以下两个方面：首先，由一个范畴的标记模式变为两个或多个范畴相关联的标记模式，例如名词通常会和"性"、"数"、"格"三个范畴相关联；其次，标记现象呈现出程度上的等级差别，由二分模式变为多分模式，即有标记和无标记是个程度问题，是相对的，不是绝对的，如："数"范畴的标记性由低到高分别是：单数<复数<双数<三数/多数，其中，"单数"是最无标记、最普遍的，复数相对于单数是有标记的，相对于双数或三数是无标记的，而"三数/多数"是标记性最强、最少见的。

有标记和无标记的对立在语言分析的所有层次上都起作用。标记对类型学家来说是一个非常重要的工具，它直接反映了语言结构中非常基础、普遍的特征，以至于可以通过研究标记现象进行跨语言对比。通常，无标记项是指具有较为常规的、普遍的基本意义及用法的成分；有标记项是指在一对成分中带有区别性特征的成分，具有非常规性，有标记现象与特殊的意义相联系，在交际中多是不可预测的成分。与有标记项相比，无标记项更具有一般化的意义，显为中性，在语言交际中是可以预测的成分。（王寅，1998：52）类型学的研究还发现，一个现象的标记性和其在语言中所做的区分有密切关系。事物的标记性越弱，越倾向于在语言中做细微的区分；事物的标记性越强，在语言中的区分越笼统。（张凤，1999：45）

（二）普什图语名词分类及其格标记现象

在分析普什图语名词的格标记现象之前，要先对名词进行归类，因为不同类的词其格的词尾变化会有所不同。对于名词的分类，国内外学者的观点也不尽相同，Penzl（1955）将名词分为5类阳性名词和6类阴性名词；Shafeev（1964）根据词尾区分了5类阳性名词和7类阴性名词；Mackenzie（1987）从历史的角度区分了不同的名词形式，将名词主要分为3类阳性名词和3类阴性名词；Habibullah Tegey（1996）根据名词复数变化的不同分为5类阳性名词和4类阴性名词；中国学者车洪才、张敏（2003）根据词尾区分了6类阳性名词和6类阴性名词。本文将普什图语名词分为7类阳性名词和7类阴性名词，相对于车洪才和张敏老师的区分增加了两类（M2和F2），理由是车等将这两类算作特例，但在下文中可以看出这两类词不仅数量比较多，而且平时运用得也比较频繁，所以笔者认为可以分别列出。

由于文章篇幅有限，现简单列表如下：

1.普什图语阳性名词分类及其格标记现象

类型	特点	例子				
M1.1	以辅音结尾，单数变格形式同原格形式	کور（房子）	DS[1]	کور	DP	کورونه
			OS	کور	OP	کورونو
M1.2	以辅音结尾，单数变格发生元音交替	پلندر（继父）	DS	پلندر	DP	پلندران
			OS	پلندر	OP	پلندرانو

（续表）

类型	特点	例子						
M1.3	以辅音结尾，单数变格形式为在原格后加"ه"发/ə/音	پاليز（菜园）	DS	پاليز	DP	پاليزونه		
			OS	پاليزه	OP	پاليزونو		
M1.4	以辅音结尾且词尾前一个字母为"و"	پښتون（普什图人）	DS	پښتون	DP	پښتانه		
			OS	پښتانه	OP	پښتنو		
M2	以元音字母"ا"为结尾	ملا（毛拉）	DS	ملا	DP	ملايان		
			OS	ملا	OP	ملايانو		
M3	以"نرمه ی"（音为/ai/）为结尾	كلی（村子）	DS	كلی	DP	كلي		
			OS	كلی	OP	كليو		
M4	以"كوچنی ه"（音为/ə/）为结尾	زړه（心脏）	DS	زړه	DP	زړونه		
			OS	زړه	OP	زړونو		
M5	以"نرمه و"（音为/au/）为结尾	چاكو（剪刀）	DS	چاكو	DP	چاكوگان		
			OS	چاكو	OP	چاكوگانو		
M6	以"نرمه و"（音为/au/）为结尾	لو（收割）	DS	لو	DP	لوونه		
			OS	لو	OP	لوونو		
M7	以"خرگنده ی"（音为/i:/）为结尾	قاضي（法官）	DS	قاضي	DP	قاضيان		
			OS	قاضي	OP	قاضيانو		

注：❶DS 为单数原格，OS 为单数变格，DP 为复数原格，OP 为复数变格。

2. 普什图语阴性名词分类及其格标记现象

类型	特点	例子						
F1	以"خرگنده ه"（音为/a/）为结尾	ونه（树）	DS	ونه	DP	وني		
			OS	وني	OP	ونو		
F2	以辅音字母结尾	ورځ（白天）	DS	ورځ	DP	ورځي		
			OS	ورځي	OP	ورځو		
F3	以"ا"为结尾	غوا（母牛）	DS	غوا	DP	غواگاني		
			OS	غوا	OP	غواگانو		
F4	以"خرگنده ی"（音为/i:/）为结尾	دوستي（友谊）	DS	دوستي	DP	——		
			OS	دوستي	OP	——		

（续表）

类型	特点	例子				
F5	以"درنده ی"（音为/əi/）为结尾	خوکی（椅子）	DS	خوکی	DP	خوکی
			OS	خوکی	OP	خوکیو
F6	以"اوریده ی"（音为/ei/）为结尾	زده کوونکي（女学生）	DS	زده کوونکي	DP	زده کوونکي
			OS	زده کوونکي	OP	زده کوونکو
F7	以"اوریده و"（音为/o/）为结尾	بیزو（猴子）	DS	بیزو	DP	بیزوگاني
			OS	بیزو	OP	بیزوگانو

三、普什图语名词的格标记规律分析

（一）原格和变格语素数量比较

首先，本文通过比较普什图语名词原格和变格的语素数量来探求格标记的规律。以 M1.2 类阳性名词"公路"（سرک）为例，单数原格形式（DS）由一个语素"سرک"组成，单数变格形式（OS）也是由一个语素"سرک"组成，变格形态与原格一致，但发生元音交替，最后一个音节的短元音由/a/变为/ə/；复数原格形式（DP）由两个语素"سرک"+"ونه"（复数词缀）构成，复数变格形式（OP）由三个语素"سرک"+"ونه"+"و"构成。具体如下：

公路	DS	/sa'rak/	سرک	DP	/sara'kuna/	سرکونه
	OS	/sa'rək/	سرک	OP	/saraku'nu/	سرکونو

可见，这一类名词单数原格与单数变格的语素数量相同，复数变格的语素数量比复数原格多。

再以 F2 类阴性名词"白天"（ورځ）为例，

白天	DS	/wradz/	ورځ	DP	/wra'dze/	ورځي
	OS	/wra'dze/	ورځي	OP	/wra'dzu/	ورځو

单数原格形式（DS）由一个语素"ورځ"组成，单数变格形式（DP）也是由两个语素"ورځ"+"ي"组成，复数原格形式（OS）由两个语素"ورځ"+"ي"构成，复数变格形式（OP）由两个语素"ورځ"+"و"构成。可以看出，单数变格与单数原格的语素数量多，而复数变格的语素数量与复数原格相同。

统计第三章中所有类型的名词发现，原格和变格通过相同数目的语素表达是可能的，而用比原格少的语素表达变格是不可能的，用公式可以表示为：原格语素数量≤变格语素数量。

（二）普什图语名词格标记与数的关系

根据上文的描写可以发现，普什图语名词格标记与数有着千丝万缕的联系，主要表现在以下几个方面：

1. 如果名词的单数变格有形态标记，那么该名词的复数变格肯定也有形态标记

普什图语名词中单数变格有形态变化共有8类：M1.2、M1.3、M1.4、M3、F1、F2、F4、F6，考察它们的复数发现，上述8类名词的复数变格都有形态变化。以F1为例：

树	DS	/wəˈna/	ونه	DP	/wəˈne/	وني
	OS	/wəˈne/	وني	OP	/wəˈnu/	ونو

阴性名词"树"的单数变格为"وني"，相对原格"ونه"有形态变化，即词尾"ه"变为"ي"；复数变格形式为"ونو"，相对于复数原格"وني"和单数变格"وني"也有形态变化。可以得出，如果名词单数变格有形态标记，那么该名词的复数变格肯定也有形态标记。普什图语中不存在只有单数变格有形态标记，而复数没有变格形态标记的情况。

2. 普什图语名词复数变格标记区分的精细度不会超过单数变格标记

从单复数变格的类型来说，普什图语名词复数变格比较简单，通常都是去掉词尾或者直接在词尾加"و"构成。而普什图语名词单数变格的形式比较复杂，可以分为以下3种：

序号	单数变格类型	具体名词类型	共计
1	单数变格同原格	M1.1, M2, M4, M5, M6, M7, F3, F5, F7	9
2	单数变格同复数	M1.4, M3, F1, F2, F6	5
3	单数变格有特殊形式	M1.2, M1.3, F4	3

通过统计可以发现，普什图语名词单数变格有 9 例与复数相同，5 例与原格相同，有 3 例是特殊形式。其中有特殊变化形式如 M1.2 在形式上与原格相同，但发音发生了元音交替的现象，即最后一个音节的短元音由 /a/ 变为 /ə/；M1.3 单数变格形式为在原格后加 "ه" 发 /ə/ 音；F4 没有复数形式，其单数变格形式不同于原格，是将 "خرکنده ی"（音为 /i:/）变成 "درنده ی"（音为 /əi/）。因此，仅从变格类型来说，复数变格只有一种类型，而单数变格形式较多。可以得出：普什图语名词复数变格标记区分的精细度不会超过单数变格标记。

3. 如果名词有复数形式，那么该名词的复数变格就有形态格标记 "و"

根据第三章所列，抽象名词 F4 没有复数形式；F5 可以分为有生命的和无生命的，其中无生命名词也没有复数形式；还有个别集体名词，有一部分总是以单数形式出现，如：چلو（抓饭），شنوروا（汤）等。此外，还有一些集体名词总是以复数形式出现，如：اوبه（水），اوره（面粉），شراب（酒）等。普什图语名词大多有复数形式，名词复数的变格形式通常不是直接在词尾加 "و"，就是去掉词尾加 "و"。以 M1.4 为例：

| 普什图族人 | DS | /paḥ'tun/ | پښتون | DP | /paḥta:'nə/ | پښتانه |
| | OS | /paḥta:'nə/ | پښتانه | OP | /paḥta'nu/ | پښتنو |

也就是说，如果名词有复数形式，那么该名词的复数变格就有形态格标记 "و"。因而可以看出，在普什图语名词系统中，数与格之间有一种交互作用，数有提高名词带格标记的作用。

（三）普什图语名词格标记与生命度的关系

生命度是一个普遍存在的概念范畴，人们对于这一概念的第一印象可能是它不属于语言，然而它却在有些语言中有所体现。在那些语言中，通常把生命度定义为一个等级，由高到低的次序分别为：人类＞动物＞无生命物，有些语言的区别并没有那么细致，只有人类和非人类的区分，或者有生命和无生命的区分。许多语言会对有生和无生（直接）宾语加不同标记。可以说，生命度是名词短语固有的特征。那么普什图语中的名词格与生命度也有那么紧密的关系吗？

普什图语名词对于生命度也有区分，通常都是简单的无生命和有生命的区分。以 M1.1、M1.2、M4、M5 和 F5 为例，这 5 类名词中都有无生命和有生命的对比例词，可以看出，有无生命在原格和变格的对比中并没有区别，但是在单数和复数的对比中有明显区分。例如：

房子（无生命的）	DS	/kor/	کور	DP	/koru'na/	کورونه
	OS	/kor/	کور	OP	/koru'nu/	کورونو
男孩（有生命的）	DS	/ha'lək/	هلک	DP	/halə'ka:n/	هلکان
	OS	/ha'lək/	هلک	OP	/haləka:'nu/	هلکانو

从上面的表格中可以看出，在数范畴方面，无生命名词"房子"的复数形式添加词缀"ونه"，有生命名词"男孩"的复数形式添加词缀"ان"，两者有所区别；在格范畴方面，无论是无生命名词还是有生命名词，其单数变格形式都与原格相同，复数变格形式都是在复数的基础上加"و"。从而可以看出，在普什图语名词系统中名词的生命度（即有生命和无生命的）和数的关系比较密切，与格的关系则没有那么密切。生命度高的存在数的区别，生命度低的不存在数的区别，也许反映了人类比较关心生命度高的实体作为个体出现，因而是可以计数的，而生命度较低的实体更容易被看作一团模糊体。（科姆里，2010：220）

（四）普什图语名词标记等级环形模式

类型学中关于有标记—无标记之间的关系，可以用一则蕴涵共性原则来概括：如果有标记值不通过显性语素来表达，则无标记值必定同样如此；反之，如果无标记值通过非零语素来表达，则有标记值必定同样如此。（克罗夫特，2009：107）通过分析可以发现，上述这则蕴涵共性原则也适用于普什图语名词格标记现象。以 M1.1 为例：

男孩	DS	/ha'lək/	هلک	DP	/halə'ka:n/	هلکان
	OS	/ha'lək/	هلک	OP	/haləka:'nu/	هلکانو

阳性名词"男孩"（هلک）的 DS 由一个语素"هلک"组成，OS 也是由一个语素"هلک"组成，DP 由两个语素"هلک"+"ان"（复数词缀）构成，OP 由三个语素"هلک"+"ان"+"و"构成。从而可以看出，DS 形式是标记性最弱的，OP 形式是标记性最强的。

从上文的标记理论中可以得知，有标记和无标记是个程度问题，是相对的，不是绝对的。我们利用标记现象呈现出程度上的等级差别，由二分模式变为多分模式的方法来分析，同时结合普什图语的数范畴和格范畴，根据标记性强弱，得出以下标记等级环形模式：

DS	<	DP
∧		∧
OS	<	OP

四、结语

以类型标记模式关联起来的两个值在某种意义上必须是聚合关系的可选项（paradigmatic alternatives）。（克罗夫特，2009：107）我们把聚合关系的可选项看作范畴的值，因此，有标记或无标记是针对范畴的值而言的。普什图语中的原格、变格和呼格便是更高一级范畴"格"的聚合关系可选项。概括、分析普什图语名词系统的格标记现象，笔者发现几个有趣的现象：

1.原格和变格通过相同数目的语素表达是可能的，而用比原格少的语素表达变格是不可能的，用公式可以表示为：原格语素数量≤变格语素数量。

2.普什图语名词格标记与数有着千丝万缕的联系：如果名词的单数变格有形态标记，那么该名词的复数变格肯定也有形态标记；普什图语名词复数变格标记区分的精细度不会超过单数变格标记；如果名词有复数形式，那么该名词的复数变格就有形态格标记"و"。因而可以看出，在普什图语名词系统中，数与格之间有一种交互作用，数有提高名词带格标记的作用。

3.在普什图语名词系统中名词的生命度和数的关系比较密切，与格的关系则没有那么密切。

4.本文利用标记现象呈现出程度上的等级差别，由二分模式变为多分模式的方法来分析，同时结合普什图语的数范畴和格范畴，根据标记性强弱，得出一个普什图语名词标记等级环形模式。

笔者总结的上述普什图语名词格标记规律只是冰山一角，至于为什么数能够提高名词带格标记的作用，值得我们继续深入研究。

参 考 文 献

［1］［英］伯纳德·科姆里. 语言共性和语言类型［M］. 沈家煊，罗天华，译；陆丙甫，校. 2版. 北京：北京大学出版社，2010.

［2］车洪才，张敏. 普什图语基础语法［M］. 北京：北京广播学院出版社，2003.

［3］唐均. 苏美尔语的格范畴：普遍语法概论［D］. 北京大学博士学位论文，2008.

［4］王寅. 标记象似性［J］. 外语学刊，1998（3）.

［5］［美］威廉·克罗夫特. 语言类型学与语言共性［M］. 龚群虎，等译. 上海：复旦大学出版社，2009.

［6］张凤. 标记理论的再评价［J］. 解放军外国语学院学报，1999（6）：45.

［7］H. G. Raverty. A Grammar of the Pukhto or Pashto Language of the Afghans. New Delhi: Subham Offset Press (Second AES Reprint), 2001.

［8］Khalid Khan Khattak. A Case Grammar Study of The Pashto Verb. Ph D Thesis, Department of Phonetics and Linguistics School of Oriental and African Studies Faculty of Arts, University of London, England, 1988.

［9］Mackenzie, D. N. Pashto, in B. Comrie (ed), The World's Major Languages, London, Croom Helm,1987.

［10］Tegey, (Habibullah), Robson Barbara. A Reference Grammar of Pashto, 1996.

［11］صديق الله رشتين.ژب ښودنه. کابل : د کورنيو خپرونو لوى مديريت د جواکرزاو کتابو چاپولو ځانګه، ۱۴۳۱ (1962)

普什图语活动动词体义的二维几何图解析

■ 解放军外国语学院 王 静

【摘 要】语言中的每个动词都有自己的内部时间结构，但是这种时间结构在具体的语境中不是一成不变的，即同一动词拥有多种体义潜势。本文试图以普什图语常用的行为动作类活动动词为例，运用二维几何图示对普什图语活动动词所拥有的多种体义潜势进行解析，为其他类型动词的探讨提供参考。

【关键词】普什图语；动词；情状类型；二维几何图；体

情状体（situation aspect）是语言表达形式用来指示情景（situation）的内在语义特征，这一语义特征主要与动词及动词短语内在的时间构成特性有关，是隐性地体现在不同情状类型（situation types）中的时间结构（Carlota Smith，1997：17），与主要依靠语法手段实现的视点体（viewpoint aspect）共同构成语言中的体貌系统。Zeno Vendler（1967）根据动词内在的时间构成特性的不同，即依据［±动态］［±持续］［±有界］这三组语义特征（semanticfeatures）的不同搭配组合，把动词分为了四种情状类型：状态动词（state），表状态，随着时间推移基本不发生变化；活动动词（activity），表均质的，不引向结果的动作；渐成动词（accomplishment），表非均质的，引向结果的过程；瞬成动词（achievement），动词本身已经表明结果。Vendler（1967）对动词的分类后来得到语言学界的普遍认可，其后与情状类型或情状体有关的研究基本上都是基于Vendler的分类进行的。Carlota Smith（1991）在Vendler的四分法的基础上进一步细化，又增加了单活动动词（semelfactives），表非持续的，不引向结果的动作。如表1：

表1 Zeno Vendler 和 Carlota Smith 的动词情状分类

Zeno Vendler 的情状类型	渐成	［＋动态，＋持续，＋有界］	run a mile	Carlota Smith 的情状类型
	瞬成	［＋动态，－持续，＋有界］	die	
	活动	［＋动态，＋持续，－有界］	run	
	状态	［－动态，＋持续，－有界］	know	
	单活	［＋动态，－持续，－有界］	knock	

　　需要指出的是，Vendler的情状类型是考察光杆动词和一部分加了限定成分的动词短语得出的，也就是说，动词所表达的体义是可以根据不同的限定成分而改变的，在以某一动词为核心的句子中，动词本身由情状决定的体义可能由于论元、状语、视点体标记、语气、语态等的变化而改变。这就是Croft（2012）所说的，一个动词拥有多种体义表达潜势（aspect potential）。

　　从对普什图语体貌系统的分析来看，普什图语动词同样可以分为活动、状态、渐成、瞬成和单活动五种类型，而且各类动词在不同的语境中可以表达不同的体意义，甚至会发生"转类"。而Croft（2012）提出的动词体二维几何图示，对普什图语中常用的一些活动动词及以这些动词为核心的句子[①]的考察具有积极的理论意义和极强的实践价值。

一、普什图语动词情状类型及二维几何图示

（一）动词体二维几何图示

　　Croft（2012）的动词体二维几何图包含时间轴（t=time）和动词所隐含性质状态的性状轴（q=qualitative state）。动词具有不同的体意义表达潜势，如动词"لوستل"（读）在不同语境中可表达"读这一动作的持续"和"从没读到读的达成"两种意义，前者是活动义，后者是渐成义，请看下面的例句1a、1b：

例1a：. اوس دا کتاب لولم

"我正在读这本书。"

例1b：. دا کتاب می لوستلی دی

"这本书我读过了。"

虽然例1中的两个句子使用的动词都是活动动词"لوستل"（读），两句的论

---

① 主要考察以一个动词为核心构建的单句，只在考察活动动词与完成结构同现时涉及从句。

元也都是"داکتاب"（这本书），但是例1a使用的时体结构是现在进行结构，说话者视点（viewpoint）关注的是"读"这一动作过程；而例1b使用的时体结构是现在完成结构，说话者关注的是"读"这一动作的完成，两种情状可分别表示为图1-1a、1-1b：

a.活动动词لوستل"读"   b.渐成动词لوستل"读"

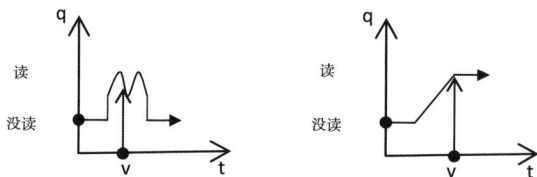

图1-1 "لوستل"的不同体义

上图中实线表示被凸显的阶段（phase），虚线表示没有被凸显的阶段。图1a中，活动动词"لوستل"在时轴上表现为持续段，在性状轴上则为不断运动的波浪线，说明活动动词"لوستل"具有动态、时间持续和终结点未知的体义；图1b中，渐成动词"لوستل"在时轴和性状轴上都为持续段，表明渐成动词"لوستل"具有动态、性状改变、时间持续和具有终结点的体义。可见，二维几何图表征体义比逻辑式更具直观性且更全面。

这里需要说明的是，Croft（2012：57）对体的讨论限定在动词体层面，将英语的动词体分成11种，但其实现形式却包括动词、动宾短语和be动词短语等，并非局限于光杆动词。这种分类方法混淆了动词本身的时间属性和句子视点体的差异，试图将实际体现在句子层面的体特征转嫁到这11种动词体上。而实际上，动词的不同体义潜势并非动词本身所固有，而是整个句子赋予的。如动词"画"在"小红画了一幅画"和"墙上画了一幅画"两句中由于论元不同，句子的体义有差异，并且动词的体义也随之改变。因此，本文在讨论普什图语活动动词的体义变化时，是在句子层面进行的，是用二维几何图示表征活动动词在句子中可能具有的不同体意义。

（二）普什图语动词情状类型及其二维几何图示

在Zeno Vendler（1967）和Carlota Smith（1991）的动词情状分类基础上，我们参考汉语学者的研究（顾阳，2008），根据［±动态］［±持续］［±有界］

［±个体化］这四组语义特征，把普什图语动词及其短语划分为如下五种情状：

表2 普什图语动词情状分类

	语义特征组合	情状类型	例词/短语
1	［−动态，+持续，−有界，−个体化］	状态 state	پوهېدل
2	［+动态，−持续，+有界，+个体化］	单活动 semelfactives	توخل
3	［+动态，+持续，−有界，±个体化］	活动 activity	لیکل
4	［+动态，+持续，+有界，+个体化］	渐成 accomplishment	یو خط لیکل
5	［+动态，−持续，+有界，−个体化］	瞬成 achievement	مړل

情状的"个体化"特征是指情状在空间上的可数性特征，表2中的"±"指活动和渐成情状有的能被个体化，有的不能，不是指所有活动和渐成情状均具［±个体化］特征。不同情状类型动词在二维几何图中的表现有差异，具体见图1-2：

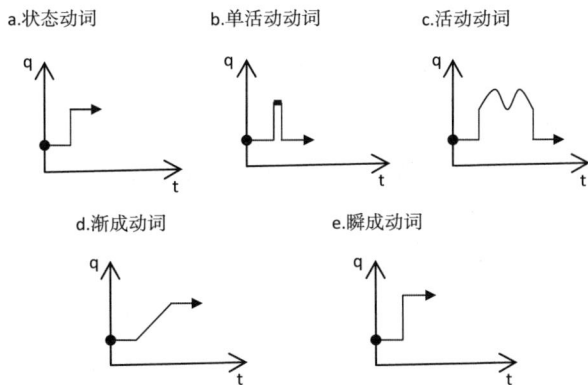

图1-2 动词情状的二维几何图示

不同情状类型的动词在图1-2中的轨迹不同。图1-2a中状态动词在时轴上表现为持续段，在性状轴上则为点，说明状态动词具有恒定状态和时间持续的体义；图1-2b中动词在性状轴上表现为持续段，在时间轴上表现为比时点稍长的时间片，且在性状轴上终结点最终会回到起点位置，说明单活动动词状态变化、时间非持续（时间短到可以忽略不计）和可多次反复的体义；图1-2c中活动动词的起始点和终结点在性状轴上位于同一点，说明此类动词表达情状结束后不发生变化；图1-2d中动词在时间轴和性状轴上都表现为持续段，说明此类动词具有状态变化和时间持续的体义；图1-2e中动词在性状轴上表现为持续段，在时间轴上表现为时点，说明此类动词具有性状改变且时间非持续的体义。

二、普什图语活动动词的时间结构和分类

（一）普什图语活动动词的体义和内部时间结构

活动情状是指一些同质的体力（physical）或智力（mental）活动过程，从表2可知，活动动词本身具有［+动态］、［+持续］、［-有界］、［±个体化］的语义特征，从图1-2c可以直观地看到，这类动词在时间上没有限制（temporally unbounded），即没有内在的时间终结点，在性状轴上起始点和终结点重合，说明此类动词表达情状结束后不发生变化。以普什图语活动动词 خورل "吃"为例，其体义二维几何图示如下：

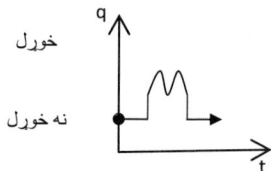

图2-1 活动动词 خورل "吃"的体义图示

图2-1中，活动动词 خورل "吃"在时轴上表现为持续段，起始点与终结点之间的凸显阶段是一条规律运动的曲线，但是在性状轴上的起始点和终结点位于同一点，这表明活动动词 خورل "吃"具有时间持续、动态和表达情状结束后性状不发生变化的体义。

我们以汉语中与"خورل"相对应的"吃"为例来分析活动动词的内部时间结构。怎样才算"吃"呢？吃一口算"吃"，还是吃十口算"吃"？嘴张开算"吃"，还是嘴合上算"吃"？实际上，"吃"这个动作是由发生在时间里的一个接一个的连续片段组成的，它的内部结构可以用连续的点"……"来表示。其他活动动词，如"کول"（做，干）和"ویل"（说）的内部时间结构也是如此。因为此类动词的这种特征，有的学者把这一类动词称为过程动词（顾阳，2005），有的学者称之为持续性动词（马庆株，2004）。哲学家Zeno Vendler（1967：172）这样描述："活动情状在时间中以一种同质的方式进

行，活动过程中的每一部分都与整体活动性质相同。"① 他以动词 "run"（跑）为例，认为 "对活动情状来说：A 在时间 t 跑步，意味着 A 在整个一段时间里在跑步，t 只是这一段时间里的一个时刻②（Ｚｅｎｏ Vendler，1967：181）。所以，活动情状具有把事件（cumulative events）由部分累积到整体的意义。另外，活动情状内部有续段（successive stage），为了维持活动持续进行，需要不断地输入能量（energy）（Bernard Comrie，1976）。因此，活动情状的时间结构可以用一维图示表示如下：

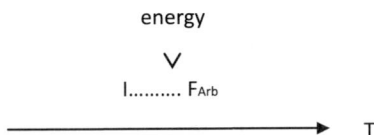

energy
∨
I......... F_{Arb}
————————————————→ T

图2-2　活动情状的时间结构

图 2-2 中，I 代表 initial point，即情状的起始点；"........."表示续段；F 代表 final point，即情状的终结点；Arb 是 Arbitrary 的缩略语，表示"任意的"，Farb 表示情状的活动可以在任何时候停止。T 代表时轴，箭头指示时间流动的方向。活动情状中一般情况下都会有施事者（agent）和活动，如下列活动情状的例句：

例 2a： بريالى دودى خوري .

"巴里亚莱在吃饭。"

例 2b： هلكان لوبه كوي .

"男孩们在玩耍。"

例 2c： هغه وخت مونږ هم دودى وخورله او هم خبري وويلي .

"我们那时边吃边说。"

例 2 中 3 个句子都是活动情状句，它们由 "خورل"（吃）、"كول"（做，干）、和 "ويل"（说）这些活动动词构成。例 2a 中的 "بريالى"（他们），例 2b 中的 "هلكان"（男孩们），例 2c 中的 "مونږ"（我们）都是活动的施事者。除例 2c

---

① 原文为 "Activities go on in time in a homogenous way; any part of the process is of the same nature as the whole."

② 原文为 For activities: A was running at time t means that time instant t is on a time stretch throughout which A was running.

外①，施事者都是上述例句的主语，此类主语一般被称为施为主语（agentive subject）。所谓施为主语就是指句子的主语具有施为功能，即能够施行谓语动词所表示的动作。以例 2a 为例，"برىالى" 为了维持他的活动，即 "دودى خوري"（吃饭），必须不断地输入能量，否则他不能完成他的活动，并且活动动词在句子中所表达的事件不能够瞬间完成，而只能在一段时间内完成。再以例 2c 为例，在 "هغه وخت مونږ هم دودى وخوړله او هم خبرى وويلى."（我们那时边吃边说）的时间进程中，如果我们任意取一点进行观察，都与前面的点和后面的点在构成上基本相似，这说明此类事件具有均质性（homogeneity）特征。活动动词在时间上没有限制，因此，活动情状在时间结构上没有内在的终结点，在时轴上，它们可以在位于"I"（起始点）之后的任意一个时点上结束，但活动仍然为真。如例 2b 的主语 "هلكان" 此刻正在玩，那么即便 "هلكان" 在下一时刻停了下来，"لوبه كوي"（他们玩）这一点仍然为真。

总而言之，活动情状具有［＋动态］、［＋持续］、［－有界］、［±个体化］的等语义特征，其内部时间结构表现为均质的续段，没有内在的终结点，为维持活动需要能量的不断输入。

（二）普什图语活动动词的分类

活动动词本身所包含的内容非常丰富，Robert D. Van Valin, Jr.和Randy J. LaPolla两位学者在其合作出版的《句法：结构、意义和功能》（*Syntax: Structure, meaning and function*）一书中，把活动动词分为移动（motion）、光照（lightemission）、声音的发出（sound emission）、行为/动作（performance）、消费（consumption）、创造（creation）、重复性动作（repetitive action）、直接感知（directed perception）以及使用（use）等不同的类别。

由于篇幅所限，本文主要以普什图语中常用的与行为动作有关的خوړل "吃"、خغښتل "跑" 和 ليکل "写" 等 8 个活动动词为例进行分析，并且基于普什图语动词本身的形态和语法特点，我们把这些活动动词按照不及物动词（intransitive verb）和及物动词（transitive verb）来进一步划分，列表如下：

---

① 普什图语及物动词过去时句子需要作格，即逻辑主语在句子中以宾格形式出现，在句子中作为形式宾语。

表3　本文普什图语活动动词列表

分类	及物性			
	及物		不及物	
行为 / 动作	خورل	吃	كرخبدل	徘徊
	ليكل	写	ختل	升
	كتل	看	بهبدل	流
	لوستل	读	خغستل	跑

三、普什图语活动动词的体义潜势图解

通过分析我们知道，光杆活动动词具有时间持续、动态和表达情状结束后性状不发生变化的体义。但是在句子中，根据论元、时体①结构等的不同，活动动词可以表达活动进行、活动完结、活动持续、一段时间内的状态和一个活动在任何时候永恒不变等不同的体义。下面我们结合二维几何图示来具体说明。

（一）活动动词表达活动进行

以活动动词为核心的句子大多是活动情状句。上文我们已经举例说明了活动情状代表的是一个动态事件（dynamic event），此类事件无目标、无结果或者说没有终结点。它们可以终止，但仅仅是因为活动的停止（参见Zeno Vendler，1967；Dawid Dowty，1979；Carlota Smith，1997；John Saeed，2000）。换言之，活动情状句表示一个活动过程，而不反映这一活动是否有一个内在的终结点，其二维几何图示参见图1-2c。

具有时间持续特征的活动动词在句子中可以与现在/过去进行结构共现，表达在观察视点（viewpoint）位置活动正在进行的体义，请看例3a-b：

例3a： توريالى څه کوي ؟ توريالى تېلويزيون ګوري .

"吐里亚莱在干什么？""吐里亚莱在看电视。"

例3b： هغه وخت مي ليکه ليکل .

"我当时在写字。"

例句3a中的活动动词 ګوري （看）使用了现在进行结构，说明观察视点与说

---

① 这里指视点体。

话时间（speech time）重合，即 $v=s$，另外视点与活动的续段相交，所以表达的是所述活动在说话时间正在进行的体义；例句 3b 中的活动动词 ليکل（写）使用了过去进行结构，说明观察视点在说话时间之前，视点也与活动的续段相交，所以活动动词句子表达的是所述活动在过去某个时间（视点时间）正在进行的体义。如图 3-1 所示：

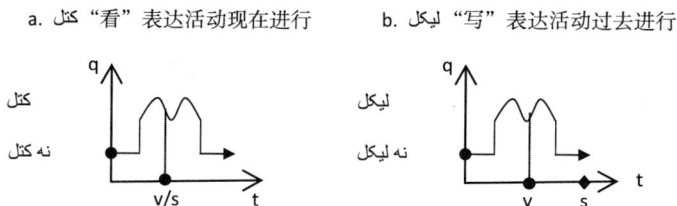

图 3-1

（二）活动动词表达活动完结

活动动词所表达的情状没有内在的终结点，但是活动可以终止，因为只要不继续输入能量，活动就会停止。当活动动词在句子中与过去一般结构共现时，可以表达在观察视点位置活动结束的体义，请看例 4a-b：

例 4a：. يو ساعت کيري چه دوی په دوا خانه کښي وګرخيدل

"他们在药店里徘徊了一个小时。"

例 4b：. بريالي دوی کاسي وريجي وخوړلي

"巴里亚莱吃了两碗饭。"

例句 4a 和 4b 中的活动动词 وګرخيدل（徘徊，闲逛）和 وخوړلي（吃）都使用了过去一般结构，观察视点与说话时间重合并且不与活动过程相交，而是位于活动结束后的某个时间点，所以活动动词句子表达的是所述活动在说话时间（视点时间）已经结束的体义。如图 3-2 所示：

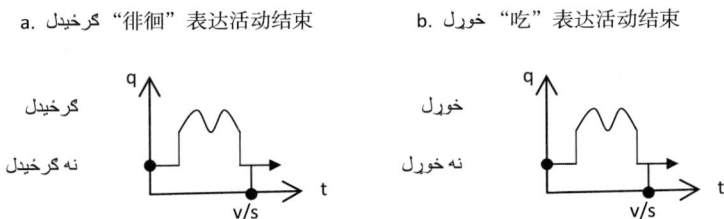

a. گرخیدل "徘徊" 表达活动结束　　　b. خورل "吃" 表达活动结束

图3-2

（三）活动动词表达一段时间内的状态

当活动动词在句子中与过去惯常结构共现，或者与现在一般结构共现，且句中有表示频率的时间副词（如每天、经常等）时，视点关注反复发生的情状整体，活动动词句子表达论元在一段时间内的状态，请看例5a-b：

例5a：هره ورځ دی کتاب لولي .

"他每天读书。"

例5b：د دی دمخه به هره شپه بریالي دوي کاسي وریجي خورلي .

"以前，巴里亚莱每晚吃两碗饭。"

例句5a中的活动动词 لولي（徘徊，闲逛）是现在一般结构，但是句中加了时间副词 هره ورځ（每天），观察视点与说话时间重合并且不与活动过程相交；例5b中的 به خورلي（吃）是过去惯常结构，观察视点在说话时间之前并且不与活动过程相交。两句都是观察一段时间内反复进行的活动的整体情况，由于所述活动是均质发生，所以活动动词句子表达的是论元在一段时间内（现在或过去）的活动状态。如图3-3所示：

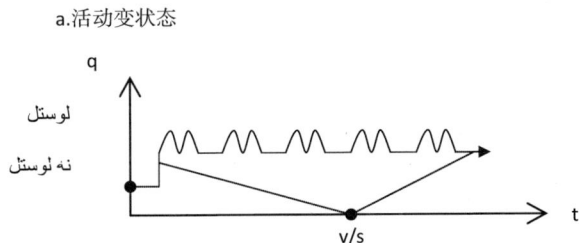

a.活动变状态

b.活动变状态

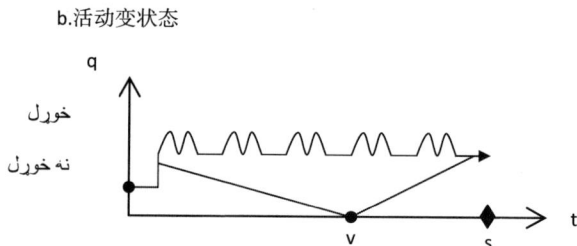

图3-3

（四）活动动词表达活动持续

当活动动词在强调时量或动量的补语从句①中与现在/过去完成结构共现时，表达在观察视点位置活动已经实现了一定的量，且活动仍在持续的体义，请看例6a-b：

例6a：سل متر کبري چي خغستلی یم .

"我已经跑了一百米了。"

例6b：پرون چي ته هلته ورسېدلي ، سل متر کبده چي خغستلی وم .

"昨天当他到这里时，我已经跑了一百米了。"

例句6a和6b中使用的都是活动动词 خغستل（跑），6a句 خغستلی یم 是现在完成结构，观察视点与说话时间重合并且与活动的阶段性结尾相交，说话者是将观察视点放在与说话时间重合的位置对活动进行定量；6b句 خغستلی وم 是过去完成结构，观察视点在说话时间之前，但是仍与活动的阶段性结尾相交，说话者是在参照时间（昨天当他到这里时）对活动进行定量，在观察视点之后活动仍然继续，所以活动动词句子表达的是实现了一定的量，且活动仍在持续的体义。如图3-4所示：

---

① 汉语句子中的活动动词可以直接加表示动量或时量的补语，如"我跑了一分钟"、"我跑了一百米"等，普什图语句法结构中没有类似汉语的这种补语形式，类似语义表达只能通过从句形式来实现。

a. لغسخ 表达活动持续　　　　b. لستول 表达活动持续

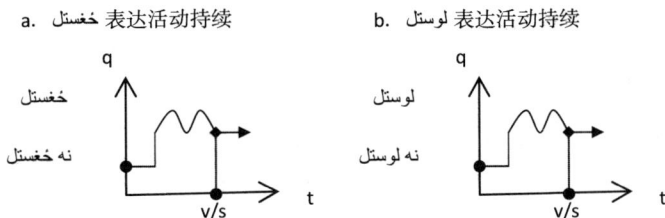

图3-4

（五）活动动词表达不变的自然规律

当活动动词在句子中与趋向结构共现时，可以表达在任何时间所述活动方式不会改变的体义，请看例7a-b：

例7a：. لمر له ختیخي خوا را وخیژي

"太阳从东方升起。"

例7b：. اوبه کښته وبهیري

"水往低处流。"

例句7a和7b中的活动动词 وخیژي（升）和 وبهیري（流）都使用了普什图语语法中的趋向结构，表达的是不以观察者的主观意志为转移的客观真理或自然规律，视点始终关注情状整体，无论说话时间位于时轴上的哪一点，所述情状不变。所以活动动词句子表达的是在过去、现在和将来的任何时间所述活动方式保持不变的体义。如图 3-5 所示：

a. ختل 表达活动方式不变　　　　b. بهیدل 表达活动方式不变

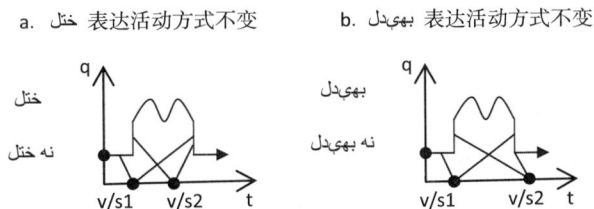

图3-5

四、结语

动词具有不同的体义潜势，动词体义二维几何图可以直观地展示由于观察视点位置和角度不同引起的动词体义改变。通过对普什图语8个常用的行为动作类活动动词进行分析，我们发现普什图语活动动词在句子中可以表达活动进行、活动完结、活动持续、一段时间内的状态和一个活动在任何时候永恒不变等不同的体义，在语法表征上这些差异主要与动词的具体时体结构有关。这说明语言体貌系统中的情状体和视点体是相互作用的，一方面，动词在句子中的体义受动词的内在情状特征制约；另一方面，视点体通过语法组合手段可改变动词的情状类型。在具体的语言环境中，以活动动词为核心构建的句子的体义还会受到时间状语、述谓主体或隐含主体的性状属性等的制约，因此普什图语活动动词的体义潜势也许还有更多的可能性，这有待进一步的探索。

参 考 文 献

［1］陈前瑞. 汉语体貌研究的类型学视野［M］. 北京：商务印书馆，2008.

［2］戴耀晶. 现代汉语时体系统研究［M］. 杭州：浙江教育出版社，1997.

［3］顾阳. 时态、时制理论与汉语时间参照研究［C］//沈阳，冯胜利. 当代语言学理论和汉语研究. 北京：商务印书馆，2008：97—119.

［4］秦洪武. 话语中体的意义和设景功能［J］. 外语教学与研究，2005（3）：179—186.

［5］尚新. 英汉体范畴对比研究：语法体的内部对立与中立化［M］. 上海：上海人民出版社，2007.

［6］Bhat, D. N. S. The Prominence of Tense, Aspect and Mood [M]. Amsterdam & Philadelphia: Benjamins, 1999.

［7］Croft, W. Verbs: Aspect and Causal Structure [M]. New York: Oxford University Press, 2012.

［8］Tegey, H & Robson, B. 1996. A Reference Grammar of Pashto. Washington, D. C.: Center for Applied Linguistics, U. S. Dept. of Education, Office of Educational Research and Improvement, Educational Resources Information Center.

［9］ Smith, C. S. The Parameter of Aspect ［M］. Dordrecht: Kluwer, 1991.

［10］ Vendler, Z. Verbs and times ［C］// Z. Vendler. Linguistics in Philosophy. Ithaca: Cornell University Press, 1967: 199-220.

韩国语外来词的界定问题

■ 解放军外国语学院　程兰涛

【摘　要】韩国语外来词的绝对数量正在逐渐增加，外来词在韩国语词汇系统中所占的比重越来越大，在韩国语日常交际中起到的作用也越来越重要。因此无论是以韩国语为母语的普通韩国民众，还是韩国语学习者、研究者都不可忽视韩国语外来词的学习和研究。但长期以来韩国语外来词的界定始终没有形成科学的依据和标准，笔者在本文中从特性、范围、借用情况等三方面对此进行梳理，总结其界定方法和依据。

【关键词】韩国语外来词；特性；范围；借用

一、引言

韩国语不是一种孤立、封闭的语言，在与其他语言接触的过程中，它既在一定程度上影响其他语言，也受到其他语言的影响。通常来说，从其他语言吸收到韩国语词汇系统中的词汇就是韩国语的外来词。

但学界对韩国语外来词的特性、范围、借用情况等尚无统一定论，笔者在本文中将从这几方面对韩国语外来词的情况做一梳理，并总结其界定方法和依据。

二、外来词的特性

关于外来词的概念不同的工具书给出的解释不尽相同，例如《标准国语大辞典》对"外来词"的释义为"从国外引入的、像韩国语一样使用的词语"，而其他工具书给出的定义则有"外语词语中被同化为韩国语并在韩国社会被准予使用的单词"、"从外语中引入，被同化为韩国语并像韩国语一样使用的语言"、"按照发音将外语单词转写为本国语言形式并像本国语言一样使用的词语"等等。

不仅如此，韩国语言学者们也站在不同的立场上从各自的视角出发对外来词做出不同的解释，例如：

李熙昇（1949[①]，1959：339—340）对外来词属性的描述如下：本为外语词语，之后进入其他民族语言社会，具备一定的普及度，发音不再如外语般陌生，被该借入语言社会的语音规则所同化，因此即使是不懂外语的一般民众也可发其声知其意，并完全不将其视为外语，能够自如运用。[②]

金敏洙（1973：103—104）对外来词提出如下条件限制：（1）必须源于外国；（2）必须有借用过程；（3）必须进入本国语言系统；（4）必须在用；（5）必须是词。[③]

姜信沆（1983：116）对外来词的定义：在不同语言系统相互接触的过程中，某一种语言从另外一种语言中借用语言单位并将其作为自身系统的单位加以使用的现象叫作"译借（borrowing）"，通过这种方式新产生的语言单位多为"词"，因此可以称之为"借词（borrowed word/loan word）"或者"外来词"。[④]

尽管说法不一，但笔者仍然认为以上有关外来词的论述阐明了外来词这一概念的两个基本特性：（1）外来词源自外语；（2）外来词在本民族语言中使用，被语言使用者认同。

三、外来词的范围

研究者对以上外来词基本特征采取宽严不一的态度，进而在判定外来词的范围时对汉字词、意译词、形译词的归属及外来词的层次问题产生较大争论，即汉字词、意译词、形译词是否应被纳入外来词的范围，在语言单位方面外来词应截止到哪一层次。

（一）关于汉字词

汉字词指"用汉字的韩国语读法发音的、由一个或多个汉字构成的韩国语词

---

① 应为"1947"（笔者注）。

② 임홍빈，2008.

③ 同上。

④ 同上。

汇"。具体包括以下三种类型：

（1）沿用在中国使用的词语，例如：군자（君子）、필부（匹夫）、성인（聖人）等；

（2）韩国自造的、在中国不使用的词语，例如：전답（田畓）、기차（汽車）等；

（3）日本创造的词语，例如：입구（入口）、취급（取扱）、상담（相談）等。

韩国语学界对于汉字词是否属于外来词的看法较为统一，一般认为：由于汉字词以汉字为基础，所以汉字词确实属于"外来"词，但因其与其他外来词在语音、语法、语义等方面存有十分明显的差异，一般将两者区别看待。即，论及韩国语词汇的词源构成时一般认为韩国语词汇由固有词、汉字词（以汉字为基础的词语）和外来词（除汉字词外的、源自外语的词语）构成。

在这一方面金敏洙（1973：103—104）的观点十分具有代表性。他将外语词语进入韩国语词汇系统的过程分为如下三个阶段：

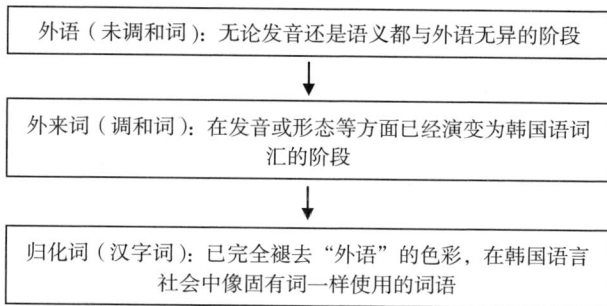

外语（未调和词）：无论发音还是语义都与外语无异的阶段
↓
外来词（调和词）：在发音或形态等方面已经演变为韩国语词汇的阶段
↓
归化词（汉字词）：已完全褪去"外语"的色彩，在韩国语言社会中像固有词一样使用的词语

上图示显示：虽然汉字词来源于汉语，但在韩国语中已经褪去"外语"的色彩，在使用方面与固有词几无差别，成为所谓的"归化词【귀화어（歸化語）】"。而其他外来词语则分为两个阶段，第一阶段属于"未调和词【미조화어（未調和語）】"阶段，词语的发音和意义都还维持着外语的状态，这一阶段的词语可以叫作"外语【외국어（外國語）】[①]"；第二阶段属于"调和词【조화어（調和語）】"阶段，词语的发音或词形已具有部分韩国语化的特征，这样的词语可以看作"外来词【차용어（借用語）】"。

在以上三个阶段中，"归化词【귀화어（歸化語）】"，即汉字词的判定依据十

---

① 这里的"외국어（外國語）"指的不是"外国的语言"，而是"外语词语"。

分明确，以有无汉字标示为准。但"外语【외국어(外國語)】"与"外来词【차용어(借用語)】"，即"未调和【미조화(未調和)】"阶段与"调和【조화(調和)】"阶段的界限并不明显，一般认为被语言使用者认同的外来词语属于"外来词【차용어(借用語)】"，反之则为"外语【외국어(外國語)】"。然而这一依据仍然缺少客观标准，于是部分学者将是否被收录为韩国语词典的词条作为判定"外来词【차용어(借用語)】"和"外语【외국어(外國語)】"的标准。但不可否认的是词典始终是滞后于词汇，特别是外来词语的发展的，并且不同词典收录的词条也可能存在着很大的差异[①]，因此这一标准也不是无懈可击的。笔者认为可以将大众媒体上非个人发布的以多数人为受众的信息中出现的外来词语视为"外来词【차용어(借用語)】"，反之则为"外语【외국어(外國語)】"，因为：首先，现今大型、权威词典的编撰工作一般都建立在大众媒体储存的海量信息的基础之上；其次，这些信息不是个人随意发布的，而是经过集体审议的，一般符合韩国语言标准；另外，大众媒体的信息更新速度非常之快，可以及时跟进外来词语的涌现。

在此基础上，金敏洙（1973：103—104）用如下图示对韩国语词汇构成做出说明。

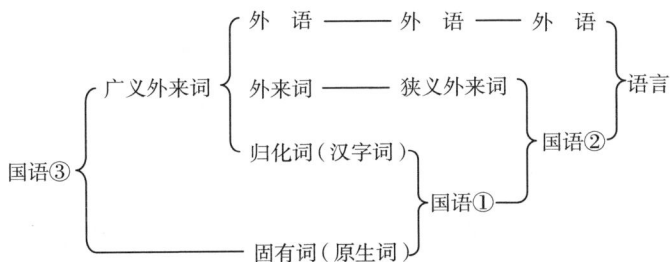

据此我们可以得出结论：汉字词属于"广义外来词"，但不在"狭义外来词"的范围之内。

（二）关于意译词

意译词亦作"义译词"，意义同别种语言中的某个词相对应，但用本族语言

[①] 例如："한글학회"编《우리말큰사전》将"비즈니스"和"비즈니스맨"收录为词条，但未将"비즈니스걸"和"비즈니스호텔"收录为词条；但在"금성출판사"编《국어대사전》中这4个词语都被收录为词条。（김세중，1998：8）

的构词材料并且按照本族语言的构词方式创造而成。除意义外，意译词在语言形式、书写形式和构词材料、构词方式上都同原词毫无关联。

意译词是否属于外来词也是韩国语学界讨论的焦点之一。

对此持肯定意见的学者有민현식（1998）、이승명（1982）等。其中，민현식（1998：105—111）将外来词按照译借方式分为音译外来词、意译外来词和混译外来词三种类型，并且每种类型都包括直接和间接两种方式。例如：

类型		例词
音译外来词	直接音译词：将外语词语的发音和语义直接译借而来的外来词。	컴퓨터, 프린터, 모니터
	间接音译词：不直接译借外语词语的发音和语义，而是通过其他外语间接借用的外来词。韩国语词汇中最具代表性的是通过汉语借入的梵语佛教用语，另外，开化期通过日语借入的表述西方文明的词语，以及通过英语借用的希腊语和拉丁语词语也属于这一类型。	보살, 보리수, 열반, 중생, 귀의, 공양, 석가, 아미타, 미륵, 마후라, 잠바
意译外来词	直接意译词：根据外语词语的语义直接译借而来的外来词。	돈 세탁 [money washing], 병목현상 [bottleneck]
	间接意译词：将其他语言意译的外语词语再次翻译、借用而来的外来词。	세례 [baptism], 민주주의 [democracy], 인도주의 [humanism]
混混译外来词	直接混译词：同时运用音译和意译的方法从外语中直接译借而来的外来词。	체인점 [chain store], 휴대폰 [mobile phone]
	间接混译词：将其他语言运用音译和意译的方法译借而来的外来词进行再次译借，由此而来的外来词。	영국 [England], 나성 [Los Angeles], 미국 [America]

笔者认为这种观点的理据在于：（1）此类词语表示的意义或概念确实来自外语；（2）部分外语词在韩国语中同时存在音译和意译两种形式，例如，"OPEC (Organization of Petroleum Exporting Countries)—오펙—석유 수출국 기구（石油輸出國機構）"等，这时将同一个词语的两种译借形式分别视为外来词和非外来词的做法就显得不够合理，因为这会割裂词语演变的进程，对外来词语的研究不利。

然而更多的学者却对此持否定态度。류은종（1991：129）明确指出由固有词或汉字词构词材料构成的（或兼具固有词和汉字词构词材料的）、表示从外语中引入的新概念的词语不属于外来词；其他绝大多数研究成果也未将意译词作

为外来词处理，并且这些词语也未被收录为韩国语外来词词典的词条。他们认为：（1）概念是普遍的，严格讲概念只分"（你）先（我）后"，而不论"（你）有（我）无"；（2）判断是否"外来"的依据不应是"虚"的概念，而应该是词语"实"的物质外壳，即语音；（3）意译词或为固有词或为汉字词（或为两者混合的混种词），这些词语与韩国语原有的固有词或汉字词几无差别，却与音译词有着天壤之别，因此应与固有词或汉字词同等对待，而与音译而来的外来词区别开来。

对此笔者认为可以在这两种观点之间取一个折中点，即，建立不同于前述金敏洙（1973：103—104）论述的"广义外来词"和"狭义外来词"的概念，将语音或语义来源于外语的词语定义为"广义外来词"，将在语义来源于外语某个词语的前提下，语音全部或部分借自该外语的词语定义为"狭义外来词"。

（三）关于形译词

形译词①指通过搬用文字书写形式借入的外来词。这种借词方式一般称为"形译"或"借形"。

汉语的形译词一般指"连形带义"从日语中搬到汉语中来的词语，例如，"安打、财团、乘客、改编、干部、干事、科学、机关炮"等等。除此之外还包括一些以形译的方式从韩国语、越南语等语言中借用的词汇，例如：大院君（旧时朝鲜对由旁系入继王位的国王的父亲的称呼，韩国语作"대원군［大院君］"）、字喃②（一种过去在越南通行，以汉字为素材，运用形声、会意、假借等造字方式来表达越南语的文字，越南语作"Chữ Nôm"）。

韩国语的形译词一般指"连形带义"从日语、汉语等语言中借用的词语，前者如：복지（福祉）、매장（賣場）、대상（大賞）、사진（寫眞）等等，后者如：대약진（大躍進）、인민공사（人民公社）等等。由于韩国语的形译词在形态、功能等方面都与汉字词相符，所以笔者将其视同为汉字词。

（四）关于外来词的层次

语言学中最难回答的问题之一就是词的定义问题，即，到哪里为止算是词、从哪里开始不是词的问题。实际上，任何一种语言都不容易在词和非词之间划

---

① 又作"借形词"。
② 又作"喃字"。

出一条明确的界限。① 例如，在韩国语中有人将"暑假"一词看作词组，分写为"여름 방학"，而另外一部分人则将其看作一个复合词，合写为"여름방학"。

同样，外来词的层次界限也是一个复杂的问题。一般认为韩国语借用的外语语言单位包括以下几个层次：

（1）音节：-팅(-ting)—소개팅、-틱(-tic)—바보틱하다

（2）词语：가스(gas)、텔레비전(television)、라디오(radio)、라테 요인(Latte Factor)

（3）短语：마이카(my car)、렌터카(rent-a-car)、판도라의 상자(Pandora's Box)

（4）句型②：아무리 …해도 지나치지 않다. (It is not too much to …)

이것을 고려에 넣는다면… (take account of, take account into)

회의를 가지다 (have a meeting)

…할 만한 가치가 있다 (be worth …)

전자는… 후자는… (the former …, the latter …)

（5）句子③：사느냐 죽느냐 그것이 문제로다. (To be or not to be, that is the question.)

주사위는 던져졌다. (The die is cast.)

인생은 짧고 예술은 길다. (Life is short, art is long.)

눈에는 눈, 이에는 이 (Eye for eye, tooth for tooth.)

在如上几个层次的语言单位中，外来词应截止到哪一层次呢？

前文曾提及金敏洙（1973：103—104）在论述外来词时提出的"必须是词"的观点，而这里的"词"并不是严格意义上的"单词"，而是指"在韩国语句子中行使类似单词功能的语言单位"。另外，《조선어 어휘론 및 어음론》也指出词汇研究的对象不仅包括单词，还应包括在语义上相当于一个单词的语言单位④。

因此笔者认为：由于外来词的概念主要是和固有词、汉字词一同构成韩国语词汇系统的，所以外来词截止到第三个层次比较合理。

---

① 张光军、江波、李翊燮，2009：243.

② 민현식，1998：96.

③ 민현식，1998：95.

④ 조선어 어휘론 및 어음론，1964：41.

四、外来词的借用 ①

（一）外来词的借用动机

外来词的借用动机，或者说外来词产生的原因有客观和心理两方面的因素。

1. 客观因素

词汇具有普遍性的性质②，即，由于语言中的词汇，特别是实词词汇与逻辑上的"概念"本质上都是对客观事物的反映，因此可以说只要客观事物中有某种概念，就一定会有某个相应词语来表达它，这对所有语言都是一样的。例如：客观事物中有太阳、高山和河流，那么所有的语言都会有反映这些事物的词语，汉语有"日/太阳/日头"、"山/高山/大山/山脉"、"河/河流/江河"，韩国语有"해/태양/해님"、"산/뫼/산악/산맥"、"강/하천"。

当某种事物或概念在一种语言中有，而在另一种语言中没有时，后者就需要创造出某个新词语以保持词汇的普遍性，这个新创造的词语往往与外语的某个词语有一定的关联，于是一个外来词便得以产生。例如："电脑/电子计算机"这一事物出现后，英语用"computer"一词表示，最初韩国语中并没有表示这一事物的词语，但之后韩国语言社会创造出"컴퓨터"一词，于是韩国语也有了表示这一事物的词语。

这便是导致外来词产生的客观因素。

2. 心理因素

不同语言社会的文明有先进和落后之分，而落后一方往往会对先进一方产生崇拜感，这种崇拜感表现在多个方面，语言便是其中之一。在文明落后的语言社会人们会通过使用先进国的语言以显示自己的教养、博学或时尚，达到夸示自我的目的。在被频繁使用的过程中一部分外语词语逐渐改变原来的发音、词形或意义，适应、融入该语言社会并成为外来词。

例如：韩国语中本有"-권(券)/표(票)"等词语表示"券/票"的概念，但在"崇洋"的心理作用下英语单词"ticket"被大量使用，并最终导致外来词

---

① 在韩国语学界一般意义上的"外来词"指的是"关于意译词"部分提出的"狭义外来词"，即，在语义来源于外语某个词语的前提下，语音全部或部分借自该外语词的词语。因此这里的"外来词的借用"主要指"狭义外来词"。

② 沈阳，2005：124.

"티켓"的产生。

（二）外来词的借用阶段

박종호（1999）在조용만、송민호、박병채（1970），배양서（1976），강신항（1983），신정섭（1990）等人的研究基础上将韩国语借用外来词的过程分为以下四个阶段[①]。

1. 第一阶段（17C—1882）

在这一阶段西方文明主要通过中国间接传入朝鲜半岛，因此源自西方的外来词多有汉字标注。并且此时传入的地理名词多以汉语发音为借用依据，而新的理念和发明多以意义为借用依据。例如：

구라파（毆羅巴）　　영길리（英吉利）　　미리（美利）

천주（天主）　　　자명종（自鳴鐘）　　천리경（千里鏡）

2. 第二阶段（1882—1910）

在这一阶段已进入"开化期"的朝鲜直接接触到西方文明，开始了直接借用西方语言的时期。유길준的《서유견문》（西遊見聞，崔根德 译，1985）中就出现了同时标注英文和汉字注释的外来词，例如：

朝鲜 코리아（영 Korea）　　　日本 잡판（영 Japan）

佛蘭西 프란스（영 France）　　伊太利 이탈리（영 Italy）

西班牙 스페인（영 Spain）　　紐約 뉴욕（영 New York）

刀 도（영 knife）　　　　　巾（영 handkerchief）

庫（영 car）　　　　　　寢室（영 bedroom）

3. 第三阶段（1910—1945）

在日本殖民统治时期韩国（朝鲜）人只能接受日本式教育，也只能通过日本接触外界文明，因此这一阶段的外来词大都通过日本，按照外语的日式发音被间接引入韩国（朝鲜）语。例如：

밧데리（battery）　　　호테루（hotel）

다이루（tile）　　　　뽀이（bellboy）

돈네루（tunnel）　　　구리무（cream）

---

① 박종호，1999：2，32，34.

빠다(butter)   께끼(cake)

4. 第四阶段（1945—）

1945年日本投降后韩国语外来词进入一个独立、快速发展的阶段，政治、经济、社会、文化、艺术、体育、科学、技术等方方面面的大量外来词不断涌入韩国语。例如：

지프(jeep)   라이터(lighter)

댄스(dance)   미니스커트(mini skirt)

컴퓨터(computer)   세미나(seminar)

（三）外来词的词源

现代韩国语外来词的词源包括英语、希腊语、荷兰语、挪威语、德语、拉丁语、俄语、罗马尼亚语、马来语、蒙古语、越南语、保加利亚语、梵语、塞尔维亚 - 克罗地亚语、瑞典语、阿拉伯语、西班牙语、意大利语、印度尼西亚语、日语、汉语[①]、捷克语、泰语、土耳其语、波斯语、葡萄牙语、波兰语、法语、匈牙利语、希伯来语、印地语等30余种语言，这些语言借用情况在《标准国语大辞典》收录词条中都有反映。

《标准国语大辞典》收录词条中的非固有词都有原语标示：来源于汉字的用繁体汉字标出，来源于其他外语的用原词的罗马字母拼写方式标出。其中单纯来源于英语的词条不标明来源语言名称，来源于其他外语的词条用其语言名的缩写标明词源；当英语与其他外语词语构成一个外来词时用符号"＜영＞"标明其中英语部分的词源。例如：

중국 – 어（中國語）

청 – 바지（靑 — —）

컴퓨터（computer）

지프 – 차（jeep 車）

어필 – 하다（appeal — —）

가제（＜독＞Gaze）

---

① 韩国语从汉语中借用的词语并不一定是汉字词，例如："베이징(Beijing[北京])"等。另外，韩国音译的部分中国最新流行语也不属于汉字词的范围，例如："하이구이(海归)"、"산자이/산짜이(山寨)"、"게이리(给力)"等。

기모노 (<일>kimono[着物])

테마^뮤직 (<독>Thema <영>music)

이운영 (2002: 57) 对《标准国语大辞典》中标有类似"<독>"、"<일>"、"<프>"等语言符号的词条做过如下统计：

纯外来词	+汉字	+固有	+英语	+其他语言	+汉+固	+汉+英	+汉+固+英	合计
2,527	1,250	137	77	16	71	72	1	4,151

由于未用符号"<영>"标示，所以单纯来源于英语的外来词词条并未包括在以上统计结果之内。

而정호성（2000：63）对《标准国语大辞典》收录词条的词源构成统计如下：

总数[1]	固有词	汉字词	外来词	汉+固	外+固	汉+外	汉+外+固
440,262 (100%)	111,299 (25.28%)	252,478 (57.12%)	23,196 (5.26%)	36,461 (8.28%)	1,331 (0.30%)	15,548 (3.53%)	751 (0.17%)

注：[1]实际上表中"固有词"、"汉字词"、"外来词"、"汉＋固"、"外＋固"、"汉＋外"、"汉＋外＋固"的数量总和为"441,064"，多于"440,262"。笔者认为这可能是由于"고무"（词源本为"<프>gomme"）、"김치"等原本来源于外语，但在现代韩国语中几乎与固有词没有差别的词语被重复多次计数造成的。

由此我们可对照以上两表大致计算出英源外来词的数量：

纯英源外来词	+汉字	+固有	+英语	+其他语言	+汉+固	+汉+英	+汉+固+英	合计
20,669[1]	14,298[2]	1,194[3]	--	77[4]	680[5]	--	--	36,918

注：[1]计算方法：정호성（外来词）—이운영（纯外来词）= 23,196−2,527=20,669；[2]计算方法：정호성（汉＋外）—이운영（+汉字）= 15,548−1,250=14,298；[3]计算方法：정호성（外＋固）—이운영（+固有）= 1,331−137=1,194；[4]计算方法：=이운영（+英语）=77；[5]计算方法：정호성（汉＋外＋固）—이운영（+汉+固）= 751−71=680。

由以上数据可以得知：包含外来词成分的词语占韩国语词汇总量的9.26%左

右，其中来源于英语的外来词（或外来词成分）最多，其次依次为德语、法语、意大利语、拉丁语、俄语、希腊语和日语等等。

五、结论

关于"外来词"的特性，笔者认为可以从以下两方面把握：（一）外来词源自外语；（二）外来词在本民族语言中使用，被语言使用者认同。

关于"外来词"的范围，笔者认为：由于来源于汉语的汉字词在韩国语中已经褪去"外语"的色彩，在使用方面与固有词几无差别，被视为所谓的"归化词【귀화어（歸化語）】"，因此可将汉字词划归"广义外来词"，但不在"狭义外来词"的范围之内；意译词是否属于外来词的争论双方各有各的理据，难分高下，因此可以将语音或语义来源于外语的词语定义为"广义外来词"，将在语义来源于外语某个词语的前提下，语音全部或部分借自该外语的词语定义为"狭义外来词"；韩国语的形译词在形态、功能等方面都与汉字词相符，所以笔者将其视同为汉字词；参照金敏洙（1973）在论述外来词时认为"'词'并不是严格意义上的'单词'，而是指'在韩国语句子中行使类似单词功能的语言单位'"的观点和《조선어 어휘론 및 어음론》中"词汇研究的对象不仅包括单词，还应包括在语义上相当于一个单词的语言单位"的论断，笔者认为"外来词包括音节、词语、短语等3个层次"。

另外，"外来词"在借用动机、阶段和词源等方面也有很大的差异。

总之，笔者认为研究者可以根据各自的目的对外来词这一概念采取宽严不一的态度，并对外来词做出合理的界定。

参 考 文 献

［1］沈阳. 语言学常识十五讲［M］. 北京：北京大学出版社，2005.

［2］张光军，江波，李翊燮. 韩国的语言［M］. 北京：北京大学出版社，2009.

［3］국립국어연구원.『표준국어대사전』연구 분석 [R]. 2002.

［4］김민수. 국어정책론[M]. 서울：고려대출판부, 1973.

［5］류은종. 조선어어휘론[M]. 연길：연변대학출판사, 1991.

［6］민현식. 국어 외래어에 대한 연구[J]. 한국어 의미학, 1998년 Vol.2.

［7］박종호. 한국식 영어 발생 유형과 해결 방안 −외래어와 영어 중심으로 [J]. 커뮤니케이션학연구, 1999년 제7집.

［8］정호성. 『표준국어대사전』 수록 정보의 통계적 분석[J]. 새국어생활, 2000년 제10권 제1호.

［9］조선어 어휘론 및 어음론[M]. 고등교육도서출판사, 1964.

［10］이승명. 외래어 수용 양태에 대한 어휘 의미론적 연구[J]. 수련어문집, 1982년 제9집.

［11］이운영. 『표준국어대사전』 연구 분석 [R]. 국립국어원, 2002. 임홍빈. 외래어의 개념과 범위의 문제[J]. 새국어생활, 2008년 제18권 제4호.

韩国语状位形容词的语义关系

■ 解放军外国语学院 张文江

【摘 要】韩国语状位形容词的语义关系较为复杂。首先，形容词与其对象论元之间存在多种直接语义关联，形容词的语义指向谓语、主语、宾语、名词性状语等多个成分，形容词分别与其构成语义表述。其次，在句法框架的规约下，形容词对谓语动词进行修饰，二者存在"动作＋方式"、"动作＋结果"等间接语义关系，该语义关系体现为命题间的逻辑关系，表示形容词所表状态与动词所表动作之间的内在关联，状态是动作进行过程中的伴随状态或动作导致的结果。

【关键词】韩国语状位形容词；语义关系；语义指向；命题逻辑

传统的韩国语句法研究是以句子成分的划分和句型的归纳为其主要目的，因此所涉及的语义层面极其有限。当前随着语法研究的深入以及为实现计算机处理自然语言的目的，要求对语义层面进行深入探究。不论何种流派的语法，语义都是不可或缺的重要基点，唯有利用语义才能刻画出语言单位的语义内涵与句法特征的关系，把语法研究引向深入（毕玉德，2005）。同时语义研究势必会增强对语言的解释力。

韩国语状语成分的语义问题一直是韩国语学界研究的难点之一。截至目前学者们主要对韩国语状语的句法功能与分类进行过研究，而对其语义问题缺少系统考察，为此韩国语状语的语义研究还存在很大的空白。本文以韩国语状语范畴中的典型成员"状位形容词"为研究对象，综合运用当代句法语义学理论，试图对状位形容词的语义关系进行系统分析。

一、韩国语状位形容词

韩国语形容词通过添加副词形词尾"게"形成活用形态可以做状语，主要对动词谓语进行修饰。韩国语形容词自身无法修饰动词，词尾"게"的添加使得形容词在不改变词义并保持原有陈述功能的前提下，可以进入状语位置（简称状位）做状语，本文将其称作状位形容词。

状位赋予了形容词修饰动词的句法语义功能。在句子的线性结构中，副词形词尾"게"添加在形容词后面，把形容词和动词紧密联系在一起，使得形容词对动词进行修饰，二者构成状中结构。在句法框架的规约下，状位形容词与谓语动词之间临时拥有实然的句法语义关系，这便是句法强制性的体现。

二、句法结构层面与语义结构层面

句子是由词与词（包括语法形态）组合而成的线性序列。在这样的序列中，词与词在组合成较大的语法单位时，相互之间总会产生各种各样的关系，形成某种结构。按照现代语法的普遍观点，这些结构是有层次之分的，这些结构有句法结构与语义结构的区别。

句法结构为句子的表层结构[①]。句法结构是句法单位按照一定的句法关系组成的结构。在句法结构层面（简称句法层面），句法成分之间可以总结出数量有限的结构方式，不同的结构方式体现不同的句法结构关系（简称句法关系）。句法成分之间的结构方式主要有主谓结构、动宾结构、偏正结构（定中结构与状中结构）等。它们分别表示主谓关系、动宾关系、偏正关系等句法关系。句法关系表现为句法单位之间的诸如陈述与被陈述、支配与被支配、修饰与被修饰或限制与被限制等关系。句法关系属于显性语法关系（overt grammatical relations）（朱德熙，1980）。相对于句法结构而言，语义结构是句子的深层结构。语义结构是句子的语义成分按照一定的语义关系组成的结构。在语义结构层面（简称语义层面），各语义成分之间的关系是语义结构关系（简称语义关系）。语义关系表现为诸如"施事+动作"、"动作+受事"、"动作+处所"等关系。语义关系区别于句法关系，句法关系有一定的外部表现形式，而语义关系没有明显的外部形式作为标志。与句法关系相比，语义关系是一种隐性的、潜在的关系，属于隐性语法关

---

① 乔姆斯基最初提出了表层结构（surface structure）和深层结构（deep structure）的概念，后来学者们把句子的句法结构称为表层结构，句子的语义结构称为深层结构。本文采用这种普遍的观点。

系（covert grammatical relations）（朱德熙，1980）。

句法结构并不等于语义结构，二者是两种性质完全不同的结构层面。句法层面与语义层面之间的对应关系一直是语法学家所关心的问题。由于二者分属不同层面，双方直接成分的排列位置也就可能不一一对应，而在句法语义成分线性化的情况下难免会出现句法结构和语义结构的部分错位（李葆嘉，2007）。语言事实证明，句法层面与语义层面存在对应关系，但不是一一对应的关系。韩国语句子中句法层面与语义层面不一致的现象显现存在（毕玉德，2005）。对于韩国状位形容词而言，其所在句法层面与语义层面并非一致。例如：

（1）a. 철수가 테이블을 <u>빠르게</u> 닦았다.（哲洙很快地擦了桌子。）

　　　b. 어머니가 찌개를 <u>조급하게</u> 끓이고 있다.（妈妈着急地做着炖菜。）

　　　c. 창호는 깡통을 <u>납작하게</u> 눌렀다.（昌浩把罐头盒压扁了。）

上述例句中画线部分为状位形容词（下同）。例（1）a中的"빠르게（快）"修饰动词谓语"닦다（擦）"，例（1）b中的"조급하게（着急）"修饰动词谓语"끓이다（烧制，做）"，例（1）c中的"납작하게（扁）"修饰动词谓语"누르다（压）"。在句法层面，上述形容词与动词形成状中结构即"Adv+Vp"结构，形容词只与动词谓语拥有直接的句法同现关系，并且该关系是较为单一的句法修饰关系。

但从深层的语义平面来看，状位形容词的语义关系与其句法关系并非完全一致，形容词的语义关系远比其句法关系复杂得多。一方面，形容词并非只与动词拥有语义关系。例（1）a中形容词"빠르게（快）"在句法上修饰动词"닦다（擦）"，在语义上也描述动作"닦다（擦）"的特点，二者的句法关系与语义关系是一致的。但是，例（1）b中的"조급하게（着急）"虽然在句法上修饰动词"끓이다（烧制，做），但在语义上似乎与动作没有直接关联，而是在描述"어머니（妈妈）"的状态特点；同理，例（1）c中的"납작하게（扁）"在句法上修饰动词"누르다（压）"，但在语义上却不是描述动作"누르다（压）"，而是描述"깡통（罐头盒）"的状态特点。由此可见，形容词在语义层面可以与动作以及动作以外的其他成分拥有直接关联。

另一方面，与其句法关系不同，形容词的语义关系并非是单一的关系。例（1）a中的形容词与动作有直接语义关联，而例（1）b、（1）c中的形容词却分别与动作发出者、动作承受者有直接语义关联；例（1）a、（1）b中的形容词描述动作进行过程中的伴随状态，而（1）c中的形容词却描述动作导致的结果状态，二者在语义上存在明显的不同。

以上两个方面说明，状位形容词所在的句法结构与语义结构并非一一对应，形容词的语义关系与句法关系并不一致，形容词的语义关系并非像其句法关系那样单一，而是复杂多样。

三、状位形容词的语义关系分析

观察语言事实可以发现，状位形容词的语义关系存在两种情况。首先，形容词在语义上与其直接关联的对象之间存在直接语义关系，如例（1）a中的"빠르게（快）"与动作"닦다（擦）"，例（1）b中的"조급하게（着急）"与动作发出者（施事）"어머니（妈妈）"，例（1）c中的"납작하게（扁）"与动作承受者（受事）"깡통（罐头盒）"两两之间存在直接语义关联，分别形成相关语义表述关系。其次，处于状位的形容词与动词之间又存在实然的语义关系，形容词所描述的状态，与动词表示的动作①之间存在必然的关联，状态是动作进行时的伴随状态如例（1）b，或是动作导致的结果状态如例（1）c。在此情况下，形容词先与其对象论元形成语义表述，描述某一状态，然后该状态再对动作进行补充与说明，此时形容词与动词的语义关系属于间接语义关系。下面对状位形容词拥有的两种语义关系进行具体的分析。

（一）直接语义关系

形容词与某种成分之间的直接语义关联对应于形容词的语义指向情况。所谓语义指向，就是指句中某一成分在语义上跟哪一成分直接相关（陆俭明，1997）。分析形容词的语义指向可以直观地揭示其直接语义关系。

1. 语义指向分析

为清楚地阐明问题，本文在描写状位形容词的语义指向时，将从句法结构入手，揭示其直接语义关系的实质，在说明语义指向的对象时，将采用句法结构中的概念，如"指向主语、指向宾语"等，而不是直接表达为"指向施事，指向受事"。这样处理的目的有两个：一是语义关系是深层的抽象语法关系，缺乏一定的形式标志，借用句法上的位置标志来描述便于说明问题；二是使语义关系与句

---

① 一般认为，动词表示"动作行为或变化"。为论述方便，本文把"动作行为或变化"简称为"动作"。

法关系形成对照，便于揭示句法结构和语义结构的对应情况。

先行研究发现，状位形容词在句法层面修饰谓语，但在语义层面却和多种成分形成直接语义关系。形容词的语义既可以指向谓语，也可以指向主语、宾语、状语①等其他成分②。例如：

（2）a. 야당은 대통령의 대외정책을 <u>격렬하게</u> 비난한다.（在野党激烈地批判总统的对外政策。）

语义指向：격렬하게 → 비난하다

b. 은수는 맨손으로 <u>차갑게</u> 수레를 밀었다.（恩洙赤手冷冷地推车。）

语义指向：차갑게 → 은수

c. 학생들은 교실을 <u>깨끗하게</u> 청소했다.（学生们把教室打扫干净。）

语义指向：깨끗하게 → 교실

d. 아이들이 방에서 찰흙을 가지고 <u>지저분하게</u> 놀았다.（孩子们拿泥巴把房间玩得脏乱不堪。）

语义指向：지저분하게 → 방

例（2）a中"격렬하게（激烈）"的语义指向谓语动词"비난하다（批判，指责）"，形容词描述动作自身的状态特点；例（2）b中"차갑게（凉）"的语义指向主语"은수（恩洙）"，形容词描述主语的状态特点；例（2）c中"깨끗하게（干净）"的语义指向宾语"교실（教室）"，形容词描述宾语的状态特点；例（2）d中"지저분하게（脏乱）"的语义指向状语"방（房间）"，形容词描述状语的状态特点。如例句所见，形容词的语义分别指向谓语、主语、宾语、名词性状语等成分③，其语义指向显得较为多样。

若用"A"表示状位形容词，用"VP"表示动词谓语，用"Ns"、"No"、"Nc"分别表示主语、宾语和名词性状语，状位形容词的语义指向即直接语义关系可以用表格概括如下：

---

① 指的是名词性状语。

② 张文江. 韩国语"形容词＋게"状语的语义指向与认知解释［C］//东方语言文化论丛：第32卷. 北京：军事谊文出版社，2003：78.

③ 句法层面的主语、宾语、名词性状语等成分在逻辑层面均为动词指派的论元（动元与状元），分别为对应于语义层面的施事、受事、处所等语义成分。

句子结构	Ns + No + Nc + A + VP
语义指向	A → VP
	A → Ns
	A → No
	A → Nc

概括而言，在句法上修饰动词谓语的状位形容词，在语义上可以与多个成分拥有直接语义关系，形容词的语义既可以与动作拥有直接语义关系，也可以与动词指派的论元即施事（句法上的主语）、受事（句法上的宾语）、处所（句法上的状语）拥有直接语义关系。

2. 语义指向的复杂性

通过上述分析可以得知，状位形容词作为一个类群，其语义并非统一指向某一固定成分，而是指向多种成分，从而显示出复杂性的特点。除上述情况外，状位形容词语义指向的复杂性还可以表现在两个方面：一是对于同一个句子，因形容词不同，其语义指向会有所不同；二是对于同一个形容词，在一个句子里会同时出现两种语义指向情况，从而导致句子具有歧义。例如：

(3) a. 학생들이 교실을 <u>빠르게</u> 청소했다. （学生们很快地打扫了教室。）

　　语义指向：빠르게 → 청소하다，A → VP

　　b. 학생들이 교실을 <u>조급하게</u> 청소했다. （学生们着急地打扫了教室。）

　　语义指向：조급하게 → 학생들，A → Ns

　　c. 학생들이 교실을 <u>깨끗하게</u> 청소했다. （学生们干净地打扫了教室。）

　　语义指向：깨끗하게 → 교실，A → No

(4) a. 배달원이 <u>따뜻하게</u> 피자를 배달한다. （配送员暖暖地配送比萨。）

　　语义指向1：따뜻하게 → 배달원，A → Ns

　　语义指向2：따뜻하게 → 피자，A → No

　　b. 영희는 머리를 <u>곱게</u> 빗는다. （英姬漂亮地梳头。）

　　语义指向1：곱게 → 빗다，A → VP

　　语义指向2：곱게 → 머리，A → No

例（3）的三个句子描述的是同一个基本事件（Event），即"学生们打扫教室"。三个句子具有相同的句法结构，即"Ns+No+Adv+Vp"结构。三个句子的

不同之处便是谓语动词"청소하다（打扫）"前的状语分别为"빠르게（快）"、"조급하게（着急）"与"깨끗하게（干净）"。尽管句子描述的是同一个施事对同一个受事发出的同一动作，并且在句法层面都具有相同的结构，但由于进入状位的形容词有所不同，则该成分的语义指向也不相同。在例（3）a中，"빠르게（快）"的语义指向动作"청소하다（打扫）"，描述"청소하다（打扫）"的速度；在例（3）b中，"조급하게（着急）"的语义指向施事主语"학생들（学生们）"，描述"학생들（学生们）"的状态；在例（3）c中，"깨끗하게（干净）"的语义指向受事宾语"교실（教室）"，描述"교실（教室）"的状态。例（3）说明，在相同的句子结构中，不同的状位形容词可以有不同的语义指向。

另一方面，例句（4）中的状位形容词在同一个句子里同时存在两种语义指向，使得句子带有歧义。在例（4）a中，"따뜻하게（暖）"的语义既可以指向施事主语"배달원（配送员）"，也可以指向受事宾语"피자（比萨）"。也就是说"따뜻하게（暖）"既可能描述"배달원（配送员）"的状态，也可能描述"피자（比萨）"的状态（임채훈，2007）。而在例（4）b中，"곱게（漂亮）"的语义既可以指向动作"빗다（梳）"，描述动作自身的状态特点；也可以指向宾语"머리（头发）"，描述"머리（头发）"的状态（이영헌，1999）。例（4）说明，同一个状位形容词在句中可以同时具有两种语义指向。而例（3）与例（4）两个例子则进一步说明状位形容词的语义指向带有复杂性特点。

综上所述，状位形容词在句法层面修饰谓语，在语义层面却和多种成分拥有直接关系，形容词的语义既可以指向谓语，也可以指向主语、宾语、状语等成分；在同一句子中形容词的语义有时还会同时指向两个成分，为此状位状语的语义指向即直接语义关系并非是单一的关系，而是复杂多样。

（二）间接语义关系

形容词后面添加词尾"게"进入状位后就临时获取了对谓语的修饰功能，在句法框架的规约下，形容词对动词进行修饰，便临时具有了状位所规约的句法语义，因此形容词与动词之间存在必然的句法语义关系。从句法上来看，二者的关系是形容词对谓语动词的句法修饰关系；从语义上来看，二者的关系是形容词表示的状态对动词表示的动作的补充与说明的关系。由于形容词对动词的补充与说明并不像形容词对其语义指向对象的描述那样直接，而是形容词先与其对象论元形成语义表述，描述某一状态，然后该状态再对动作进行补充与说明，所以与形

容词的直接语义关系相对而言，形容词与动词的语义关系是间接的语义关系。换言之，直接语义关系是指形容词在语义层面直接陈述的对象，间接语义关系则是指形容词对其对象论元进行陈述所表示的状态与动词表示的动作之间的关系，简称为形容词所表状态与动词所表动作之间的关系。

1. 论元结构与命题逻辑

一般而言，动词表示动作行为或变化（简称动作），形容词表示状态。状位形容词对动词谓语的修饰其实就是在语义层面状态对动作进行的限定、补充或说明。状位形容词和谓语动词之间的语义关系本质上便是形容词表示的状态和动词表示的动作之间的关系。

学者们普遍认为，只要句中出现了谓词，就一定存在一个相应的论元结构，而不管这个谓词是做谓语，还是做别的什么成分，也不管这个谓词是带上全部论元，还是光杆的（沈阳，2005）。在状位形容词修饰动词谓语的句子中，做谓语的动词拥有相应的论元结构，该论元结构由动词和其对象论元组成。动词指派的论元在句法层面体现为句子的主语、宾语、名词性状语等名词性成分，该论元结构为主论元结构。另一方面，由于形容词的词义、词性等并没有因进入状位而发生改变，状位形容词依然是谓词，并在句中保持了其陈述功能。相应地，状位形容词便可以看作一个降级述谓结构。也就是说，做状语的形容词亦拥有自己的论元结构，该论元结构由形容词和其对象论元组成。在具体的句了中，形容词的对象论元便是形容词的语义所指的对象，前面在分析形容词的语义指向时，其语义所指成分就是形容词的对象论元①。作为谓语动词的修饰成分，形容词所在的论元结构是一个从属论元结构②。例如：

（5）a. 그는 기쁘게 붓글씨를 쓴다.（他高兴地写毛笔字。）

动词论元结构 / 主论元结构：쓰다(그, 붓글씨)

形容词论元结构 / 从属论元结构：기쁘다(그)

b. 순희가 깨끗하게 테이블을 닦았다.（顺姬干净地擦了桌子。）

动词论元结构 / 主论元结构：닦다(순희, 테이블)

形容词论元结构 / 从属论元结构：깨끗하다(테이블)

---

① 形容词与其语义所指成分构成语义指向结构体，该结构体其实就是形容词在句中拥有的自身论元结构。

② 从属论元结构是充当论元结构修饰成分的论元结构。如果充当定语、状语的成分是一个谓词成分，那么该谓词成分就是一个从属论元结构（沈阳，2005：240）。

　　c. 두 사람은 격렬하게 싸웠다. (两人激烈地打架。)

　　动词论元结构 / 主论元结构：싸우다(두 사람)

　　形容词论元结构 / 从属论元结构：격렬하다(싸우다)

　　在例（5）中，谓语动词作为句子的核心与其对象论元构成主论元结构，做状语的形容词与其对象论元构成从属论元结构。其中，例（5）a中的"쓰다（写）"和"그（他）"、"붓글씨（毛笔字）"，例（5）b中的"닦다（擦）"和"순희（順姬）"、"테이블（桌子）"，例（5）c中的"싸우다（打架）"和"두 사람（两人）"分别构成主论元结构；而例（5）a中的"기쁘다（高兴）"和"그（他）"、例（5）b中的"깨끗하다（干净）"和"테이블（桌子）"分别构成从属论元结构①。例（5）c中的形容词"격렬하다（激烈）"亦拥有一个论元结构，与前面两个句子不同的是，"격렬하다（激烈）"的对象论元不是句中的某一个名词性成分，而是动作本身，"격렬하다（激烈）"以动作为其对象论元对动作进行语义描述②。

　　论元结构就是一个简单的语义结构，构成成分之间形成语义上的表述关系，从而表达一个相对完整的命题。比如，例（5）中以动词为核心的主论元结构分别表示"그가 붓글씨를 쓰다（他写毛笔字）"、"순희가 테이블을 닦다（順姬擦桌子）"、"두 사람이 싸우다（两人打架）"等的语义表述，表达一个简单的命题，该命题表述动作；以形容词为核心的从属论元结构分别形成"그가 기쁘다（他高兴）"、"테이블이 깨끗하다（桌子干净）"、"싸움이 격렬하다（打架激烈）"等的语义表述，表达一个简单的命题，该命题表述状态。

　　由于状位形容词的间接语义关系是指形容词所表状态和动词所表动作之间的关系，为此分析形容词所表状态和动词所表动作之间的关系便可以揭示形容词的间接语义关系。形容词表示的状态和动词表示的动作之间的关系可以形式化地体现为形容词论元结构与动词论元结构所表述的命题之间的逻辑关系。在下文的分析中，为了直观地描写形容词所表状态和动词所表动作之间的关系，我们将借助论元结构所表述命题之间的逻辑关系对其进行形式化的说明。

---

　　① 形容词的对象论元和动词的对象论元可以有重合之处，即形容词和动词之间存在共有论元。如例（5）a中的"그"、例（5）b中的"테이블"等就是形容词和动词的共有论元。

　　② 语义成分既包括受谓词支配的体词性成分，也包括谓词本身。形容词状语的语义指向谓语动词时，两者间的语义关系可以简化为谓词和谓词之间的修饰性语义关系。此时，两种谓词均可以视为某一语义结构中的语义成分，二者在语义上存在陈述与被陈述的关系，谓语动词成为被陈述的对象，形容词状语则成了陈述，参见陈昌来（2003）、李绍群（2002）等。

2. 间接语义关系分析

与形容词的直接语义关系相似，形容词的间接语义关系也是较为复杂的关系。换言之，形容词所表状态与动词所表动作之间的关系并非是单一的关系，而是复杂多样的。

1）动作+方式

在有的句子中，形容词表示的状态是动作进行时的伴随状态，形容词所表状态伴随于动作进行的过程中，是动作进行的方式。例如：

（6）a. 그는 기쁘게 붓글씨를 쓴다. （他高兴地写毛笔字。）

	形容词	动词
论元结构	기쁘다(그)	쓰다(그, 붓글씨)
语义表述	그가 기쁘다	그가 붓글씨를 쓰다
逻辑关系	기쁘다(그) ∧ 쓰다(그, 붓글씨)	

b. 그는 쌀을 빠르게 식탁으로 날랐다. （他很快把大米搬到食堂。）

	形容词	动词
论元结构	빠르다(나르다)	나르다(그, 쌀)
语义表述	나름이 빠르다	그가 쌀을 나르다
逻辑关系	빠르다(나르다) ∧ 나르다(그, 쌀)	

c. 은수는 얼음 쟁반으로 음식을 차갑게 날랐다. （恩洙用冰盘凉凉地运来了食物。）

	形容词	动词
论元结构	차갑다(음식)	나르다(은수, 음식)
语义表述	음식이 차갑다	은수가 음식을 나르다
逻辑关系	차갑다(음식) ∧ 나르다(은수, 음식)	

在上述句子中，分别存在以形容词和动词为核心的论元结构。论元结构及其语义表述以及两个命题之间的逻辑关系如上表所示。

从描述的事件来看，在例（6）a中形容词"기쁘게（高兴）"表示施事主语

"그（他）"在进行动作"쓰다（写）"时的心情，该状态是动作进行过程中动作发出者所保持的伴随状态，该状态与动作同步，形成动作进行的方式。例（6）b中形容词"빠르게（快）"表示动作的速度，该状态是动作进行过程中动作自身的状态特点，该状态与动作同步并形成动作的方式。例（6）c中形容词"차갑게（凉）"表示受事宾语"음식（食物）"的状态，该状态伴随于动作"나르다（运）"进行的过程中，表示动作实施的方式。上述例句中，状位形容词表示的状态与动词表示的动作之间是逻辑上的合取（Conjuncts）关系①。

形容词所表状态是动词所表动作的伴随状态时，状态与动作进行的过程完全同步，状态是动作参与者（体现为主语或宾语）的状态，或者是动作自身（体现为谓语）的状态；动作的进行不会造成状态的改变，状态伴随于动作过程并成为动作进行的某种背景，状态是动作的方式。为此，动词与形容词之间的语义关系是"动作＋方式"关系。形容词表示伴随状态时，状位形容词的间接语义关系、形容词所表状态与动词所表动作之间的逻辑关系、状态与动作之间的时间关系可以表示如下（VP表示动词，A表示形容词，x和y分别表示主语论元与宾语论元，下同）：

语义关系	逻辑关系	时间关系
动作＋方式	A（x）∧ VP（x, y）❶ 或 A（y）∧ VP（x, y） 或 A（VP）∧ VP（x, y）	状态与动作同步

注：❶当动词为自动词时，宾语论元"y"可以缺省，下同。

2）动作＋结果

在有的句子中，形容词表示的状态是动作进行后的结果状态，形容词所表状态滞后于动作，是动作导致的结果。例如：

（7）a. 영민이 배부르게 먹었다.（英民吃饱了。）

	形容词	动词
论元结构	배부르다(영민)	먹다(영민)
语义表述	영민이 배부르다	영민이 먹다
逻辑关系	먹다(영민) → 배부르다(영민)	

---

① 符号"∧"表示逻辑上的合取关系。

b. 순희가 깨끗하게 테이블을 닦았다. (顺姬把桌子擦干净。)

	形容词	动词
论元结构	깨끗하다(테이블)	닦다(순희, 테이블)
语义表述	테이블이 깨끗하다	순희가 테이블을 닦다
逻辑关系	닦다(순희, 테이블) → 깨끗하다(테이블)	

c. 아이들이 방에서 찰흙을 가지고 지저분하게 놀았다. (孩子们拿泥巴把房间玩得脏乱不堪。)

	形容词	动词
论元结构	지저분하다(방)	놀다(아이들, 방)
语义表述	방이 지저분하다	아이들이 방에서 놀다
逻辑关系	놀다(아이들, 방) → 지저분하다(방)	

　　从句子表达的意义来看，例（7）a中状态"배부르게（饱）"表示施事主语"영민（英民）"的状态，该状态是动作"먹다（吃）"导致的结果状态。也就是说，动作"먹다（吃）"的实施带来了"영민（英民）"状态的改变，由原来的"안 배부르다（不饱）"变为了"배부르다（饱）"。在句子展现的情景内，形容词表示的状态与动词表示的动作之间存在明显的时间先后关系，状态是动作的结果。同理，例（7）b中，"깨끗하게（干净）"所描述的受事宾语"테이블（桌子）"的这一状态在动作"닦다（擦）"之前以及动作过程中并未出现，而是在动作进行之后才得以出现，该状态是动作进行的结果。也就是说，"닦다（擦）"这一动作的实施改变了受事宾语"테이블（桌子）"的状态，使其由原来的"안 깨끗하다（不干净）"变成了"깨끗하다（干净）"；在例（7）c中，"지저분하다（脏乱）"表示处所状语"방（房间）"的状态，该状态在时间上滞后于动作"놀다（玩耍）"，并且是动作施加影响的结果。上述三句中形容词论元结构和动词论元结构所表述命题之间的关系为逻辑上的条件（Implication）（或称因果关系）①。动作的进行导致施事或受事或处所②经历了由"¬ A"状态到"A"状态的变化，形容词描述的状态是其结果状态。此时，形容词与动词之间的语义关系

---

① 符号"→"表示逻辑上的条件关系，或称因果关系。

② 分别对应于句子的主语、宾语与名词性状语。

为"动作+结果"关系。形容词表示结果状态时，状位形容词的间接语义关系、形容词所表状态与动词所表动作之间的逻辑关系、状态与动作之间的时间关系可以表示如下：

语义关系	逻辑关系	时间关系
动作+结果	VP（x, y）→ A（x） 或 VP（x, y）→ A（y） 或 VP（x, y, z）→ A（z）❶	状态滞后于动作

注：❶ z 代表状语论元。

3. 间接语义关系的复杂性

通过以上分析可以得知，形容词表示的状态要么是动作进行过程中动作自身的状态或是动元（施事或受事）的伴随状态；要么是动作所导致的、动元（施事或受事）的结果状态或是状元（处所）的结果状态。为此形容词的间接语义关系显示为复杂性特点。间接语义关系的复杂性还体现在两个方面：一是对于同一个句子，因形容词不同，形容词与动间的语义关系将不同；二是对于同一个形容词，在同一句中与动词之间会同时存在两种语义关系，从而导致该句子具有歧义。例如：

（8）a. 철수는 기쁘게 국수를 먹었다.（哲洙高兴地吃了面条。）

逻辑关系：A（x）∧ VP（x, y）

b. 철수는 배부르게 국수를 먹었다.（哲洙饱饱地吃了面条。）

逻辑关系：VP（x, y）→ A（x）

（9）영희는 머리를 곱게 빗었다.（英姬漂亮地梳头。）

逻辑关系1：A（VP）∧ VP（x, y）

逻辑关系2：VP（x, y）→ A（y）

例（8）的两个句子描述同一基本事件且拥有相同的结构，由于句中状位形容词有所不同，则形容词与动词之间的语义关系也不相同。例（8）a中，形容词表示的状态是动作的伴随状态，二者形成逻辑上的合取关系，此时形容词与动词形成"动作+方式"语义关系；而例（8）b中，形容词表示的状态是动作的结果状态，二者形成逻辑上的条件关系，此时形容词与动词形成"动作+结果"语义关系。例（9）中，形容词表示的状态可能是动作的伴随状态，也可能是动作的结果状态，二者之间可以是逻辑上的合取关系，也可以是逻辑上的条件关系，因而形容词与动词之间的语义关系既可能是"动作+方式"关系，也可能是"动作+结果"关系。以上两个例句进一步说明，状位形容词与动词的语义关系是较为复杂的关系。

总之，从状位形容词的间接语义关系来看，状位形容词与动词之间存在"动作+方式"、"动作+结果"两种语义关系，形容词所表状态或者是动词所表动作的伴随状态，或者是动作导致的结果，有时形容词表示的状态既可以是动作的伴随状态也可以是动作导致的结果，因而状位形容词的间接语义关系较为复杂。

综合（一）、（二）部分的分析可以得知，状位形容词在句中既拥有直接语义关系，又拥有间接语义关系，无论是直接语义关系还是间接语义关系均带有复杂性特点。

四、结语

韩国语状位形容词在句中做状语修饰后面的动词谓语，在句法层面与动词构成状中结构，形成单一的句法修饰关系。由于句法层面与语义层面并非完全一致，状位形容词在语义层面拥有复杂的语义关系。一方面，状位形容词与其对象论元之间存在直接语义关联，二者构成表述与被表述关系，形容词的语义可以指向谓语、主语、宾语、名词性状语等多个成分，其直接语义关系拥有复杂性特点。另一方面，在句法框架的规约下，形容词与动词之间存在必然的间接语义关系，间接语义关系形式化地体现为形容词论元结构与动词论元结构所表述命题间的逻辑关系，具体表现为"动作+方式"与"动作+结果"的关系，表示形容词所表状态与动词所表动作之间的内在关联。当状位形容词与动词之间为"动作+方式"语义关系时，形容词表示的状态是动词所表动作进行的方式，该状态是动作进行过程中动作自身的状态，或者是动作发出者即施事主语的伴随状态，或者是动作承受者即受事宾语的伴随状态；当形容词与动词之间为"动作+结果"语义关系时，形容词所表状态是动词所表动作的结果，该状态是动作所导致的施事主语的结果状态，或者是动作承受者即受事宾语的结果状态，或者是处所状语的结果状态，形容词的间接语义关系亦带有复杂性特点。

韩国语状位形容词的语义关系特点体现了语义的复杂性与句法的强制性的相互作用，是语义表达的丰富性与语言经济原则的对立统一。

参 考 文 献

［1］毕玉德．现代韩国语动词语义组合关系研究［M］．北京：民族出版社，2005．

［2］陈昌来．现代汉语语义平面问题研究［M］．上海：学林出版社，2003．

［3］程琪龙．"语义结构"体现关系的探索［J］．国外语言学，1995（3）．

［4］范晓．三个平面的语法观［M］．北京：北京语言文化大学出版社，1996．

［5］杰弗里·利奇．语义学［M］．李瑞华，等译．上海：上海外语教育出版社，1987．

［6］李葆嘉．语义语法学导论［M］．北京：中华书局，2007．

［7］李福印．语义学概论［M］．北京：北京大学出版社，2006．

［8］李绍群．论修饰语的表述功能［D］．福建师范大学硕士学位论文，2002．

［9］陆俭明．关于语义指向分析［C］//中国语言学论丛：第一辑．北京：北京语言学院出版社，1997．

［10］沈阳．语言学常识十五讲［M］．北京：北京大学出版社，2005．

［11］周建设．西方逻辑语义研究［M］．武汉：武汉大学出版社，1996．

［12］朱德熙．汉语句法中的歧义现象［J］．中国语文，1980（2）．

［13］이영헌, 복합동사의 서술성과 귀결성에 관한 연구[J]. 언어학 7, 1991.

［14］임채훈. 국어 문장 의미 연구 –사건과 발화상황을 중심으로[D]. 경희대학교 박사학위논문, 2007.

韩国语汉字前缀的范畴特点及属性标准^①

■ 解放军外国语学院　赵　岩

【摘　要】韩国语汉字前缀范畴具有范畴标准的非决定性、范畴边界的模糊性、范畴成员的层级性等特点，因此是一个原型范畴。建立汉字前缀范畴首先要设立范畴的原型属性标准，在对学界普遍认同的判断标准进行综合考察后设立语义标准、功能标准、形态标准等三个原型属性标准，以此确立范畴成员的典型性程度，建立基于原型范畴化理论的汉字前缀范畴。

【关键词】韩国语；汉字前缀；范畴特点；属性标准

一、问题的提出

韩国语汉字前缀是能用汉字标记、具有修饰限定功能的单音节黏着语素。汉字前缀不仅数量多，而且使用频率高，构词能力强。然而，学界对汉字前缀是否存在、汉字前缀与固有前缀的关系、汉字前缀的判断标准以及范围等基本问题还有不少争议。汉字前缀是否存在这一问题主要有三种观点，分别是汉字前缀认同说、汉字前缀否定说、准汉字前缀认同说。汉字前缀与固有前缀的关系问题，即汉字前缀能否与固有前缀在同一体系内进行研究，通常有两种截然不同的观点，分别为"同一体系论"和"不同体系论"，这源于对汉字词和固有词关系的认识。

① 本文为中国博士后科学基金第59批面上资助项目（2016M590376）、教育部哲学社会科学研究重大课题攻关项目（12JZD014）子课题阶段性成果。

通过对 13 部汉字前缀研究成果①统计，汉字前缀的判断标准多达 16 条②，其中只有普遍标准③，没有公认标准。由于研究者的研究目的不同，设立的判断标准也不完全相同，因此得到的汉字前缀范围往往存在差别，有的甚至悬殊较大。本文认为汉字前缀范畴是存在的，以上这些问题的分歧可以归因于汉字前缀是一个原型范畴。本文尝试运用认知语言学的原型范畴化理论④阐释汉字前缀引起争议的原因，设立汉字前缀的范畴属性标准，根据各个标准阐述汉字前缀范畴成员的典型性程度。

二、汉字前缀范畴是原型范畴

目前我们界定汉字前缀范畴基本上是以经典范畴化理论为逻辑背景。经典范畴化理论认为，范畴是由一组拥有共同特征的元素组成的集合，可以用一组充分必要条件来定义范畴，范畴中的每个成员都同等地具备这些条件。经典范畴化理论在结构主义占主导地位的 20 世纪语言学研究中占据主流，但是用经典范畴化理论来解释更多的语言现象时就显得力不从心，因为大部分范畴并不具有二分性。实际上，汉字前缀范畴不完全是一个经典范畴，在很大程度上是一个原型范畴，汉字前缀作为原型范畴具有如下三个方面的特点。

（一）范畴标准的非决定性

受经典范畴化理论影响，在传统研究中通常认为汉字前缀的全体成员一定共有或没有某一特征，可以用这种具有区别性的特征来给汉字前缀下定义或设立判断标准。原型范畴化理论认为原型范畴不能通过一组必要特征来定义，因为不同成员并不共享同样数量的特征。从上述 13 部研究成果所提出的判断标准来看，没有哪一条标准能适用于所有前缀。可能一些汉字语素符合这几条标准而具有前

---

① 这 13 部研究成果依次为 성환갑（1972）、조국래（1973）、강돈목（1984）、기주연（1991）、서정미（1994）、이광호（1994）、홍경란（1996）、임시연（1998）、최윤곤（1999）、김인균（2002）、안소진（2004）、정경애（2004）、왕방（2008）。

② 这 16 条判断标准包括语义变化、弱化、单一化；黏着性；词性变化；给词基添义；不改变词基的语法功能；非核心部分；修饰范围受限；范畴变化；单音节；非缩略形；不与其他汉字语素替换；词基的独立性；词基分布有限；能产性；词基语源；词基音节数（2 音节以上）。

③ 研究者普遍认可的标准包括：语义变化、弱化、单一化；黏着性；单音节；词基的独立性；能产性。

④ 本文对经典范畴化理论和原型范畴化理论的论述主要参照袁毓林（2004：188—212）、卢植（2006：132—159）、王寅（2007：150—151）。

缀资格，而另外一些汉字语素符合那几条标准而具有前缀资格，每个汉字前缀未必同时具备上述所有标准。有的前缀可能具有更普遍的特征而处于范畴的中心地位，有的前缀可能相对来说具有的特征不那么普遍而处于范畴的边缘地位，但不妨碍这些汉字语素成为前缀范畴的成员。

a. 준우승（準優勝），준교사（準教師），준밀리파（準millimeter波）
b. 재개발（再開發），재건축（再建築），재사용하다（再使用－）
c. 시어머니（媤－），시아버지（媤－），시동생（媤同生）

比如上例a中汉字语素"준（準）"能与一系列汉字词连接使用，具有较强的能产性，表示"不完全具有……资格"，与原义①"水平，标准"相比发生了变化，可以看作是汉字前缀。例b中的"재（再）"和例c中的"시（媤）"虽然语义与原义相比没有发生明显变化，却是我们普遍认同的汉字前缀。"재（再）"能与大量汉字词连接，能产性非常强，不仅能与名词连接，还能与动词连接。"시（媤）"是韩国自造的汉字，虽然只能连接亲属名词，但是能够与固有词普遍连接。可见，"준（準）"、"재（再）"、"시（媤）"作为汉字前缀范畴成员具有不同的范畴属性，这些属性并非完全一致，不同词缀可能适合不同标准，但不妨碍它们都属于汉字前缀范畴。其中汉字前缀"준（準）"不仅语义发生了变化，而且构词能产性较强，能够与外来词词基连接使用，与"재（再）"、"시（媤）"相比具有更普遍的汉字前缀特征。

（二）范畴边界的模糊性

经典范畴化理论用共有特征来定义范畴，这组充分必要条件定义的范畴一经确立，就将外界分为两个集合，即要么隶属于这个范畴，要么不属于这个范畴。也就是说，范畴的边界是确定的，具有闭合性，这与经典范畴特征的客观性、二分性一脉相承。原型范畴化理论则认为范畴边界具有不确定性、模糊性，范畴具有开放性，反映人类的主观能动性。

在研究汉字前缀范畴时，经常涉及与相邻范畴边界的模糊性问题。比如노명희（1998）把那些位于词头、具有词缀性质的汉字语素分为前缀性强的和冠词性强的两类，并通过与词根、冠词区分来判断汉字前缀，可见汉字前缀范畴与词根、冠词范畴的边界具有模糊性。최윤곤（1999）着重论述了具有两种以上功能

---

① 本文所指的汉字语素原义是该汉字的字释义，以《동아신활용옥편》为参照。

的汉字词缀，包括同时具有前缀和名词功能的汉字语素，以及同时具有前缀和后缀功能的汉字语素，这里涉及的汉字前缀相关范畴还包括名词、后缀。以上研究说明汉字前缀范畴与词根、冠词、名词、后缀等范畴的边界具有模糊性。

从词典中的词条也可以发现部分汉字前缀与后缀、冠词、副词、依存名词、名词、数词范畴的边界具有模糊性。比如，《표준국어대사전》中同时作为前缀和后缀出现的汉字语素有"난(難)"；同时作为前缀和冠词出现的有"구(舊)、귀(貴)、단(單)、연(延)、총(總)"；同时作为前缀、冠词和名词出现的有"성(聖)"；同时作为前缀和依存名词出现的有"내(內)、외(外)、초(初)"；同时作为前缀和名词出现的有"남(男)、대(大)、무(無)、반(半)、소(小)、실(實)、여(女)、역(逆)、유(有)、진(眞)"；同时作为前缀、数词、冠词出现的有"일(一)"。此外，还有不少汉字语素既有词根功能又有前缀功能，通常认为双音节汉字词的构词语素具有典型的词根特点，上述汉字语素几乎同时具有词根功能。

（三）范畴成员的层级性

经典范畴化理论认为，如果范畴仅用全部成员共有的特征来定义，那么范畴内所有成员的地位是平等的，没有典型和非典型区分，没有范畴成员地位的等级性问题。原型范畴化理论认为，范畴具有原型性结构，最具有代表性的成员（典型或原型成员）位于范畴中心，其他成员围绕这个中心而组织。不是每个成员都平等地代表范畴，成员具有不同地位和级别，成员身份不是简单的"是或否"的问题，而是一个等级性和程度性问题。

汉字前缀范畴的不同成员具有范畴的不同属性，有的范畴成员具有更普遍、更典型的范畴属性，有的范畴成员具有有限的、不够典型的范畴属性，那么它们在范畴中的典型性程度不同。以往研究重点在于搞清楚汉字前缀范畴到底包括哪些成员，很少对于汉字前缀范畴成员的层级性进行描写和分析。即便是学界提出的所谓"准词缀"，也只是词根和词缀的一个中间区域，对于弄清楚汉字前缀范畴的程度性、多层级特点还远远不够。原型范畴化理论认为范畴中的原型成员是范畴中属性最突出的成员，是人们首先想到的范畴成员。学者们普遍认同的汉字前缀往往就是该范畴中的原型成员，而那些特征不突出、存在争议的往往是范畴的边缘成员。在原型成员和边缘成员之间，并不是空白地带，还有按照典型性程度位于不同层级的范畴成员，这些成员与原型成员比较起来，原型属性并不是很突出，而与边缘成员比较起来，其原型属性又更突出一些。

建立汉字前缀范畴首先需要设立汉字前缀范畴的原型属性标准。简单来说，汉字前缀范畴的原型属性就是范畴成员比较普遍具有的属性，是典型的汉字前缀属性，也是识别汉字前缀范畴的标志，原型属性可以作为标准来判断汉字前缀范畴成员的典型性程度。本文在对汉字前缀的概念以及学界普遍认同的判断标准进行综合考察后设立如下三个标准，根据这些标准对汉字前缀范畴成员的典型性进行分析。

三、汉字前缀范畴的原型属性标准

（一）语义标准

从语义标准来看，语义变化是汉字前缀范畴的重要原型属性。汉字前缀的语义变化比照汉字的字释义来判断，汉字语素的字释义是韩国语借用汉字时用韩国语标注的汉字意义，汉字的字释义基本上是古汉语义。比如汉字语素"서(庶)"用在有限的身份名词前面，构成"서동생(庶同生)、서누이(庶–)、서삼촌(庶三寸)"等词，表示"庶出，非原配所生的"，与原义"许多"相比发生了变化。尽管"서(庶)"构词能产性较低，但是由于其语义发生了变化，所以具有词缀资格，语义变化是其成为前缀的重要条件。

相反，那些语义没有发生变化的汉字前缀即便具有较高的能产性，能够与固有词词基普遍连接，其与语义发生变化的同类汉字前缀相比，在范畴中的典型性程度也不高。比如汉字语素"잡(雜)"同时具有前缀和词根的功能，并且可以表示两个义项，分别用"잡(雜)1"和"잡(雜)2"来表示。在下例a中"잡(雜)1"表示"杂乱的"，语义没有发生变化，具有一定的能产性，并且能够与固有词普遍连接。"잡(雜)2"在例b中表示"无用的，不重要的，无理的"，语义发生了抽象变化，虽然其构词能产性低于"잡(雜)1"，但是与"잡(雜)1"相比在前缀范畴中的典型性程度更高。

a. 잡상인(雜商人)，잡누르미(雜–)，잡무늬(雜–)

b. 잡관목(雜灌木)，잡말(雜–)，잡놈(雜–)

语义变化是一个语素性质和功能变化的重要前提和判断依据，那些与原义相比语义发生变化的汉字前缀在范畴中的典型性程度较高，那些与原义相比没有发生变化的汉字前缀在范畴中的典型性程度较低。在那些与原义相比语义发生变化的汉字前缀中，与原义的关联性越小，在范畴中的典型性程度越高，反之，与原义的关联性越大，在范畴中的典型性程度越低。

（二）功能标准

汉字前缀的功能首先表现为汉字前缀与词基的结构关系。汉字前缀和词基之间通常有以下两种结构关系：一种是修饰限制关系，汉字前缀给词基添加新的意义，但是不能够改变词基的语法功能，这是汉字前缀与词基之间最典型的结构关系；另一种是述补关系，这种情况下汉字前缀通常能够改变词基的语法功能。

a. 신기록（新記錄），연달다（連-），연노랗다（軟-）

b. 기력（氣力），무기력（無氣力），무기력하다（無氣力-）

在上例 a 中汉字前缀"신（新）"、"연（連）"、"연（軟）"分别连接名词、动词以及形容词词基，对词基具有修饰限制作用。它们构成的派生词与词基的词性相同，词基的语法功能没有改变。例 b 中"기력（氣力）"是普通名词，不能与谓词后缀"-하다"连接，但是它连接汉字前缀"무（無）"构成的派生词"무기력（無氣力）"能够添加谓词后缀"-하다"用作形容词。可见，汉字前缀"무（無）"能够改变普通名词词基的语法功能。

在汉字前缀范畴内，那些能够修饰限制词基的成员要比那些能够改变词基语法功能的成员的典型性更高。首先，无论韩国语中的固有前缀还是汉字前缀，其主要功能都是修饰限制词基，给词基添加语义，能够改变词基语法功能的前缀数量非常有限。另外，述补关系来源于汉语，它并不是韩国语构词中所固有的结构关系。述补关系不同于韩国语"右向构词"（词的中心部分在右侧）的普遍规则。与词基构成述补关系的汉字前缀派生词中，中心在左侧。因此那些仅能给词基添加语义、对词基具有修饰限制功能的汉字前缀在范畴中的典型性较高，那些能够改变词基语法功能的汉字前缀在范畴中的典型性较低。

汉字前缀的功能还表现为汉字前缀与词基的结合范围。首先，汉字前缀能与语源不同的词基连接，从主要与汉字词词基连接，到逐渐与固有词和外来词等非汉字词词基连接，词基范围逐渐扩大。当汉字前缀能够与非汉字词词基普遍连接时，该汉字前缀对语言使用者来说，与固有词缀的区别减弱，作为前缀的典型性增强。因此，如果某一汉字前缀只能够与汉字词词基连接，那么它在范畴中的典型性程度较低；如果某一汉字前缀主要与固有词、外来词等非汉字词词基连接，那么它在范畴中的典型性程度较高；如果某一汉字前缀既能与汉字词又能与固有词、外来词词基普遍连接，那么它在范畴中的典型性介于前两者之间。

第二，汉字前缀连接的词基通常是词[①]（不包括依存名词），当连接汉字词词基时，按照音节数量可以分为单音节汉字词、双音节汉字词以及多音节汉字词，汉字前缀通常能够连接双音节汉字词词基，也有的能够连接单音节汉字词词基或多音节汉字词词基。词缀的构词能力和词基的词汇强度成正比，单音节汉字词的词汇强度普遍低于双音节汉字词和多音节汉字词，只有那些没有对应固有词的单音节汉字词的词汇强度较高，比如"간(肝)、상(床)、문(門)"等。总之，那些连接双音节和多音节汉字词的汉字语素是汉字前缀范畴中典型性程度较高的成员，其次是那些连接单音节汉字词的汉字前缀。而那些连接单音节黏着词根的汉字语素通常为词根。比如，汉字语素"폐(弊)"与单音节汉字词根连接构成"폐사(弊社)、폐국(幣國)、폐점(弊店)"等汉字词，尽管其语义与字释义相比发生了变化，但是"폐(弊)"连接的不是词，所以只能当作词根。

第三，汉字前缀能与不同数量的词基连接构词，汉字前缀所能连接的词基的数量往往称作能产性。汉字前缀的能产性主要具有以下三个特点。首先，能产性主要由构词数量决定。某个汉字前缀能连接的词基越多，构成的派生词数量越多，其能产性越高。能产性的最低标准是构成3个派生词。如果表示某语义的汉字语素仅能构成一个或两个词，则该语素不具有基本的能产性，不属于汉字前缀范畴。可以通过均衡语料库对汉字前缀的构词数量进行统计，为了弥补语料库统计的局限性，同时对派生词词典中汉字前缀的构词数量进行统计，综合语料库统计数据和词典统计数据对汉字前缀的能产性进行综合判断。其次，能产性有历时变化。汉字前缀的能产性随着社会和语言的发展不断发生变化，比如现代韩国语中具有较强能产性的汉字前缀"고(高)、다(多)、급(急)"到了开化期才开始逐渐使用起来。历史上曾经具有较强能产性的汉字前缀"당(唐)、왜(倭)、양(洋)"在现代韩国语中几乎不再构成新词。无论是历史上曾经具有能产性还是现代韩国语中具有能产性，只要语料库和派生词词典统计得出构词数量多，那么就认为该汉字前缀的能产性强。

另外，能产性的测定具有局限性。能产性不仅有历时变化问题，而且有的词

[①] 也有个别是双音节词根，比如在派生词"불명확(不明確)"中，词基"명확(明確)"是形容词"명확하다(明確–)"的词根。《표준국어대사전》中"불명확(不明確)"虽然是名词，但它在使用时很少单独用作名词，不是典型的汉字前缀派生词。它通常连接汉字后缀"성(性)"构成"불명확성(不明確性)"或者连接谓词后缀"–하다"用作形容词"불명확하다(不明確–)"。

缀虽然构词数量不多，但是连接的词基具有多样性，仍然不能断定该词缀的能产性较弱。派生词的使用频率也会对能产性产生一定影响，有的词缀虽然构成的派生词数量多，但是使用频率比较低；有的词缀虽然构词数量并不多，但是构成的派生词几乎都是高频词。通过语料库对汉字前缀的构词数量和使用频率进行统计时，在构词数量相同的情况下，使用频率越高的汉字前缀的能产性越高。因此，能产性的判断取决于多项因素，这些因素往往并不确定，我们认为，对同类汉字前缀的能产性数值进行比较分析得出的结论比通过绝对数值来判断更能够有效地反映能产性的强弱。

（三）形态标准

汉字前缀的形态包括汉字前缀的读音和字形。汉字借入到韩国语中用作汉字语素，部分汉字语素的读音或字形会随着时代的变化而变化。从历时角度来看，汉字音的规律性变化使得部分汉字前缀的读音和字形发生变化，我们认为这种变化与汉字前缀的形成和发展没有直接的联系。因此，作为原型属性的汉字前缀的读音或字形的变化是指共时角度的变化。每个汉字语素都有汉字相对应，在汉字前缀的形成过程中，汉字语素的读音和字形表现出较强的稳定性，汉字前缀的读音或字形变化的例子极少。如果汉字语素向前缀演变的过程中，能够克服读音和字形的稳定性而发生变化，说明该汉字语素与韩国语体系融合的程度较深，其作为前缀的专有性更加凸显。因此，以现代韩国语汉字语素的读音和字形为标准，如果汉字前缀的读音或字形发生了变化，那么该汉字前缀在范畴中的典型性程度较高。与之相比，那些读音或字形没有发生变化的汉字前缀在范畴中的典型性程度较低。

个别汉字语素在向前缀功能演变的过程中读音发生了变化。汉字音初声只能出现15个辅音，不能出现"ㄸ、ㅃ、ㅉ"，"ㄲ、ㅆ、ㅋ"也只能出现在个别汉字中，比如"끽(喫)"、"쌍(雙)"、"쾌(快)"等。（권인한，1997：245）也就是说，一般情况下汉字音初声不能为硬音，但是汉字词根向前缀演变过程中，个别汉字语素能够发生硬音化现象。

a. 생고기(生−)，생계란(生鷄卵)，생김치(生−)

b. 생거름(生−)，생된장(生−醬)，생머리(生−)，쌩얼(生−)

c. 생이별(生離別)，생과부(生寡婦)，생송장(生−)

d. 생사람(生−)，생트집(生−)，생걱정(生−)，생고생(生苦生)

e. 생중계(生中繼), 생방송(生放送)

f. 생거짓말(生−), 생지옥(生地獄)

汉字前缀"생(生)"的硬音化现象在年轻人和青少年中比较流行，"생(生)"在上例a−f中表示多个义项时都发生了硬音化现象，读作[쌩]。① 比如"생(生)"在上例a中表示"不熟的"，在例b中表示"没有加工、没有修饰过的"，在例c中表示"活生生的"，在例d中表示"毫无根据和原因的，白白的"，在例e中表示"现场的"，在例f中表示"完全的"。例f中"생거짓말"的"생(生)"表示"完全地"，还可以单独用作"생[쌩]이야"。汉字前缀的硬音化现象通常不体现在字形上，但也有例外，比如上例b中的"쌩얼"，"쎙얼"表示"没有化妆的自然面孔"，其语音变化已经反映在字形上。这种硬音化现象通常在一定集团内出现，人们有选择地使用硬音。

从现代韩国语来看，字形发生变化的汉字前缀只有"헛"。성환갑（1972：28）认为"헛"是"허(虚)"的变音，기주연（1994：91—92）认为"헛"可以分析为"허(虚)+ㅅ"，其语源是"허(虚)"。近代韩国语中出现了"헛"的异形体，如"헤−(헤일)、헷−(헷구역、헷웃음)、헨−(헨말)"等，主要和体词结合。现代韩国语中"헛"可以与体词结合，如"헛간、헛부엌"；也可以与谓词结合，如"헛디디다、헛돌다、헛맞다"；还可以与外来词结合，如"헛스윙"。김덕신（2004：59—62）认为，添加"ㅅ"收音后"헛"的字形固定下来，"ㅅ"没有特别意义，其字形变化影响到功能变化，"허(虚)"由词根演变为前缀"헛−"。我们认为，从语源来看"헛"应该算是汉字前缀，只是其字形发生变化，这种变化与之常和固有词连接有密切关系。

对典型性程度不同的汉字前缀范畴成员进行分析时，需要综合考虑以上语义、功能、形态等三条原型属性标准，其中语义是最根本的标准。对于那些兼有前缀和其他范畴功能的汉字语素进行分析时，可以对同类汉字前缀的各种功能强弱分别进行对比分析，其中前缀功能仍然根据以上三个原型标准进行分析。

四、结语

本文在梳理学界对汉字前缀范畴认识的基础上，指出汉字前缀范畴存在争议的原因在于它是一个原型范畴，并运用认知语言学的原型范畴化理论阐述汉字前

---

① 参见김덕신（2004：90—94）、박동근（2008：213—239）、홍경란（1996：73—74）等。

缀的范畴特点。接下来根据汉字前缀的定义和普遍判断标准设立语义标准、功能标准、形态标准等三条原型属性标准，根据每条标准具体阐述和区分了汉字前缀范畴成员的典型性程度，建立了基于原型范畴化理论的汉字前缀范畴。

参 考 文 献

［1］卢植. 认知与语言［M］. 上海：上海外语教育出版社，2006.

［2］王寅. 认知语言学［M］. 上海：上海外语教育出版社，2007.

［3］袁毓林. 词类范畴的家族相似性［C］//束定芳. 语言的认知研究. 上海：上海外语教育出版社，2004.

［4］국립국어원.표준국어대사전.2008[M/OL]. http://stdweb2.korean.go.lr/main.jsp.

［5］권인한.한자음의 변화[C]//국어사연구회.국어사연구.서울：태학사，1997.

［6］기주연. 근대국어의 한자어파생어에 관한 고찰[J].어문논집，1991，30: 363—390.

［7］김덕신.국어의 접두사화연구[D]. 대전：충남대학교，2004.

［8］김인균.국어의 한자어접두사 연구[J].어문논문，2002，30: 85—108.

［9］노명희.현대국어 한자어의 단어구조연구[D].서울：서울대학교，1998.

［10］동아출판사편집국.동아신활용옥편(개정증보판)[Z].서울: 동아출판사，1993.

［11］박동근.한국어 어휘연구의 새로운 모색[M].서울：소통，2008: 213—239.

［12］성환갑.접두사 연구[D]. 서울：중앙대학교，1972.

［13］왕방.파생접두사의 의미분류연구[J].반교어문연구，2008，25: 41—79.

［14］이광호. 한자어접두사의 문법·의미적 기능[J].문학과 언어，1994，15: 27—46.

［15］임시연. 국어사전의 한자접두사처리에 대한 연구[D].울산：울산대학교，1998.

［16］최윤곤. 한자어 형태범주와 접사설정기준[J].동국어문론집，1999，8:

290—320.

[17] 홍경란. 한자어접두파생법연구 [D]. 서울 : 이화여자대학교, 1996.

言语行为理论视角下的朝鲜新年贺词话语分析

■ 解放军外国语学院　潘璧龄

【摘　要】言语行为理论认为说话人说话的同时执行了某种行为。塞尔言语行为理论对奥斯汀的言语行为理论进行了继承和发展，提出了代表以言行事行为的结构F(p)。利用言语行为理论对朝鲜新年贺词进行话语分析，可以发现朝鲜新年贺词所具有的以言行事力量及其在朝韩关系研究方面具有的价值。

【关键词】言语行为理论；朝鲜新年贺词；话语分析

朝鲜通常在每年1月1日发布新年贺词，在金正日时期是以"共同社论"的形式刊登在朝鲜官方报纸《劳动新闻》上，在金正恩时期则以电视演讲的方式发表。在新年贺词中，朝鲜会对过去的一年进行总结，并提出新一年的政策方向和战略目标，因此在分析朝鲜的政策及其真实意图时，新年贺词是比较有参考价值的材料。同时，朝鲜的新年贺词也是反映朝韩关系的风向标，分析朝鲜新年贺词对韩国的批评语言的力度变化，对于分析朝鲜对韩政策的特征具有一定的借鉴意义。

言语行为理论是指人们在对话、交际、演讲等语境中，说出话语的同时实施了某种行为。该理论由英国哲学家、语言学家约翰·朗肖·奥斯汀（John Langshaw Austin）提出，美国哲学家约翰·塞尔（J. R. Searle）继承并发展了奥斯汀的理论。塞尔提出了执行以言行事行为的充分必要条件，认为某一话语如果满足这些条件，则成功地执行了某种以言行事行为，具有能对实际行动产生影响的以言行事力量。本文以塞尔所提出的执行以言行事行为的充分必要条件为基础，对朝鲜新年贺词进行话语分析，阐述如何通过朝鲜新年贺词来推测朝鲜对韩政策的基本特征。

一、问题的提出

朝鲜一般会在每年的新年贺词中提出未来一年的政策方向和战略目标，其目的在于使人民更好地理解国家政策方针，积极动员人民群众参与国家建设。朝鲜新年贺词通常分为三部分：第一部分是对过去一年朝鲜国内各领域的建设情况进行总结；第二部分是提出未来一年朝鲜在各个领域发展建设的方向和目标；第三部分则针对朝鲜半岛的局势表明朝鲜的立场和态度，提出朝鲜对于统一的主张和方案，姑且称之为"朝韩关系和统一部分"。通过分析朝鲜新年贺词，可以对朝鲜的国内外形势和朝鲜的外交政策进行解读。

值得注意的是，朝鲜会根据其国内外形势的变化对其各方面的政策和计划进行调整，并且反映在新年贺词中。对朝鲜新年贺词进行话语分析，可以对这种调整趋势进行合理推测。根据塞尔的言语行为理论，说话人向听话人说一句话，可以被视为说话人执行了一个言语行为。[①] 塞尔提出了言语行为的结构 $F(p)$，并提出了执行以言行事行为的充分必要条件。当语言满足这些充要条件时，语言就具有以言行事力量。朝鲜新年贺词若符合该充要条件，则被认为具有影响朝鲜政策和行动的以言行事力量。本文将从这一视角出发，根据塞尔提出的充要条件，针对1995年至2016年间朝鲜新年贺词中的第三部分即"朝韩关系和统一部分"进行话语分析，研究朝鲜对韩政策的特征。

综上，本文将首先对理论框架即塞尔言语行为理论进行说明，其次分析朝鲜新年贺词的言语行为特征，之后根据塞尔提出的执行以言行事行为的充分必要条件来分析朝鲜新年贺词是否具有以言行事力量，最后对"朝韩关系和统一部分"历年的变化情况及其影响因素进行探究。

二、塞尔言语行为理论和朝鲜的言语行为

（一）分析框架和基本概念

哲学是最早把语言作为研究对象的学科。随着研究的深入，20世纪，语言学作为一门独立学科逐渐兴起，在英国诞生了"日常语言哲学"学派，该学派注重对语言的结构特征和语言所蕴含的意义进行研究，尤其重视对日常语言的研究。其代表人物英国哲学家约翰·奥斯汀于20世纪50年代提出了言语行为理论，

---

① 孔慧. 塞尔言语行为理论探要［M］. 上海：上海人民出版社，2015.

他认为人们在说话的同时实施了某种行为。奥斯汀把言语行为划分为三种：以言表意、以言行事和以言取效行为，并把以言行事行为进一步细致地划分为五种：裁定式、行使式、承诺式、行为式和阐发式行为。美国哲学家约翰·塞尔师承奥斯汀，继承和发展了他的言语行为理论。1969年，塞尔的《言语行为：语言哲学论》出版，标志着塞尔言语行为理论的形成，即经典言语理论。

同奥斯汀一样，塞尔也认为说出一句话就是在执行某种言语行为，如做出陈述、发出命令、提出问题、做出承诺等等。①说话人执行的是何种言语行为，与其所说的话有关。例如，说话人说"你真聪明"，可能会使听话人感到高兴，此时说话人执行了以言取效的行为。又例如，当说话人对听话人说"把门打开"时，说话人向听话人下达了一个指令，实质上执行了以言行事的行为。

在言语行为中，以言行事行为占据多数。根据塞尔言语行为理论，以言行事行为具有以言行事力量，能够对说话人和听话人产生一定的结果。例如，说话人说"我承诺……"时，这句话就具有了约束说话人行为的以言行事力量，无论说话人是否完成了其承诺，都会产生说话人遵守承诺或违背承诺的结果。对于以言行事行为，塞尔提出了以言行事的具体结构F(p)，其中F代表以言行事力量，p代表命题内容。命题内容通常由指称和谓项组成。关于命题、指称和谓项，我们可以通过举例来说明。例如下面三个句子：

（1）小李，把门打开。

（2）小李把门打开了。

（3）小李把门打开了吗？

通过对比，不难发现上面三个句子表达了不同的意思，具有不同的以言行事力量F。句子（1）是提出要求，句子（2）是进行陈述，句子（3）是发出疑问。但它们拥有相同的部分"小李"、"把门打开"，该相同的部分就是命题，"小李"、"把门打开"分别是这个命题的指称和谓项。

不同的p和F组合起来构成了各种以言行事行为，相同的p以不同的以言行事力量F表达出来，形成不同的以言行事行为。②

对于以言行事行为F(p)的分类，塞尔认为，奥斯汀提出的以言行事行为的五种类型，相互之间的界限是很模糊的，因此他在奥斯汀的分类法的基础上，重新进行了分类，把以言行事行为F(p)重新划分为五种基本类型：断定式、指令

---

① 孔慧. 塞尔言语行为理论探要［M］. 上海：上海人民出版社，2015.

② 孔慧. 塞尔言语行为理论探要［M］. 上海：上海人民出版社，2015.

式、承诺式、表情式和宣告式行为。同时，塞尔以指令式为例列出了执行以言行事行为的充分必要条件（1）—（9）^①：

（1）说话人说出可理解的句子，听话人听到且理解句子。

（2）说话人在他说出的语句 T 之中表达了某个命题内容 p。

（3）通过表达命题内容 p，说话人 S 对听话人 H 宣布一个表达，它的意思是如果表达对 H 是真的，H 将执行行为 A。

（4）听话人能做出行为 A，说话人相信 H 能做出行为 A。

（5）在事情的正常进程中，对说话人 S 和听话人 H 来说，听话人 H 并不是显然地将自愿做出行为 A。

（6）说话人 S 想要听话人 H 做出行为 A。

（7）说话人 S 意图通过说出 T，让听话人 H 做出行为 A。

（8）说话人 S 意图让 H 认知到，说出 T 被视为是 S 想要 H 做出行为 A 的试图。

（9）说话人 S 和听话人 H 所说的那种语言的语义规则是：T 是被正确和真诚地说出来的，当且仅当条件（1）—（8）成立。

塞尔从中提炼出了使用以言行事力量的四条构成性规则：

（1）命题内容规则：规定话语的命题内容部分的意义。例如，说话人做出承诺时，一定指的是说话人将来的行为。同时，以言行事行为的命题应当具有真值，即在理论上具有实现的可能性。例如，说话人 S 向听话人 H 表达了一个指令式，要求 H 执行行为 A，则 A 必须是尚未发生的，否则要求就不能成立。

（2）先决条件规则：规定实施言语行为的先决条件。即说话人 S 和听话人 H 的关系、身份、地位、能力及意愿，足以保证说话人 S 执行某种言语行为。例如，说话人对听话人表示感谢，则说话人一定意识到听话人做了有利于说话人的事。

（3）真诚条件规则：规定保证言语行为真诚地得到实施的条件。即说话人 S 必须具备想要执行某种言语行为的意向。例如，要真诚地表示歉意，说话人必须对所做的事表示遗憾。

（4）基本规则条件：规定言语行为按照规约当作某一目的的条件。例如，提出警告，可当作一项保证，某一将来时间对听话人不利。^②

---

① 孔慧. 塞尔言语行为理论探要 [M]. 上海：上海人民出版社，2015.

② Jhon R. Searle. 表述和意义：言语行为研究 [M]. 张绍杰，导读. 北京：外语教学与研究出版社，2001.

由此可见，塞尔所提出的执行以言行事行为的充要条件的核心可以概括为命题、环境和意向。说话人如果想成功地执行以言行事行为，则必须提出合适的命题内容，具备适当的身份、地位等语言之外的条件，同时说话人本身应当具有真诚地执行该以言行事行为的意向。

（二）朝鲜言语行为的特征

通过朝鲜报纸《劳动新闻》和朝鲜中央通讯社等朝鲜官方媒体的新闻报道，我们可以发现，朝鲜的言语行为有着鲜明的特征，可以按照命题的两个构成要素——指称和谓项，归纳为以下几种：

1. 指称

（1）朝鲜的新闻报道中，主语通常为"우리는, 우리당은, 우리에게는, 우리당의입장은"等，明确了言语行为的主体是朝鲜劳动党和朝鲜人民。

（2）对金日成、金正日等特定对象采取极为尊敬的表现。之所以如此是由于朝鲜"三代继承"这一特殊的政治体制以及金日成和金正日在朝鲜国内具有至高无上的地位，同时当把朝鲜人民作为听话人时，此举有助于使听话人产生敬畏心，更好地执行言语行为，实现既定目标。

2. 谓项

（1）朝鲜新闻报道中强势、激进的表现居多。例如"떨쳐나서다, 이악하게, 끝장을 볼것, 다그치다, 짜고들다."等用法。这种表现反映了朝鲜领导阶层的强硬意志。20世纪60年代以后，朝鲜为了巩固本国的统治体制，更加强调阶级斗争和反宗派斗争，宣传语言变得愈发强势、激进。这种极具煽动性的表现逐渐成了宣传革命思想和革命精神的有效手段。

（2）朝鲜的新闻报道经常使用军事用语来表现政治外交方面的内容。例如，朝鲜新年贺词中经常出现的"전투（戰鬥）, 투쟁（鬥爭）, 고지（高地）, 점령（佔領）, 작전（作戰）, －전（戰）"等词汇。这种表现既是沿袭自朝鲜长久的革命传统和"全民皆兵"的特殊体制，又与朝鲜的国内外形势密切相关。当前朝鲜内部面临困难的经济状况，外部又不断与韩美发生矛盾冲突，国内外形势非常严峻。在这种情况下，朝鲜通过使用军事用语来鼓舞人民精神，促进人民团结一致，使之积极地投身于国家建设。

三、朝鲜新年贺词和执行以言行事行为的充分必要条件

本章将针对朝鲜新年贺词"朝韩关系和统一部分",分析其是否满足执行以言行事行为的充要条件。

(一)命题内容规则

朝鲜新年贺词"朝韩关系和统一部分"的主题非常明确,就是"统一"。朝鲜通常在这一部分中提出实现朝鲜民族统一应当坚持和应当排斥的因素,以及朝鲜和韩国应该做出哪些改变。例如:

북남관계와 조국통일문제는 어디까지나 우리민족끼리의 리념에 따라민족의 자주적의사와 요구에 맞게 민족자체의 힘으로 풀어나가야 합니다. 그 누구도 우리민족에게 통일을 가져다주지 않으며 또 가져다줄수도 없습니다. (北南关系和祖国统一问题一定要本着"由我们民族自己主导"的理念,根据民族的自主意愿和要求,依靠我们民族自己的力量加以解决。除了我们民族自身,无论是谁,都既不会也不能给我们带来统一。)(2016年朝鲜新年贺词)

남조선당국이 진정으로 북남관계개선과 평화통일을 바란다면 부질없는 체제대결을 추구할 것이 아니라 민족의 총의가 집대성되여 있고 실천을통해 그 정당성이 확증된 조국통일3대원칙과 6.15공동선언, 10.4선언을 존중하고 성실히 리행해나가려는 의지를 보여야 합니다. (如果南朝鲜当局真心希望改善北南关系,实现和平统一,就不要追求毫无意义的体制对抗,而要表明自己尊重并诚实地履行统一祖国三项原则、"6·15"共同宣言和"10·4"共同宣言的意向,上述三项原则和两大宣言融合了朝鲜民族的一致意愿,其正确性已经过了实践的证明。)(2016年朝鲜新年贺词)

这些以指令式为主的言语行为,具有明确的命题内容,其指称和谓项也均为具体的对象和动作。通过这些命题内容,朝鲜表达了其希望达到的目的,尽管这些目的能否实现依旧存疑,但也不是绝对没有实现的可能性。

(二)先决条件规则

先决条件规则主要考虑的是说话人S和听话人H的情况。朝鲜新年贺词的说话人S毫无疑问就是朝鲜政府,而其听话人H则需分别考虑朝鲜人民和美韩政府两种情况。首先分析朝鲜人民作为听话人H时的情况。在朝鲜国内,"统一(통

일）"是"首领遗训（수령님의 유훈）"和"民族伟业（민족의과업）"，"统一（통일）"与"民族繁荣（민족번영）"和"民族自尊（민족적자존심）"密切关联，这样的观念深入人心。朝鲜通过把这些内容融入人民的学习、工作和生活中，不断地向人民灌输统一观念，使统一在朝鲜人民的意识中逐渐成为必尽的义务。此外，朝鲜新年贺词是朝鲜国家最高领导人的重要指示，在其发表之后，朝鲜政府会组织人民集体学习和背诵新年贺词。因此，当朝鲜新年贺词的说话人S和听话人H分别为朝鲜政府和朝鲜人民时，双方的地位、身份、关系以及对于统一的意愿都符合执行以言行事行为的先决条件。

接下来对听话人H为美国和韩国政府的情况进行分析。显然，美国和韩国政府不会轻易认同朝鲜所提出的部分看法，例如美国是"给朝鲜民族带来长达70年的分裂痛苦的肇事者（장장 70년간 민족분별의 고통을 들씌워온 기본장본인인 미국）"，韩国政府"同外来侵略势力狼狈为奸（침략적인 외세와 야합하여）"等等。但不能否认的是，朝鲜在新年贺词中所释放的对话信号如"随着气氛和环境条件的成熟，没有不进行最高级别会谈的理由（분위기와 환경이 마련되는데 따라 최고위급회담도 못할 리유가 없습니다）"等内容，韩国政府在制定对朝政策时势必无法忽视。尽管如此，朝鲜所提出的美韩终止联合军演等要求仍将难以得到落实，因此当美国和韩国政府作为听话人H时，朝鲜新年贺词的以言行事力量存在不足。

据此可以看出朝鲜新年贺词针对"统一"所提出的改变朝鲜自身情况的承诺具有实现的可能性，对美国和韩国政府提出的要求则不具备完全实现的可能性。

（三）真诚条件规则

朝鲜新年贺词是否具备真诚条件，可以通过分析朝鲜新年贺词所提出的承诺是否得到落实来判断。朝鲜一般会在新年贺词中对前一年的新年贺词的执行情况进行说明，从这一层面来看，朝鲜会兑现对其在新年贺词中做出的承诺，对实现"统一"这一目标具有真诚的意向。例如，朝鲜在2011年的新年贺词中提出了"应积极推动对话与合作事业（대화와 협력사업을 적극 추진시켜나가야한다）"，2011年1月，针对韩国举行朝韩当局间对话的提议，朝鲜提出为召开"朝韩高级别军事会谈"举行预备会谈；同年2月8日，朝韩在韩国板门店"和平之家"举行了工作会谈。再例如，朝鲜在2015年的新年贺词中提出"如果南朝鲜当局的立场是真心要通过对话改善北南关系，那么我们认为可以重启被中断的高级别接

触，也可以进行各部门会谈（우리는 남조선당국이 진실로 대화를 통하여 북남
관계를 개선하려는 립장이라면 중단된 고위급접촉도 재개할수 있고 부문별화담
도 할수 있다고 봅니다.）"，2015年8月，朝韩之间因"地雷事件"关系急剧恶
化，朝韩双方于8月22日在板门店举行高级别对话，于25日凌晨达成协议，不
仅消除了紧张状态，还取得了商定举行离散家属团聚活动、政府间务实会谈等
"创造新机"的实质性进展；作为落实"8·25"协议的具体举措，韩朝第二十次
离散家属团聚活动和韩朝副部长级政府间会谈分别于10月和12月举行。通过上
述例子，我们可以看出朝鲜对于落实新年贺词所提出的承诺表现出了一定的真诚
意向，并且会积极采取相应措施。

（四）基本条件规则

本节主要分析朝鲜新年贺词的言语内容是否可当作某种目的。朝鲜通常在其
新年贺词"朝韩关系和统一部分"中提出朝鲜自身将为统一做出哪些改变，同时
对美国和韩国政府提出一些要求和警告，例如：

미국과 남조선당국은 위험천만한 침략전쟁연습을 걷어치워야 하며 조선반
도의 긴장을 격화시키는 군사적도발을 중지해여야 합니다. （美国和南朝鲜当局
必须停止危险的侵略战争演习，停止加剧朝鲜半岛紧张局势的军事挑衅活动。）
（2016年朝鲜新年贺词）

남조선당국은 북남사이의 불신과 갈등을 부추기는 ＜제도통일＞을 추구하
지말아야 하며 상대방의 체제를 모독하고 여기저기 찾아다니며 동족을 모해하는
불순한 청탁놀음을 그만두어야 합니다. （南朝鲜当局不要谋求煽动北南之间不
信任和冲突的"制度统一"，要停止诋毁对方的体制，停止四处拉拢势力、搞同
族相残的把戏。）（2015年朝鲜新年贺词）

朝鲜所提出的这些内容，其目的非常明显，即希望以承诺、要求和警告等手
段改变美国和韩国政府对待朝鲜的态度，最终实现"统一"目标。

综上所述，朝鲜在新年贺词"朝韩关系和统一部分"中所做出的承诺内容满
足执行以言行事行为的充分必要条件，具有承诺式的以言行事力量，对于朝鲜自
身的行为具有导向和约束作用，能够对朝鲜的对韩政策产生一定的影响。但同时
朝鲜针对美国和韩国政府所提出的要求内容则不满足执行以言行事行为的充要条
件，不具备相应的指令式力量，对美韩的对朝政策产生的影响极其有限。不过，
我们仍可将其视为研究朝鲜对美韩态度变化的重要材料。

四、变化和影响因素

接下来我们将重点分析朝鲜新年贺词"朝韩关系和统一部分"内容的变化趋势及影响因素。根据朝鲜新年贺词言语行为的特征可知，当其听话人H为美国和韩国政府时，朝鲜新年贺词部分话语的以言行事力量存在不足，对美韩的对朝政策产生的影响较为有限，这反过来也会影响朝鲜新年贺词的论调变化。本章将首先说明1995—2016年间朝鲜新年贺词在批评用语上有哪些变化，然后对其产生变化的原因进行探究，最后在此基础上分析朝鲜对韩政策的变化趋势及其基本走向。

（一）批评用语的变化

朝鲜新年贺词"朝韩关系和统一部分"的话语对象主要是美国和韩国政府。朝鲜认为，美国和韩国政府的对朝敌视政策导致了朝鲜半岛迟迟不能统一并且使局势一再陷入紧张。因此，朝鲜通常会在新年贺词中对美国和韩国政府的对朝政策加以批评。朝鲜的批评用语不仅会根据批评对象的变化而变化，而且在不同时期其批评力度和批评重点也会相应地发生改变。这种变化的过程反映出了朝鲜对美国和韩国政府态度的变化趋势。如表1所示，1995—2016年，朝鲜在新年贺词中对韩国政府使用批评用语达85次，对美国使用批评用语达84次，平均值分别为3.9次和3.8次。

表1　韩国不同政府时期朝鲜新年贺词对韩国和美国使用批评用语的次数

	年份	韩国	平均	美国	平均
金泳三政府	1995	8		3	
	1996	8	8.3	2	3.3
	1997	9		5	
金大中政府	1998	1		2	
	1999	5		9	
	2000	5	2.6	3	4.8
	2001	0		2	
	2002	2		8	

（续表）

	年份	韩国	平均	美国	平均
卢武铉政府	2003	1	3	5	3.8
	2004	2		2	
	2005	1		3	
	2006	7		4	
	2007	4		5	
李明博政府	2008	1	4.2	2	3.4
	2009	7		1	
	2010	2		4	
	2011	6		5	
	2012	5		5	
朴槿惠政府	2013	1	2.5	1	3.5
	2014	2		5	
	2015	3		4	
	2016	5		4	
	总计	85	3.9	84	3.8

朝鲜批评用语的变化特征有如下二种：

1. 随批评对象的变化而变化

朝鲜的批评对象主要是美国和韩国政府，针对二者的批评用语存在一定差异（见表2）。对于美国，朝鲜主要批评其对朝鲜半岛的侵略和对朝鲜半岛局势的干涉，对于韩国政府的批评则集中于韩国的政权性质、韩国最高领导人、事大主义、制造分裂及威胁朝鲜半岛和平等方面。

在朝鲜对韩国政府的批评用语中，"사대（事大），호전（好战），보수（保守），역적（逆敌），파쇼（fascio法西斯），괴뢰（傀儡）"等与政权性质相关的用语所占比例最高，为60%。而朝鲜对美国的批评用语中，"침략군（侵略军），제국주의（帝国主义），외세（外势）"等批评美国为外部侵略势力的用语所占比例最高，为72%。但朝鲜对美国和韩国政府的批评用语也有相同之处，例如对二者都使用了"분열（分裂），호전（好战），조선반도평화위협（朝鲜半岛和平

威胁）"等批评用语，从这一点可看出朝鲜对于美国和韩国政府的定性不同，朝鲜认为韩国政府是附庸于美国的傀儡政权，是阻挠朝鲜半岛和平统一的保守好战势力，因此朝鲜视韩国政府为敌；对于美国，朝鲜认为美国是干涉朝鲜半岛统一的外来势力，同时是令朝鲜半岛陷入战争泥潭的主凶。尽管如此，朝鲜认为二者同为造成朝鲜半岛分裂、给朝鲜半岛带来战争威胁的罪魁祸首的态度也极为鲜明。

表2　朝鲜新年贺词对韩国和美国的批评用语

	类别	批评用语	次数	比例（%）
韩国	정권성격	괴뢰, 보수, 사대, 역적, 파쇼	51	60
	최고지도자	실명 비난	5	6
	분단 원인제공	분렬	14	16
	조선반도 평화위협	호전	15	18
	总计		85	100
美国	외부세력	침략군, 제국주의, 외세	61	72
	분단 원인제공	분렬	9	11
	조선반도 평화위협	호전	14	17
	总计		84	100

2. 在韩国不同政府时期，朝鲜对韩国政府的批评次数不同

如表1所示，朝鲜对韩国政府的批评次数在历届政府时期均有所变化。在强调对话与合作的金大中政府和卢武铉政府时期，朝鲜对韩国政府的批评次数低于平均值，同时朝鲜对美国的批评次数则高于平均值；而在主张采取对朝强硬政策的金泳三政府和李明博政府时期，朝鲜对韩国政府的批评次数则高于平均值，同时朝鲜对美国的批评次数则低于平均值。该结果显示朝鲜对韩国政府和美国采取了相反的批评论调，这表明朝鲜采取了一种平衡策略，即"拉拢一方，排斥另一方"的策略。

表3　美国不同政府时期朝鲜新年贺词对美国使用批评用语的次数

	年份	次数	平均
Bill Clinton（民主党）	1995	3	4
	1996	2	
	1997	5	
	1998	2	
	1999	9	
	2000	3	
George W. Bush（共和党）	2001	2	3.9
	2002	8	
	2003	5	
	2004	2	
	2005	3	
	2006	4	
	2007	5	
	2008	2	
Barack Obama（民主党）	2009	1	3.6
	2010	4	
	2011	5	
	2012	5	
	2013	1	
	2014	5	
	2015	4	
	2016	4	
	总计	84	3.8

　　另外值得注意的是，在美国各届政府期间，朝鲜对美国进行批评的平均值与总平均值相差不大（如表3所示），没有发生较大的变化。特别是在2001—2008年小布什政府期间，由于发生了"9·11"恐怖袭击事件，并且朝核问题渐趋严

重，美国执政党共和党对朝鲜采取了强硬的制裁措施，并将朝鲜列入"邪恶轴心国家"名单之中，但是同期朝鲜新年贺词对美国的平均批评次数并没有明显地增多，仅为3.9次，对韩国的平均批评次数也仅为2.25次，这是因为对于朝鲜来说，美国是干涉朝鲜半岛局势的"外部势力"，韩国政府才是朝鲜争取交流与合作的主要对象，是朝鲜半岛问题的当事者，因此尽管美国总统换届会造成美国对朝政策的变化，但这并不是导致朝鲜态度变化的直接原因。

3. 在韩国不同政府时期，朝鲜对韩国政府的批评重点不同

对于造成朝鲜半岛持续分裂的原因和给朝鲜半岛带来战争威胁的因素（如表4），朝鲜在不同时期有不同的看法。首先来分析朝鲜所提出的"分裂原因"经历了怎样的变化过程。在金泳三政府时期，朝鲜曾提出韩国的《国家安保法》、美国和日本对朝鲜的扼制政策等是导致朝鲜半岛持续分裂的原因，而在金大中、卢武铉和李明博政府时期，依附外部势力成为朝鲜老生常谈的朝鲜半岛"分裂原因"，如"남조선자주화 미실현(미제를 비롯한 외세에 의한)"、"외세의존"、"외세와의 공조"、"친미사대"、"숭미사대주의"等等。其中，在金大中和卢武铉政府时期，朝鲜所使用的用语主要是"의존"、"공조"等词，可见这一时期朝鲜重点关注的是韩美同盟，其目标主要是瓦解韩美同盟；而进入李明博政府时期后，朝鲜所使用的用语主要是"친미"、"숭미"、"사대매국"等词汇，同时对于韩国政府的对朝政策提出了更多的批评，如"반통일적인 동족대결정책"等。这一前后时期的变化表明朝鲜把矛头更多地指向了韩国政府本身，尤其是对韩国政府的对朝政策抱有更多的不满，因此朝鲜一方面希望能够瓦解韩美同盟，另一方面则希望改变韩国的对朝政策。朴槿惠政府上台之后，朝鲜基本延续了这一论调，既批评外部势力干涉朝鲜半岛事务，如"외세의 지배와 간섭"，又批评韩国政府的对朝政策，如"백해무익한 비방중상"。

表4　朝鲜历年新年贺词提出的朝鲜半岛分裂原因和战争威胁因素

	朝鲜半岛分裂原因	战争威胁因素
1995	군사적대치상태, 국가안보법, 정권의 성격	평화협정 미체결
1996	국가보안법	남조선괴뢰도당의 북침론, 미국과 남조선의 대결과 전쟁 고취행위
1997	유관국(미국, 일본)의 대조선 압살정책	북침통일망상, 외세의존

（续表）

	朝鲜半岛分裂原因	战争威胁因素
1998	반통일적정권 존재 허용, 반북 대결정책, 국가안보법, 안기부 미해체	미언급
1999	남조선 자주화 미실현(미제를 비롯한 외세에 의한), 국가보안법, 통일부, 안기부	미언급
2000	남조선 자주화 미실현	미언급
2001	제도적, 법률적장애의 미제거, 외세의존	미언급
2002	외세의존, 주적론, 보안법	미제와 남조선 호전분자들의 반공화국 반통일책동, 제국주의 혼전계층의 대조선 고립압살기도, 침략군 미철수
2003	외세와의 공조를 추구하는 반민족적책동	핵선제공격을 공공연히떠들며 반공화국 압살책동 감행, 미제의 무분별하고 모략적인 전쟁책동, 미국의 대조선 지배전략과 돕발적인 군사적압력소동, 침략군 미철수
2004	민족공조를 방해하는 미국, 남조선의 사대매국 세력의 반평화, 반통일 책동	조선반도의 평화와 안정을 파괴하는 주범 미국
2005	외세와의 공조	미국의 반공화국압살책동, 남조선 미군
2006	기본 장애물 미국, 외세와 야합한 반통일세력의 매국배족행위, 신보수의 결탁과 도전(반역의 무리)	미국의 대조선 전략을 실현하기 위해서 핵참화를 들씌우는 것도 서슴지 않으려는 것이 미제의 본심, 미제의 새전쟁 도발책동, 전쟁의 화근인 미군 미철수
2007	미국의 간섭방해, 한나라당을 비롯한 반동보수 세력의 외세를 등에 업은 미국반역적인 기도와 재집권 야망을 실현해 보려는 책동	미제의 악랄한 책동, 민족을 위협하는 군사적압력, 전쟁연습, 무력증강책동, 남조선 강점 미군
2008	친미사대, 매국배족행위, 법률적, 제도적장치의 미정비	미국의 대조선 적대시 정책, 평화협정으로 미교체, 침략적인 합동군사연습, 무력증강책동, 미군기지 미철폐, 동족을 주적으로 삼는 대결 관념
2009	숭미사대주의, 반통일세력의책동, 군사적긴장 격화 상태	미언급
2010	6.15공동선언부정, 외세와 결탁하여 대결소동에 매달림, 온갖법적제도적장치들의 미철폐, 자유로운 통일논의와 활동 미보장	미언급
2011	반통일적인 동족대결책책 미철회, 반공화국 모략책동, 통일애국세력에 대한 탄압	내외호전 세력의 북침전쟁연습, 무력증강책동, 외세와의 공조
2012	외세와 공조하여 민족 이익 팔아먹는 사대매국책동, 역적패당의 반통일적인 동족적대정책	조선반도 평화보장의 기본 장애물인 미제침략군 미철수, 내외호전세력의 군사적 결탁

（续表）

	朝鲜半岛分裂原因	战争威胁因素
2013	반통일세력의 동족대결정책, 외게의 지배와 간섭	외세의 전쟁책동
2014	남북관계 문제를 국제공조를 청탁하는 것은 민족의 운명을 외세의 농락물로 내맡기는 수치스러운 사대매국행위, 백해무익한 비방 중상 지속	미국 남조선 호전광들의 핵전쟁장비들을 대대적으로 끌어들여 북침핵전쟁연습, 사소한 우발적인 군사적충돌도 전면전쟁으로 번질수 있는 위험한 정세 조성
2015	남조선당국은 북남사이의 불신과 갈등을 부추기는 《제도통일》을 추구, 상대방의 체제를 모독하고 여기저기 찾아다니며 동족을 모해하는 불순한 청탁놀음	미국 시대착오적인 대조선적대시정책과 무분별한 침략책동, 남조선당국은 외세와 함께 벌리는 무모한 군사연습을 비롯한 모든 전쟁책동
2016	남조선당국자들은 외세와 야합하여 동족을 반대하는 모략소동에 매달리면서 민족내부문제, 통일문제를 외부에 들고다니며 청탁하는 놀음, 민족의 운명을 내맡기고 민족의 리익을 팔아먹는 매국배족행위, 반통일세력의 사대매국적인 외세와의 공조책동	미국의 침략적인 대아시아지배전략과 문분별한 반공화국전쟁책동, 미국과 남조선당국의 위험천만한 침략전쟁연습

　　对于朝鲜半岛的战争威胁因素，朝鲜的看法也发生了一些变化。金泳三政府时期，朝鲜认为朝韩未签署真正的和平协定以及韩国政府的“北侵统一论（북침통일론）”可能给朝鲜半岛带来战争。金大中政府和卢武铉政府时期，驻韩美军是朝鲜主要的批评对象，朝鲜认为驻韩美军的存在破坏了朝鲜半岛的安定和平，美韩联合军事演习给朝鲜半岛带来了战争威胁，如“조선반도의 평화와 안정을 파괴하는 주범미국”、“전쟁의 화근인 미군 미철수”、“침략적인 합동군사연습”等。李明博政府时期，朝鲜除了继续批评驻韩美军和韩美联合军演是朝鲜半岛的战争祸根外，还批评韩国国内的好战分子与美国互相勾结，意图侵略朝鲜。朴槿惠政府时期，朝鲜甚至还提出“小规模军事冲突有可能演变为全面战争（사소한 우발적인 군사적충돌도 전면전쟁으로 번질수 있는 위험한 정세）”，反映了朝韩军事上的紧张局势。

（二）影响因素

　　朝鲜新年贺词对美韩的批评用语为何会不断变化呢？在上述分析过程中，可以发现朝鲜在对待韩美的态度上采取了平衡策略，同时韩国政府对朝政策的变化也是影响朝鲜态度变化的重要因素。本节将以此为出发点对韩国各政府时期影响朝鲜新年贺词态度变化的因素进行分析。

金泳三政府时期，朝鲜对韩国的批评力度最大，对美国的批评力度则较小，同时朝韩关系和朝美关系也呈现出不同的态势。1994年10月21日，朝鲜和美国在日内瓦正式签署《关于解决朝鲜核问题的框架协议》。朝鲜同意冻结现有的核计划，美国允诺为朝鲜建造两座1000兆瓦轻水反应堆。协议的签署使朝鲜半岛的紧张局势得到缓和。反观朝韩之间，朝鲜发表了"把首尔变成火海"的威胁言论，金日成去世后金泳三不仅不致电致哀，还阻止韩国民众赴朝吊唁，同时由于朝鲜经济陷入困境，开始了"苦难的行军"，韩国国内兴起了"朝鲜崩溃论"。这一系列事件使朝韩关系跌入谷底。朝韩关系与朝美关系相反的走向，正是朝鲜新年贺词对金泳三政府进行猛烈批评的原因，同时也反映出当朝美之间实现直接对话，关系升温时，朝鲜对于韩国政府的态度会变得冷淡。

金大中政府时期，韩国政府采取了温和的对朝政策即"阳光政策"，双方不仅实现了首脑会谈，还发表了《南北共同宣言》即"6·15"共同宣言，朝韩关系逐渐进入蜜月期。反观朝美关系则由于日内瓦协议的履行问题而变得紧张。因此这一时期朝鲜新年贺词对韩国的平均批评次数降到最低，而对美国的平均批评次数则达到了最高。

卢武铉政府上台后仍然采取了温和的对朝政策，双方实现了第二次首脑会谈，朝韩关系依然较为缓和，这也反映在朝鲜新年贺词这一时期对韩国政府较少的批评次数上。但值得关注的是，同一时期朝核问题爆发，美国小布什政府采取了强硬的对朝态度，美朝关系颇为紧张，但2001—2008年，朝鲜新年贺词对美国的平均批评次数仅为历史平均水平，这不符合朝鲜的一贯风格。之所以如此，这是由于卢武铉上台之后，韩国政府在制定对朝政策时仍然受到美国的影响，特别是韩国应美国之邀出兵伊拉克，使得朝鲜认为韩国在外交方面不具备完全的自主性，朝韩关系的发展也未达到朝鲜希望的高度，因此朝鲜在实施其平衡策略时没有完全地把外交砝码置于韩国一方，而仍寄希望于同美国进行谈判来化解朝核危机。

李明博就任韩国总统后，放弃了前两任政府温和的对朝政策，重拾对朝强硬政策，朝韩关系开始不断恶化，双方展开高级别对话的可能性也微乎其微。同时相比前两届政府，李明博政府在军事安保上对美国的依赖程度相对提高，特别是李明博政府一再推迟驻韩美军向韩国军队移交战时作战指挥权的时间，这一举动恐怕是朝鲜不愿意看到的。基于李明博政府对朝政策的转变，朝鲜对韩国的批评次数也有所增加。与此相反的是，随着美国民主党上台执政，美国政府的对朝政策同共和党的强硬政策相比有所松动，朝鲜在新年贺词中对美国的态度也稍显缓和，其平均批评次数要低于历史平均值。李明博政府时期朝鲜新年贺词论调的变化，反映了韩国政府对朝政策的缓和程度和自主程度对于朝鲜的对韩政策有很大影响。

朴槿惠政府时期，朝鲜新年贺词对于美韩的批评次数都相对较少，这与朴槿惠在对朝政策上选择了中间路线有着一定关系。朴槿惠政府的对朝政策没有表现出明显的强硬或温和趋向，虽然与李明博政府的对朝政策相比是有所缓和的，但并未如金大中、卢武铉政府一般向朝鲜政府释放较多的和平信号。同时朴槿惠政府对美国的依赖程度也没有明显的增减。因此这一时期朝鲜新年贺词减少了对于韩国政府的批评，但仍然强调解决朝韩问题的本质在于朝鲜民族。

（三）朝鲜新年贺词的论调变化与朝鲜对韩政策的基本特征

通过前面对朝鲜新年贺词话语体系的分析，可以总结出朝鲜对韩政策的几个特征：第一，朝鲜善于在美韩之间实施平衡策略。在一个时期内，朝鲜通常会对美国和韩国政府中的一方进行较为强烈的批评，而争取另一方的对话与合作。在这一方面，朝鲜经历了促求朝美直接对话到敦促韩国遵守"统一三大原则"的变化。第二，韩国对朝政策的缓和程度和自主程度对朝鲜的对韩政策有较大影响。比较明显的是，当韩国政府采取强硬的对朝政策时，朝鲜对韩国的态度也会变得强硬；当韩国政府采取温和的对朝政策时，朝鲜对韩国的态度也会相应放缓。此外，韩国政府制定对朝政策的自主程度也是影响朝鲜对韩态度的重要因素。如果韩国政府在制定对朝政策时向美国看齐，朝鲜对此会采取激烈的批评态度作为回应。第三，朝鲜对韩政策的主要目标是离析美韩同盟，至少使韩国政府在朝鲜半岛统一事务中较少地受到美国的影响。朝鲜认为，韩国政府是朝鲜在半岛统一过程中需要争取的合作对象，朝鲜希望韩国能够从整个朝鲜民族的利益角度出发，积极为朝韩统一做出贡献。朝鲜在近两年的新年贺词中均提到希望韩方遵守"6·15"宣言和"10·4"宣言这两份朝韩统一过程中的里程碑式宣言，从中可以看出朝鲜对于统一的希冀。

五、结语

综合上述分析，可以发现朝鲜新年贺词在推测朝鲜对韩政策的演变方面具有很大的价值，是值得进一步进行深究的文献。然而，在分析朝鲜新年贺词前必须首先确认其是否具备以言行事力量，这事关其能否对朝韩关系产生实际影响。同时，朝鲜新年贺词作为朝鲜在一年之初所发表的纲领性文件，虽然有明显的政策指向性，但其所提出的行动目标和要求也比较笼统，因此在研究朝鲜新年贺词时，必须结合朝鲜的实际行动和朝鲜半岛的局势变化情况，并且应该以一个时期内的朝鲜新年贺词作为分析样本，研究的目标也并非预测朝鲜可能实施的具体措施，而是对朝鲜对韩政策及朝韩关系的发展方向进行推测和预判。

参 考 文 献

［1］［美］Jhon R. Searle. 表述和意义：言语行为研究［M］. 张绍杰，导读. 北京：外语教学与研究出版社，2001.

［2］孔慧. 塞尔言语行为理论探要［M］. 上海：上海人民出版社，2015.

［3］孙淑芳. 塞尔言语行为理论综述［J］. 解放军外国语学院学报，1999，22（1）.

［4］赵亮. 塞尔言语行为理论探析［D］. 西南大学硕士学位论文，2009.

［5］김미연.북한 신년사의 언어체계 분석 (1995—2015) –통일, 남북관계 부문을 중심으로–[D]. 이화여대 대학원 박사논문, 2015.

［6］徐静. 英汉外交语篇的言语行为框架构建及其比较［D］. 贵州师范大学硕士学位论文，2006.

［7］张舸. 演讲理论中"听讲者"的角色定位［J］. 云南民族大学学报（哲学社会科学版），2006（4）.

［8］黄楚芬. 试析塞尔的言语行为与指称论［D］. 西南师范大学硕士学位论文，2003.

［9］刘思文. 指令言语行为在美国总统就职演说中的体现研究［D］. 哈尔滨师范大学硕士学位论文，2013.

［10］郝会肖. 从语用学角度分析美国总统就职演说中的言外之力［D］. 河北师范大学硕士学位论文，2009.

《哈萨克斯坦之路》一书的语用策略

■ 解放军外国语学院 陈 立

【摘 要】本文以纳扎尔巴耶夫的《哈萨克斯坦之路》一书中有关其政治思想和施政纲领的语言为例,从语用学的角度分析其语用特点及策略。我们发现,他常常通过"违反"语用原则来传递言外之意。这些语用策略的使用,不仅符合语用的一般原则,还可能与纳扎尔巴耶夫本人的成长经历有关。由于刻意回避了读者渴望获取的某些信息,这些语用策略的使用对交际目的的实现也有一定的负面影响。

【关键词】哈萨克斯坦语;语用策略;《哈萨克斯坦之路》

《哈萨克斯坦之路》一书2007年正式出版,由现任哈萨克斯坦总统纳扎尔巴耶夫所著。书中,纳扎尔巴耶夫对哈萨克斯坦独立前后到2006年长达15年的历史进行了解读,是研究哈萨克斯坦独立后国家政治发展轨迹的权威之作。为了阐述自己的政治思想,纳扎尔巴耶夫在书中巧妙地运用多种语用策略,收到了良好的效果。研究书中的语用策略,不仅有助于分析其会话含义,也有助于了解纳扎尔巴耶夫的成长经历、学识水平和政治倾向。

一、合作原则视角下的语用策略

语言的使用过程是不断地选择语言形式的过程。在这个过程中,意义生成者不但要选择语言形式,也要选择语用策略,而语言形式的选择又要以语用策略的选择为基础。因此,语言交际可以归结为对语用策略的运用。可以说,语用策略是否得当决定了语言交际的成败。

　　刘森林认为：语用策略是语言使用者利用一定语境中语言结构的选择产生的具体言语意义达到交际目的的手段或者途径，属于语用能力研究范畴。[①]语用策略的研究对象，主要是语言使用者如何通过隐含意义或者间接语言、隐含意义与明示意谙或者直接性语言与间接性语言之间的切换达到交际目的的方式。[②]明示意谙作为一种语用策略对于交际目的的实现有直接意义，但这种方式所叙述的内容是正常语境下语言使用者所要陈述的内容，其语言运用的策略性不强，本文仅对《哈萨克斯坦之路》一书中的间接性语用策略进行研究。

　　一般而言，间接性语用策略的实施是通过对合作原则的"违背"来实现的。Grice 在他的会话含意（conversational implicature）理论中提出，言语交际双方都有相互合作，取得交际成功的愿望。人们要遵守一些诸如真实、充分、关联、清楚等原则和准则，这就是"合作原则（Cooperative Principle）"。合作原则就是在一次谈话及其各个阶段中，谈话参加者应根据谈话目的和要求做出自己的积极努力。它包括四大准则，分别是：数量准则（Maxim of Quantity）要求会话中根据话题，提供充分而且不超量的信息；质量准则（Maxim of Quality）规定所提供的信息必须真实、可靠、有根据；关系准则（Maxim of Relevance）规定所提供的信息必须与话题内容有关；方式准则（Maxim of Manner）规定所提供的信息简明扼要，有条理，不能模糊不清。[③]

　　相较于其他文本，《哈萨克斯坦之路》这样的政论性书籍涉及的问题往往比较敏感，因此使用语用策略的需求很大。首先，政论性书籍往往是政治家意志力的体现，带有一定的权威色彩，政治家希望借助书籍来传播自己的思想并获得民众的认可和支持，但如果在书中过于直白地表露意志力，容易引起受众的反感，因而需要采用一定的语用策略来"软化"意志力。其次，在这类文本中，涉及的问题往往非常敏感，需要采取"脱敏"策略。这些语用策略一般会以"违反"合作原则的面貌出现，但却是更高层次上的"合作"，不仅有助于交际的顺利进行和交际目的的实现，还能提升文章的艺术性。纵观《哈萨克斯坦之路》一书，我们发现，纳扎尔巴耶夫主要使用了语用削减、语用虚化、焦点转移和语用模糊等策略。

---

① 刘森林. 语用策略［M］. 北京：社会科学文献出版社，2007：13.
② 熊永红，彭小妹. 外交语言的语用策略分析：以外交部发言人答记者问为例［J］. 湖南农业大学学报，2009（10）.
③ 转引自徐通锵. 基础语言学教程［M］. 北京：北京大学出版社，2000：134—135.

二、《哈萨克斯坦之路》一书中的语用策略

在《哈萨克斯坦之路》一书中，纳扎尔巴耶夫就重大国际问题做出反应、发表看法、表明态度，不仅代表他个人作为哈萨克斯坦老牌政治家的立场、观点，也代表本国政府的主政理念和方向。他撰写此书，不仅想向哈萨克斯坦民众，还想向世界宣传其政治思想。在这样的语境下，既要求有立场和观点，又不能把话说绝对，因此，他常常在面对问题或表明立场时绕点弯子、声东击西，避免说极端、绝对的话。可以说，有限度的保守是其语用总策略。

（一）语用削减策略

根据Grice合作原则中的数量原则，说话人为了达到一定的交际目的，就要采取合作的态度，遵循数量原则，提供足量的、听话人想要获取的信息。所谓的"语用削减策略"，是指针对具体问题故意不提供详尽的描述和解答，因此实现"隐含"的交际目的。在《哈萨克斯坦之路》一书中，关于哈萨克斯坦的独立史的部分往往会涉及一些敏感而尖锐的问题，在这些问题上各界的看法一直存在分歧，如果说得太确切，容易被视为一国领导人的立场表达，成为引发派系争执的导火索。为避免就这些敏感问题进行表态或者详细的描述，纳扎尔巴耶夫采用了语用削减的策略，只对问题进行部分描述，而不做全面的分析。例如：

（1）Жақсытұрмыс – баршамызүшін» деген принципті ұстана отырып, біздің мемлекет кәсіпкерлік еркіндік пен қызметтің кезкелген қалаулы саласына күш жұмсау мүмкіндігін ниет еткен әрбіреуді қамтамасыз ету арқылы баршаға қолайлы жағдай туғызатынын мәлімдеді. Мұндай жағдайда не ғұрлым қабілетті, еңбек қор және іскер адамдар қоғамда соғұрлым жоғары әлеуметтік мәртебеге жететін болады. Сонымен бірмезгілде біз экономиканың өсуі мен тұрақтануына, оның әлемдік қауымдастыққа интеграциялануына қарай еңбек кірістерін, зейнетақылар мен жәрдем ақыларды көтеруге уәде бердік.

译文：我们国家遵循"为所有人谋福利"这一原则宣告，我们将通过给每一经营者予自由，并在他所选择的任何活动领域中为他提供施展才能的机会，争取为所有人谋福利。在这样的条件下，更有能力、更热爱劳动和更会经营的人将在社会上得到更高的地位。同时我们承诺要随着经济的增长和稳定而提高劳动收

入、退休金和各种津贴。

这是在解释"哈萨克斯坦作为主权国家的形成与发展战略"的"为所有人谋福利"这个概念时,纳扎尔巴耶夫说的一段话。这段话说得很官方,虽然他提出要让"更有能力、更热爱劳动和更会经营的人在社会上得到更高的地位",但是,什么样的人是更有能力、更热爱劳动和更会经营的人?纳扎尔巴耶夫并没有具体地描述,更没有量化。这样一来,他就占据了道义的制高点,民众就无法因自己的社会地位低而抱怨总统和政府。

(2) Алайда саясатты адамдардың жақсы тұрмысы мен тыныштығынан бұрын, бірінші кезекке қойған КСРО-ның құлауы ылғи да менің көз алдымда тұрады.

译文:有人为此批评我。但是我看到的是苏联因把政治放在人们的福利和安定之前而垮台了。

在谈到苏联的经济政策存在问题时,纳扎尔巴耶夫只是简单地一带而过,未做深入分析,原因在于,他根本不愿过多分析,但又不能无视这一问题。此外,关于苏联垮台原因,众说纷纭,难以定论,因此,他在书中只简单地提了一句,并未深入分析苏联"把政治放在人们的福利和安定之前而垮台"的具体表现。通过这样的语用策略,纳扎尔巴耶夫还让民众感受到了他致力于建设"民生"政府的政治理想。

纳扎尔巴耶夫之所以在这些表述上采用语用削减策略,还与他个人的经历密切相关。首先,哈萨克斯坦"主权国家战略"涉及的是一些原则性问题,具体问题应由具体实施方针来解决,这一点与宪法类似。因此,纳扎尔巴耶夫没有必要将原则性问题细化、量化。在例(1)中,他就只简单阐述了"为所有人谋福利"这一原则;其次,哈萨克斯坦独立之前,纳扎尔巴耶夫就已经是苏共领导下的哈共总书记,是苏联社会主义制度下的政治精英人物,深受苏联政治制度的熏陶,而关于苏联解体的分析多数都是负面的。纳扎尔巴耶夫一度也是苏联政治制度的代言人,对苏联的否定意味着对自己过去的否定,因此,在例(2)中,纳扎尔巴耶夫只是简单地一带而过,未做深入分析。

(二)语用虚化策略

Grice提出的合作原则中,质量准则要求说话人不要说自知是虚假或缺乏足够证据的话,但在实际言语交际中,说话人往往通过违反质量准则,催生会话含意，从而达到说话人的目的。正所谓"新闻记者以善于提问著称，而政治家则以善于闪避回答这些问题而著称"①。在涉及政治问题的言语交际中，说话者为了达到自己的目的，故意向听话者提供那些比较"虚"的信息。这里的"虚"不是指虚假，而是指所提供的信息是针对某个难以正面回答或不愿正面回答的问题给出一个"毫无信息"或者"毫无意义"的答案。在《哈萨克斯坦之路》一书中，纳扎尔巴耶夫对部分不愿过多透露或出于政治立场不能透露的信息进行了虚化处理，说了一些与人们普遍认识相符和国家官方口径相一致的、冠冕堂皇的"废话"。例如：

（3）Бірқатар елдердің, мысалы, Оңтүстік-Шығыс Азия «жолба-рыстары» атанғандардың нарықты қалыптастырудағы «кедір-бұды-ры» ішкі саяси тұрақсыздық, жер реформалары мен қаржы дағдарыстары кезеңдері арқылыөтті. Бұл дағдарыстар, Латын Америкасында болғандағыдай, жекелеген елдерде төңкерістер мен азамат соғыстарынсыз өтпеді және әлемнің кейбір аймақтарында қазір де солай өтіп жатыр.

译文：有些国家或地区，例如东南亚的几只所谓"老虎"，它们都经过了国内或地区政治不稳定、土地改革和经济危机等几个阶段，这些就是它们在建立市场时所遇到的种种"礁石"。个别国家还发生过政变和内战，正如在拉丁美洲发生过的这样，或在现在世界的有些地区正在发生的那样。

这是在讲到国家形成之初遇到的经济危机时纳扎尔巴耶夫的论述。无论政变、内战还是经济危机，都属一国较为敏感的话题，纳扎尔巴耶夫谈及此事，不能不说，但又不愿点名哪些国家，因此，只笼统地说"有些国家"、"个别国家"、"有些地区"这样不甚明确的说辞。

（4）Тағы да қайталаймын, мемлекеттік кәсіпорындарды шетел капиталына сату жиі-жиі – «мемлекетті, ұлттық байлықты, отанды сату» деген жалған ұғымдармен байланыстырылып отырды. Әділдік үшін айтуымыз керек, көптеген шетелдік инвесторлар мемлекеттік кәсіпорындарды сатып алу және олардың әрі қарайғы тиімді жұмысын қамтамасыз ету мүмкіндіктерін жақсы меңгерді.

译文：我再说一遍，有些人往往将国有企业卖给外国资本比作"出卖国家、出卖国家财产、出卖祖国"。说句公平话，很多外国投资人拥有收购国有企业并

---

① Wilson J. Politically Speaking: The Pragmatic Analysis of Political Language [M]. Oxford: Blackwell, 1990.

保证它们日后有效运转的良好条件。

在讨论由国家所有制向私有制转向问题时，纳扎尔巴耶夫提到将国有企业卖给外国资本的问题。纳扎尔巴耶夫作为总统，将国有企业卖给外国资本，应该很清楚是哪些人对这一政策有异议并发出批评的声音，但是为了国内团结，并没有明确点出来。

语用虚化策略同样深受哈萨克斯坦文化的影响，其中主要是受精神文化的影响。在哈萨克斯坦的文化传统中，有严格的忌讳文化，对于可能给别人心理上带来不悦的事情往往采取避而不谈的态度。因此，在例（3）和例（4）中，纳扎尔巴耶夫对于不愿过多透露或出于政治立场不能透露的信息进行虚化处理，既符合自己总统的身份，又维持了话题的继续推进，甚至可以凭借自己的权威，使得这些并没有什么实质性内容的口号式话语为读者所认同，在一定程度上实现自己的交际目的。

（三）焦点转移策略

Grice的合作原则中，相关准则规定了会话交流的双方说话要切题，不要说和话题无关的话。但在实际的言语交际中，有时候遇到某些不好回答的问题，往往会选择"顾左右而言他"的方式。就领导人著作这一特殊文本而言，作者和读者在立场、观点、感兴趣的领域、对事物的认知等方面存在较大差异，直面问题并提出自己的观点可能导致读者的反感，这时运用焦点转移策略对话题实施有效控制就十分必要。例如：

（5）Кеме суға батып бара жатқанда, оның командасы болған жағдайға кім кінәліні іздеп жатпай-ақ қоянқолтық жұмыс істеуі керек қой.

译文：当一艘轮船在沉没的时候，船员们应该同心协力地工作，而不是去弄清究竟是什么原因或谁应对发生的事情负责。

这句话的语境是关于谁该对哈萨克斯坦独立初期极不稳定状态负责的话题。独立后的哈萨克斯坦政府是在以纳扎尔巴耶夫为首的前哈共的基础上建立的，如果非要找出谁该对哈萨克斯坦独立初期存在的问题负责的话，很可能涉及纳扎尔巴耶夫组阁的政府，引起对其执政合法性的质疑。因此，对于这样的问题，纳扎尔巴耶夫采取了话题转移策略，通过一句富有哲理的比喻将读者的注意力带到其他方面去。

（6）Біз бұл жұмысқа Үкімет мүшелерін кірістірмегеніміз бірден көзге түсуі мүмкін. Маған сол кездегі қызмет істеген Премьер-Министрдің бұл мәселеге бас ауыртқысы келмейтіні және матери-алдарды жинақтауды тежейтіні туралы баян етілді. Стратегияны жүзеге асыру жұмысын мұндай Үкіметке қалай сеніп тапсыруға болатын еді?! Сондықтан 1997 жылдың күзінде мен Қажыгелдинді қызметтен босаттымда, Үкіметті тараттым.

译文：引人注意的是，我们没有让政府成员参与这项工作。人们向我报告说，当时的总理不想参与这项工作，并阻挠搜集材料。怎么可以信任这样的政府来实现这个发展战略呢？！所以，我在1997年秋天解除了卡日格尔金的职务并解散了政府。

这段话讲述的是"2030年前哈萨克斯坦发展战略"的制定过程。关于是否"可以信任这样的政府来实现这个发展战略"这个难以回答的问题，纳扎尔巴耶夫巧妙地进行了话题转换。他并未直接进行回答，而是讲到时任总理的卡日格尔金因不想参与这项工作而被解职的事情。这样转换话题，第一，可避免讨论政府是不是值得信任这样的敏感话题。在当时的政治环境下，人民对政府的不信任感十分强烈，总统和政府争权的斗争十分激烈，这个问题不管怎样回答都可能引起争执；第二，当时的政治斗争中，总理卡日格尔金是反对总统纳扎尔巴耶夫的，通过这样的一个话题转换，给总理卡日格尔金的下台也提供了一个理由，巧妙地解除了读者对卡日格尔金下台的疑惑。

（7）Қазақстан халықтарының әрқайсысының төл мәдениетін томаға-тұйықтыққа апарып тірейтін ұшқарылыққа ұрындырмай, қалай сақтауға болады? Біз бойкүйездіктің де, сол сияқты шыдамсыз асығыстықтың да мәденит оқырауға апарып соғатынын түсінуіміз керек.

译文：怎样才能在避免落入封闭境地的同时又能使哈萨克斯坦的每一个民族的独特文化得以保存呢？我们应当明白，消极，或者说是偏执只会导致文化的停滞。

哈萨克斯坦具有独特的历史文化。历史上，哈萨克斯坦先后被中华文明、伊斯兰文明、东正教文明所统治，但是无论怎样，哈萨克民族保持了独立发展的文化特性，在苏联统治时期依然如此。因此，在例（5）和例（6）中，对于曾经遇到的困难，纳扎尔巴耶夫转移了问题的焦点，既是为了不触及敏感问题，也是哈萨克民族文化中不背心理包袱，勇于向前的文化特性的一种体现。在例（7）探讨如何保持哈萨克斯坦独特的历史文化时，纳扎尔巴耶夫显然考虑到哈萨克斯坦共有131个民族，民族主体众多的状况。虽然如何保持哈萨克斯坦各民族文化是一个不容略过的话题，但如果深入讨论，就偏离了本书的主旨。因此，作者在这里转移了话题，向读者指出处理文化问题需要避免消极和偏执。

通过以上分析我们发现，在两种情况下纳扎尔巴耶夫常常采取焦点转移的策略。一是当作者的论述涉及一些不方便透露的事件时，纳扎尔巴耶夫会直接跳过对事件的分析，对另外一个关联程度很低的事件进行论述。二是当通过简单的言语无法概述其要点，而如果详细论述又会偏离本书主旨的时候，纳扎尔巴耶夫会采取逆向思维，从反面简述或择其要点论述。

（四）语用模糊策略

Grice的方式准则要求会话的参与者应该具备说话思路、条理清晰的品质，讲话应该简洁明确，尽量避免说出模棱两可的话，这样才不会让听话人误会说话人的意思。但在讨论政治问题的《哈萨克斯坦之路》一书中，纳扎尔巴耶夫常常出于各种原因，故意不遵守方式准则，以达成自己的目的。美国科学家约·冯·诺依曼（John von Neumann）认为："人脑中形成的概念，多数是模糊概念；人们相互交际使用的词句，多数是模糊词句。这在实际生活中却是一种优点而非缺点。"[①] 例如：

（8）Либералдық идея жөніндегі жағдай қиындау еді. 1990 жылдардың бас кезінде либералдық идея элита өкілдерінің көпшілігіне барлық аурудан айығудың еміндей болып көрінген. Мемлекет қайраткері ретінде маған соншама тез сенгіштіктің қажеті жоқеді. Иә, либералдық идея Батыстың әлемдік саясат теориясы мен тәжірибесіндегі ең әйгілі әрі көрнекі үлестерінің бірі және планетаның тұтастай аймақтарында үстем саяси идеология болатын. Дегенмен, сол кезде-ақ батыстық либералдық идеологияны Қазақстанға қарапайым тәсілмен ауыстыру кезінде оны іске асырушылар–кең мағынада, соның ішінде саяси мағынада–мәдениет сынды құбылыс пен қақтығысатыны түсінікті болды. Оның сипаты мен мұраттарын лезде өзгертуге болмайты неді. Саяси мәдениеттің тұрпатын біртіндеп, өркениеттілік әдіспен нақты реформалар негізінде түбегейлі жаңар туқажет еді.

---

① 参见《计算机与人脑》，转引自陈明远. 语言学和现代科学 [M]. 成都：四川人民出版社，1984：186.

译文：自由主义思想的情况较为复杂。在20世纪90年代初，对许多社会精英的代表来说，自由主义思想似乎是包治百病的灵丹妙药。我作为一个国务活动家是不能那么轻信的。的确，自由主义思想是西方对世界政治理论和实践的一个最卓越最鲜明的贡献。是的，它在世界上许多地区已成为占统治地位的政治意识形态。但是当有人把西方的自由主义意识形态机械地搬到哈萨克斯坦的时候，其传播者就遇到了广泛意义上的，也包括政治意义上的文化这个现象，这在当时就已清楚。不可能一下子就改变文化的性质和理想。必须在进行现实改革的基础上逐渐地、文明地改变政治文化的类型。

在讨论自由主义思想的时候，基于事实，纳扎尔巴耶夫承认，"的确，自由主义思想是西方对世界政治理论和实践的一个最卓越最鲜明的贡献。是的，它在世界上许多地区已成为占统治地位的政治意识形态。"但是，哈萨克斯坦实行的是强总统、弱议会、小政府的相对集权体制，这和自由主义思想中总统代表政府与议会分权的主张不甚相符。针对这种情况，纳扎尔巴耶夫难以争辩，只能笼统地论述这种差异是由文化上的差异导致的。

（9）Мұндай нәтижелерге жету оңай болған жоқ. Ұлттық валютаны енгізу өздігінен ешқандай да әлеуметтік-экономикалық проблемаларды шешпейтінін біз түсіндік. Ол былай тұрсын, ақшаның құнсыздануына қарсы саясаттың және қаржыны пайдалануға қатаң бақылаудың болмауы жағдайында, валютаны енгізу осы проблемаларды қатты асқындырып, халықтың жаңа валютаға сенімін бұзу ымүмкін еді. Оны қалпына келтіру өте ұзаққа және қиындыққа соғатыны анық.

译文：取得这样的成果并不是一件容易的事情。我们知道，发行本国货币本身不能解决任何社会和经济问题。不但如此，在缺乏预防通货膨胀和不严格监督资金使用的情况下，发行本国货币可能会使这些问题更加尖锐化，破坏国民对新货币的信任，后来不得不用很长时间和花很大力气恢复这种信任。

在谈到如何做出发行本国货币的决策时，纳扎尔巴耶夫对利弊都进行了阐述，指出"发行本国货币本身不能解决任何社会和经济问题"、"在缺乏预防通货膨胀和不严格监督资金使用的情况下，发行本国货币可能会使这些问题更加尖锐化，破坏国民对新货币的信任"，我们发现，他在谈论这一话题的时候，采用了大量的模糊词语来形容，这些词语的语义程度带有极大的不确定性，例如："可能"、"容易"、"很长"、"很大"等。

"言语模糊实际上是说话人提供了不很完整但有效的信息，因而可以说违背了合作原则及其准则，但也不能排除模糊表达在深层意义上的合作。"①按照方式准则的要求，语言的使用者在其能力范围之内，应当尽可能清楚地表述自己所知道的内容以使交际正常进行。但在政治语言中考虑到语境问题，尤其是听众的心理，就不得不利用语用模糊策略使严肃的政治话题在相对轻松的气氛下进行，这是对合作原则进行的巧妙违背。在例（8）和例（9）中，纳扎尔巴耶夫采用语用模糊策略，实现了获得读者认同的交际目的，这反映了哈萨克斯坦总统集权和私有制两种制度文化对他的影响。

三、结语

语言本身就是一门艺术，如何在涉及政治的话题中，使用语言表达自己国家和政府的观点，产生良好的效果，更是一门值得研究的艺术。《哈萨克斯坦之路》一书正是这方面的典范，作为国家首脑的纳扎尔巴耶夫在该书中，善用、活用语用策略，将自己的权威、立场与语言交叉渗透，较好地实现了自己的交际目的。

从上述分析中，我们发现，纳扎尔巴耶夫在《哈萨克斯坦之路》一书中综合运用了语用削减、语用虚化、焦点转移、语用模糊等语用策略，这些策略的运用使得纳扎尔巴耶夫既能就文中提到的各个敏感问题进行一定程度的分析，又尽量避免引起不必要的争议。而纳扎尔巴耶夫之所以采用这样的语用策略，和他本人的成长经历以及哈萨克斯坦独特的文化背景是分不开的，他所采取的语用策略，带有明显的个人印记。

但是，我们也应该看到，在现代社会，读者的辨别能力有了很大的提高，他们可以从很多渠道了解、认识哈萨克斯坦独立以来的政治史，从而获得自己的判断。在《哈萨克斯坦之路》一书中，有很多读者关心的问题，纳扎尔巴耶夫或避而不谈，或简单带过，无法从书中找到权威答案。这时，读者就会转而寻求并相信其他来源的信息，这就违背了纳扎尔巴耶夫传播官方权威政治思想的初衷。从这个角度来看，过多地、不当地运用语用策略，也会有一定的负面影响。

参 考 文 献

［1］陈明远. 语言学和现代科学［M］. 成都：四川人民出版社，1984.

---

① 熊永红. 论言语模糊及其语用效果［J］. 湖南农业大学学报，2002（3）：63—65.

［2］侯国金，蒋勇. 消极应答的语用策略［M］. 外国语，2004（1）.

［3］侯召熙. 中国外交部发言人答记者问语用策略研究［D］. 暨南大学，2007.

［4］刘森林. 语用策略［M］. 北京：社会科学文献出版社，2007.

［5］努尔苏丹·纳扎尔巴耶夫. 哈萨克斯坦之路［M］. 北京：民族出版社，2007.

［6］冉永平. 语用学现象与分析［M］. 北京：北京大学出版社，2006.

［7］王莉宁. 布什总统答记者问的语用策略［J］. 阅读与写作，2005（7）.

［8］魏在江. 从外交语言看语用含糊［J］. 外语学刊，2006（2）.

［9］熊永红. 论言语模糊及其语用效果［J］. 湖南农业大学学报，2002（3）.

［10］徐通锵. 基础语言学教程［M］. 北京：北京大学出版社，2000.

［11］杨艳华，张树凡. 委婉语与交际策略［J］. 中南民族大学学报，2002（4）.

［12］Grice H P. Logic and Conversation［M］. Cole: P.& Morgan (eds), 1975.

［13］Partington A. The Linguistics of Political Argument［M］. Rouglege, 2003.

［14］Wilson J. Politically Speaking: The Pragmatic Analysis of Political Language［M］. Oxford: Blackwell, 1990.

蒙古语直接引语及其标记 гэж

■ 解放军外国语学院　田艳秋

【摘　要】引语是所有语言中普遍存在的语言现象，蒙古语口语或书面语中，无论直接引语还是间接引语成立的条件之一是必须带有关联动词гэ-形式，即形成"引语+гэ"结构。本文以自建《带гэж直接引语语料库》中实例为考察对象，对带"гэж"直接引语的位置分布、结构以及引导句中谓语动词进行分析。我们认为，гэж尽管形式上表现为关联动词гэ-的并列副动词形式，其引语标识用法已经定型化，在直接引用语中гэж具有衔接和衔接替代引语动词的功能。

【关键词】蒙古语；直接引用语；гэж；衔接；衔接替代

一、引言

在口语和书面语中，将自己或别人的话转述出来的规则在蒙古语中也是普遍存在的。蒙古语中，无论口语或书面语，引语成立的必要条件是必须带有关联动词гэ-形式，也就是说，以"гэ-"将引语与引述者的话连接起来。如：

［1］《Чи你　ямар哪样的мэргэжилтэй专长　болохыг有　хүсдэг想　вэ？疑问语气词》гэжø нэг一个охин女孩нөгөөгөөсөө另一个асуув问.（直接引语）

一个女孩问另一个女孩："你想拥有什么技能?"

［2］Салаан дарга排长，намайг我宾格ирэх долоо хоногт下周 заавал一定энэ这ажлыг 工作дуусгах结束ёстой应该гэжø хэлэв说.（间接引语）

排长让我下周一定要结束这项工作。

例句［1］中，带下划线部分是直接引语，"нэг охин … асуув"为引导语，即引述者的话，引语和引导语之间依靠гэж连接，例句［2］中带下划线部分是间接引语，"Салаан дарга … хэлэв"为引导语，依靠гэж实现了间接引语与引导语的衔接。通过对应翻译，我们清晰地了解到гэж是蒙古语引语的必备元素，而在汉语翻译中并没有对应的部分。可见，作为蒙古语引语句句法层面的引语句标识语义含量很低。

　　关于蒙古语引语，前人的研究多集中在引语相关的句法教学上，例如：引语的类型、引语的位置、直接引语与间接引语的转换等教学问题。学者们普遍认为蒙古语引语是句子中引用别人或自己的言语或想法；引语可以分为直接引用语和间接引用语。鲍博洛夫尼科夫在《蒙古语—卡尔梅克语语法》[①]著作中与直接引用语密切相关的观点是："一个句子在另一个句子里提到某人的言语、思想或者愿望，例如：Тэр хүн ирнэ гэж хэлэв.（说那个人要来。）这样的句子叫插入句（оруулбар өгүүлбэр）。"蒙古国科学院院士语言学家罗布桑旺丹在《现代蒙古语法》中认为，"口语或书面语中，引述者将别人或自己的言语、想法原原本本或略加修饰地说出来，叫做引语"（Лувсанвандан. Ш., 1956：92）。巴莱希尔主编《现代蒙古语句法》将引语分为说话者本人的话和别人的话两种，"在口头或书面表达中，说话者将本人或其他人的话，以第三者口吻说出，以'гэ'与主句相连的句子叫做引语"（Барайшир. Ш., 1989：247）。普日布奥其尔认为尽管许多研究者使用可直译为"引词、引语"的术语——"хөндлөнгийн үг"，认为引语本质上是句子，因而在《蒙古语复合句理论与实践问题》一书中，开始使用"引用句（хөндлөнгийн оруулбар өгүүлбэр）"这一术语。（Пүрэв-Очир. Б., 1995：354）

　　引述者（或作者）常把别人或自己的言论、想法、认识、观点等不加修改、原原本本地加以引用，这种被引用的词或句子称为直接引语。蒙古语直接引语中，гэж是蒙古语引语标识，具有鲜明的句法特征，是承担特殊功能的特殊成分。前人研究中关于引用语中гэ-的专门研究几乎没有过多着墨，对直接引用语标志"гэж"的研究相当薄弱。蒙古国句法专家普日布奥其尔强调："引用语句的句法、语义及其标识'гэж'是需要进行专项创新研究的非常有趣的课题之一。"（Пүрэв-Очир. Б., 1996：327）

　　直接引语里гэж的功能和语义特点是什么？关联动词гэ-的并列副动词形式为什么会成为蒙古语直接引语的必备标识？本文通过对所收集到的带"гэж"直

---

　　① Бобровников. А. А. Грамматика монгольского-калмыцкого языка. Казань, 1894. 转引自 Пүрэв-Очир. Б. Орчин цагийн монгол хэлний өгүүлбэр зүй. 1996: 328.

接引语的结构进行分析、整理、归类，重在考察蒙古语直接引语标志гэж的语义和功能，回答上述两个问题。本文所用语言材料来源为两部分：一部分为本人搜集整理，另一部分来自俄罗斯社会科学院蒙古国家语料库在线平台①，以"гэж"作为关键词进行检索，共找到484篇文章中16042例带"гэж"句子，选取前10000个句子，手工去掉不完整句、非直接引语句建立语料库。

二、直接引语

蒙古语直接引语句由三部分组成，即直接引语、гэж、引导语。直接引语部分，即本人或别人的言语或思想；гэж是蒙古语直接引语的重要标识；我们把引出人物话语的句子叫作引导语，引导语对被引用的人物话语进行补充、说明和阐释。

（一）蒙古语直接引用语的模式

通过我们对语料的掌握，我们发现蒙古语直接引语的位置比较灵活，直接引语可以位于引导语的前面，也可以在引导语的后面，有时还可以穿插在引导语中间。

1. 直接引语位于引导语前面

直接引语在引导语前面，这是直接引语中最常见、最广泛的模式。

[3]«Чи уургаа хугалчихна гэж их айв уу?» гэж жолооч даажигнав.

"你很担心会把套马杆弄断吧？"司机打趣说。

[4]«Тэгээд та өөрөө морио уургалдаг хэрэг үү?» гэж төлөөлөгч асуув.

"这样一来，你就得自己套马了吧？"代表问道。

[5]«Энэ чинь үнэн юм уу?» гэж Насанбат асуужээ.

"这是真的吗？"那顺巴特问道。

2. 直接引语位于引导语中间

现代蒙古语中，直接引语可以放在引导语的中间。例[6]中，引导语由名词加言语动词构成，直接引用语放在说话者和гэж中间。例[7]说话者后接"хэлсэн нь, өгүүлрүүн, тэмдэглэсэн нь"等形式，利用冒号引出直接引语，句末

---

① Mongolian National Corpus, http://web-corpora.net/MongolianCorpus.

用 "гэв, гэжээ, гэсэн, гэсэн байна, гэж хэлэв, гээд байна" 等形式结尾。

［6］Гэрэл түргэнээр «Чи тэгээд чухам хэзээ явах юм бэ?» гэж асуув.

格日勒连忙问道："那么你究竟什么时候走呢？"

［7］Бас Ван ханы хэлсэн нь: "Жамухаа дүү, эдгээр бүх цэргийг захир" гэж надад итгэж хэлнэ.

王罕信任地对我说道："扎木合兄弟，你来指挥整个军队！"

3. 直接引语位于引导语之后

引述者先交代缘由，然后再引述自己或别人的话。事实上，蒙古语中，将引用语放在引导语之后的情况非常少见。

［8］Шарав хэлэв: «Очир гуай та намтраасаа ярьж өгөөч. »

沙位布说，"敖其尔先生，请您讲讲自己的经历吧。"

［8］Хүүхэн өгүүлсэн нь: «За би Шаравтай таныг уулзуулахыг бодъё. »

女孩说，"好，我打算让您和沙拉布认识。"

［10］Эмгэн хэлэв: «Чи одоо гар, ган засаад орхи».

老奶奶说，"你现在出去，把裂缝堵住"。

通过对比例句［8］［9］［10］，我们注意到此类引语句的主要特点是，引导语以动词终止结尾形式出现，直接引语和引导句之间以语调或冒号进行衔接，并未使用引用语标识гэж。尽管引用语句子没有出现关联动词гэ-形式，巴扎尔拉格查（Базаррагчаа. М., 2001: 3）认为蒙古语所有句子总是处于 "гэ-, хэмээ-" 之前。基于此观点，我们认为，此处相当于省略了关联动词гэ-或者关联动词гэ-以零变体的形式出现。

（二）直接引语的结构

直接引语性质上属于对说话人原话的逐字复制，从结构上看，引用语可以是完整句，也可以是非完整句。

［11］«Манай баг яллаа» гэж би хэлэв. 我说："我们队胜利了"。

［12］«Зөв хооллож, тарвас их иддэг байсан минь урт наслахын үндэс болсон байх» гэж тэр хэлжээ. 他说："合理饮食、多吃西瓜是我长寿的秘密。"

例［11］［12］中直接引语是完整句，例［11］中直接引语为简单句，例［12］中直接引语为复合句。

［13］Айл бүхэн хоншиндоо гарч, «Хоолбой, хоолбой» гэж хоттой хонийг ийш тийш нь хэсэг хэсгээр нь тасална. 家人来到羊舍，喊着"好勒拜，好勒拜"，将浩特的羊一处一处地分开。

［14］Тэрээр «Ёо, ёо» гэж муухай орилов.

他"哟哟"地叫着。

［15］Марал-Эрдэнэ «Чүү чүү» гэж морио давирав.

马勒尔-额尔德尼"驱驱"地催马急行。

［16］Хишиг «Тийм» гэж хэлэв.

贺西格回答"是"。

［17］Япон хүн «Тонгос тонгос» гэж мэндлээд, өөрийгөө танилцуулав. 日本人点头致意后再自我介绍。

上面各例中直接引语都是非完整句，"Хоолбой"为挤奶时主人呼唤母羊的声音，"Ёо, ёо"为痛苦的呻吟声，"Чүү чүү"是吆喝牲畜的声音，"Тийм"为表示肯定的语气词句，"Тонгос тонгос"形象地表现身体姿态，具有传情达意的作用。

三、直接引语中引导语的传息特点研究

引导语是有助于理解引用语的信息集合，即什么时间、什么地点、谁、在何种条件下说的引用语。作为引语的背景信息，引导语独立于被引述话语之外。从信息传递的角度来看，受话人一般把收到的外界信息划分为两部分，一部分作为背景信息加以淡化或舍弃，一部分作为焦点信息突出、保留。直接引语是焦点信息，最大限度地传递新信息；引导语表达一定的新命题信息，但是相对于引语来说，引导话并不是受话人特别关注的信息。如果单纯从语义观点来看，带引语的复句包含两个命题，即一个核心语义、一个补充语义。

我们把直接引语中гэж的引导语分为两类：一类是гэж后是名词+言说动词或表思维语义的动词，译为"某某人说，某某人想"；另一类是引导语以状中短语或者动宾短语构成。

（一）直接引语 +гэж+ 引述动词

最常见的引导语结构是人称代词+引述动词。引导语中引述动词与гэж相连，可以引述某人的话语也可以引述某人的思想，因而引述动词可以按表示言语

或思维的语义分为两类：一类是言说动词，一类是思想心理活动动词。

此类引导句的谓语多是及物动词，这成为判定直接引语地位的重要依据。直接引语充当什么句子成分，长期以来蒙古语学界并无统一的认识，只是冠之以"引语"（хөндлөнгийн үг）。罗布桑旺丹认为，主从复合句中，一种是分句做主句的某种成分，另一种是分句不做主句的某种成分，作为插入句"оруулбар өгүүлбэр"，将带有引语的句子定义为插入复句（оруулсан нийлмэл өгүүлбэр）或者是带引语的复句（хөндлөнгийн үгтэй нийлмэл өгүүлбэр）。（Лувсанвандан. Ш., 1956：211）《现代蒙古语》中将带直接引语的句子分为上级句（дээр өгүүлбэр）与下级句（доор өгүүлбэр），直接引语作为下级句凭借гэж与主句相连，这就意味着是将гэж之前的引语看作是宾语。（хамтын бүтээл, 2004：156）蒙古语学者图力根认为："引语充当直接宾语，做引导句谓语的客体。"（Түргэн，1988：414）

考察"гэж"作为引语衔接标志构成的"NP+V"结构的引导句，我们认为与"гэж"搭配组合的动词的典型特征是［+言说］［+及物］或［+心理活动］［+及物］，它们与"гэж"紧密相连，形成"гэж+NP+V"结构。我们通过对语料库进行整理，从中筛选出具有［+言说］或［+心理活动］特征的及物动词。

I	［+言说］	асуух, сонгсох, дуулах, ерөөх, зөвлөх, илтгэх, мэдэх, хашгирах, хэлэх, унших, ярих, тоглох...
II	［+心理活动］	бодох, зовох, мэдэх, олох, ойлгох, санах, харах, хийх, үзэх, сэтгэх, ухаарах, мэдрэх...

为了对"гэж+NP+V"结构中V分类进行更细致的描述，我们将出现在"V"位置的动词进行再分类：

1. 一类是表示"言、说"的动词谓语

第一类：蒙古语基本义为"说话"的言语动词，以"хэлэх/ярих"为核心代表。蒙古语中基本义为"说"的言语动词主要包括"хэл-、өгүүл-、хүүрнэ-、ярь-、асуу-、дуул-、ерөө-、зөвлө-、илтгэ-、хашгир-、унш-、дууд-"，此类动词在蒙汉语中一般具有整齐的对应关系，可对应翻译为"说，讲，叙述，谈，问，唱，祝愿，建议，感叫，读"，例如：

［18］《Өвөлдөө малаа сайн усалж байгаарай》 гэж малчин Бат бидэнд сануулав.

牧民巴特建议我们说："冬天你们要好好地饮牲畜！"

第二类：基本语义为［＋听］［＋及物动词］。下图清楚地呈现出引用句中转述者、读者、说话者、受话对象的关系，引语从说话者角度发出的动作为"言说"，从受话者的角度为"接受"，因此引导语中还有一类表示［＋听］的及物动词，主要包括"сонс-（听见，听到），чагна-（听，细听），дуул-（听说，耳闻）"，例如：

［19］Ардууд их эмч ирсэн гэж сонсоод зөндөө баярлаж байгаа гэнэ.

牧民们听到"大夫来了"，都高兴得不得了。

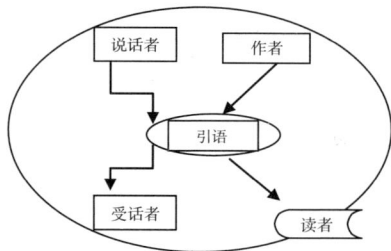

第三类：由声音域转化而来的"说"类言语动词，这类动词主要是拟声词，多是模仿人或动物发声时的声音，主要是对声音状态的描写。包括хуцах（犬吠），хангихах（叮当响，铮铮响），буйлах（骆驼大声叫），гаагалах（咯咯叫），жиргэх（鸟啾啾，唧唧地鸣叫），майлах（羊叫，咩咩叫），мөөрөх（牛叫，牛哞哞叫），муурах（猫叫），торлох（喳喳叫，唧唧叫），унгалдах（马嘶叫）。例如：

［20］Ширээн дээрх цаг нь чаг чаг гэж цохилоо.

桌上的钟滴答滴答地走着。

［21］Баруун хойноос салхи сэр сэр гэж салхина.

西北风呼呼地刮着。

这类动词本义是模仿人或动物发声时的声音，转义指像这种动物的发声方式的说话声。例如：Наадах чинь юу гэж хуцаад байгаа юмбэ?（那家伙喊什么呢？）模拟动物发声的动词хуцах，本义是指狗、狼、狐狸等吠叫、嗥叫，后经过转义，转而指像这种动物声音或发声方式的说话方式。

第四类：具有"书写"意义的引述动词，以"бичих"为核心代表，包括 бичих（书写，记录），зарлах（宣告，分布），тунхаглах（布告，公告），мэдэгдэх（报告，报道），тэмдэглэх（指出，表明），батлах（证实，确认）。例如：

［22］Тэр хүн: «би заавал маргааш цагтаа ирнэ» гэж батлав.

他保证（说）："我明天一定按时回来。"

第五类：具有"说"意义的动词词组或熟语。在"说"这个语义范围内，除了直接表达"说"意义的言语动词之外，还存在着通过词与词的搭配来表达"说"意义的动词词组和熟语，如"хэлээ билүүдэх（耍嘴皮子），дуу тавих（呼喊），ам өгөх（发誓），дуу алдах（失声大叫），санаа гаргах（提议）"等，例如：

［23］«Улаан цэцэгтэй бут байна» гэж дуу алдав.

喊道："看，满是红花的灌木丛！"

2. 一类是表示"想、思考"的动词谓语

"гэж+NP+V"结构中，出现在动词位置的另一类及物词是表示思考、心理活动的及物动词，是以бод-（想）为语义核心的动词类。还包括"үз-（认为），мэд-（知道），ойлго-（理解），сана-（想念），сэтгэ-（思索），ухаар-（明白，理解），мэдэр-（觉悟）"等，例如：

［24］Хөдөөнөөс хот руу чиглэсэн урсгалыг зогсоох арга бол хөдөө нутгийг хөгжүүлж ажлын байр бий болгох, орчин үеийн сургууль, цэцэрлэг барих гэж Засгийн газар үзэж байгаа.

政府认为，阻止由牧区到城市的流动的措施包括发展牧区创造工作岗位，建设现代的学校和幼儿园。

（二）直接引语 +гэж+ 非引述动词

"直接引语+гэж+非引述动词"结构中非引述动词重在表现说话人的神态、动作、神情，突出了引导语传递信息、表达人物话语特点和体现作者意图的作用，以利受话者、读者聚集直接引语。这说明引导语提供的命题信息直接影响引语的表达效果，与作为焦点信息的被引述的人物话语密切相关。常见的引导语中非引述动词有инээ-（笑），инээмсэглэ-（微笑），мишээ-（微笑），

мишвэлз- （微微一笑），үнэгчил- （梦中微笑），хөхөр- （哈哈大笑），маасай-（得意地笑），муший- （变得固执），жуумалз- （冷笑，嘲笑），уурла- （生气），уурс- （气愤），эгдүүц- （愤恨），хилэгнэ- （发怒），бухимд- （烦闷），шат- （怒火中烧），шантай- （生气，发怒），цухалд- （焦急，烦躁），бугс- （恼怒，恼恨），гайх- （惊讶），бахад- （欢喜，满足），бахарх- （自豪，自傲），баярла- （高兴），таларх- （致谢，感谢），тал өг- （迎合），гялай- （满意，欣喜），гунь- （悲叹，嗟叹），гомд- （报怨），дургүйц- （不满），гут- （伤心，自卑），гунигла- （悲叹，嗟叹），шүүрс алд- （叹气），уйл- （哭泣），хайл- （哭泣），давар- （自高自大，傲慢），уулз- （会面），зөр- （反驳，顶嘴），өширх-（仇恨，怀恨），мултар- （摆脱，解脱），зүтгэ- （勤奋，努力），яв- （走，去），буц- （返回），од- （出发），сөхөр- （跪坐），сөр- （反对，反抗），оч- （去），атир- （蜷缩），шурга- （钻入，潜入），давхи- （奔驰），нойрс- （安寝，入睡），эргэ- （回心转意），аахил- （气喘吁吁），ядар- （疲倦，疲劳），өвөлж- （过冬），анилд- （闭上，闭合），оцгоно- （频频前倾），тэлчил- （张开，撑开），дэнд-（过分），нис- （飞行），осго- （冻僵），хөлд- （冻结，冰冻），бүдгэр- （糊涂），гар- （出来），ор- （进去），хэвт- （躺，卧），тогло- （游戏），цаашил- （往远处去），буу- （下来，落下），уна- （跌倒，摔下）。

第一类：描述说话时的动作状态，例如：

［25］«Чухам л уран гартай ухаан төгс хүнд л охиноо өгнө гэсэн санаа юм даа» гэж Гавар өвгөн сахлаа имэрч ганц нэгээр тамхиа нэрэв.

嘎瓦尔老汉捻着胡须一只手续着烟叶（说）："这是要让心灵手巧的人有个女儿啊。"

第二类：描述说话时的感情状态，例如：

［26］«Энэ лаа урсаж байна гэдэг чинь надаас л гарз гарч байгаа хэрэг» гэж уурлаад лаагаа үлээчихэв. "这蜡流了都是我的错。"生气地（说），然后把蜡吹灭了。

四、直接引语标记——гэж

蒙古语中引用语标志"гэж"或"гэ"其他形式是引语句中的必备要素。这就意味着无论是直接引用语还是间接引用语，"гэж"的存在是蒙古语引用语一个显著的特征。举例来说：

［27］Багш надад «Чи хθдθθ яв» хэлсэн.（×）

［28］Багш надаас «Чи ном авав уу» хэлсэн（×）

由于缺少引语标志гэж，这两个句子在蒙古语中是不合格、不规范的，无论是书面语还是口语，都不可能存在这样的句子。也就是说，引语句中"гэ"不出现的话，不仅不能构成引语句，而且不是符合规范的句子。对比语料，我们发现直接引语和引导语基本联系手段是гэж，гэж成为一种显性形合标志，作为引语标记，相当于起引号作用，它是引述语结束的明显标志。

（一）衔接作用

гэж成为引语的标志，是和关联动词гэх有直接的关系。清格尔泰《蒙古语语法》认为："联系动词是一种特殊的虚义动词。汉语里没有相应的词，英语、俄语里也没有相应的词。……гэх的主要语法功能是联系思维和言语的内容，也就是说，它能把表示思维和言语的具体内容的语词或句子联系到表示'思维'和'言语'这样一些词汇意义的概括词上。"（清格尔泰，1991：335）罗氏认为гэж的作用与功能是："引用语后接'гэж'与主句的某个成分连接，标识分句。"（Лувсанвандан. Ш.，1956：211）гэж的主要作用就是把一句话或一个思想引出来，连接直接引语与引述动词，主要起衔接作用。

［29］«Чимээгүй! Эндээс бушуухан зайл!» гэж дэслэгч тушаав.

"别出声！快离开这儿！"中尉命令道。

［30］«Хэрэв одоо ойчвол дахин босож чадахгүй» гэж Аюуш бодоод……

阿尤喜想："要是现在倒下去，就再也起不来了。"

［31］Чамайг их эрдэмтэн боллоо гэж хүмүүс магтаж байна шүү.

人们常夸你，说你成大学者了。

гэж引语标志的用法已经固化下来了，其本身的信息含量很低，гэж在作为引用句的标识，没有词汇意义，没有动词的语义功能，也没有客体。试举例说明，Бат «Би кофе уумаар байна» гэж хэлэв.（巴特说："我想喝咖啡。"）试想，引句如果把"гэж"作为动词，句中共有三个动词уумаар байна，гэж，хэлэв。хэлэв的动作发出者是Бат，уумаар байна的动作发出者是би，гэ的主体显然不是Бат，也不是би，гэж没有动作发出者。因此，"гэж"既没有动词的语法功能，也没有任何词汇意义。

此外，作为引用语标志词"гэж"，此处不可以用гэ-的其他副动词形式替换。尽管 гээд（先行副动词形式）、гэн（共同副动词形式）、гэсээр（延续副动词形式）都是 гэх 关联动词的第一类副动词形式，同 гэж 表达的语法意义接近，用法趋同，但是实际语料中引语标志 гэж 如果换成 гэ- 的先行副动词、共同副动词、延续副动词形式，句子都是不成立。

［32］Өнөөх миний захисан ном олдож байна уу? гэн би асуулаа.（×）

［33］Өнөөх миний захисан ном олдож байна уу? гээд би асуулаа.（×）

［34］Өнөөх миний захисан ном олдож байна уу? гэсээр би асуулаа.（×）

由此可知，蒙古语引语和主句连接的"гэж"是特殊的一个连接标记。尽管形式上体现为关联动词的并列副动词形式即"гэ+ж"，但直接引语的标志天然是"гэж"而不是其他形式，这体现出随着蒙古语的发展，гэж 用法的定型化和语法化。

（二）衔接 + 替代作用

在直接引语中，гэж 不仅做引述语结束的标识，起引用衔接作用，当遇到其后引述动词省略时还起替代作用。

［35］Охин минь хэзээ ухаажина даа гэж Банди гуай гүнзгий санаа алдсанаа над руу харж Манай Баяраа ч морины дэлийг орос сойзны үс шиг болгоод өгдөг хүн дээ...

班第先生长长地叹了口气（说），"我姑娘什么时候才能懂事呢"，看着我（说），"连我的巴雅尔都能把马鬃修剪得整整齐齐了。"

由例［35］，我们可以知道，гэж 相当于 гэж хэлээд 的作用，此时，гэж 在直接引语中不仅具有衔接作用，还具有替代引述动词的作用。即，如果引导语中引述动词省略，则 гэж 肩负衔接及替代言语动词的双重作用。我们将引导句引述动词省略分为两类：连用修饰型引用谓语省略和句尾型引用谓语省略。

1. 连用修饰型引述动词省略

在直接引语+гэж+非引述动词结构中，гэж 用于句中，总括引语。蒙古国句法专家普日布奥其尔提出两种观点：一方面力证此处 гэж 是及物动词，支配前面的直接引语，гэж 表示"说"、"想"、"认为"等实义；（Пүрэв-Очир. Б.，1996：333）一方面又提出 гэж 进入引导句替代动词，充当引导句谓语。（Пүрэв-Очир. Б.，1996：334）本文认为"直接引语+гэж+非引述动词"结构中，гэж 替代引述动词，其后引述动词以省略或零变体的形式出现：

［36］《Одоо яасан ч ойчихгүй》гэж Аюуш шүд зуун алхлав.阿尤喜（心想）:"现在无论如何不能倒下！"咬紧牙关往前走。

［37］《Эм юм бол тусгүй》гэж Дэжид зарлиг буудаг билээ.德吉德断然（说）:"要是女的，就没一点用处。"

2. 句尾型引述动词省略

我们试将直接引语句中句尾型引述动词省略分为三种：第一种是引导句末引述动词省略，以гэ-的终止形式结尾；第二种句末гэж+疑问语气词үү；第三种位于句尾的гэнэ用法。

第一种是引语句以гэ-的终止形式结尾：

［38］Сүрэн надаас《Та англиар ярьдаг уу》гэсэн.

苏伦问我，"你说英语吗？"

［39］Сүрэн намайг《Та англиар ярьдаг уу》гэсэн.

苏伦说我，"您总说英语吗？"

例［38］是直接引语，例［39］为间接引语，两句均为引导句中的引述动词省略，翻译时应注意补充引述动词。例［38］和［39］两句最大的差别在于"надаас"和"намайг"，例［38］中гэсэн表示"гэж асуусан"，即"问我"的意思；例［39］中等同于"гэж хэлсэн"，表达出说话者对于"намайг"的不满之意——"你怎么老说英语呢"。

第二种是句末采用гэж+үү形式，即гэж+疑问语气词。侯万庄《现代蒙古语虚词释例》中专设гэж үү词条，认为是гэж үү是习惯用语，用于词尾其前可以是词，也可以是词组或句子。意为"难道说？""难道……吗？"，表示反问语气。（侯万庄，1991：145）例如：

［40］Үнэхээр чөтгөр байдаг гэж үү? 难道真的有鬼吗？

［41］Залуу насандаа эргэж очих ийм амархан юм гэж үү? 难道回到青春时代是那么容易的事吗？

［42］Би хурандаагийн тушаалыг биелүүлж чадахгүй гэж үү? 难道我完不成上校的命令吗？

［43］Энэ буруу гэж үү? 难道这是错的？

我们认为《现代蒙古语虚词释例》揭示出гэж前可以是词、词组和句子的结构特点，但未进一步揭示 гэж 前的引语本质。我们知道，副动词在蒙古语研究著述中被称为动词的"非结尾形式"，在句子和词组结构中，与后一动词相结合，显示动词与动词之间的关系。并列副动词表示相关动作的条件和状况，例如：Тэр хүн уйлж суунa.（那人坐着哭）；并列副动词之后连接助动词 бай-、бол-、үз-、орхи-、ав-、суу-组成复合谓语，例如：Шинэ үгсийг цээжилж ав!（把生词背下来!）；并列副动词可以重复使用，表示动作长时间持续的状态，例如：Явж, явж ирлээ.（走啊，走啊，走来了）；连接并列复合句，例如：Хавар болж, байгаль дэлхий сэргэв.（春天到了，万物复苏。）蒙古语中并列副动词后根本无法接加疑问语气词 "уу, үү"。那又如何解释 Сүрэн аймгаас ирсэн гэж үү? Чи орсоор бичиж чадна гэж үү?这类句子的合理性呢？通过对语料的分析和整理，我们发现此结构使用中往往是对对话内容的重复，以 гэж үү 作为结尾，句末用升调来表现说话人的质疑。由此可知，гэж 作为引语标志接加疑问语气词 үү，гэж 其后引述动词省略。

第三种在口语和书面语里均十分常见，гэнэ 用于句尾，表示说话者转述别人的话，意为"说是""据说""听说"等，其前可以是词，也可以是完整的句子。这也是引述动词省略的一种典型形式。例如：

［44］Өнөө орой түр зуурын бороотой гэнэ. 说今晚有阵雨。

［45］Тэр газрыг мэдэх хүн гуравхан байдаг гэнэ. 听说知道那地方的只有三个人。

句尾型引述动词省略形式在现代蒙古语中已经作为一种惯用形并逐渐定型化，这从另一个角度也有力地证明，гэ- 在引用句中既起衔接作用，又因引述动词的省略而起替代谓语作用，гэ- 某些衔接替代用法已经逐渐固化、定型化，如 гэнэ 在《蒙古语虚词例释》中将其列为语气词，分布于陈述句句末表达不确切的转述语气，体现出语言的不断变化和发展。

五、结语

《蒙古语简明解释词典》中对 гэж 词条的注释是：残缺动词 гэх 的并列副动词形式。（Цэвэл. Я., 1956：168）一般说来，гэж 是 гэх 的并列副动词形式，但是和副动词用法相比，它有很多特殊之处。通过本文的研究，我们认为 гэж 尽管形式上等同于"гэ-+-ж"，在实际的使用中已经脱离 гэж 并列副动词的用法和功能，固定化为引用语标志。本文以直接引语例句为考察对象，采取了一个不同于前人的研究角度，重点考察直接引语中的 гэж 及其前后项，以加深对蒙古语直接引用语的研究。

参 考 文 献

［1］侯万庄. 蒙古语虚词例释［M］. 洛阳，1990.

［2］清格尔泰. 蒙古语语法［M］. 呼和浩特：内蒙古人民出版社，1991.

［3］Базаррагчаа. М. "КЭ МЭ-, ГЭ-" үйл үгийн гарлын утга хадгалагдах нь［J］. МУИС-ын Гадаад хэл соёлын сургуулийн эрдэм шинжилгээний бичиг, 2001: 3-21.

［4］Барайшир. Ш. Орчин цагийн монгол хэлний өгүүлбэр зүй［M］. УБ, 1989.

［5］Лувсанвандан. Ш. Орчин цагийн монгол хэл зүй［M］. УБ, 1966.

［6］Лувсанвандан. Ш. Монгол хэл зүйн сурах бичиг［M］. УБ, 1956.

［7］Пүрэв-Очир. Б. Монгол хэлний дадлагын өгүүлбэр зүй［M］. УБ, 2003.

［8］Пүрэв-Очир. Б. Монгол хэлний нийлмэл өгүүлбэрийн онол-практикийн асуудлууд［M］. УБ, 1995.

［9］Пүрэв-Очир. Б. Орчин цагийн монгол хэлний өгүүлбэр зүй［M］. УБ, 1996.

［10］Түргэн. Орчин цагийн монгол хэлний судлал［M］. Хөх хот, 1988.

［11］хамтын бүтээл. Орчин цагийн монгол хэл［M］. УБ, 2004.

［12］Цэвэл. Я. Монгол хэлний тайлбар толь［D］. 1956.

从批评性的视角解读阿语新闻语篇中的互文性现象

——以叙利亚化武事件的报道为例

■ 解放军外国语学院　潘基宏

【摘　要】2013年爆发的叙利亚化武事件，引起了各大阿语媒体的高度关注，它们对此进行了大量的跟踪报道。本文从批评性的视角出发，主要从消息来源和转述内容两个方面，对来自三家媒体的六篇阿语语篇中的互文性现象进行了比较分析，揭示了意识形态融入新闻语篇中的过程，并对当前世界阿语传媒的形势进行了分析和思考。

【关键词】叙利亚；化武事件；新闻语篇；互文性；批评性

2013年8月21日，以叙利亚反对派宣称"叙政府使用化学武器，造成大量平民伤亡"为标志，叙利亚化武事件正式爆发。①各国以此为契机，在政治的舞台上展开了一场激烈的较量，而与此同时各大阿语媒体也上演了一幕激烈的"传媒之战"。众多阿语媒体都以"客观公正"标榜自己，然而，同样是叙利亚化武事件，经它们之口呈现给受众的却是不一样的报道，进而使得受众对化武事件、叙政府及其卷入方形成不同的认知。

本文以BBC、半岛台和新华网的阿语新闻语篇为研究对象，旨在从批评性的视角出发，通过对语篇的互文性进行比较分析，揭示出新闻报道中的偏见和意识形态色彩。②本文的研究语料来自三家媒体的官方阿语网站。首先，在网站

---

① 叙利亚化武事件：2013年8月21日发生在叙利亚大马士革东部郊区的化学武器攻击事件及其后续事件的总称。

② 互文性（Intertextuality），即互文本（Intertext）的特性，也就是说从一个文本或语篇中可以看到早于它的文本或语篇的影子。

的高级检索中输入关键词"الأسلحة الكيميائية/الكيمياوية، سوريا"（意为"化学武器，叙利亚"）进行检索。其次，基于对语篇字数、内容相似性的考虑，对语篇进行筛选。最终，本文选出了具有代表性的六篇阿语新闻语篇，其标题如表1所示。

表1

	8月21日	9月10日
BBC	الأزمة السورية: مجلس الأمن الدولي يعقد اجتماعا طارئا لبحث مزاعم وقوع هجوم كيميائي （叙利亚危机：国际安理会召开紧急会议研究发生化武攻击的指控）	الغاء جلسة مجلس الأمن المقررة لمناقشة أزمة الاسلحة الكيميائية السورية （安理会取消原定讨论叙利亚化武危机的会议）
半岛台	مجزرة بالسلاح الكيماوي بريف دمشق （大马士革郊区的化武屠杀）	فرنسا تطرح مشروع قرار لكيميائي سوريا （法国提出化武问题的决议草案）
新华网	تقرير إخباري: المعارضة تطالب محققي الكيميائي بالتوجه إلى الغوطة .. ودمشق تؤكد أن السماح لهم يحتاج لاتفاق مع الحكومة （新闻报道：反对派要求化武调查人员前往姑塔，大马士革强调他们前往需要得到政府的同意）	تقرير إخباري: دمشق تبدي استعدادها الكشف عن ترساناتها الكيماوية للمندوبين من روسيا والأمم المتحدة （新闻报道：大马士革准备向俄罗斯和联合国的代表透露其化武库位置）

一、互文性的消息来源分析

新闻语篇的互文性特征在很大程度上体现于文本的转述引语之中，但新闻生产机构在引语的使用上面临着重要的选择，而它的选择在一定程度上可以反映出媒体的报道倾向，正如格伊斯（Geis）所说，"也许新闻媒体最重要的权力是它能够说在什么时候什么问题重要，并决定在哪个问题上应该听见谁的声音"[①]。

（一）8月21日的新闻语篇

从表2可知，8月21日半岛台的新闻语篇共引用话语18次，其中反对派12次，占总数的67%，而叙政府只有1次。当日，叙利亚是否发生了化武攻击事件，是谁使用了化武，这些情况尚不明确，而叙政府正在与反对派上演激烈的"口水战"。在这种背景下，半岛台大量引用反对派的言论而忽视叙政府的声音有失公正，这也可以反映出它在报道中对反对派的倾向。同日，新华网的新闻语篇共引用话语23次，其中叙政府12次，反对派9次。相比之下，新华网的报

---

① 转引自辛斌. 批评语言学：理论与应用 [M]. 上海：上海外语教育出版社，2005：84.

道倾向不如半岛台明显，但这也表明新华网更加重视叙政府的声音。至于8月21日BBC的报道，从表中可以看出，BBC的消息来源较半岛台和新华网更为广泛和丰富，既有来自当事方叙政府和反对派的消息，也有国际、地区大国美、俄、英、法、沙特等国的消息，还有的消息来自国际组织联合国，同时叙利亚政府与反对派的引用次数也保持一致。从这两个角度来看，BBC似乎是公正的。但仔细研究可以发现，其中西方国家和联合国的引用偏多，而当事方叙政府和反对派却引用很少。BBC在消息来源上的这种选择明显有失偏颇，它有意强化西方的话语权，而忽视当事方的权力。与此同时，BBC又大量借用联合国的话语进行报道，给受众传达一种信息"BBC代表的是一种国际权威，它的报道是公正客观的"。

表2 8月21日消息来源情况

新华网（23次）

消息来源	引用次数	所属国家、集团或派别	次数
叙外交部发言人	3		
叙军队总指挥部	1	叙政府	12
大马士革	1		
叙政府新闻部长	7		
一些反对派消息人士	1		
一些革命分子	1		
反对派"全国协调机构"和"全国联盟"	1	反对派	9
反对派"全国协调机构"	4		
"全国联盟"主席	1		
"全国联盟"	1		
国际化学武器调查小组组长	1	联合国	1
新华社驻大马士革记者	1	中国	1

BBC（19次）

消息来源	引用次数	所属国家、集团或派别	次数
欧盟"外长"的发言人	1	西方集团（欧盟/英国/美国）	5
英国外交大臣	2		
白宫发言人	2		
联合国秘书长	1	联合国	4
联合国	3		
一些反对派人士	1	反对派	3
反对派领导人（乔治·萨布拉）	1		
一些革命分子	1		
叙军事指挥部门	2	叙政府	3
大马士革	1		
俄罗斯外交部发言人	2	俄罗斯	2
一些外交人士	1		1
沙特	1	沙特	1
叙人权观察组织	1		1

半岛台（18次）

消息来源	引用次数	所属国家、集团或派别	次数
反对派全国委员会主席（乔治·萨布拉）	2	反对派	12
自由军参谋长（萨利姆·伊德里斯少将）	2		
自由军参谋长和一些战地医生	1		
革命委员会的成员（穆罕默德·赛义德）	3		
地方协调委员会	4		
沙姆消息网	4		4
叙政府发言人	1	叙政府	1
叙人权观察组织	1		1

（备注：身份属性或政治立场不确定的消息来源不对其所属国家、集团或派别进行判断，下同。）

（二）9 月 10 日的新闻语篇

9月10日的报道以"叙政府响应俄罗斯的建议"为主题，所以正常情况下俄罗斯和叙政府应该是最主要的消息来源，新华网是如此，但半岛台和BBC却不然。由表3可知，新华网共引用话语16次，俄罗斯和叙政府分别6次位居第一。BBC共引用话语24次，西方集团的话语频率最高共9次，俄罗斯3次，叙政府只有2次。半岛台共引用话语20次，其中西方集团8次也是位居第一，俄罗斯6次，而叙政府的话语引用次数为0。通过对比可以发现，9月10日三家媒体的报道与8与10日的报道风格如出一辙，新华网在较好保持平衡的情况下偏重对叙政府话语的引用，BBC强调国际尤其是西方国家对叙化武事件的态度，而半岛台则是一如既往地将叙政府边缘化。

表3　9月10日消息来源情况

新华网（16次）

消息来源	引用次数	所属国家、集团或派别	次数
俄罗斯	1	俄罗斯	6
俄罗斯外长	2		
俄罗斯总统	3		
叙外交部长	3	叙政府	6
叙驻国际原子能机构代表	3		
法国外交部长	3	西方集团（法国）	3
（倡议对叙利亚军事行动的）一些国家	1		1

BBC（24次）

消息来源	引用次数	所属国家、集团或派别	次数
华盛顿	1	西方集团（美国/法国/英国）	9
美国总统	4		
英国首相	2		
法国外交部长	2		

（续表）

消息来源	引用次数	所属国家、集团或派别	次数
俄罗斯	1	俄罗斯	3
俄罗斯外交部长	1		
俄罗斯总统	1		
伊朗外交部发言人	1	伊朗	3
伊朗	1		
伊朗外交部发言人	1		
反对派	1	反对派	2
"全国联盟"	1		
阿盟秘书长	2	阿盟	2
叙外部长	2	叙政府	2
中国	1	中国	2
中国外交部发言人	1		
现任安理会主席（澳大利亚驻联合国代表）	1	联合国	1

半岛台（20次）

消息来源	引用次数	所属国家、集团或派别	次数
英国首相	1	西方集团（美、英、德、法）	8
德国总理	1		
美国总统	3		
法国外交部长	3		
莫斯科	1	俄罗斯	6
俄罗斯外长	5		
伊朗外交部发言人	2	伊朗	2
反对派	1	反对派	2
"全国联盟"	1		
中国外交部发言人	1	中国	1
联合国秘书长	1	联合国	1

综上可知，同样是关于叙利亚化武事件的报道，三家媒体在消息来源的取舍上却存在很大的差异。BBC大量引用来自西方国家的消息，刻意强调西方的话语权。半岛台偏重于引用反对派的话语，而几乎将叙政府边缘化。新华网则较好地保持了信息来源的平衡，但与BBC和半岛台相比，新华网更为重视叙政府的声音，有偏向于叙政府的倾向。目前，巴沙尔政府仍是叙利亚的唯一合法代表，所以从某种程度上来讲，新华网在话语上的适当偏重引用也是无可厚非的。

二、互文性的转述内容分析

三家媒体对消息来源的不同选择，必然造成语篇所引用内容的不同。而通过对转述内容的比较分析，也能更容易理解三家媒体对消息来源不同关注度的深层次原因。

（一）转述引语关注的重点

三家媒体对消息来源的选择各有不同，这必然造成语篇所引用内容的不同，进而影响到引语关注的重点。表4是在对六篇报道引语主题进行统计分析的基础上，提炼的每篇新闻报道转述引语最为关注的主题。

表4

	8月21日	9月10日
BBC	国际社会对化武造成的平民伤亡感到担忧和震撼，要前往调查	国际社会赞赏并支持俄罗斯的建议，但需要对叙政府保持警醒，提醒叙政府要遵守规定，否则将遭受严厉的惩罚
半岛台	反对派谴责叙政府使用了化武，造成大量平民伤亡	
新华网	叙政府否认使用化武，反对派的指控可能别有意图	叙政府同意俄罗斯的建议，并对化武在国际监管下可能遭受攻击表示担忧

针对8月21日大马士革发生的化武事件，BBC借用转述引语，没有立即表态评论谁是主谋，而是将关注的重心放在"人权"和"国际调查"上，从这个意义上来讲这与BBC作为国际媒体自我标榜为"客观、公正"是相符的。半岛台在描述化武造成的惨状时，大量引用反对派对叙政府的指控，直接将谴责的炮火指向了叙政府。而新华网则将关注的重心放于"叙政府的反驳"，与其形成鲜明对比。

在9月9日俄罗斯提出解决叙化武事件的建议后，BBC和半岛台在转述引语中虽然出现了不同的声音，但其关注的重心都是国际社会应当对叙政府接受俄罗斯建议一事保持"谨慎支持"的态度，对叙政府日后能否履行规定表示强烈质疑并进行威慑。反之，新华网在俄罗斯提出建议后，就极力营造一种积极的氛围，多次引用话语表明叙政府对俄罗斯建议的接受和支持。三家媒体对此事关注重心的差异，很大程度上反映出了它们对化武事件尤其是对叙政府的不同态度。此外，新华网还在报道中赞赏叙政府对化武销毁存在危险的全面考虑，这是BBC和半岛台没有提及的，也是下文需要分析的重点，即转述引语的关注范围。

（二）转述引语关注的范围

虽然是对同一事件的报道，三家媒体在报道上都有共同的关注，但也有一些角度只是某个媒体单独提及的，新华网在这方面尤其明显，如下所示：

8月21日

① 联合国调查小组组长提出质疑

بضرورة التحقق في أنباء وقوع هجوم بغاز الأعصاب في سوريا.

（意为 "必须对叙利亚发生毒气攻击的消息进行调查"）

② 叙利亚与阿盟的关系

موقف الجامعة العربية لا يعنينا وهي وعدد من دول الخليج شريكة بسفك الدم السوري.

（意为 "阿盟的观点与我们无关，它和几个海湾国家同谋伤害叙利亚"）

③ 叙利亚的主权

لافتا إلى أن "السماح للمفتشين الدوليين بالتوجه للغوطة يحتاج إلى اتفاق بين الحكومة والفريق الأممي".

（意为 "指出 '国际调查人员前往姑塔地区需要政府与联合国小组的协商'"）

9月10日

①叙利亚和俄罗斯提议要对叙化武在国际监管下的风险进行评估

عبر لمدير الوكالة الدولية للطاقة الذرية يوكيا أمانو عن قلق سوريا البالغ من المخاطر المحتملة لأي هجوم عسكري على منشآت سورية تخضع لاتفاق ضمانات السلامة وتخضع لرقابة الوكالة الدولية للطاقة الذرية.

（意为 "他向国际原子能机构总干事天野之弥表示，他对安全保障协定及国际原子能机构监督下的叙利亚（化武）设施可能遭受的任何军事袭击威胁高度担忧"）

أكد لأمانو أن الوكالة الدولية مفوضة ومسؤولة عن إجراء هذا التحليل وتقديمه للدول الأعضاء.

（意为"他向天野之弥强调'国际原子能机构要负责对此（危险）进行分析，并将其提交给成员国'"）

②叙利亚的化武和以色列的核武器

سوريا تمتلك كمية من السلاح الكيميائي وأنها كانت دائما تعتبره كمقابل للسلاح النووي الإسرائيلي.

（意为"叙利亚拥有一定量的化学武器，而这一直以来是对以色列拥有核武器的交换"）

من المعروف جيدا أن سوريا تمتلك كمية من السلاح الكيميائي، وأن السوريين كانوا دائما يعتبرونه كمقابل للسلاح النووي الإسرائيلي، والموقف الروسي بشأن هذه المسألة معروف جدا، فنحن ضد انتشار أسلحة الدمار الشامل بوجه عام، نووية كانت أو كيميائية.

（意为"众所周知，叙利亚拥有一定量的化学武器，而叙利亚人民一直以来把这当作是对以色列拥有核武器的交换，俄罗斯对这个问题的态度非常明确，我们反对大规模杀伤性武器的扩散，不管是核武器，还是化学武器"）

从上面引用的例子可以看出，相比较BBC和半岛台而言，新华网引用的话语主题更为丰富和全面。8月21日，新华网就引用联合国小组组长的话，向受众传达一个信息：在叙利亚进行调查化武事件的联合国小组对事件的具体情况尚不清楚，在众多的有关化武事件的消息中可能存在一些虚假的成分，国际社会不能盲目相信。同时，新华网通过引语描述了当时阿拉伯世界的一个现状，阿盟由海湾国家主导，而海湾国家与叙利亚的关系并不友善，所以国际社会和受众要对阿盟的建议保持清醒的认识，因为它并不能代表所有阿拉伯国家和民众的实际意愿。此外，新华网引用叙政府的话，"国际调查人员前往姑塔地区需要政府与联合国小组的协商"，意在强调目前叙政府是叙利亚的唯一合法代表，国际社会不能为了调查而忽视叙利亚的主权。

9月10日，新华网还引用叙驻国际原子能机构代表的话描述了一个客观现实，叙利亚同意交出化学武器，但是国际社会必须对化学武器在国际监管下可能存在遭受的攻击进行评估，要充分考虑可能存在的危险。新华网引用这些话语，主要提醒以西方国家为中心的倒巴集团不要只顾政治上的胜利而忽视了叙利亚人民的安全。此外，新华网引用俄罗斯总统普京的话，实际上是在批评西方国家的两面政策，对以色列的核武器视而不见，却对叙利亚的化学武器大肆批判和恐吓。

除此之外，语篇中有些角度是媒体在报道中应该涉及但实际中却被忽视的。以9月10日的新闻报道为例，当日的新闻语篇是围绕"叙利亚接受俄罗斯的建议"这一事件展开的，因此叙政府对建议的表态应该是三大媒体关注的一个方向，但半岛台对此却只字未提。这与新华网当日的报道形成鲜明对比，两者在报道倾向上的差异也由此表现得非常明显。

（三）转述引语的感情色彩

三家媒体在报道的过程中，都有对事件的同一话题进行相关引语的转述，但不同媒体所引用话语的感情色彩却存在很大的差距。叙化武事件之所以引起国际社会的高度关注，其中一个主要的原因是它伤及了包括妇女儿童在内的大量平民，下面就以此对三家媒体的转述引语进行对比研究。新闻语篇中新华网和BBC在引语中各有一处提到对妇女儿童的伤害，半岛台有四处提及。为了便于分析，从半岛台中选取了一处具有代表性的引语与新华网和BBC的引语进行比较，如下所示：

المعلومات الواردة من الغوطة الشرقية تفيد بأن المنطقة قد تعرضت للقصف بالأسلحة الكيماوية راح ضحيتها مئات السوريين من بينهم نساء وأطفالا، وإننا في هيئة التنسيق الوطنية ندين هذه الأعمال الإجرامية ومن قام بها.

（新华网，8月21日）

（意为"从姑塔东区传来的信息表示，该地区遭受了化武的攻击，数百叙利亚人伤亡，其中有妇女和儿童，全国协调机构对这种罪行和其肇事者表示谴责"）

أشعر بقلق بالغ إزاء تقارير بمقتل المئات من الأشخاص وبينهم أطفال في غارات جوية وهجوم بأسلحة كيميائية على مناطق واقعة تحت سيطرة مقاتلي المعارضة قرب دمشق.

（BBC，8月21日）

（意为"我们对大马士革附近反对派力量控制的地区遭受空袭和化武攻击造成包括儿童在内的数百人死亡的消息表示高度担忧。"）

النظام وجه بإجرام لا يوصف أسلحته الكيماوية ضد العائلات في تلك المناطق ليختنق الأطفال في أسرّتهم ولتغص المشافي الميدانية بمئات الإصابات في ظل نقص حاد للوازم الطبية الكافية لإسعافهم وخاصة مادة لإتروبين.

（半岛台，8月21日）

（意为"政府的罪行罄竹难书，它将化武对准那些地区的家庭，造成儿童在床上窒息死去，成百上千的伤者布满战地医院，他们极度缺少治疗的必需品，尤其是阿托品。"）

从例句中可知，新华网和BBC所引用话语的感情色彩较为适度，更多的是介绍事件的情况。相比之下，半岛台则表现得非常强烈，引语中使用"إجرام

"لا يوصف"（意为"罪行难以描述，罄竹难书"），将叙政府描述得"十恶不赦"。"يختنق الأطفال في أسرّتهم ولتغص المشافي الميدانية بمئات الإصابات"（意为"儿童在床上窒息死去，成百上千的伤者布满战地医院"），运用"تغص"、"يختنق"（分别意为"窒息"、"拥挤不堪"）两词，借助对仗的方式和"لـ"结构的作用，将化武攻击所造成的凄惨场景活生生地呈现在受众眼前，必然引发受众的共鸣和对此次"反人道主义"事件的痛恨。

此外，新华网和半岛台在引语中都谈到了叙利亚化学武器储存量的问题，但半岛台引用法国外长的话"امتلاك نظام الرئيس السوري بشار الأسد ترسانة ضخمة من الأسلحة الكيميائية تبلغ ألف طن"（意为"叙利亚巴沙尔政权有大量的化学武器，达 1000 吨"），而新华网则引用俄总统普京的话"سوريا تمتلك كمية من السلاح الكيميائي"（意为"叙利亚有一定量的化学武器"）。结合上下语境可以感知，前者明显有对叙政府拥有化学武器的批评，而后者则似乎认为这是叙政府的权利，至少反应不强烈，两者感情色彩上的明显差异必然会对受众的认知产生影响。

三、结语

本文从批评性的视角，对BBC、半岛台和新华网有关叙利亚化武事件的六篇阿语新闻语篇的互文性现象进行了解读。通过比较分析可以发现，三家媒体在互文性的消息来源和转述内容上各有偏重，反映出了它们不同的报道倾向和意识形态色彩。随着现代科技的高速发展，媒体已经成了民众获取新闻资讯、了解世界最为重要的方式。拥有一支强大的国际传媒力量，不仅有助于一国获得国际"话语权"，掌握对重大事件的背景"解释权"，还有利于一国在向世界传播文化、塑造国家形象上把握"主动权"。

然而，目前针对阿拉伯受众的传媒体系呈现出半岛台、CNN和BBC"三分天下"的局面。一直以来阿拉伯民众对中国的了解主要源于西方媒体，而CNN和BBC在有关中国的报道上经常会带有一定的倾向性，这使得中国呈现给阿拉伯民众的是歪曲的、被精心处理过的国家形象。在此次叙利亚化武事件上，中国在坚持不干涉内政的原则下使用否决权，破坏了西方国家试图通过安理会对叙动武的企图，捍卫了"叙利亚人民自己选择自己未来"的权利。但是，中国这一举动被CNN、BBC大肆渲染为"不顾人权"、"支持专制政府镇压人民"，给中国的国家形象带来极大的消极影响，使中国在阿拉伯世界的外交工作一度陷入被动之中。

近些年来，世界大国不断加大对针对阿拉伯受众的传媒投入，大量的纸质和网络版的阿语媒体不断涌现，呈现出一种"白热化"现象。因此，在这种背景下，打造自身的强势媒体，向阿拉伯世界发出来自中国的声音，"让阿拉伯世界了解中国，让中国走向阿拉伯世界"就是中国面临的也必须要完成的紧要任务。

参 考 文 献

［1］陈杰. 阿拉伯语新闻研究：语言学与翻译学的视角［M］. 银川：宁夏人民出版社，2011.

［2］纪卫宁，辛斌. 费尔克拉夫的批评话语分析思想论略［J］. 外国语文，2009（6）.

［3］肖凌. 叙利亚危机的特点、背景及其走向分析［J］. 阿拉伯世界研究，2013（6）.

［4］谢杨. 阿拉伯语新闻语体特点［D］. 北京外国语大学，2001.

［5］辛斌. 批评语言学：理论与应用［M］. 上海：上海外语教育出版社，2005.

［6］熊伟. 跨文化传播的话语偏见研究：批评性话语分析路径［D］. 武汉大学，2010.

［7］周烈，蒋传瑛. 阿拉伯语篇章语言学［M］. 北京：外语教学与研究出版社，2001.

［8］Fairclough, N. Critical Discourse Analysis as a Method in Social Scientific Research [M]. London: Sage, 2001.

［9］Flower, R. et al. Language and Control [M]. London: Routledge & Kegan Paul, 1979.

文学研究……………

印尼女作家恩哈·迪尼长篇小说《启程》中的女性形象分析

■ 解放军外国语学院　张　燕

【摘　要】本文试图在女性主义视界中，梳理印尼当代著名女作家恩哈·迪尼在其长篇小说《启程》中塑造的女性形象，分析在社会、民族、政治、文化等因素的共同作用下，作品中刻画的女性形象如何彰显作者对理想女性的建构，如何承载作者独特的女性主义理念。

【关键词】印尼；恩哈·迪尼；女性形象；主体

恩哈·迪尼是印尼20世纪70年代以来最为著名的女作家之一。她的创作跨度时间长，从20世纪50年代持续到21世纪初。她的作品数量丰富，代表作《启程》、《在船上》、《班冬安大街》等深受读者欢迎，多次再版。她屡获各类国际国内文学奖项，以2003年荣获"东盟文学奖"最为突出。虽然印尼远离世界文学潮流变革中心，但特殊的生活经历使迪尼能够敏锐地感知西方文明浪潮的冲击，创作出风格独特的女性文学作品。

迪尼创作于20世纪70年代的小说从选材、主题和叙事手法上都别具一格，突破了印尼传统小说模式，围绕女性爱情、婚姻、事业、人生展开书写，着重表现女性生活、心理、情感和欲望，并在此基础上肯定女性的价值追求，力争实现女性自我主体的觉醒。她在作品中一般采用女性视角，通过刻画女性细腻的内心世界逐步展现女性主体意识的发展变化过程，塑造了许多细腻丰满、传统和现代特性兼具的女性形象。在更深层次上，迪尼的作品反映了自身所处时代的社会历史文化发展演变和女性地位变迁，凸显了当时社会中女性的生存状态和地位权利问题，表现出在东西方文化碰撞下具有跨文化创作背景的女性作家在塑造女性形象时所持的特殊立场，和为改善女性现实处境寻找可行性解决方案的努力，进而展示出她所秉承的女性主义理念。

一、创作背景概述

恩哈·迪尼（Nh. Dini / Nurhayati Sri Hardini，1936—）出生于爪哇三宝垄，从小深受爪哇式传统家庭教育影响，很早就展露出过人的文学天赋。她曾伴随法国外交官丈夫在日本、柬埔寨、菲律宾、美国、荷兰和法国履职长达20年，遍观人间百态。她在少年时期发表于《故事》（Kisah）杂志上的第一部短篇小说《叛徒》（Pendurhaka，1951）曾获得印尼著名文学评论家耶辛（H. B. Jassin，1917—2000）的认可。在19世纪70年代至21世纪初，迪尼陆续发表了几十部文学作品，涵盖长篇小说、中短篇小说、回忆录等。她用别具一格的作品为印尼文坛带来一股新风，引起印尼乃至东南亚文坛的轰动，屡屡斩获各级奖项。2003年，她在泰国曼谷荣获"东盟文学奖"，成为少数荣获该奖项的印尼女性作家之一。

创作心理学认为，文学艺术家个性的形成因素主要与个人器质（自然生理条件）、气质（稳定的心理特点）和社会甄别（社会环境条件）三个方面有密切关系。特别是早期经历、生活阅历、人生意识、文化积淀、艺术熏陶等社会环境条件对作家的个性心理结构的形成和发展，有着深刻的影响。[①]迪尼成长于传统爪哇家庭中。在她所处的爪哇社会环境中，习俗（adat）长久以来一直占据重要地位，讲究天人合一、顺天应命、服从权威的传统道德观念。男性要服从贵族、官员等权威，女性群体不仅要服从传统权威，也要服从男性权威。温柔随顺、坚韧内敛、听天由命是对女性气质的一贯要求。伊斯兰教作为爪哇地区的主流信仰，规定了爪哇人精神世界和日常生活的诸多方面。伊斯兰教经典《古兰经》认为，男女在各方面是生而不同的，所以拥有的权利就不一样。男人的先天条件决定了他们比女子承担更多义务，享有更多权利。[②]比如，沙里阿法规定穆斯林男性可以享受一夫多妻制，有任意休妻的权利；穆斯林女性在婚姻中是被动的，她们被丈夫以聘礼娶来，也可以随时休掉；女人失贞要受到拘禁，甚至乱石打死，而男人出轨则免于惩罚等。在爪哇，伊斯兰教性别观念被认为是正统的，逐渐成为区

---

① 陈进波，惠商学，等. 文艺心理学通论［M］. 兰州：兰州大学出版社，1999：240—248.
② 牟宗艳.《古兰经》女性观初探［J］. 妇女学苑，1995（4）：20—22.

别穆斯林虔诚与否的标准，一直被乌来玛（伊斯兰教学者）所提倡，妇女在伊斯兰教中被排除出公共领域之外。[①]

迪尼的集中创作期始于苏哈托总统"新秩序"时期。当时，苏加诺时期的左翼妇女组织已被整肃干净，印尼妇女运动开始在政府主导的妇女运动去政治化过程中衰落。[②] 在政府的主导下，"印度尼西亚妇女大会"（Kongres Wanita Indonesia）成为最大的妇女组织、1974年出台了《婚姻法》（Undang-Undang Perkawinan）、1978年"国家大政方针"中第一次规定了"妇女双重角色"（peran ganda perempuan）政策，即"仅仅充当妻子和母亲的角色，被认为没有在建设中发挥作用或做出贡献。换言之，妇女被视作负担，必须变成资源。所以必须推动妇女群体在履行妻子和母亲义务的同时积极参与公共事务"[③]。可见，在新秩序时期，政府并没有刻意将妇女排除出经济、教育、政治领域，妇女就业率提高，地域流动和职业流动加速，就业范围扩大，独立意识、自主能力都得以提高。然而，政府的根本目的是通过"家庭福利运动"（PKK）[④]、"妇女达摩"[⑤]（Dharma Wanita）、Dharma Pertiwi[⑥] 等官方组织将妇女召集并限定起来，强化妇女的传统性别角色。"在政治条件下，新秩序很谨慎地试图限制妇女，不希望妇女为了追求自己的利益而独立地组织起来。新秩序也积极地试图强化妇女的传统性别职能，包括对妇女作为母亲和妻子身份的强调。"[⑦] 此外，习俗和宗教仍在很大程度上对性别规范产生影响。研究表明，几乎全部伊斯兰教文化象征元素及其操作方式、社会流行和使用的典籍等都包含浓厚的传统性别规范倾向。[⑧]宗教

[①] 范若兰，等. 伊斯兰教与东南亚现代化进程 [M]. 北京：中国社会科学出版社，2009：75.

[②] Suryakusuma, Yulia, (1987). *State Ibuism: The Social Construction of Womanhood in the Indonesian New Order*, The Netherlands.

[③] Nursyahbani Katjasungkana, Liza Hadiz, *Pelaksanaan Konvensi Penghapusan Segala Bentuk Diskriminasi terhadap Perempuan: Laporan Independen Kepada Komite PBB untuk Penhapusan Diskriminasi terhadap Perempuan*, Apik bekerja sama dengan Kelompok Perempuan untuk Pemantau Pelaksanaan Konvensi, 1998, pendahuluan.

[④] 是女性主导的运动，其活动主要是提高城乡家庭福利的社会建设项目，曾于1988年获得UNICEF的Maurice Pate Award和WHO的Sasakawa Health Prize。

[⑤] 成立于1974年，其成员由国家公务员妻子组成，其活动主要为支持政府进行社会建设。

[⑥] 成立于1971年，成员由印尼国民军妻子组成，其活动主要为教育和社会福利。

[⑦] 史蒂文·德拉克雷. 印度尼西亚史 [M]. 郭子林，译. 北京：商务印书馆，2014：127.

[⑧] Ratna Batara Munti, *Aturan Hukum tentang Perkawinan dan Implikasinya pada Perempuan*, E. Kristi Poerwandari, Perempuan Indonesia dalam Masyarakat yang Tengah Berubah---10 Tahun Program Studi Kajian Wanita, Program Studi Kajian Wanita, Program Pascasarjana Universitas Indonesia, Jakarta, 2000: 235.

教义将造物主放在首位，其次是男性，最后才是女性。

在当时世界范围内，女性主义发展处于第二波浪潮之中。女性主义者开始将性别与政治联系在一起，揭示女性本质和不平等根源。她们普遍认为社会性别（Gender）"需要后天发展"，"起源于社会、文化、家庭对两性的不同期待"。[①]性别身份是在文化框架下由权力建构的，是话语权力在生理性别的基础上形成社会性期待的结果。我们是根据已经被书写为我们社会的文化传统的那个剧本底稿来演示男性气质与女性气质、同性恋与异性恋的。[②]女性要发现并颠覆男性/女性、主体/客体、独立/依附、主动/被动、理性/感性、尊/卑等传统二元价值判断。

传统文化的熏陶、个人生活的阅历、游历世界的见闻，再加上西方现代思潮、女权运动、性解放和女性主义的冲击，共同形成了迪尼的个性心理结构和人生价值理念，使她以东方女性固有的含蓄和细腻的笔法写下本国或异国各种女性的遭遇和命运，反映出在东西方文化交融、传统和现代冲击的背景下女性面临的种种问题和困惑，呈现出作者对于女性生存困境的理想性探究。

二、小说《启程》中女性形象的构建

恩哈·迪尼创作于20世纪70年代的小说大部分属于"女性感知"类小说，长篇小说《启程》是代表作之一。《启程》中的女性在东西方文化的交流碰撞下，在通往自身解放的道路上呈现出迥异的面貌。小说背景安排在50年代印尼独立之初的排荷浪潮中，荷兰人和混血人种处处遭受歧视，被迫返回荷兰。荷印混血女孩爱丽莎（Elisa）在全家人返荷时，选择独自留在印尼。她试图通过努力改变自身处境，成为一名真正的印尼人，被印尼民族所接纳。然而事与愿违，在遭遇爱情失败和飞机遇险后，她最终决定"启程"返回荷兰。

作品采用第一人称视角，以印尼独立初期民族主义精神高涨的社会历史为背景，剖析人生尤其是女性生存的状态、价值和意义，展现女性主体性觉醒的不同程度。《启程》中塑造了三位典型女性，主人公爱丽莎、爱丽莎的同事和好友兰茜（Lansih）以及爱丽莎的母亲。爱丽莎从濒临人格分裂到实现自我超越，兰茜表现为"自为的存在"，是作者的代言人和爱丽莎的指路者，而爱丽莎母亲则将欲望人生极端张扬。

---

① ［美］波利·扬-艾森卓. 性别与欲望：不受诅咒的潘多拉［M］. 杨广学，译. 北京：中国社会科学出版社，2003：37—38.

② Butler, J. Bodies that Matter: On the Discursive Limits of "Sex" [M]. New York: Routledge, 1993.

（一）爱丽莎——从濒临人格分裂到实现自我超越

爱丽莎是荷印混血儿，在雅加达格玛腰兰机场担任空乘，属于都市职业女性。在成为主体还是他者的困惑中，她面临艰难的抉择。

妇女解放的第一个先决条件就是一切女性重新回到公共的事业中去。[①]波伏娃也认为，女性想要逃出男权社会强加于女性的限制的策略就包括参与工作。[②]爱丽莎的主体意识最初是从进入职场表现出来的。空乘职业使爱丽莎获得经济独立，具备挣脱从属地位的条件。她不愿依附家庭，认为"参加工作后已经能够独立生活，不需要任何人的帮助。拥有青春就敢于担当，父母只是枷锁"（P31）[③]。这种心理使她敢于挑战以专横跋扈的母亲为代表的权威，充满自信、勇敢独立。她不认可男权社会对女性的贬低，职业的获得意味着她"将对自己所有行为、生活以及开支负责"（P21）。她通过自身努力，以经济独立保证主体独立。

在迪尼的文本中，爱情是永恒的主题。爱情不仅是个人体验，还是在实践中具体地实现某种社会联系，成为最具有性别特色的叙事。混血女性爱丽莎在遭遇爱情和婚姻时，也同时遭遇了将自己客体化、异者化的困境。爱丽莎为了融入印尼社会，奉行印尼女性的传统理想，认为婚姻是女性追求的生活目标和必然归宿，心甘情愿把自己的未来寄托在男性身上。她的行为、思维和价值观念都被男性主导的意识形态打上了深深的烙印。她"就像其他少女一样，脑中充满对婚姻的幻想"（P31），希望能够找到"一位能干、社会地位高、能够提供衣食无忧生活"（P31）的如意郎君。她希望婚姻能够帮助她摆脱自身民族和国籍不确定的处境，以丈夫为中介，证明自己生存的正当性，彻底摆脱自己混血的尴尬身份和处境。她从父权统治中逃脱出来，却心甘情愿地准备投入夫权统治之中，立志成为"家中的天使"，成为男性眼中合格的妻子和母亲。

小说也同时展现了印尼本土女性所受的传统观念束缚："印尼传统女性与西方女性的教育及交往方式不同，西方女性将两性亲密接触视为共同生活前的尝试，而印尼女性普遍将两性亲密接触视作即将托付终身，结婚并组建家庭。"

---

① [德]恩格斯. 家庭、私有制和国家的起源 [M]. 北京：人民出版社，1999：76.

② 罗斯玛丽·帕特南·童. 女性主义思潮导论 [M]. 艾晓明，译. 武汉：华中师范大学出版社，2002：273.

③ Nh Dini. Keberangkatan [M]. Jakarta: Gramedia Pustaka Utama, 1991. 引文均出自此处。

（P31）在当时印尼习俗中，"女性是被动等待（男性）选择的"（P31）。所以，在选择爱人时，爱丽莎遵循传统社会对女性的要求，扮演成无声的接受者，"必须等待，直至他们中的某个人表示出明确的态度"。这是因为"女性被社会教育为迎合男性的意愿，必须耐心等待自己中意的男性发出倾心于自己的信号"（P63）。为了取悦出身爪哇的土生爱人，她试图接触并适应本土文化和习俗，比如蓄长发，学习欣赏爪哇传统哇扬戏等。在恋爱关系中，她总是迎合男性需要，因为她认为"女性总是应该更多地顺从男性意愿而不是反其道而行"（P103）。当她的情人，即好友兰茜的表兄不辞而别时，她万念俱灰，甚至想要一死了之，她认为"对于女性而言，如果没有婚姻家庭经历，活着有什么用"（P157）。爱丽莎虽然感叹"从人类社会之初，男性便拥有主导权，并制订了所有的规则"（P63），而且隐隐发现这种规则的不合理性与荒诞性，发现了自身主体性濒临缺失的危险，但缺乏与之对抗的决心和勇气。

面对爱情和婚姻问题，爱丽莎体现出主体一度缺失。在客体和主体相互博弈中，就像约瑟芬·多诺万（Josephine Donovan）所说：一方面，女人不真实（inauthentic）的自我作为被男性世界观看的"客体自我"而生活，另一方面，妇女真实（authentic）的自我作为"甚至对她自己也是不时退隐的自我，即看不见的自我"而生活。[①]结果就是女性的人格分裂。

如果想要终止人格分裂的危险，不再做他者，女性需要把主体从身体里解放出来。主体是自由、自主、具有鲜明目的性和创造性的人。[②]父权制传统为女性设定的形象是"天使"和"魔鬼"两类。理想的女性是被动、顺从、无私、奉献的天使，而那些按照自己的意志行动、拒绝被设定的女性则是魔鬼。但魔鬼则恰恰是主体的再生。遭遇了情感挫折后，爱丽莎又遭遇了飞机遇险。飞机遇险为爱丽莎提供了一个心智成长的契机，使她能够抚平心理创伤，勇敢承受生活的磨难。这也是一个隐喻，象征着女性自我由客体到主体的质变的过程，劫后余生的她们是以崭新的姿态重新出现。当这个"不时隐退的自我"重新出现后，爱丽莎更加理性地看待两性关系与自身价值，认识到自己"作为荷印混血儿唯一的生存目标就是拼命将自己的命运与可依附终生之物（男性）联系起来"（P183）是多

---

① Josephine Donovan. Feminist Theory: The Intellectual Traditional of American Feminism [M]. New York: Frederick Ungar, 1985: 137.

② 姜子华. 女性主义与现代文学的性别主体性叙事 [D]. 东北师范大学博士学位论文，2010：80—85.

么荒谬与虚幻。

当然，我们可以把她回归荷兰看成是男性背叛、时局变化和度日艰难造成的，也可以看成是作者没有找到明确的人生救渡方式，于是逃离成了唯一充满希望的选择。但是"启程"本身就寓意开启自身主体之旅的良好开端，是告别旧我、迎接新生的象征。"即将开始的外面的生活对于我来说完全陌生，但我并不惧怕迎接它。"（P184）爱丽莎在男权社会经历过苦闷、彷徨、哀怨、抗争后，努力挣脱被压抑、被遮蔽的"第二性"状态，力求获得独立的精神成长和完整的主体价值。

（二）兰茜——"自为的存在"

存在主义鼻祖让-保罗·萨特把存在分为两部分，一个是"自为的存在"，指变动不居的、有意识的存在，另一个是"自在的存在"，指重复不变的物质存在。身体是固定不变的自在的存在，而感知者本身却是自为的存在。男性自为的存在把女性定义为对象和他者，以此把自己建构为主体和自我。女性自身需要把自我确定为自我主体或"自为的存在"，而不是被他者化和异化的"共在"。①

作品中的土生印尼女性兰茜就体现了作者对女性"自为的存在"的探索。除空乘职业外，她热衷于兼职和学习，才识出众。她接受存在主义女性主义理念，清醒地认识到女性"这个和大家一样的既自由又自主的人，仍然发现自己生活在男人强迫她接受异者地位的世界当中。……女人的戏剧性在于每个主体（自我/ego）的基本抱负都同强制性处境相冲突，因为每个主体都认为自我（self）是主要者，而处境却让她成为次要者"②。认识到女性的客体性后，她以"与世抗辩"的姿态对男性权威进行抗争和批判，维护自己"自为的存在"。她勇于寻求真正意义上的人性自由和生命权利，体现出现代女性对待人生、两性、婚姻的态度。她反对女性被动等待的恋爱守则，反对女性在男权社会中主体性的丧失，她认为每个人都有成为主体的权利，"我们每个人都有义务为了满足灵魂需求的平衡而寻找恰当的填补。鉴于此，人生并不仅仅以婚姻为终极目标"（P157）。她热情地赞扬西方女性所获得的平等地位，试图揭露男权社会对于殖民地女性的束缚：

---

① 罗斯玛丽·帕特南·童. 女性主义思潮导论［M］. 艾晓明，译. 武汉：华中师范大学出版社，2002：255—275.

② ［法］西蒙娜·德·波伏娃. 第二性［M］. 陶铁柱，译. 北京：中国书籍出版社，1998：16.

"在西方，邀请女子跳舞的男子若无法打动女子的心，女子有权拒绝。但在印尼，如果你拒绝了一位，最好其他的邀请者都拒绝。"（P133）当发现爱丽莎可能是一位私生子时，她声称"合法或非法的孩子，并无不同"，"孩子的区别只是爱情的产物或罪恶的产物"（P101）。即便是夫妻，迎合男性但忽略女性时孕育的孩子，被兰茜称为罪恶的产物。她犀利地指出："大多数人只关注男性的感受和男性的利益，女性是第二位。对于拥有收音机或汽车的男性而言，他们的妻子只能排第三位，顺序依次是男人、收音机或汽车，然后才是妻子。"（P101）兰茜认为不值得为将女人视为玩物的男人伤心，还强烈谴责伊斯兰教一夫多妻的陈规陋习。

兰茜不仅维护自己的主体性，也尊重他人的主体性，反对狭隘的种族观念。在小说特殊的历史背景下，土生印尼人的民族主义情绪得以滋长，对西方人的仇视继而爆发。在深层次上，反荷浪潮的根本目标就是要反抗种族主义，改写传统的"宗主国主体/殖民地他者"关系。然而，以兰茜为代表的土生印尼穆斯林宽容地接纳应被驱逐的混血女孩爱丽莎。她们认为人都是一样的，"拥有信仰的人举世皆存，无论是伊斯兰教还是基督教。人类全都是神的造物，国家全都是神的土地"（P81）。她认为人的生命高于一切，生存需要抗争，不能轻易放弃。为了鼓励因失恋几欲寻死的爱丽莎，她说："想寻死，不需要什么特殊的才能和天赋，任何人都可以随时用自己想要的方式去死。相反，为了生存，人们需要勇气和特殊的能力。每天都有许多人毫不费力地死去，但每天还有成千上万的人奋力求生。"（P157）

兰茜在小说中充当了爱丽莎的领路者的角色，演绎着成熟的姐姐教导照顾天真纯洁、处世经验相对欠缺的妹妹的戏码。更主要的是，兰茜是作者的代言人，代替作者诉说自己的女性主义理念。虽然她是作者理想中女性形象的化身，但主要通过说教的方式表明立场，未免陷于空洞和单调。兰茜本人平面化的形象刻画也缺乏相应的感染力，略显生硬，不够令人信服。

（三）爱丽莎的母亲——欲望人生的极端张扬

爱丽莎的母亲是荷印混血女性，年轻时拥有甜美的容颜和性感的身材，对男人有极强的吸引力。她纵情声色，私生活极为放荡。在爱丽莎的记忆中，母亲的工作就是"终日在聚会和舞场流连，从一个怀抱投身到另一个怀抱，直到突然怀孕"（P95）。

在西方文学传统中，这种欲望化的女性通常被歪曲为"魔鬼"，爱丽莎的母亲正是体现了充满肉欲的"魔鬼"形象。这类"女性"作为性别代号被赋予了强烈的情欲色彩，成为自然性、本能性与情欲化的代表。男性形象或者被女性形象光辉所掩盖，或者被塑造成她们情欲之毒的牺牲品，无形中造成了一种新的母系体系重生的假象。从女性主义角度来看，这类"魔鬼"女性恰恰通过对爱情、对欲望的大胆争取来确认自己作为情感与欲望的主体地位。她在欲望关系中占有上风，使男人向她的他者性质致敬，以狂放的激情颠覆了社会伦理道德强加于女性之身的禁忌与压抑，开出了令人目眩的恶之花。

当爱丽莎母亲的女性魅力从鼎盛到不可挽回地消失殆尽后，她又带着被扭曲和异化的性格，倒置性地承袭男性霸权，采取近乎极端的方式确立自身在家庭中的主导地位：对丈夫吆三喝四，丈夫"看起来在他妻子面前总是受气包、胆小鬼的形象"（P21）；对子女动辄得咎，"经常掌掴孩子们的头脸。为了泄愤，她不惜使用就手的东西揍孩子"（P21）。这类主体性极端膨胀的角色，不仅颠覆了传统女性的"母亲"形象，更让女性展现出追逐统治权的欲望，具有推翻男尊女卑性别定型、确立女尊男卑性别关系的性质。她们毫不顾忌宗教和法理束缚，摆脱社会传统道德观念对女性的身份定位，以征服和掌控男人为乐，使处于被控制地位的弱者拥有了证明自己的机会和可能，是女性为了体现自身主体性而表现出的极端反弹。

然而，她们虽然在两性关系之中处于表面上的主导地位，但仅仅是当时社会的特例。她们虽然用追求情欲的方式来反对当时社会生活中针对女性的性压抑，但并不能代表女性解放的诉求，因为这种欲望是畸形而不健全的，自由是虚假而片面的。表面上她们似乎可以充分实现自身主体性，实际上这种方式不仅无法使女性得到真正意义上的解放，反而使女性在自我消耗中从一个极端走向另一个极端，形成一种潜在的自我伤害。

三、恩哈·迪尼的女性观对女性形象构建的影响

在人类历史上，女性历来都被视为男性的财产和工具，受到宗教教义和传统习俗的严格束缚和限制。叔本华在他的《论女人》中提出："女人本身就像个小孩，既愚蠢又浅见——一言以蔽之，她们的思想是介于男性成人和小孩之间。"①

---

① 房向东. 肩住黑暗闸门的牺牲者：鲁迅随想及其他［M］. 上海：上海书店出版社，2001：
169.

女性长期处在被压抑、被遮蔽的"无性别"状态，其思维、行为和价值观都被男性主导的意识形态打上了深深的烙印，绝大部分女性不算独立个体，没有言说权、书写权和自身主体价值。她们是"异者"，需要依附男性。

迪尼跟随丈夫旅居国外的时期，恰逢西方女性主义运动从第一次浪潮转向第二次浪潮，即从争取妇女选举权、就业权和受教育权到系统揭示女性本质和不平等的根源。在女性运动第二次浪潮中，"女性主义"（feminism）研究在西方兴起，发展成为具有独立体系的学科，形成了以自由主义女性主义、激进女性主义、社会主义女性主义、存在主义女性主义、后现代女性主义等各种流派，极大地吸引了社会各界对女性地位的关注和研究。在文学中引入女性主义，具有凸显女性主体意识、反对男性中心主义的题旨，蕴含对男权现实、男权无意识的认知与批判。

迪尼"不仅是一位作家，还是一位观察家和一位思想家"[①]。接触到西方女性主义运动的迪尼了解了西方女性主义理论，思想和目光跳脱出印尼传统习俗和初期妇女运动的启蒙主义局限，从外部回望东方女性的生存地位和状态，从不同角度表达出对女性生存的关注、剖析和思考。她认为女性作为造物主的恩赐，有权享受与男性同等的权利，所有单独针对女性制定的规则和要求都应该被改变。女性有权感受幸福，有权拥有与男性等同的机会，有权对待自己行使绝对自由。她这种批判性的态度不仅体现在她在现实生活中从不惮于表明自己的态度和立场，更表述在她所有的作品中。在她的作品中，她总是采用柔和委婉的方式关注女性应该获得的平等权利，聚焦社会生活中对男女两性设置的双重标准。她偏爱具有反叛精神、不遵守现实社会既定女性规范的女性形象。只是，她创作这类女性形象，并不意味着否认这些普遍规范，而是因为"个人规范或观点不能总是与普遍规范相一致"[②]。

具体而言，迪尼主要受到存在主义女性主义的影响。存在主义女性主义代表波伏娃认为，男性将女性定义为"他者"，并利用社会角色对他者进行控制。更可悲的是，女性将他者性内化地接受，并通过男权社会设计的女性角色代代相传。可见，女性是被建构的。实际上，女性与男性一样都没有先定的本质，所以

[①] Subardini, Ni Nyoman. 2007. *Kedudukan Perempuan dalam Tiga Novel Indonesia Moderen Tahun 1970-an*, Jakarta: Pusat Bahasa, hlm. 22.

[②] Subardini, Ni Nyoman. 2007. *Kedudukan Perempuan dalam Tiga Novel Indonesia Moderen Tahun 1970-an*, Jakarta: Pusat Bahasa, hlm. 1.

女性没有必要成为男性要她成为的人。女性应该成为自我的主体，拥有自己的声音和道路。[①] 针对爪哇女性日常所受的诸多规定和限制，在70年代的作品里，她所持的女性观已经挣脱印尼传统女性服从男性权威的束缚，超越了带有启蒙性质的妇女运动要求，远离了苏哈托政府提倡的"母亲主义"，转而要求成为主体、成为"自为的存在（being-for-itself）"。她用柔韧的方式呼吁女性获得解放，反对性别歧视。她的作品以受过教育的职业女性为主角，描写女性的生活、追求、压抑及反抗，注重女性主观感受的宣泄，突出爱情、婚姻、家庭这一永恒的女性主题。她总是借用角色之口，对封建传统发出控诉，向男权社会提出抗议。她塑造的女性形象既恪守礼仪、温柔娴雅，又个性刚强、具有独立意识。她们珍惜和向往美满的爱情和婚姻，又在不同的"逆境"中苦苦抗争。迪尼毫不讳言婚外情、性解放等描写，反映出她对印尼传统习俗和道德观念的反弹。迪尼对两性平等进行了不断的探索，但并没有变成激进的女权主义斗士。在她的前期作品中，普遍悬置对女性出路的疑问（比如《启程》）。然而，鉴于印尼曾受到多种文化影响、饱受殖民者摧残、独立时间尚短、封建习俗根深蒂固，迪尼的女性观确实鲜明并且大胆。

四、结语

恩哈·迪尼通过长篇小说《启程》塑造了三位极具特色的女性形象，使读者感受到作者女性主体意识与男权观念的冲突。一方面作者通过兰茜之口极力宣扬现代女性主义思想，另一方面却没有真正为爱丽莎自身解放提出可行的方案和途径，而是以"启程"这种模棱两可的方式希望通过读者的想象，自行为女主人公设想可能的结局。也许是因为作者本身生存在东西方文化的夹缝里，希望调和东西方文化中不同的女性观。即便如此，迪尼对印尼女性解放之路提出了自己的看法，表达了自己的观点，为印尼女性重塑文化身份和女性自我认同做出了独特的贡献。

---

① 罗斯玛丽·帕特南·童. 女性主义思潮导论 [M]. 艾晓明，译. 武汉：华中师范大学出版社，2002：270—272.

参考文献

［1］陈进波，惠商学，等. 文艺心理学通论［M］. 兰州：兰州大学出版社，1999.

［2］［德］恩格斯. 家庭、私有制和国家的起源［M］. 北京：人民出版社，1999.

［3］范若兰，等. 伊斯兰教与东南亚现代化进程［M］. 北京：中国社会科学出版社，2009.

［4］姜子华. 女性主义与现代文学的性别主体性叙事［D］. 东北师范大学博士学位论文，2010.

［5］罗斯玛丽·帕特南·童. 女性主义思潮导论［M］. 艾晓明，译. 武汉：华中师范大学出版社，2002.

［6］马红旗. 迷惘与挣扎：《白牙》的离散主题分析［J］. 外语与外语教学，2011（4）：71—74.

［7］牟宗艳.《古兰经》女性观初探［J］. 妇女学苑，1995（4）：20—22.

［8］王新红. 印尼女作家恩哈·迪尼及其长篇小说创作［J］. 解放军外国语学院学报，2001（2）：98—101.

［9］吴圣扬. 从贵女贱男到男尊女卑：婆罗门教对泰民族女权文化变迁的影响分析［J］. 南洋问题研究，2010（1）：72—78.

［10］［法］西蒙娜·德·波伏娃. 第二性［M］. 陶铁柱，译. 北京：中国书籍出版社，1998.

［11］张冰晶. 女性主义与普拉姆迪亚·阿南达·杜尔的文学创作［D］. 厦门大学硕士学位论文，2008.

［12］Josephine Donovan. Feminist Theory: The Intellectual Traditional of American Feminism［M］. New York: Frederick Ungar, 1985.

［13］Nh Dini. Keberangkatan［M］. Jakarta: Gramedia Pustaka Utama, 1991.

马来班顿隐喻的认知研究

■ 解放军外国语学院 刘 勇

【摘 要】班顿是马来文学的瑰宝，隐喻则是其生命力的源泉。根据类型的不同，班顿隐喻可以分为词汇层隐喻、语句层隐喻和语篇层隐喻，它们因为各自特点的不同又具有各不相同的认知工作机制。词汇层隐喻强调五位一体的认知工作机制，而语句层隐喻在包含词汇隐喻的同时还包含语法隐喻，语篇层隐喻则是在概念隐喻的基础上又广泛运用词汇层隐喻。班顿的隐喻大量运用了马来传统文化中的自然物象，反映了马来人委婉含蓄的性格和思维方式。

【关键词】马来西亚；班顿；隐喻；认知

班顿（pantun）又称四行诗，是马来西亚一种传统的诗歌体裁，在马来社会中广为传颂，是马来文化中特殊的文学艺术形式，由于其韵律工整、含义深刻，班顿也被称为马来文化世界的瑰宝。马来民族深受东方文化的浸淫和熏陶，感情丰富而含蓄，自古以来就喜欢使用比较委婉曲折的方式来传情达意，因此隐喻成为班顿中常见的修辞方式。著名的马来文化研究者、英国教授威尔金森（R. J. Wilkinson）认为，班顿的产生是由于马来人喜欢使用隐喻和音韵相同的词。[①] 因此可以说，没有隐喻就没有班顿，隐喻是班顿生命力的源泉。本文将从班顿的隐喻出发，将隐喻作为一种认知方式，探究不同类型隐喻的特点和认知工作机制，从而分析马来人通过隐喻认识事物并表达感情的方式，这将有助于我们了解马来人的精神世界和探析马来人的文化传统。

---

① 廖裕芳. 马来古典文学史 ［M］. 张玉安，唐慧，译. 北京：昆仑出版社，2011：317.

一、班顿的词汇层隐喻

词汇层隐喻，顾名思义主要指隐喻的运用主要体现在词汇层面，作者为了表达其独特的思想感悟，使用了一类隐喻类词语，从而使文章表意更加灵活，更富有感染力。其中词汇层隐喻又包含名词性隐喻、形容词性隐喻、动词类隐喻以及副词类隐喻等。由于词类隐喻主要在词汇层面来实现，因此这类隐喻的理解也较为容易。

（一）词汇层隐喻的认知特点

一个完整的隐喻一般由本体和喻体构成，而有时作为隐喻根据的相似性也会出现在语句当中作为喻底，通过本体与喻体在词语意义上的冲突，化解矛盾，求得统一，从而产生出隐喻性的句义。①词汇层隐喻是指隐喻的组成部分出现在句子单位中，但这并不是说，只要有隐喻的组成部分，就能构成诗歌隐喻，真正的诗歌隐喻必须是新鲜的，它是诗人对不同域之间的联系独到的洞察和发现。诗歌隐喻的目的不是教会我们什么，而是提供一种从未体验过的认知方式，否则诗歌也会成为一种描写或纯粹的说教。②马来班顿中的这类隐喻以词类特点为基础，通过本体与喻体的相似性来表达作者的思想感情。比如下面这首班顿：

Kalau ada jarum yang patah,	如有断针，
Jangan disimpan di dalam peti;	勿放箱里；
Kalau ada kata yang salah,	如有错话，
Jangan disimpan di dalam hati.	勿放心上。

我们对其隐喻使用进行简要分析，其中使用了两组隐喻：喻体一"jarum"针，本体一"kata"话；喻体二"peti"箱子，本体二"hati"心。两组隐喻都出现了本体和喻体，没有出现喻底。这首班顿本体和喻体表面上并不具备相似特点，在隐喻运用中属于创造相似性的隐喻，通过作者在认知基础上将它们并置使用后，两者之间创造出了一种新联系，给读者一个新的角度来认识事体。"针"会伤人，"话"也会伤人，它们拥有共同的特征，但是其中一个是现实存在的事物，而另一个是观念存在的事物；"箱子"可以存放东西，"心"也可以存放东西，同时也存在现实和虚拟的差别。通过将"话语"喻作"针"，体现了其能够

---

① 王寅. 认知语言学［M］. 上海：上海外语教学出版社，2007：419.

② 路翩翩. 论诗歌隐喻的认知意义［J］. 湖北第二师范学院学报，2008（4）：7.

伤人这一特性，作者将班顿的意义表达得更加自然贴切，这是典型的词汇层隐喻的使用特征。比兴联通过对现实物象的描写，在对喻体的描述中已经隐喻了表意联的意义，更加通俗易懂、首尾呼应，将无形的事物化作有形，巧妙地表达了班顿的思想感情。"不要把断了的针放在箱子里，容易伤人；不要把说错的话放在心上，也容易伤人"。通过隐喻的使用，作者表达了"不要介意说错的话"的意思，并将单调的说理与现实生活有机结合起来，使道理浅显易懂却又意味深长，同时具有很强的生活气息。又如以下班顿：

Terang bulan terang di kali,	明朗月光照河上，
Buaya timbul disangka mati;	鳄鱼装死浮上来；
Jangan percaya mulut lelaki,	男人嘴巴信不得，
Berani sumpah tidak berani mati.	只敢发誓不敢亡。

上述班顿需要在对"鳄鱼"文化背景了解的基础上才能够理解得更为透彻和具体。班顿的表意联中直接表达了本班顿的意义，"不要相信男人的甜言蜜语，通通都是谎言"。比兴联中使用了buaya（鳄鱼）物象，我们在了解了鳄鱼物象的文化意义之后，就会更加容易理解班顿中的隐喻。马来西亚位于赤道线上，鳄鱼随处可见，但鳄鱼并非他们民族崇拜的图腾，恰恰相反，鳄鱼是其负面的象征。例如："鳄鱼"是用来专指男性的性骚扰和性侵犯的意象，这点非常典型和突出。鳄鱼是一种巨型、凶猛而又善于伪装和搞突然袭击的爬行动物，它除了可以喻指扒窃、诈骗和施诡计害人外，主要还是隐喻性骚扰和性侵犯。例如：陆上的鳄鱼，可以比喻好色之徒、无赖、淫棍；也可以比喻经常更换不同的异性对象，奸淫后加以抛弃的男人，或喜欢糟蹋异性的男人；正在缓慢爬行的鳄鱼喻指喜欢窥视在屋前舂米的姑娘的年轻人等等。[①]通过对鳄鱼意象的了解可以明白，比兴联中鳄鱼正是代指男人，可能班顿的作者是一位被男人伤害了的女子，所以使用了鳄鱼的隐喻，而男人也被赋予善于伪装阴险狡诈的形象。了解了鳄鱼所代表的文化含义之后，班顿的意义就会一目了然。

对其隐喻的运用略加分析：喻体"鳄鱼"，本体"男人"。这首班顿属于情歌类班顿，班顿中出现了本体和喻体，并未出现喻底，而是包含在马来人的文化中。通过"鳄鱼"这一文化特征，本体和喻体之间通过相似性而有机结合起来，因此班顿隐喻具有十分浓厚的马来传统文化的色彩。从整首班顿来看，比兴联似

---

① 许友年.《马来班顿同中华民歌之比较研究》解读 [J]. 广东外语外贸大学学报，2010（4）：42.

乎与表意联并不相关，但是通过对其隐喻的理解，班顿的意义首尾呼应、浑然天成，"皎洁的月光下很美，但是注意装死的鳄鱼；男人的甜言蜜语好听，但是注意大多是谎言"。或者我们还可以理解为，通过对马来传统文化物象"鳄鱼"的运用，班顿的比兴已经完整地隐喻了班顿中所要表达的意思，"皎洁的月光下装死的鳄鱼"正如"甜言蜜语下的男人"，看着很美好，实际却不可靠。因此从班顿的比兴联来看，所营造的"明亮的月光下装死的鳄鱼"这么一个场景，正是为了衬托表意联中所要表达的"男人甜言蜜语后的谎言"这一思想感情，使得前后意义表达流畅。

（二）班顿词汇层隐喻的认知工作机制

通过以上对词汇层隐喻特点的分析我们可以看出，在这类隐喻中其认知的表现手法是强调五位一体的认知机制，首先对喻体的描述通过相似性与本体形成呼应，通过喻体来协助认知主体对本体意义的理解，再结合班顿具体的语境抑或是文化背景，从而实现班顿意义的全面把握。而联系本体和喻体的喻底，也就是常说的相似性则因为其性质的不同而各有不同，按照相似性在认知中的作用分类，主要可以分为两类，分别是以相似性为基础的隐喻和创造相似性的隐喻。前者是指本体和喻体之间存在的相似性，人们不自觉或者说很容易发现；而后者是指人们在认知的基础上将本体和喻体并置使用后，在两者之间创造出了一种新联系，从而使人们可以从一个新角度认知事体。①

从认知语言学的角度来看，每个事物都具有特定的认知域或者说是理想化认知模型，它是由事物的不同特点构成的一个结合体，而区分创造相似性或者根据相似性的隐喻的方法，主要是通过对本体和喻体之间理想化认知模型的对比得出的。由于不同的人对事物的理解角度各异，因此不同人对同一事物的理想化认知模型是不同的，而此类隐喻则是通过在两种事物的理想化认知模型之间建立联系，找出其中的相似部分，来表达作者的思想感情。如果是利用了两种事物的突出特点，那么它在不同文化族群中相同的概率很大，因此很可能就属于根据相似性的隐喻；如果是运用了两种事物的较不突出的特点，或者是根据班顿作者自己的生活经验找到的相似性，那这就是属于创造相似性的隐喻，往往这一类本体和喻体之间越是属于不同领域越是看起来不相关，其通过矛盾达到统一后形成的隐

---

① 王寅. 认知语言学［M］. 上海：上海外语教学出版社，2007：413.

喻更加新颖，更能创造出语言表达的美感，但同时可能不容易被别人所理解。例如下面这首班顿：

Ayam rintik di pinggir hutan,	丛林边的斑点鸡，
Nampak dari tepi telaga;	水井边就能看清；
Nama yang baik jadi ingatan,	美好名声记心里，
Seribu tahun terkenang juga.	千百年也不忘记。

从以上班顿可以对其认知机制进行具体的运用和了解，在上文中出现的"斑点鸡"和"美好名声"就是通过其理想化认知模型中共有的特点"容易识别"而联系起来，但是因为这两类事物在实际生活中属于不同的领域很少被联系起来，作为认知主体的班顿作者通过将其并置，从矛盾中求得统一从而找到它们的相似性，所以从这一角度来说它属于创造相似性的隐喻。而班顿中隐喻的使用根据其相似性的来源不同而吸引力不同，相似性越是明显的本体和喻体，其班顿理解越是容易，而班顿也是越普通，或者说也可能越是经典；而越是矛盾的本体和喻体的并置最后实现了统一，越是能够体现班顿的新颖性。但是对于不同民族或者文化群体来说，对于同一首班顿，隐喻是创造相似性还是根据相似性进行创作理解各不相同，有时一个民族或者群体已经司空见惯的事物对于另一个民族来说却是新奇，因此关于其属于哪类隐喻也是见仁见智，需要辩证地理解。总的来看创造相似性的隐喻比根据相似性的隐喻更加富有美学意义，也更吸引人，但是随着使用的普遍化以及人们的逐渐接受，创造相似性的隐喻也会慢慢演变成根据相似性的隐喻，从而成为人们文化的一部分。

按照隐喻识别难易程度来说，本体、喻体和喻底三个要素同时出现时，隐喻的理解难度较小，随着要素逐渐减少其理解难度则逐渐增加，同时认知主体对班顿喻体的理解还需要文化背景或者说具体语境的支撑。班顿作为马来民族的特色，其文化属性十分鲜明，马来班顿常常是各种仪式中传唱的歌谣，也是各种传统文化项目中的必备节目，其中班顿是最为人们津津乐道的表演形式，节目的关键在于第二个人能否恰到好处地运用班顿比兴联中的物象隐喻所表达的思想感情，在表意联中将其进行升华或者进一步阐释。这就要求认知主体必须通晓马来传统文化并熟知自然物象的隐喻含义，才能有效实现班顿的前后呼应。因此从班顿的认知理解来说，对马来传统文化的了解和对隐喻运用的理解是关键，同时隐喻也是马来民族从日常生活到情感世界的过渡和升华的方式。

二、班顿的语句层隐喻

(一)语句层隐喻的认知特点

语句层隐喻从意义上来说是指隐喻的运用超过了词汇层面而体现在语句层面，而语法隐喻常常是语句层隐喻的重要组成部分，它的基础来源于客观世界、感知体验和认知推理。语法隐喻不同于隐喻，它的本体和喻体中至少有一个领域应与语法有关，既然涉及的是语法，对本体或喻体进行比较或建立联系的不一定是具体事物，可以是一种抽象的形式关系，即语法关系。所以相对于修辞学意义上的隐喻而言，语法隐喻所涉及的两个义域以及它们之间的投射往往是比较抽象的。①通过认知语言学的隐喻观点来看，这类隐喻超越了词汇层面，常常在句子层面有逻辑关系隐喻的运用，如下面这首班顿所示：

Berburu ke padang datar,	来到平原去打猎，
Mendapat rusa belang kaki;	打得一只跛脚鹿；
Berguru kepalang ajar,	求学之路半途废，
Bagai kembang tak jadi.	犹如凋谢之花蕾。

首先从表意联来看，这是一首劝人"拜师学艺要坚持到底，决不可半途而废"的班顿。班顿中涉及两组隐喻，首先显而易见的一组隐喻运用出现在表意联，将"半途而废的学问"喻为"凋谢的花蕾"，将抽象的事物具体化，更加便于理解，加深了劝学的意味，"半途而废的学问就像凋谢的花蕾一样令人惋惜"，班顿作者省去了直白的劝谏，通过隐喻来表达了自己的感情。

而上述班顿中除了表意联的隐喻之外，我们更要探讨的是由比兴联的逻辑关系隐喻而构成的语句层隐喻。许友年对这首班顿的评价为：班顿的兴句与本意毫不相关。②其中他将比兴中的belang翻译成"有斑的"，而马来语大辞典中belang除了"有斑的"的意思外，还有"受伤的"的意思。如果仅从"有斑点的鹿"这一角度来说，确实两联关系不明显，但是如果按照"受伤的"这一义项来看，则让班顿显得更加首尾相连，浑然天成，因此笔者认为本首班顿应该采用"受伤的"义项。从逻辑关系语法隐喻角度来说，比兴并非与表意联毫不相干，而是通过对马来人日常生活的描写提供了一种转折的逻辑语法关系，表达了可惜的思想

---

① 吴剑锋. 隐喻·语法隐喻·认知 [J]. 宿州学院学报，2007，22（6）：49.
② 许友年. 马来民歌研究 [M]. 香港：南岛出版社，2001：68.

感情，而这一转折关系和思想感情在表意联中也清晰地表现出来。"来到平原上打猎，却只打到了一只跛脚的鹿；学习学问，却半途而废"，班顿饱含着作者表示可惜的思想感情，使得班顿更加浑然一体，比如下面这首班顿：

Anak merpati disambar helang,	鹰抓鸽子，
Terbang ketitir di dalam huma;	斑鸠飞走；
Harimau mati meninggalkan helang,	虎死留皮，
Manusia mati meninggalkan nama.	人死留名。

上述班顿仍然是使用了两组隐喻，其中从表意联来看，通过将"人的名声"隐喻作"虎皮"，表现了名声的可贵，也劝导人们要爱惜自己的名声。表意联使用了"虎皮"的隐喻，通过词汇隐喻中创造相似性这一方式将其与"人的名声"联系起来，通过两个物象从矛盾到统一的过程实现了自然的隐喻。而比兴从表面来看是自然现象的描述，但是细作分析其与表意联却包含着逻辑语法关系的隐喻，"小鸽子"被"鹰"叼走了，"斑鸠"听到响动则顺利地飞走了，通过这一转折的逻辑关系表达了"小鸽子"牺牲，却留下了"斑鸠"这样一个逻辑关系。而班顿的表意联则是对这一逻辑关系的应用，"人虽然死了但是还可以留下名声"，通过转折关系的隐喻引出表意联，又通过"虎皮"隐喻表现了"名声"的重要性。两组隐喻的运用使得班顿自然天成，既应用了马来文化中的自然物象，又体现了马来人委婉表达感情的思维方式，更完美地表达了思想感情，不得不说班顿是马来文学的瑰宝，而隐喻则是班顿的灵魂。

因此这一类班顿从整体上来说拥有一定的相似性，比兴和表意联运用了逻辑关系语法隐喻，隐喻的投射是在抽象的概念下进行的，含蓄地表达了作者的思想感情，而表意联中作者又通过词汇隐喻升华主题。通过对两组隐喻的运用，班顿不仅上下联系紧密，感情也流露自然，既体现了马来传统文化的特点，又展现了马来人委婉含蓄的精神特质。

（二）班顿语句层隐喻的认知工作机制

通过以上对语句层隐喻的特点的分析可以看出，语法隐喻是班顿语句层隐喻的重要组成部分，语法隐喻不同于词汇隐喻，可以简单地通过认知主体在具体语境下对本体和喻体之间的理想化认知模型进行认知链接，而且常常都涉及两个不同类型的认知域，语法隐喻超过了这一具体认知域的链接，常常是逻辑语法关系或者思想情绪这一类抽象事物的映射或者类比。这一特殊的认知隐喻方式又正好实现了班顿首尾两联之间的语篇连接功能，作为一种语法关系的继承或者说是类比，巧妙地实现了比兴联和表意联的链接，实现了班顿的语篇连贯性。此类班顿一般会包含两组隐喻，首先是上下两联的逻辑语法关系隐喻，表明班顿的感情基调，其次再通过表意联中词汇层隐喻对这一感情进行强调和升华。因此这类班顿往往包含了词汇层隐喻的认知方式，同时还包含语法隐喻的表现手法。

例如在上述两首班顿中，都体现了从比兴到表意联逻辑关系映射这一语法隐喻的特征。"千里迢迢跑到平原上去打猎，却只打了一只跛脚的小鹿"，其中包含了转折的逻辑关系以及惋惜和不值的感情基调，而表意联则是这一转折逻辑语法关系的运用和感情基调的升华，"千辛万苦去求学，却半途而废"，这一语法隐喻超出了具体事务的范畴，显得更加抽象，且不易发现和理解。之后又使用了"半途而废的学问"与"凋零的花蕾"这一词汇隐喻，本首班顿隐喻的运用由深到浅，逐渐地阐述出作者的劝学目的。而说到"凋谢的花蕾"之后，作者不再继续述说，而是点到为止，给人警醒和无限遐想却又不点明道破，体验了诗歌的朦胧美，也展现了作者对隐喻使用的熟稔。比如下面这首班顿：

Bukan tak tahu malam jum'at,	明知快到主麻夜，
Sengaja kumandi di air terjun;	偏到瀑布下淋浴；
Bukan tak tahu kumbang penyengat,	明知黄蜂会蜇人，
Sengaja kuminta bunga di kebun.	偏到院中寻花神。

这也是一首运用了语法隐喻的班顿，其中"明知道快到主麻夜，偏偏到瀑布下淋浴"描写了转折的逻辑语法关系和不理解的感情基调，而表意联也是对这一语法关系的运用，"明知道有黄蜂，还去园中采花"。班顿除了语法隐喻的运用之外，还隐晦地运用了词汇隐喻，将"少女"喻作"花儿"，虽然并没有直接地说出只言片语，但是班顿作者"为了美好的爱情，宁愿遍体鳞伤"的思想感情已经通过两组隐喻的运用而表现出来，符合马来人含蓄地表达感情的特点。

总的来说，在这类班顿的语句层隐喻中，往往包含语法关系的隐喻和词汇隐喻，从而实现感情表达的深入浅出。但是语法隐喻与词汇隐喻不属于一个层面，语法隐喻只是提供一定的逻辑关系和感情基调，抑或是说理氛围，而词汇隐喻则起到了表达感情的作用，通过两者的结合可以将感情表达得更加自然真切，便于理解。不过语法隐喻相对于词汇隐喻理解起来会更加困难，同时由于班顿比兴中马来文化中的自然物象比较多，其中对语法隐喻的理解往往还需借助语境及其自然物象的具体意义和象征意义，因此班顿中语句隐喻更加不容易识别，也造成了语句层隐喻运用的复杂性。

三、班顿的语篇层隐喻

(一) 语篇层隐喻的认知特点

人们使用隐喻和理解隐喻时必须依存特定的语言环境，隐喻是一种以词为焦点，以语言符号为表征，以语境为框架的语用现象。所谓语篇层隐喻是指诗人将一个或几个概念隐喻进行扩张，引申到这个诗篇中，构成多个派生隐喻，使整首诗成为一个大的隐喻。[①]因此，我们有必要从语篇的角度来理解隐喻诗歌的运用。

Lancing kuning belayar malam,	黄帆黄船半夜行，
Haluan menuju ke lautan dalam;	驶向大海万里深；
Jika nakhoda kuranglah faham,	无知船员不经事，
Alamat perahu akan tenggelam.	他日覆舟天注定。

这首班顿描述了"马来人夜半大海行船"的经历，从字面意思来看讲的是夜半行船要小心谨慎，不然很可能"覆舟"大海，但细作分析可知，班顿是一个大的隐喻，包含在语篇层面。首先总的来看语篇运用了概念隐喻，将"人生"喻作"航海"，然后又把"人们"喻作"船员"，告诫人们人生犹如夜半行船，如若不小心谨慎时刻有覆舟大海的危险。作者以行船的经历来告诫年轻人要小心谨慎，否则将会遭受难以预料的伤害。班顿的意义隐藏在了对航海的描述当中，委婉含蓄却又意味深长。从班顿的表达方式来看，它使用了马来族的海洋文化作为说理的基础，以马来人常见的"大海"作为背景，将"远航"比作人生道路，极富马来特色。再如下面这首班顿：

Buah berembang masak ranum,	海桑果儿已熟透，
Masak di peram dalam gua;	包裹起来藏洞中；
Kumbang lalu bunga tersenyum,	蜜蜂飞过花儿笑，
Seekor belalang tumpang ketawa.	一只蟋蟀笑出声。

班顿中出现了"海桑果"、"蜜蜂"、"花儿"、"蟋蟀"等自然物象，表面上看是对自然现象的描写。但是通过对马来文化的理解以及隐喻知识的运用，能够对班顿隐含的意义有更深入的认识。马来人有将未熟的海桑果（一种热带水果）用

---

① 孙凯，董文周. 诗学篇章与隐喻 [J]. 解放军外国语学院学报，2002 (2).

树叶包裹起来，藏在洞中将其捂熟的生活习惯。显然，这里"裹在洞中闷成熟的海桑果"是隐喻豆蔻年华待字闺中的姑娘，为了躲避男性的追求而躲在家中；而"蜜蜂"显然是隐喻追求姑娘的男性，"花儿"也是姑娘的隐喻，她并非一味地躲避，当"蜜蜂"飞来时她也用甜美的笑容来迎接这位莽撞的追求者。对于"花儿"这样的欲拒还迎，旁边的"蟋蟀"也忍不住笑出声来，因为"女大当嫁"这是自然界不可抗拒的规律。①

上述班顿属于典型的诗歌语篇层面的隐喻，如若缺乏对马来文化的隐喻运用的了解，很可能只会了解其字面的意义。首先班顿运用了概念隐喻将"人类的求爱"喻作"自然界动物的采摘果实"，因此整个班顿都是在对自然现象的描述，两个动词tersenyum（微笑）和ketawa（大笑）的使用将昆虫拟人化，因此在语篇的隐喻表达中，除了"姑娘"、"追求者"、"旁观者"等名词的隐喻之外，还运用了动词隐喻，在一个大隐喻下衍生了很多的派生隐喻。对于这种语篇层面的班顿隐喻来说，诗人对隐喻的运用更加贴近马来人日常生活，通过丰富的联想巧妙地描述日常物象的相互关系，隐晦地表达班顿的思想感情。

（二）班顿语篇层隐喻的认知工作机制

关于语篇层隐喻的认知机制，往往需要从概念隐喻角度对班顿进行整体把握，理解班顿的概念隐喻知识，常常一个概念隐喻会生成很多的亚范畴，产生更多的派生隐喻，因此概念隐喻又被称为是根隐喻，通过概念隐喻到其亚范畴隐喻的运用，可以实现语言各种不同的搭配，使人们产生新的认知模式。

概念隐喻在班顿中运用广泛，特别是在语篇层隐喻中，在一个概念隐喻下可以包含更多的派生隐喻，从而实现作者隐晦地表达其思想感情的作用。例如在以上班顿中，将"人生"喻作"航海"，那在这个概念隐喻中就会产生更多的派生隐喻，"风浪"则是人生中遇到的各种"困难"，"覆舟"则表示人生命中的"失败"。在概念隐喻下衍生了一系列的隐喻，从而将班顿的思想感情表现得淋漓尽致。其派生隐喻也大多为词汇层隐喻，在了解概念隐喻的基础下，派生隐喻既浅显易懂又意义深刻，加深了班顿的语义表达。如下面这首班顿：

| Dalam lubuk di Sungai Tenang, | 太平河里有深渊， |
| Tempat mandi anak raja; | 王子常在此沐浴； |

---

① 谈笑. 文化视域中的马来班顿研究［D］. 广州：·广东外语外贸大学，2015：42.

Air jernih lubuknya tenang,   河水清清无涡旋，

Takut menjelma ada buaya.   就怕静水藏鳄鱼。

班顿字面意思是说"清清的河水看似平静，但是鳄鱼却随时潜伏着，一定要加以小心"。但从班顿语篇隐喻来看，结合具体语境和马来西亚的文化生活特征，对意义的理解将会更加深入，首先班顿运用了马来世界中的海洋文化作为背景，马来西亚海洋湖泊众多，是马来人常见的生活场景；其次马来西亚属于热带国家，由于天气炎热，他们常常在湖泊海边沐浴；还有，鳄鱼属于马来西亚常见的动物，它在马来人思维里常常代表不好的人或事。因此可以判断上述班顿属于概念隐喻的运用，将"人生"喻作"游泳"，班顿表达了"面对熟悉的事物仍不可掉以轻心，仍需时刻警惕各种危险"。同时班顿还将"看似平淡的生活"喻作"波澜不惊的河水"，将"遇到的危险"喻作"鳄鱼"，通过概念隐喻和一系列派生隐喻，表达了对人生的劝谏，整首班顿并没有一个关于劝说的词，但是整首班顿却充满了人生的哲理。

因此在班顿语篇层隐喻中，班顿首先往往包含一个大的概念隐喻，在这个概念隐喻的基础上，又衍生出了更多新的隐喻，而这些隐喻主要是词汇层面的隐喻。总的来把握，班顿隐喻是一个从难到易的过程，在一个概念隐喻的大背景下，通过对派生隐喻的运用完整地表达作者的思想感情，根隐喻和派生隐喻共同构成了班顿这一完整的语篇，既连贯了语篇又升华了语义。

四、班顿各层次隐喻的关系及其意义

通过对以上三种类型班顿隐喻的研究可以发现，班顿词汇层面的隐喻可以分为两种类型，一种是基于相似性的隐喻，而另一种是创造相似性的隐喻，前者相对于后者更容易理解，而后者相对于前者来说则丰富了语言表达，活跃了思维空间。语句层隐喻和语篇层隐喻在包含词汇层隐喻的同时，还包含了各自所特有的语法隐喻和概念隐喻，隐喻的运用更加复杂，从班顿本身来说其隐喻意义表达由深到浅，表达得更加自然顺畅，对于其隐喻的理解则需要进行分层剥离。因此从三者关系来看可以看出，词汇层隐喻是其余两种隐喻的基础，语句层隐喻往往通过逻辑关系隐喻表明感情基调之后，再运用词汇隐喻表示其更明确的意思；而语篇层隐喻则是在概念隐喻的基础上，衍生的派生隐喻多为词汇隐喻，这些隐喻的运用也将作者意义表达得更加清晰和具体。因此总的来说，词汇层隐喻是其他两种隐喻使用的基础或者理解上的落脚点，都被广泛地运用在语句层和语篇层隐喻

中，是三种层次隐喻中最常使用、最容易识别和最容易理解的隐喻方式，而语句层和语篇层隐喻的理解则需要更多的认知加工。词汇层隐喻主要强调五位一体的认知工作机制，而语句层和语篇层隐喻是以词汇层隐喻为基础，再结合语法隐喻和概念隐喻的运用，从而实现班顿意义的表达。

对于隐喻的运用，越是古老、越是脍炙人口的班顿，隐喻使用越是娴熟，而这一部分班顿主要包括讽喻类和爱情类班顿，通过隐喻的运用委婉含蓄地表示劝谏或者表达感情，十分符合马来人的性格习惯，同时又包含了大量的马来特色物象，具有丰富的马来文化积淀。同时由于各种类型隐喻的运用使得班顿上、下阙之间联系得更加紧密、整体性更强，因此笔者认为对于班顿上、下阙是否关联的问题应该从隐喻角度进行考察，而不是仅仅从上、下阙内容来进行判断，正如中文诗歌一样，班顿也会有融情于景或者借景抒情的表达方法。从不同层次隐喻运用的角度来对班顿的上、下阙之间的关系进行研究，能使一部分看似上、下阙并无关系的班顿的整体性更强，并且对班顿所表达的意义也理解得更为透彻。但是有一部分班顿，其隐喻的用法由于在不断的使用中已经逐渐被文化所接受，从隐喻工作机制上来说就是其本体和喻体在长久的使用中已经建立了自然的联系，隐喻意义逐渐变淡，逐渐成了死隐喻；还有一部分班顿，在日常的使用中因为传播范围扩大和传播群体之间的变更，对其隐喻意义了解所需要的特定文化背景知识已经缺失，因此这一部分班顿在我们看来隐喻意义已经变得十分微弱了，也有学者们认为这类班顿中比兴与表意联没有关系。

五、结语

通过对班顿词汇层、语句层和语篇层隐喻的梳理，我们对班顿隐喻的运用有了一个更加全面的把握，在了解了各层次隐喻的特点及其认知机制的基础上，对三者关系的把握更加清楚，那就是词汇层隐喻是班顿隐喻的基础，语句层隐喻和语篇层隐喻班顿中都包含了词汇层隐喻的运用，同时各自还包含了语法隐喻和概念隐喻。总的来说，班顿正是通过对三种不同层次隐喻的运用来达到了语义表达、语篇连贯的作用，再加上其中所包含的丰富的马来传统物象，因此班顿是马来民族的瑰宝，更是其民族文化的结晶。

参 考 文 献

［1］曹丽英. 论诗歌隐喻的特点、分类及功能［D］. 湘潭大学，2005.

［2］胡壮麟. 认知隐喻学［M］. 北京：北京大学出版社，2004.

［3］廖裕芳. 马来古典文学史［M］. 张玉安，唐慧，译. 北京：昆仑出版社，2011.

［4］束定芳. 论隐喻的诗歌功能［J］. 解放军外国语学院学报，2000（6）.

［5］束定芳. 论隐喻的理解过程及其特点［J］. 外语教学与研究，2000（4）.

［6］谈笑. 马来班顿中的典型意象及隐喻分析［C］// 东方语言文化论丛：第28卷. 北京：军事谊文出版社，2009.

［7］王寅. 认知语言学［M］. 上海：上海外语教学出版社，2007.

［8］王志坚. 诗歌隐喻类型及其功能［J］. 安阳师范学院学报，2008（6）.

［9］许友年. 马来民歌研究［M］. 香港：南岛出版社，2001.

［10］许有年. 马来班顿同中国民歌之比较研究［M］. 香港：开益出版社，2008.

［11］周海鸿. 诗歌中的隐喻认知研究［J］. 湖北经济学院学报（人文社会科学版），2015（3）.

《苏尔诗海》慈母形象之论析①

■ 北京大学 王 靖②

【摘 要】印度虔诚诗人苏尔达斯的代表作《苏尔诗海》是印度人民喜闻乐见并广为传唱的宗教文学经典作品。作品塑造了慈母形象，展现了慈爱情味，这是使《苏尔诗海》成为印度文学经典的重要因素。苏尔达斯通过描绘黑天与母亲耶雪达日常生活的细节，表现了耶雪达与黑天之间深厚的母子情意，同时表达了对黑天的虔敬与信爱。正是因为苏尔达斯塑造的慈母形象平凡而伟大，才使得《苏尔诗海》具有了震撼人心的力量，体现出文学和文化的魅力，从而超越了其原本的宗教意图，成为永恒的文学经典。苏尔达斯凭借艺术创作的魅力，有效地推广了黑天崇拜，推动了黑天信仰世俗化和普世化的发展。

【关键词】苏尔达斯；《苏尔诗海》；慈母形象；宗教文学

苏尔达斯③是印度中世纪著名虔诚诗人，是印度教有形派虔诚文学中最有成就和最有影响的黑天派诗人的代表④。其代表作《苏尔诗海》在印度影响深远，时至今日仍然广为流传，深受广大印度人民的喜爱。这其中重要的原因之一是

---

① 本文是教育部人文社会科学重点研究基地重大项目"《苏尔诗海》翻译与研究"（项目批准号：11JJD750006）的阶段性成果之一。

② 作者为北京大学外国语学院博士研究生，讲师。

③ 苏尔达斯，印度文学史上著名虔诚诗人，生活在15世纪的七八十年代到16世纪的七八十年代，出生在今印度北方邦，有说出身于婆罗门家庭，也有说出身于民间艺人家庭，又名"苏尔"、"苏尔吉达斯"、"苏尔吉"、"苏尔希亚姆"。参见姜景奎. 简论苏尔达斯［C］//北大南亚东南亚研究：第一卷. 北京：中国青年出版社，2013：173—174.

④ 姜景奎. 简论苏尔达斯［C］//北大南亚东南亚研究：第一卷. 北京：中国青年出版社，2013：173.

苏尔达斯在继承古典梵语文学黑天故事叙事传统的基础上，运用伯勒杰方言①在《苏尔诗海》中塑造出了与印度平民大众亲密无间的黑天形象，尤其他与慈母耶雪达、牧女罗陀之间平凡却真挚浓郁的情感更为动人。其中，苏尔达斯所描绘出的感人肺腑的慈母情是奠定《苏尔诗海》作为印度文学经典的两大基石之一。印度文学史中如是评价苏尔达斯："在慈爱情与艳情的领域，苏尔达斯的视角与呈现无人能及。"②苏尔达斯在《苏尔诗海》中展现了黑天与母亲耶雪达日常生活的方方面面，他通过对慈母耶雪达形象的塑造与刻画，表现了母亲耶雪达对于孩儿黑天的深情厚意，同时作者也以此表达了自己对于黑天的虔敬与信爱。

对于孩儿的慈母深情，是人类乃至动物最原始最天然的基本情感，也是最不能被割舍的情感，苏尔达斯在《苏尔诗海》中对于耶雪达慈母深情的描述可谓精妙，对于耶雪达慈母形象的刻画可谓淋漓尽致，惟妙惟肖。他对于慈母形象的刻画主要分为慈爱与严厉这两个方面，同时，按照传统黑天故事中黑天长大成人后离开伯勒杰前往马图拉的成长历程，展现了与孩儿会合及与孩儿分离这两个阶段的慈母形象。由此，本文将从三个方面来分析耶雪达的慈母形象，分别为：与孩儿会合时的慈爱形象、与孩儿会合时的严厉形象，以及与孩儿分离时的悲伤形象。

一

与孩儿会合的阶段是指黑天在伯勒杰地区从刚出生的婴儿成长为翩翩少年这个时期。这个阶段耶雪达一直与黑天朝夕相处，黑天在她的悉心抚养下从婴孩成长为风流潇洒的少年郎。耶雪达的慈爱与严厉表现在与孩儿黑天朝夕相处的日常生活中。

耶雪达的慈爱形象主要可以分为甜蜜温柔、殷殷希冀、欣喜欢乐、惴惴不安、循循善诱、宠爱包容这六个层面。

下面这首描写耶雪达为小黑天摇摇篮，哄他入睡的诗便展现了耶雪达甜蜜温柔的慈母形象：

摇晃爱昵亲吻哄，顺口哼唱歌些许，

---

① 伯勒杰方言（Braj Bhasha），通行于北印度伯勒杰地区，今印度北方邦马图拉及其周边地区，属于印度印地语方言之一，参见刘安武. 序论［M］//印度印地语文学史. 北京：人民文学出版社，1987.

② Acarya Ramacandra Shukla, Hindi Sahitya Ka Itihasa, Nagaripracarini Sabha, Varanasi, 1999, p.92.

瞌睡且来我儿旁，何故不来哄入眠，

为何你不快快来，黑黑①在把你呼唤。

诃利时而合上眼，时而嘴唇响噗噗。

以为入眠便沉默，屡做手势来示意。

此间诃利忽不安，耶雪达又甜甜唱。②

苏尔达斯对于耶雪达甜蜜温柔形象的刻画是分步骤、有层次的。在这首哄睡小黑天的诗歌中，耶雪达作为母亲，先是摇摇篮、亲脸庞并爱抚着儿子，哼唱着甜蜜的摇篮曲；待到儿子闭上眼睛，安静下来，进入熟睡之时，耶雪达便停止摇晃和唱曲，静静地坐在摇篮旁边，守护着沉睡的儿子，频频向周围家人做手势让他们不要发出声响，以免打扰儿子；儿子在沉睡中也许是做了噩梦，忽然不安，身体翻动起来，她便又急忙抚慰儿子，重新唱起了摇篮曲。作品对耶雪达哄小黑天入眠这一行为过程的刻画十分完整而细腻。摇晃、亲昵、哼唱摇篮曲这些动作描写突出了耶雪达作为慈母的细腻、温柔和甜美的形象。尤其是本诗最后的情节描写更加凸显出母亲对于刚刚出生的孩儿的关切与疼爱。

作为母亲，都期盼着自己的孩儿快快长大，能够与自己有更多的交流和互动，下面这首《耶雪达心中祈愿》正表达了慈母耶雪达对于孩儿小黑天的殷切希望，盼望他快快长大：

何时我儿膝爬行？何时地上迈两步？

何时看见两乳牙？何时咿呀话出口？

何时呼唤难陀爸？何时反复叫我妈？

何时莫亨③抓我襟，说这说那吵闹我？

何时能够食些许，自己亲手填满口？

何时欢笑对我言，由彼美妙苦去除？④

如同人世间所有抚育孩子的母亲一样，耶雪达就这样沉浸在祈盼的幸福之中，在心中想象着小黑天成长的模样，想象着儿子在成长过程中将会给她带来的福乐。苏尔达斯将耶雪达对儿子殷切期盼的拳拳深情刻画得淋漓尽致。

在母亲精心养育和照料下，孩子一天天成长，成长过程中一点一滴的进步、

① 黑黑，原文kānh，意译为"黑黑"，黑天的名号之一。

② Shri Nandadulare Vajapei, Sursagar, Nagaripracarini Sabha, Varansi, 1964, No.661, p.276.

③ 莫亨，原文mohan，意思是"吸引人的，迷人者"，此处音译为"莫亨"，黑天的名号之一。

④ Shri Nandadulare Vajapei, Sursagar, Nagaripracarini Sabha, Varansi, 1964, No.694, p.286-287.

成长中的每一个"第一次"都会给母亲带来许多纯真的欢乐和惊喜。比如小黑天三个半月大的时候第一次翻身：

夫人喜悦来翻身，随后亲脸吻面颊：

长命百岁我宝贝，我有福气好幸运！

我的孩儿小黑黑，已有三个半月大，

大腿蹬踹会翻身，我要欣喜来庆贺。

难陀之妻满喜乐，告知伯勒杰女子。①

耶雪达走近小黑天的摇篮，看到原本仰面躺着的小黑天现在俯身趴在摇篮里，马上意识到小黑天自己会翻身了，特别欢喜。她笑嘻嘻地将小黑天翻过身来，亲昵地吻着小黑天的脸颊，之后，满心欢喜地走家串户去通知伯勒杰的女人们一起来庆祝这个喜讯。

又比如小黑天长出第一颗乳牙时，耶雪达乐开了花：

欣然欢喜见乳牙，沉迷爱中身失觉，

当即向外唤难陀：且看俊美予福者，

且看小小乳牙齿，来使眼睛具成果②。③

在小黑天张口欢叫的时候，耶雪达发现儿子长出了一颗洁白的小乳牙，顿时欣喜不已，沉浸在幸福喜悦之中。然后她意识到要马上同夫君分享这个喜讯，便即刻呼唤夫君难陀来瞧看这美景。

再比如瞧见小黑大第一次自己走路，耶雪达十分欢喜：

地上顿足蹒跚走，看见妈妈予展示。

行走去至门槛处，复又折返回此处。

屡次摔倒不能越，致使天神牟尼虑，

千万梵卵④瞬间造，毁灭亦不需多时。

难陀之妻带着他，各式游戏逗弄耍。

手扶黑子耶雪达，彼时步步向下走。⑤

---

① Shri Nandadulare Vajapei, Sursagar, Nagaripracarini Sabha, Varansi, 1964, No.686, p.284.

② 来使眼睛具成果，原文 nain saphal karau āī，是耶雪达催促难陀来瞧看孩子乳牙的语句。这句描写，把眼睛拟人化，意思是让难陀的眼睛看到长出的乳牙，感到十分满足，与下句中的"双眼望颜被满足"都是指难陀看到儿子长出乳牙后，内心喜悦满足。

③ Shri Nandadulare Vajapei, Sursagar, Nagaripracarini Sabha, Varansi, 1964, No.700, p.288-289.

④ 梵卵，原文 brahmṇḍ，印度教认为梵卵是宇宙的胚胎，意为"宇宙，世界"。

⑤ Shri Nandadulare Vajapei, Sursagar, Nagaripracarini Sabha, Varansi, 1964, No.744, p.303.

　　小黑天刚刚学会了走路，在屋子里高高兴兴地要展示给妈妈看，只见他在地上一步一顿足迈开了脚步，走得还不是很稳当，摇摇晃晃，蹒跚踉跄。耶雪达看到儿子能够独自行走，十分喜悦，看到儿子走路还是有些蹒跚，时时摔倒，心疼不忍，于是上前来拉着小黑天的手，与他一边做各种各样的游戏，一边拉着他慢慢向屋门外走去。走到门槛处，耶雪达小心翼翼地手扶着小黑天的身体，帮助他越过门槛，又扶着他一步一步走下台阶，走向庭院中。

　　在这首诗中，苏尔达斯展现了黑天作为大神的化身，一举一动都饱受天神和圣仙的关注，追忆了他的非凡伟业，同时，又表达了耶雪达作为一位平凡的母亲对于儿子的关注和疼爱。耶雪达对黑天为大神化身一事并不知情，因为黑天故意展现出一个平凡普通的孩童相。即便小黑天做出一些神奇非凡的举动，耶雪达也不愿意相信和接受儿子是大神化身的事实，她从不祈求孩子拥有什么非凡本领或造就什么宏图伟业，只期望自己的儿子如天下所有平凡普通的孩子一样平平安安，健健康康长大成人。

　　母亲都期盼着孩子健康快乐成长，孩子的一举一动都牵制着母亲的身心，孩子身体稍有异常，她便惴惴不安起来。因为黑天是毗湿奴大神的化身，所以小黑天身体天赋异禀，体魄雄健，从不生病，但耶雪达却并不知道这个实情，她认为黑天就是一个普通的婴孩，是自己的骨肉，但凡小黑天身上出现任何异常情况，耶雪达都慌张不已，为孩儿的健康担心忧虑，四处奔走。下面这首《诃利在耶雪达肩头欢叫》栩栩如生地展现了耶雪达惴惴不安的慈母情：

　　口中三界显现出，惊异不安难陀妻。

　　挨家奔走示手相，虎甲①饰品戴脖颈。②

　　耶雪达怀抱着小黑天，看着他趴在自己肩头玩耍。小黑天一时高兴，展现出了他的神性，张嘴欢叫时在口中显现出了三界众生相。耶雪达看到这般景象惊异不安起来，不知儿子为何会显出这样神奇的异象来，是中了什么妖术魔法吗？她立刻带着小黑天在牛村四处奔走，挨家挨户询问，期盼有人能解开她心头的疑惑和担忧。耶雪达向人们述说她看到儿子的异象，向人们展示儿子的手相，却没人知道小黑天为何会显出这般奇相。耶雪达多方奔走询问打听此般缘由，结果却一无所获，为求平安她又向婆罗门大师求来虎甲制成的饰品，作为护身符戴在小黑

---

　　① 虎甲，原文baghaniyāṃ，意思是"老虎爪甲"，因其坚硬锋利，被印度教徒制成饰品，作为护身符用。

　　② Shri Nandadulare Vajapei, Sursagar, Nagaripracarini Sabha, Varansi, 1964, No.701, p.289.

天的脖颈上。诗中"挨家奔走示手相，虎甲饰品戴脖颈"的情节描写，更加凸显出耶雪达作为一个普通农妇对于孩儿特有的关切方式与呵护疼爱。

在孩子的成长过程中，除了要担心孩子的健康问题，母亲还要不断循循善诱，哄慰爱儿，以防他们擅自出门，遭遇不测。下面这两首诗歌表现了耶雪达面对懵懂无知却又固执己见想要出门玩耍的小黑天，不得不出言哄慰吓唬他的情形：

今日我闻啊呜①至，你尚幼小不知道。

刚刚看见一男孩，逃跑奔来他哭泣，

它会扯掉众人耳，男孩对此明知晓。

快快走吧早些回，逃跑奔向自己家。②

小黑天任性想要离开家门跑到远处去玩耍。妈妈耶雪达担心他年幼出门遇不测，想把他留在家中，就吓唬他说大怪物"啊呜"来了，它会撕扯掉大家的耳朵。耶雪达想要通过这样的方式留住孩子。

莫亨在此双眼前，片刻莫与其分离。

奉献于你眼之星，不得见你我焦虑。

我儿且唤同伴来，嬉戏自家院落中。

你等美妙孩童戏，观之如若见蛇宝③。

蜂蜜干果油炸品，甜酸咸味之吃食。

黑子你想要哪样，吾儿尽可来索要。④

耶雪达担心小黑天出门惹是生非，同时又怕小黑天出门会遇到危险，于是哄劝他留在家中玩耍，许诺他可以把同伴们召唤来，并给他们准备一切美食。

苏尔达斯在这两首诗中将耶雪达的慈母形象刻画得更加具体真实。耶雪达作为一个普通村妇，她对于孩子的教育是极富平民特色的。她不会跟孩子讲什么大道理，而是编造故事吓唬儿子，用众多美食诱惑儿子，她用这样的方法劝阻儿子不要擅自出门玩耍，不要出去惹是生非。作为一位对儿子循循善诱的普通母亲，耶雪达可谓是煞费苦心，吓唬哄骗，苦苦哀求，物质利诱，使尽浑身解数。

---

① 啊呜，原文hāū，猛兽发出的声音，由拟声词生出的妖怪名字，成人吓唬孩童而编出的妖怪名字。

② Shri Nandadulare Vajapei, Sursagar, Nagaripracarini Sabha, Varansi, 1964, No.838, p.335.

③ 蛇宝，原文phanig kī mani，phanig意思是"大蛇"，mani通maṇi，意思是"宝石"，印度神话传说中，大蛇在蛇信子下藏有珍宝，此处用"蛇宝"来形容小黑天游戏本事的奇异珍贵。

④ Shri Nandadulare Vajapei, Sursagar, Nagaripracarini Sabha, Varansi, 1964, No.914, p.360.

对于母亲来说，养育孩子的过程是辛苦琐碎却充满快乐的，个中的酸甜苦辣都会在孩子一点一滴的进步中、在孩子一言一行的举止中、在孩子一颦一笑的表情中全部消融，化作甘露，滋润身心。无论黑天乖巧还是顽皮，耶雪达都对小黑天宠爱包容，呵护备至。即便是在黑天顽劣成性，经常骚扰牧人牧女，引起村中牧女竞相前来告状之时，作为母亲，耶雪达也只是据理力争，一味包容维护自己的爱儿，与牧女们吵架争辩。耶雪达的这种情感形象在《苏尔诗海》"偷奶油本事"中体现得最为完整。

众牧女来找耶雪达告小黑天的状，耶雪达却同她们理论争辩，毫不示弱，极力维护自己的爱儿，认为她们不过是要找借口来家里瞧看可爱的小黑天罢了，认为她们都在编造谎言，诬陷无辜可怜的小黑天：

> 如今众人说谎话
>
> 不过五岁多几日，何时能行偷窃事。
>
> 牧女藉此来瞧看，信口开河粗鄙俗。
>
> 指责毁谤无罪人，大神岂会赐宽恕。
>
> 其臂如何触碰得，何速才能返回此。①

耶雪达丝毫不相信牧女们的话，认为她们在胡言乱语，反驳说："我之黑黑汝牧女，此天渊别不能解②。"③又说："借口抱怨前来此，得见孩童④起笑颜。"⑤耶雪达认为这些牧女怎么能跟她圣洁纯净的黑黑比？她们这些粗俗之女、村野鄙妇说的话实在不可理喻！

即便是在牧女接二连三，反复前来告状之后，耶雪达心中有所动摇之时，这个妇人也站在儿子这边，极力维护他，辱骂前来告状的牧女："言说众女皆卑劣。"⑥

事实上，面对牧女越来越犀利的指责和羞辱，耶雪达心中不免又吃惊又惭

---

① Shri Nandadulare Vajapei, Sursagar, Nagaripracarini Sabha, Varansi, 1964, No.910, p.358-359.

② 我之黑黑汝牧女，此天渊别不能解，原文 kahaṁ merau kānh, kahaṁ tum gvārini, yeh biparīti n jānī，其中，kahaṁ merau kānh, kahāṁ tum gvārini，通 kahāṁ merau kānh, kahāṁ tum gvārini，"kahāṁ…kahāṁ…"的意思是"甲是甲，乙是乙，相差悬殊，天渊之别"，前半句意思是"我家的黑黑与你们这些牧女口中所说的黑黑相差悬殊，天渊之别"，后半句 yeh biparīti n jānī 意思是"这个差异让人不能理解"。

③ Shri Nandadulare Vajapei, Sursagar, Nagaripracarini Sabha, Varansi, 1964, No.929, p.364.

④ 孩童，原文 kumvar，意思是"儿子，男孩，王子"，此处指黑天。

⑤ Shri Nandadulare Vajapei, Sursagar, Nagaripracarini Sabha, Varansi, 1964, No.929, p.364.

⑥ Shri Nandadulare Vajapei, Sursagar, Nagaripracarini Sabha, Varansi, 1964, No.937, p.367.

愧。她万万没想到自己的儿子随着年龄的增长，不仅不让她省心，反而给她惹得麻烦越来越多，但她仍然把黑天看作是一直向大神渴求的爱儿，是她的心头肉、掌中宝！苏尔达斯通过描述牧女与耶雪达之间的交锋体现了耶雪达对黑天深切的慈母之情。无论自己的孩儿在别人眼中有多么的顽劣，在别人口中有多么的不堪，又无论她为了这个坏名声的儿子担负了多少无端的指责和谩骂，她都义无反顾，深深呵护疼爱自己的孩子，视他为世上最珍贵的宝物。

二

如果只有温柔的一面，那慈母形象就过于单薄，苏尔达斯还塑造了耶雪达严厉的一面，使慈母形象更加丰满具体。严厉的母亲形象主要出现在《苏尔诗海》"石臼上被绑本事"中，耶雪达对黑天的淘气顽劣和屡教不改忍无可忍，便以严厉的态度对待黑天。其中，严厉形象表现为厉声严词、恼羞成怒、心疼后悔这三个层面。

面对牧女的屡次指控，耶雪达意识到如果再对黑天疏于管教，他会更加无法无天并会招致大麻烦，于是她叫来了黑天。虽然之前屡次哄劝他都不起什么作用，耶雪达很无奈，但孩子是自己的，只能由她来管教。因此，她刻意板起脸孔，厉声严词地对着黑天训斥道：

"黑儿啊，你不怕我！"

家中六味食皆弃，缘何他家行偷食。

苦口婆心劝你累，丝毫不曾觉羞耻。

族长伯勒杰之主，而你为他添耻辱。

真是我家好儿郎，如今我方晓此事。

一直原谅你黑子，至此看清你伎俩。①

尽管耶雪达如此严厉批评小黑天，可是顽劣成性的孩子并不听话，依然出门耍无赖耍流氓，祸害村民。面对村民的指控，耶雪达恼羞成怒，把小黑天用绳子捆在石臼上，扬言要拿棍子抽打他：

难陀之妻手拿棍，恼怒至极身颤抖。

我以父之名起誓，今不打他不罢休。②

苏尔达斯在上面这首诗中淋漓尽致地刻画了母亲耶雪达对屡教不改的小黑天

---

① Shri Nandadulare Vajapei, Sursagar, Nagaripracarini Sabha, Varansi, 1964, No.947, p.370.

② Shri Nandadulare Vajapei, Sursagar, Nagaripracarini Sabha, Varansi, 1964, No.959, p.373.

爱恨交织的形象。下面这首《今日绑你谁人救》则更体现出了耶雪达为教育儿子，用心良苦的慈母形象：

> 多次跟我耍滑头，扭臂绳捆石臼上。
>
> 知晓母亲怒气盛，任绑望母眼泪淌。
>
> 伯女① 闻此皆跑来，言今何不放黑黑？
>
> 捆上石臼为抽打，耶雪达手折枝棍。②

耶雪达尽管恼羞成怒，但一看到被自己硬下心肠绑在石臼上的可怜兮兮、泪眼汪汪的儿子心中自是不忍，但她不得不教训他，让他知道害怕，也好对那些受祸害的乡邻牧女有个交代，以便堵上她们天天来登门抱怨的嘴！不过耶雪达很会注意分寸，适可而止，把黑天捆绑之后，也不过是手里扬着棍子虚张声势，并非真的要抽打他，她怎么忍心打伤自己的宝贝儿子呢？

在众牧女和家人的劝说下，难陀终于释放了黑天。苏尔达斯把耶雪达发脾气责罚儿子之后那种心疼后悔，但又担心孩子屡教不改的复杂心情描述得十分细腻：

> 现今莫往别家去
>
> 如今你还缺何物，为何要在别处食？
>
> 绑你之绳已烧毁，捆你之手已断掉。
>
> 束缚捆绑小黑儿，难陀对我多苛责。
>
> 放开黑子自由时，我家持犁毛病除。
>
> 胜尊为食莫他往，奶油酸奶你家有。③

耶雪达快步上前搂抱小黑天，劝慰他，轻轻擦拭小黑天的脸庞，温柔地哄着。苏尔达斯在本诗中惟妙惟肖地刻画了母亲耶雪达因为责罚儿子之后又心疼又后悔，所以加倍疼惜儿子的慈母形象。

这里，慈母耶雪达先是一改宽容慈祥的音容笑貌，变得刻板严厉起来，严苛对待屡教不改的小黑天，其慈母形象也丰满起来。经过反思，耶雪达认识到问题的严重性，如若只是一味安慰哄劝小黑天，不仅起不到作用，反而还会纵容他越来越放肆，闯出大祸。因此无奈之下，耶雪达只能暂时放下自己的仁慈可亲，板起脸孔，疾言厉色，从慈母变成了一位严母。但责罚过后，耶雪达又心疼后悔起

---

① 伯女，原文 braj-juvatīm，意思是"伯勒杰少女"，由于字数限制，此处简译为"伯女"。

② Shri Nandadulare Vajapei, Sursagar, Nagaripracarini Sabha, Varansi, 1964, No.962, p.374-375.

③ Shri Nandadulare Vajapei, Sursagar, Nagaripracarini Sabha, Varansi, 1964, No.1007, p.389.

来，对儿子更加温柔疼惜。究其根本，无论是慈母还是严母，无论是和蔼可亲还是横眉怒目，都是为了小黑天能够平安健康地成长，其情也深深，其意也拳拳！

三

与孩儿分离的阶段是指黑天成长为少年后离开伯勒杰前往马图拉城，勇斗刚沙王，与亲生父母团聚并留居在马图拉王宫这个时期。这个时期的耶雪达因与黑天分离而悲伤，主要表现出幽怨思念、哀伤请求、深爱祝福的母亲形象。

黑天派遣使者乌陀去往牛村探望那里的父母乡亲。耶雪达便向乌陀诉说了她对爱儿黑天的思念和哀伤，委托乌陀向黑天转达她的情意与祝福。下面这两首诗即展现了耶雪达幽怨思念的形象：

> 行礼我触乌陀足，且对黑子言此语：
> 居住如此近距离，怎把自己爹娘忘？
> 那日黑子离别时，美妙身往摩图城①，
> 彼时我眼化杜鹃②，渴望相见燥不安。
> 你曾玩耍所到处，难陀见之伤悲厥。
> 每当清晨起身后，为挤牛奶至牛舍，
> 眼见人家儿挤奶，叹命为何还不休？
> 何时复得再看见，稚嫩小手食酸奶。③
> 缘何你到我身边
> 雅度子为提母生，黑黑何不住马城？
> 牛奶酸奶缘何偷，缘何林中牧牛犊？
> 罪蛇牛怪黑蛇除，又于毒水救众伴。
> 吃奶夺取毒乳命，常久取悦耶雪达。
> 众人迷惑小黑黑，如今怎成他人儿？④

耶雪达苦苦思念黑天说：渴望相见却不见，我的双眼就如那因干渴而盼望雨露滋润的杜鹃鸟一样焦急不安啊！黑子你曾经在牛村玩耍的地方，你的难陀老爹

---

① 摩图城，原文madhupuri，即今印度北方邦的马图拉城。

② 杜鹃，原文papīhā，印度杜鹃鸟，传说它们只喝月入大角星时天降的雨露，一年之中只有这个季节才能喝到水，所以它们平日里处于干渴焦灼、渴望雨露的状态，此处指耶雪达如杜鹃期盼雨露般渴望见到黑天。

③ Shri Nandadulare Vajapei, Sursagar, Nagaripracarini Sabha, Varansi, 1964, No.4701, p.1470.

④ Shri Nandadulare Vajapei, Sursagar, Nagaripracarini Sabha, Varansi, 1964, No.4703, p.1471.

每每见到都忧伤不已。我每天清早去牛舍挤奶的时候，只要一看到别人家的孩子在牛舍玩耍嬉戏，就想起我的小黑儿，见不到我爱儿，我痛彻心扉，生不如死。什么时候我才能再见到我家黑子用稚嫩的小手抓吃酸奶呢？

想着念着的同时，耶雪达却也喋喋不休抱怨黑天，质问他：只不过是如此短的距离，为何就能把你的爹娘忘了呢？你既然是提婆吉的亲生儿子，为何不在马图拉待着做你的雅度王子，为何要到我的身边生活呢？为何要在牛村偷食奶油，为何要在林中为我们放牧牛群呢？你又为何要保护我们，消灭来侵犯的妖怪，为何驱除了河水中的毒蛇，祛毒使河水恢复清澈，又为何救活你那些同伴呢？你为何降服毒乳怪？你为何一直做这些取悦耶雪达的事情呢？黑黑啊，你是受了人们的迷惑啊，他们都说你是提婆吉的儿子，你就相信了吗？现如今你怎么就成了别人的儿子了呢？

耶雪达回顾了小黑天曾在牛村生活的种种事迹，用黑天过去对她对牛村人民的种种恩情来衬托黑天现在的"无情"，满是对黑天的抱怨和质问，但在这些幽怨质问的言辞背后却饱含着母亲对儿子的深切思念。苏尔达斯把作为母亲的耶雪达对儿子的思念和幽怨交织的复杂情感描绘得淋漓尽致。

在诗中，苏尔达斯刻画耶雪达对黑天哀伤请求的形象时，并没有直接叙述耶雪达内心的苦痛，而是通过耶雪达口述黑天曾经放牧的群牛与要好的牧童伙伴，以及村中牧人和父亲难陀的痛苦情状来衬托她心中的极度哀伤：

（莫亨，）圈起你的牛
四处散开不认人，且稍奏响竹笛声。
白牛灰牛黄与黑，亲瞧①游荡森林中。
知道属己来照控，现将此念放心中。
世间众生你庇护，切莫残酷又无情。
牧童母牛牛犊泣，且见他们把身现。②
那时妙臂③身渐瘦
妙力④食饭仅一半，牧童内心皆焦灼。
屋后难陀与牧人，双眼流泪空徘徊。
本事喜乐皆消逝，无人心中存热情。

---

① 亲瞧，此处"亲"，指对黑天的称呼，即"亲爱的"，"瞧"是补词。
② Shri Nandadulare Vajapei, Sursagar, Nagaripracarini Sabha, Varansi, 1964, No.4707, p.1472.
③ 妙臂，原文subāhu，黑天的一个朋友。
④ 妙力，原文subal，黑天的一个朋友。

再来一次伯勒杰，且吃酸奶满叶杯①。

进得牛村片刻后，发誓允返摩图城。②

耶雪达向黑天倾诉他曾经放牧的群牛现在无人照料的可怜情状，以及牧童、牧人与难陀因极度思念黑天而悲痛消瘦的情形，想要以此来打动黑天，呼唤他的归来。

尽管对爱儿百般思念，哀求不断且有诸多抱怨，但作为慈母，耶雪达理解黑天肯定有自己的苦衷和原因，并非故意不愿回来，所以耶雪达在最后的倾诉，完全表达了自己对黑天的深爱与思念：

传去耶雪达祝福

无论居住在何处，难陀爱子寿千万。

酥油满罐与竹笛，交予乌陀置头顶。

世主喜爱之母牛，此油乃是其所产。③

耶雪达托付乌陀转达她对黑天的祝福，并让乌陀把黑天曾经最爱的竹笛和最爱吃的食物带给他。无论孩儿身在何方，无论他能不能在身旁尽孝，慈母对于孩儿所怀的却永远只有深爱和祝福。

苏尔达斯在《苏尔诗海》中塑造的慈母耶雪达的形象是丰满而生动的，他对于母子日常生活的描摹，对于母亲在孩子不同成长阶段中所表现的言行举止及心理活动的刻画鲜活而妙趣横生。虽然作者的创作目的是展现其宗教意图，传播黑天崇拜与黑天信仰，但苏尔达斯在具体的诗歌叙事中塑造出的耶雪达却并没有将黑天当作大神来看待。虽然黑天是毗湿奴大神的化身，但耶雪达毫不知情，只是将他看作自己的亲生儿子，对于黑天没有其他索求，处处尽显平凡普通的母亲对于儿子的深情与慈爱。正是苏尔达斯对于这种平凡而伟大的慈母形象的塑造以及日常母子情深的展现，使得《苏尔诗海》具有了震撼人心的力量，体现了文学和文化的魅力，从而超越了作者原本的宗教意图，超越国界与时空，成为永恒的文学经典。同时，作为一部深入人心、深受平民百姓喜闻乐见的宗教文学经典，《苏尔诗海》凭借这般艺术创作魅力，有效地推广了黑天崇拜，强有力地推动了黑天信仰在民间的进一步传播与发展，使得黑天信仰更加世俗化、普世化。

---

① 叶杯，原文Patukhi，印度的大树叶片，古时印度人用叶片做碗盘和杯子来盛饭和饮品，今天的印度农村仍用此俗。

② Shri Nandadulare Vajapei, Sursagar, Nagaripracarini Sabha, Varansi, 1964, No.4708, p.1472.

③ Shri Nandadulare Vajapei, Sursagar, Nagaripracarini Sabha, Varansi, 1964, No.4709, p.1472.

浅析《苏尔诗海》黑天牧女故事的历史演变

■ 广东外语外贸大学　任　婧①

【摘　要】《苏尔诗海》中，罗陀以及牧女与黑天的情爱占据了黑天少年本事的大部分篇幅，然而，这些故事本身并不完全是苏尔达斯的创造。实际上，印度教早期文献以及苏尔达斯之前的黑天文学作品中就已经对情爱故事有所描述。按照时间的顺序，《苏尔诗海》黑天牧女故事的演变大致可以分成三个时期，即黑天牧女故事的出现、成型和发展。

【关键词】《苏尔诗海》；黑天；牧女；罗陀

《苏尔诗海》中，苏尔达斯凭借丰富的想象力和浓郁的现实生活情趣，将黑天的少年故事铺叙成一组组细腻动人的诗歌，将黑天与牧女的情爱游戏描绘得栩栩如生，同时也将牧女对黑天的爱恋表达得淋漓尽致。然而，值得注意的是，诗集中的情爱故事并不完全是苏尔达斯本人的创造。实际上，印度教早期文献以及苏尔达斯之前的黑天文学作品就已经对黑天及牧女之间的嬉戏享乐有所提及和描述了。可以说，《苏尔诗海》所描绘的情爱故事与印度教黑天叙事传统密切相关，它一方面是苏尔达斯对前辈遗产的继承和发展，另一方面也是他对同期诗人作品的借鉴和改进。

一、黑天牧女故事的雏形

作为毗湿奴大神的化身之一，黑天进入印度教崇拜体系和叙事传统的时间可以追溯至公元以前。相关研究资料显示，Krishna一词最早出现在《梨俱吠陀

---

① 本文作者系广东外语外贸大学东语学院南亚语言文学系讲师。

本集》。从具体实例来看，颂诗中该词的使用意义多为其形容词本义，即"黑色的"，被用来指示羚羊、猛禽等黑色动物，目前尚未有确切证据表明它与黑天大神有关。后吠陀时期，"梵书"和"森林书"中亦曾提及"黑天"，甚至有学者认为，《百道梵书》（*Satapatha Brahamana*）和《爱达雷耶森林书》（*Aitareya Aranyaka*）已经将"黑天"与其先祖苾湿尼族（*Vrishni*）联系在一起①，但是这种观点存在诸多争议，并且就整体而言，"'梵书'中的意思与《梨俱吠陀》中的相近"②。直至"奥义书"中，"黑天"的含义和形象才开始逐渐具有神祇的色彩，例如，《歌者奥义书》（*Chandogya Upanishad*）第三卷第十七章第六颂以"提婆吉之子"称呼"黑天"，将其描述为"无渴者"或"摆脱欲望者"（apipasa）③，与后世所指的黑天之意稍稍接近；《摩诃那罗延拿奥义书》（*Mahanarayana Upanishad*）中有一首迦耶特利律的偈颂，"愿我们知晓那罗延，为此愿我们专注婆薮提婆子，愿毗湿奴推动此"④，将黑天等同于那罗延和毗湿奴，但是相同的偈颂在《夜柔吠陀》中却没有提及婆薮提婆子⑤。然而，学界就此是否确为黑天大神的原形或前身仍未形成统一定论。

此后，文献中相对可靠的黑天叙事证据陆续出现，例如：耶斯迦（Yasaka）的《尼禄多》（*Nirukta*）第二章第二部分论述danda的词源dad时，以"阿格鲁尔持有宝石（Akruro dadate manim）"⑥为例，提及斯延曼德格宝石（Syamantaka

---

① See Sunil Kumar Bhattacharya. Krishna-cult in Indian Art [M]. M. D. Publications Pvt. Ltd., 1996: 128.

② 薛克翘，唐孟生，姜景奎，等. 印度中世纪宗教文学 [M]. 北京：昆仑出版社，2011：92.

③ 根据黄宝生的翻译，此颂全文为：考罗·安吉罗向提婆吉之子黑天讲述这些后，又对这位摆脱欲望者说道："在临终前，应该归依这三者：'你是不可毁灭者，你是不可动摇者，你是气息充沛者。'"这方面，有两首相关的梨俱颂诗。根据梵语原文，此处黑天和提婆吉之子并列，句中皆以其阳性名词单数与格（dative）形式出现，即कृष्णाय和देवकीपुत्राय。梵语原文参见 Ganganath Jha, *The Chandogya Upanishad and Sri Sankara's Commentary*, The Indian Printing Works, Madras, 1923, p.198, 中文译文参见黄宝生译. 奥义书 [M]. 北京：商务印书馆，2010：162-163.

④ 该颂原文为：नारायणय विद्महे वासुदेवाय धीमहि। तन्नो विष्णुः प्रचोदयात्॥ 见 Swami Vimalanand, *Mahanarayanaopnisad*, Sri Ramakrishna Math, Madras, 1968, p.45.

⑤ 根据相关资料，《摩诃那罗延拿奥义书》从属于《夜柔吠陀》的《台提哩耶森林书》，这里将《摩诃那罗延拿奥义书》中的相同偈颂与《夜柔吠陀》进行比较，意在显示黑天形象在历史中的演变状况。

⑥ Lakshman Sarup, *The Nighaṇṭu and the Niruta*, Motilal Banarsidass, Delhi, 1967, Text, p.45.

Mani）的故事①；波你尼（Panini）《八章经》（*Aṣtadhyayi*）第四章第三篇第九十八颂②不仅以父名三合（Vrddhi）的方式称呼黑天，承认富天与黑天的亲子关系，还以表示虔敬的后缀"von"对黑天表示膜拜，承认其尊崇地位；《跋蹉衍那法经》（*Baudhayana Dharmasutra*）第二卷第五章第九篇第十颂运用了12个名号对毗湿奴大神表示礼赞③，其中包括属于黑天化身的美发者（Kesava）④、牛得（Govinda）和腰绳者（Damodara）⑤；波颠阇利（Patanjali）在对《八章经》第三卷第一章第二十六颂注疏时以黑天诛灭刚沙（Kamsavaddha）和制服钵利（Balibandha）的故事作为实例，并且还在《大疏》（*Mahabhasya*）的其他部分中提及黑天与刚沙的亲属关系（asadhur matule krsnah）以及婆薮提婆子诛杀刚沙（jaghana kamsam kila vasudevah）⑥，等等。

尽管后期文献中盛行的各种黑天传说在公元前数世纪已经初现雏形，然而，"黑天作为真正神的形象出现，还要从大史诗《摩诃婆罗多》⑦谈起"⑧。这部大史诗中，黑天形象饱满、个性鲜明，不仅具有神的本质，而且具有人的特征。然而，值得注意的是，虽然黑天是《摩诃婆罗多》的灵魂和核心，但是大史诗只详细描绘了他的青年生活以及死亡情形，并未提及他与牧女嬉戏享乐的故事。《摩诃婆罗多》之后，各种"往世书"（Purana）相继形成。据统计，18部大"往世书"（Mahapurana）中，涉及黑天生平事迹的作品约有12部。按照成书的大体年代和叙述的主要内容，《摩诃婆罗多》"名为附篇的往世书"（1.2.69）《诃利世系》

---

① 相传此宝石本为太阳神所有，后被赠予国王萨多罗吉特，曾两度丢失，均被黑天寻回，后为黑天佩戴。与其相关的故事可参见《摩诃婆罗多》（16.4.22—23）、《诃利世系》（1.38.13）、《毗湿奴往世书》（4.13.8）以及《薄伽梵往世书》（10.56—57）等。

② 该颂原文为：वासुदेवार्जुनाभ्यां वुन्，见 Srisa Chandra Vasu, The *Astadhyayi* of Panini, Sindhu Charan Bose, Benares, 1896, p.782.

③ 参见 Georg Bühler, *The Sacred Law of the Aryas*, pt.2; Max Müller, *The Sacred Books of The East*, vol.14, Clarendon Press, Oxford, 1884, p.254.

④ 有关黑天美发者的名号典故，当前学界具有两种观点：其一，《诃利世系》、《毗湿奴往世书》、《薄伽梵往世书》等经典叙述了黑天诛杀巨马怪 केशी 的故事；其二，根据《莲花往世书》等，黑天具有美丽的头发。

⑤ 根据相关典故，黑天年幼时曾因顽皮被耶雪达在腰上系绳索捆绑在石臼上，故而得名。

⑥ See Benjamin Preciado-Solis, *The Krsna Cycle in the Puranas*, Motilal Banarsidass, Delhi, 1984, pp.21-22.

⑦ 此处大史诗《摩诃婆罗多》指不包括附篇《诃利世系》在内的《摩诃婆罗多》主体部分，后文亦同。文中所引原文皆出自［印］毗耶娑. 摩诃婆罗多［M］. 金克木，赵国华，黄宝生，等译. 北京：中国社会科学出版社，2005. 括号中标注的序号依次指示该句所在的篇、章、颂。

⑧ 薛克翘，唐孟生，姜景奎，等. 印度中世纪宗教文学［M］. 北京：昆仑出版社，2011：92.

（*Harivamsa*）①在最早记载黑天牧女故事的经典文献中占据举足轻重的地位。

这部"往世书"共分三篇，有关黑天与牧女嬉戏的描写集中在《毗湿奴篇》（*Visnuparvan*）的第二十章中。该章以"夜晚，知晓时节、青春骄傲的（黑天）将众牧女唤来，与她们一起嬉戏"（2.20.18）为背景，着重描绘了牧女对黑天的爱恋和渴盼，具体表现在：第一，凝视，例如："妙体女子转过脸用眼睛注视着他"（2.20.23）；"她们其他人面带微笑，用情感流露的、如同黑鹿之眼的双目，不满足地享受黑天"（2.20.31）。第二，呼唤，例如："见过他在牧区的各种光辉功行，牧女们以腰绳者之名唤他"（2.20.22）。第三，拥抱，例如："她们将他紧压在乳房高耸的胸前"（2.20.23）。第四，不顾阻拦，例如："即使她们的丈夫、母亲和兄弟阻拦，善喜情爱的牧女们仍在夜里寻觅黑天"（2.20.24）。第五，共欢，例如："成行的她们悦意地游戏，牧女两两成双，歌唱黑天的功行"（2.20.25）；"牛粪尘沾身的她们围绕黑天嬉戏，仿佛母象（围绕）兴奋的公象"（2.20.30）；等等。由此可见，尽管牧女与黑天欢爱游戏的故事在《诃利世系》中已经出现，但是内容相对简单，描述相对模糊，并且编纂者并没有具体提到罗陀或其他牧女的名字。

二、黑天牧女故事的成型

稍晚成书的《毗湿奴往世书》（*Visnu Purana*）②对黑天牧女故事的描绘同样比较笼统，然而，与《诃利世系》纯粹的群体性描绘相比，《毗湿奴往世书》试图突显出不同牧女之间的个体性差异。该书第五篇第十三章中，黑天有感于周围环境之美，心生与牧女共戏之愿（5.13.14—15），随即唱起甜蜜悠扬之曲（5.13.16）。为此，众牧女以"听闻妙曲即弃家，摩图诛处急赴往"（5.13.17）的形象登场，奠定了她们对黑天爱慕、渴求的情感基调。接下来的部分中，《毗湿奴往世书》着重刻画了牧女沉浸于情爱所展现出来的不同情态，例如，圆圈舞前，她们有人伴随黑天之音悠扬唱，有人全心忆想他（5.13.18），有人"黑天黑天"唤，却又害羞不靠近，有人醉爱逗留他身旁（5.13.19），有人出门看见长辈，只能留家闭眼专注念牛得（5.13.20）。这一部分中，《毗湿奴往世书》不仅延续

---

① 文中所引皆出自पण्डित रामनारायणदत्त शास्त्री पाण्डेय, *महाभारत-खिलभाग हरिवंश*, गीताप्रेस, गोरखपुर, 1967。下文括号中的标注序号依次指示该句所在的篇、章、颂。

② 文中所引皆出自अण्णंगराचार्य, *श्रीविष्णुपुराणम्*,ग्रन्थमाला कार्यालय, कांचीपुरम्, 1972。括号中的标注序号依次指示该句所在的篇、章、颂。

了《诃利世系》有关黑天与牧女欢乐共舞的故事，还额外增加了黑天离去后牧女在林中跟随足迹四处寻觅的场景，其中包括牧女推测黑天在高处摘花送给一个牧女，后来又因为她的傲慢离开远去的事迹（5.13.34—36）。虽然从情节上看，这个故事与《苏尔诗海》中黑天因罗陀傲慢而消失的内容不完全相同，但是它一方面在传统故事框架内增加了黑天消失的新元素，使得纯粹欢乐的情节发展更加多变有趣，另一方面在牧区众女中突出了黑天尤其钟爱的一个牧女，为罗陀形象的最终成型奠定了基础。

此外，《毗湿奴往世书》在黑天离开伯勒杰前往马图拉的部分增添了牧女伤别的情节。第五篇第十八章中，看见黑天准备启程，牧女们手臂上的镯子变松，双目盈泪，痛苦地叹息着相互倾诉（5.18.13），之后顺接着借由大段的语言描写，通过以下五个方面，层层交叠，展现出牧女内心的悲痛和哀愁：第一，揣测，猜想黑天去往马图拉后定将沉醉在城市女子甜美优雅的言语举止中，不会再想起粗俗的自己，也不会再返回牛村（5.18.14—18）；第二，埋怨，指责阿格鲁尔无情，不顾自己对黑天的热爱，欺骗黑天，将他带走（5.18.19—20）；第三，拦阻，呼吁无须顾忌无用的长辈，赶紧阻止黑天离开（5.18.21—23）；第四，妒忌，讲述马图拉女子得见黑天的幸运和欢乐（5.18.24—27）；第五，悲己，对比自己被迫失去黑天身体消瘦、绝望忧伤的惨状（5.18.28—31）。由此可见，《毗湿奴往世书》中黑天牧女故事中聚喜离悲的整体框架和感情基调已然形成，但是故事的情节和内容却依旧不够丰满。

这种状况在《薄伽梵往世书》（*Bhagavata Purana*）① 中获得了极大的改善。与《毗湿奴往世书》相似，这部"往世书"第十篇对黑天牧女故事的描述大致可以分成两类，即欢聚和分离。其中，黑天居住牛村时，众牧女得以时常与崇拜迷恋的情郎相会嬉戏，故而总是呈现出喜悦、激动、渴盼的情态。例如，第二十二章中，牧女们心系黑天，每天沐浴后向迦利女神敬拜，祈求获得黑天作为夫君（10.22.4—5），某日却被黑天偷走衣物并调戏揶揄，"这些沉浸爱中的牧女倍感羞愧，互视而笑"（10.22.12），她们自称"乃为你奴，行如你言"（10.22.15），请求黑天归还衣物。即使威胁要向国王告状（10.22.15），她们心里依旧喜不自胜，正如"往世书"所言，"尽管被愚弄嘲笑、剥夺名誉，当作玩偶，尽管衣物被偷走，她们却未曾怨恨于他，反倒因为情郎相伴而欣喜"（10.22.22）。

---

① 文中所引皆出自 C. L. Goswami, *Srimad Bhagavata Mahapurana*, Gita Press, Gorakhpur, 2003。括号中的标注序号依次指示该句所在的篇、章、颂。

至于黑天与牧女的分离，主要表现在以下两种情形：傲慢分离，例如，众牧女因与黑天共聚享乐而变得傲慢，"认为自己是大地上最优秀的女子"，导致黑天消失隐匿（10.29.47—48），而"伯勒杰女不见他，煎熬受苦如同（不见）群主之母象"（10.30.1）；远行分离，例如，"为将罗摩黑天带至城，阿格鲁尔来到伯勒杰，牧女听闻神慌意乱"（10.39.13），表现出各种哀伤的情态，"有人为此心煎熬，面色苍白长叹息，有人衣衫手镯发辫松"（10.39.14），"有人静思冥想他，一切行动皆终止，不晓此世赴我界"（10.39.15），"有女忆念而晕厥，黑天之言触动心，携爱带笑语句妙"（10.39.16）。这里，《薄伽梵往世书》还增加了乌陀到访牛村的故事，通过牧女向乌陀和黑蜂的倾诉，展现出她们对黑天的思念和渴盼（10.47）。

总而言之，黑天牧女的情爱故事在《薄伽梵往世书》中叙述细腻、连贯生动，既充满神话的想象，又富有生活的气息，尽管内容相似，其精巧程度却远胜《诃利世系》和《毗湿奴往世书》。并且，对于黑天最钟爱的那个牧女，在继承《毗湿奴往世书》相关故事的基础上，《薄伽梵往世书》还添补了她跳完圆圈舞后感觉疲累，要求坐上黑天肩头以及后来被众牧女发现并向她们哭诉的细节，使其傲慢、悲戚的形象更加真实和突出。《苏尔诗海》中相同的情节发生在黑天和罗陀之间，然而，这个牧女在《薄伽梵往世书》中依旧不具姓名，尽管其他牧女称黑天"为其所悦"（aradhita）（10.30.28），并有学者认为，"罗陀的名字显然与该词取悦的含义相联系"[①]。

三、黑天牧女故事的发展

进入中世纪以后，帕克蒂运动蓬勃发展。摩陀伐（Madhava）、瓦拉帕（Vallabhacarya）和耆坦亚（Caitanya）等黑天派帕克蒂大师将黑天和牧女的爱情视为神人之恋，对其大力推崇。在这种思想的影响下，黑天崇拜的发展以及黑天牧女故事的演变显现出一些新的趋势和特征，具体表现在：

第一，罗陀形象的独立。虽然罗陀之名最早出现在6世纪的民间传说之中，并且一些梵语文献也或多或少地提及她的相关事迹，例如：婆吒·那罗延（Bhatta Narayana）的《结髻记》（*Venisamhara*）（7—8世纪）提到罗陀欢

---

① C. M. Brown, *The Theology of Radha in the Puranas*, John Stratton Hawley, Donna Marie Wulff, *The Divine Consort: Radha and the Goddesses of India*, Motilal Banarsidass Publishers Pvt. Ltd., Delhi, 1982, p.58.

爱时愤怒地离开黑天；新护的《韵光注》（*Dhvanyalokalocana*）（10世纪）提到黑天离开伯勒杰时罗陀悲戚地哭泣；安主（Ksemendra）的《十化身传》（*Dasavataracarita*）（11世纪）提到黑天启程前往马图拉时罗陀不停地哭泣、颤抖、叹息，等等。然而，作为一个鲜活饱满的独立形象，直至12世纪，罗陀才首次在胜天（Jayadeva）的抒情长诗《牧童歌》（*Gita-Govinda*）[①]中成为黑天牧女爱情故事的核心人物。

这部诗歌以黑天、罗陀和众牧女为主角，通篇讲述黑天和罗陀的爱情故事，充满浓郁的艳情色彩。在胜天笔下，黑天风流多情，喜欢与众牧女一同调情取乐，例如："春意盎然时，诃利徘徊此，伴舞众少女"（1.27），他"拥某亲某戏某女，瞧看某女至美笑，却又跟随其他女"（1.44）。牧区众女一如传统，她们对黑天爱慕痴迷，沉醉在与黑天欢聚共戏的喜悦中，有的"丰乳怀爱紧相拥，高歌诃利至上曲"（1.39），有的"迷恋调情灵动眼，纯洁少女专注想，摩图诛者之莲颜"（1.40），有的"贴近耳根言话语，妙臀女子吻面颊，恭顺欣喜汗毛立"（1.41），有的"叶木拿畔渴欢爱，拖拽华衣入密林"（1.42），展现出各种亲昵、欢愉而渴盼的情态。然而，罗陀却被塑造为深爱黑天并且要求爱情专一的女子。相比她与黑天会合的喜悦和狂欢，胜天更侧重描绘她与黑天分离的痛苦、期盼和思念，例如，她对女伴的倾诉，"村里徘徊之功德，细细数来不愿怒，承载喜悦与欢愉，远远排除诸般罪，黑天渴盼众少女，即使无我亦欢戏，心儿再次贪爱欲，我又能够做何为"（2.10）；女伴的描述，"双目盈泪簌簌流，妙美莲颜满承载，仿若明月持甘露，遭丑扰月以牙咬"（4.5）；"汗毛竖立唉声叹，悲泣颤抖她憔悴；晕眩冥想紧闭眼，坐下站起复昏迷"（4.19），等等。通过这些细节摹画，胜天将罗陀深陷情思的离女形象刻画得有血有肉、活灵活现，并且，通过黑天的相思、苦闷、哄劝、赞美、安抚，罗陀作为黑天至爱的独特地位得到巩固，故而，"从某种程度说，是胜天创造了罗陀"[②]。随着罗陀形象的独立，众牧女所扮演的角色在《牧童歌》中亦有了新的发展。这里，胜天不仅突出了罗陀与她们之间的友情，还赋予了她们新的身份，即黑天与罗陀沟通的使者。

作为毗湿奴教派的宗教经典之一，《牧童歌》中确立的罗陀形象成为诠释神人关系的表达方式和沟通渠道，被后世的虔诚诗人广泛学习和模仿。这段时期

---

① 文中所引皆出自 Barbara Stoler Miller, *The Gitagovinda of Jayadeva*, Motilal Banarsidass Publishers Pvt. Ltd., Delhi, 2007。括号中的标注序号依次指示该句所在的章、颂。

② 薛克翘，唐孟生，姜景奎，等. 印度中世纪宗教文学［M］. 北京：昆仑出版社，2011：97.

内，有关黑天及牧女爱情的比较具有影响力的作品，例如，14世纪维德亚伯迪（Vidyapati）的《维德亚伯迪诗集》（*Vidyapati Padavali*）、十四五世纪昌迪达斯（Chandidas）的《黑天颂》（*Sri Krsna Kirtan*）以及15世纪南德达斯（Nandadas）的《乐章五篇》（*Rasa Pancadhyayi*）和《黑蜂歌》（*Bhramar Gita*）等，大都跟《苏尔诗海》一样，直接继承《牧童歌》的罗陀形象，从《薄伽梵往世书》选取题材，按照传统的表现手法进行叙述。值得一提的是昌迪达斯的《黑天颂》，这部作品以罗陀为核心，详细描述了她从愤怒拒绝、无动于衷到最后抛弃世俗礼法倾心黑天的整个过程。诗集中，昌迪达斯将罗陀塑造为心志坚定、坦率诚实的女性，尽管她已经嫁给名为阿亚纳（Ayana）的男人，但是为了与黑天在一起，她并不畏惧激怒家人和长辈。尽管她开始顾忌礼法，遵循妇德，多次拒绝黑天，但是真正爱上黑天之后，她却没有丝毫犹豫退缩，而是诅咒命运，甚至声称要将房屋烧毁随黑天而去，例如：

> 一切人或神制定的律法，
> 我要将它化为灰烬。
> 我独自出生，无人为伴，
> 你那邪恶的律法，有何价值！
> 让我陷入爱情，却嫁给蠢货。
> 我那悲惨的命运，设计如此，
> 终究不属我渴望之人。
> 我将点燃这座房屋，一去不回。[①]

即使明确知晓自己这种行为将会招致的可怕后果，她还是坚定地选择抛弃礼法、钟情黑天，以下诗为例：

> 抛弃所有种姓的礼法，
> 我的心钟情于黑天。
> 日日夜夜，
> 宗族的习俗远远呼唤。
> 如今我已知晓，

---

① Caḍidās, *Love Songs of Candidas*, trans. Deben Bhattacharya, George Allen and Unwin, London, 1963, p.67.

这份爱只遵循自己的法则。①

此外，比较有趣的是，昌迪达斯一改之前女伴作为使者传递消息、牵线搭桥的传统，将罗陀的祖母塑造为帮助黑天追求罗陀的好心人。诗集中，不仅黑天通过她向罗陀赠送礼物，她还积极主动地开导罗陀，向她说明黑天是毗湿奴大神的化身，并且屡次与黑天一起设下圈套，促使罗陀为他动情献身。

第二，罗陀地位的提升。《梵转往世书》（*Brahmavaivarta Purana*）②中，罗陀与众牧女虽然保留了思恋、贪爱黑天的传统牧女形象，但是经过编纂者对传统故事的重新解释和改写，她们的身份和生平皆发生了新的变化。就出生而言，《梵篇》（*Brahma Khanda*）第五章指出，创世之初，诸神自黑天身体各部分生出后随黑天来到牛界（Goloka）的欢愉之地（rasa mandala）③，正当众神为此地的光辉惊叹时，罗陀于黑天的左侧显现（1.5.18—25）。"往世书"将她称为黑天的妻子，由于生自黑天的生命，所以对黑天而言，她比生命更加珍贵（1.5.26—35）。她微笑着凝视黑天的莲颜，然后，自她皮肤的毛孔中，万亿个与她一样娇艳动人的牧女来到牛界（1.5.36—45）。就降世而言，《梵转往世书》却巧妙地利用黑天叙事传统中黑天风流多情、罗陀善妒易怒的性格特点并加以发挥，将黑天降世的原因归结为取悦和安抚被诅咒的罗陀，这点在第十三章格尔格对难陀的叙述中可以得到印证，"为了履行在牛界对罗陀许下的承诺，他来到牛村，刚沙的担忧只是他的借口，他的主要目的是履行他对罗陀的诺言"（4.13.93—104）。就黑天与罗陀的婚礼，早期文献并未明确提及，《梵转往世书》却以难陀嘱托罗陀照顾黑天的传统叙事框架为依托，对其进行了详细描述（4.15.125—130）。由"往世书"所描绘的各种婚礼细节，包括点燃祭火、围火绕行、黑天手牵罗陀、两人以特定姿势念诵咒语、互戴花环等可以看出，编纂者似乎有意向世人宣扬这场婚礼的真实性，强调黑天和罗陀两人互相专属、同一不二的特殊性，进而突显出罗陀作为黑天正妻、众女之首的合法性。

---

① Caṇḍidās, *Love Songs of Candidas*, trans. Deben Bhattacharya, George Allen and Unwin, London, 1963, p.135.

② 文中所引皆出自Rajendra Nath Sen, *The Brahma-Vaivarta Purana*, Sri Satguru Publications, Delhi, 2010。括号中的标注序号依次指示该句所在的篇、章、颂。

③ 通常来说，रासमंडल一词指黑天与牧女在沃林达林中共同演绎的圆圈舞，然而，该词在《梵转往世书》中首先指位于黑天天国牛界的球形地带，它以一棵劫波树为中心，四周遍布檀香、麝香、藏红花、酸奶、谷物及各种植物，光辉四射，充满欢愉。详见《梵转往世书》、《梵篇》第一章第十八至二十五颂。

　　由此可见，《梵转往世书》中，罗陀已由早期"往世书"和《牧童歌》所刻画的贪爱黑天、渴望结合的普通牧女（gopi）演化成值得信徒顶礼膜拜的女神（devi）。为了赋予罗陀与黑天平等甚至高于黑天的地位，编纂者将黑天视作神我，将罗陀视作自性，一方面反复称颂罗陀与黑天的欢爱即为自性与神我的结合，具有宇宙创造的力量，例如，黑天说，"我是最高存在，你是原初物质……你永远是我的支撑（容器），我永远被你支撑（包含）①。总之，你和我本质同一，我们遍及各处，如同最高存在和原初物质。缺失任何一方，创造都不能进行"（4.67.76—82）；另一方面再三强调自性作为世界之母更值得膜拜，例如，象鼻神说，"先诵你名再颂诃利的人是真正的信徒和修行者，他们将愉悦地获得解脱。破坏此规之人定是犯下了杀害婆罗门之罪的大罪人。你是世界的母亲，诃利是父亲，母亲是父亲的尊师，更应受到膜拜和礼敬"（4.124.10—11）。

　　黑天牧女故事中出现的这些新趋势在《莲花往世书》（*Padma Purana*）中亦有所体现。整体而言，牧区众女对黑天的爱恋仍是《莲花往世书》重点描绘的对象，但是与《梵转往世书》一样，《莲花往世书》也将罗陀视作原初物质，例如："黑天珍爱的罗陀是原初物质，具有三德的难近母等只是她千万分之一，卓越的毗湿奴产生于触碰她足上的尘土"（5.69.118）；"罗陀和黑天是原初物质和神我。除沃林达林之主外，一切皆由原初物质所生。因为他们的显现，世界显现，因为他们的灭亡，世界灭亡"（5.77.48—51），其他牧女皆由她而生，属于她的一部分，例如："她们是罗丽达等，是原初物质的一部分，而罗陀正是原初物质"（5.70.2—7），所以，与黑天嬉戏时，罗陀在牧女中占据主导地位，其他牧女通常围绕在她身旁，例如："牛得和罗陀坐在黄金宝座上"，"黑天珍爱的其他女子坐在周围铺着像狮皮一样金毯的瑜伽座上，她们全身都对黑天怀有强烈的爱意"（5.70.2—7）。

　　总而言之，从吠陀时期黑天名称的初现，到史诗时代生平框架的形成，再到"往世书"阶段本事内容的充实，印度教的黑天叙事传统巧妙地将各个时代的神话产物与民间传说相互结合，并以之为基础，构建出具体生动、丰富多样、贴近生活的黑天牧女故事，既有效夯实了黑天崇拜的信众基础，又为各种文学形式的

---

　　① 这里涉及一组概念，आधार（所依）和आधेय（能依）。按照传统的黑天信仰理论，黑天是整个世界的支撑（adhara），整个世界被黑天支撑（adheya），黑天本身是无所依的（niradhara）。然而，《梵转往世书》反复强调罗陀是所依，黑天需要依靠罗陀的支撑，一则是为了提升罗陀的地位，二则 adhara 另有一意为容器，作为世界的容器，罗陀的意象等同于孕育世界的子宫（jagadyoni），与原初物质的含义具有重合之处。

发展提供了原始的创作素材。进入中世纪以后，北印度帕克蒂运动蓬勃发展。黑天派帕克蒂大师将黑天和牧女的爱情视为神人之恋，对其大力推崇。经过《牧童歌》、《梵转往世书》、《莲花往世书》等经典文献的推动，罗陀不仅作为人神之爱的典范在黑天信仰体系中占据核心地位，她本身也逐渐演变成信众加以膜拜的对象。故而，这一时期的多数重要作品，都特别注重表现黑天和牧区众女子之间，尤其是黑天与罗陀之间的爱情故事，对苏尔达斯的创作产生了深远的影响。

印地语作家格莫勒希沃尔代表作
《多少个巴基斯坦》评析

■ 解放军外国语学院　邓　聪

【摘　要】《多少个巴基斯坦》是印度印地语作家格莫勒希沃尔的代表作。小说以印巴分治的历史为背景，结合独立后的教派冲突，通过虚实结合的叙述手法对印巴分治的历史原因和宗教与民族认同等问题进行了探索与思考，并提出用甘地的博爱思想来解决世界上的民族与宗教冲突。小说体现了小说家格莫勒希沃尔对印巴分治的反思，以及对印度文化的批判性思考，具有深刻的现实意义。

【关键词】《多少个巴基斯坦》；印巴分治；甘地主义

一、引言

　　《多少个巴基斯坦》是印度著名作家格莫勒希沃尔的长篇小说代表作。格莫勒希沃尔是一位多才多艺的作家，在印地语文学史上占有重要地位。在他长达50多年的创作生涯中，共创作了100多篇短篇小说、11部长篇小说，以及大量的散文。为表彰格莫勒希沃尔对印度文学的卓越贡献，2005年印度政府为他颁发了莲花奖。2007年1月27日，格莫勒希沃尔病逝，享年75岁。

　　格莫勒希沃尔自20世纪80年代即开始构思创作《多少个巴基斯坦》，于1990年5月开始创作，2000年付梓出版。出版以来，《多少个巴基斯坦》好评如潮，不仅受到广大群众的喜爱，也得到了诸多文学评论家和剧作家的赞赏。截至2015年，《多少个巴基斯坦》的印地语版已再版15次，2001年和2006年两度被译为英文，还被翻译为法语、马拉提语等多个语种。2013年，改编自《多少个巴基斯坦》的话剧也在印度上演。现在，《多少个巴基斯坦》被认为是格莫勒希沃尔最优秀的作品，也被认为是当代印地语文学的经典之一。2003年，格莫勒希沃尔凭借该小说获得了印度文学院奖。

《多少个巴基斯坦》以卡吉尔冲突为引子，反思了印巴分治以来的暴力、分裂和流血冲突，探讨了民族分裂主义和宗教矛盾的性质。小说内容十分庞杂，涉及种姓问题、妇女问题、宗教矛盾、殖民统治等方方面面，还着重关注了民族分离主义和地方自治主义等现实问题。本文试图从以下三个方面对这篇小说进行解读。

二、对印巴分治历史原因的认知

印巴分治既源于教派冲突，也一定程度上扩大了教派冲突。《虚假的事实》、《黑暗》等作品都对印巴分治的原因进行过深入探讨，但是作家们试图通过反思分治的教训以警醒世人的努力并没有取得明显效果。1992年北方邦"圣城"阿约特亚发生"毁寺"事件，引发了新一轮教派冲突，造成上千人死亡。这引起了格莫勒希沃尔的深思，他以"寺庙之争"为突破口，试图通过探寻"寺庙之争"的历史真相来深入发掘教派冲突的历史原因。

（一）英国——印巴分治的始作俑者

在许多人看来，印度教徒与穆斯林的恩怨可以追溯到中世纪穆斯林的入侵。穆斯林入侵者不仅掠夺财物、残杀无辜，还摧毁寺庙、强迫非穆斯林改教，这种倒行逆施的举措损害了印度教徒和穆斯林之间的团结。但格莫勒希沃尔在小说中试图为穆斯林"平反"，淡化穆斯林与印度教徒的冲突，对历史进行想象性重构。学者提审了巴卑尔，调查阿约特亚"寺庙之争"的前因后果。巴卑尔声称并未下令摧毁罗摩庙和修建清真寺，是英国人故意造成印度人的误解。英国建筑学家纳吉将记载巴卑尔真实行程的碑文故意抹去；地质学家H. R.内维尔删除了巴卑尔日记中的行程记录，并在《法扎巴德地理志》中记录道：巴卑尔在阿约特亚下令拆毁了罗摩庙。他还在《勒克瑙地理志》上注明：修建清真寺期间，印、穆发生冲突，穆斯林杀了174000名印度教徒。他们之所以这样做，是因为1857年大起义后，英国人为防止印度再度出现反英暴动，决定对并肩作战的印度教徒和穆斯林分而治之，挑起两大群体间的宗教矛盾。如此看来，英国才是印巴分治和教派冲突的始作俑者。格莫勒希沃尔对"寺庙之争"进行"真相"还原，突出英国人煽动教派冲突的事实，意在将印、穆之间的矛盾转移到英国身上，体现了鲜明的民族主义立场。作者让巴卑尔进行反驳和自证，实质上是通过为穆斯林平反来淡化印穆间的历史仇恨。

除了对历史进行改写，作者还对英国人的"友善"行为表示怀疑。小说中学者提审了蒙巴顿，调查《蒙巴顿方案》。庭审中，蒙巴顿声称："我一直努力维护印度的统一……但是因为真纳的固执我失败了。"①原告们提出了三个质疑点：第一，蒙巴顿去印度之前秘密拜会过反对印度独立的丘吉尔，并将其助手纳为己用；第二，真纳在英国居住的三年间（1934—1937年）与英国人暗通款曲，得到了其对建立巴基斯坦的支持；第三，蒙巴顿对真纳的绝症隐而不宣，并故意将分治时间提前了一年，得以使巴基斯坦在真纳去世前独立。蒙巴顿对这些指控矢口否认，认为这是印度人毫无历史根据的臆想，根本不值一哂。而这些"没有历史根据"的疑点证明，英国人故意隐藏了真实的历史，做出维护印度统一的假象，其真实目的就是要分裂印度。

长期以来，学界对英国人在分治前后所扮演的角色争议不断。一些学者认为，英国政府虽然采取了分而治之的政策，但他们没有必要也不愿分裂印度。英国政府不仅制定了维护统一的方案，还在第一次印巴战争中极力斡旋；蒙巴顿也在分治前后与各方商讨，尽力维护印度的统一。②但这些举措并没有得到印度人的广泛认同，反而受到了普遍的质疑。尽管分治已经过去五十多年，印度人民不再受反殖民统治的政治氛围的束缚，但持续不断的民族和教派冲突仍然时常揭开他们心中被殖民的伤疤。所以，英国仍然是他们反思印巴分治时不能回避的重要角色，而且往往被认为是分治的罪魁祸首。这个结论不是他们民族主义情绪的无理发泄，而是深入思考和分析的结果。

小说对英国煽动宗教对立的行为进行了详细的历史分析。小说中，印巴分治后，伦敦的丘吉尔"兴奋地从床上起来抽雪茄"；麦考莱成了大功臣，因为他"用英语代替波斯语成为必修课，使整个印度斯坦的知识分子都变得没文化没教养"；吉尔克里斯特（Gilchrist）也非常高兴，他在威廉堡学院实施印地语与乌尔都语分别教学的政策，成功破坏了印度教徒与穆斯林的共同语言基础；寇松也从

① ［印］格莫勒希沃尔. 多少个巴基斯坦［M］. 新德里：拉杰巴尔出版社，2003：56. 下文注释将使用"原著"指代。
② 参见唐仁虎. 教派冲突与印巴分治［J］. 南亚研究，2012（3）；谌焕义. 浅析有关印巴分治的若干观点［J］. 学海，2008（4）.

坟墓中爬了出来，向人们炫耀他分割孟加拉、激化教派冲突、促成穆斯林联盟建立等诸多成果。[①]这些殖民者主动揭示了他们在教育、语言、民族等各方面的阴谋诡计。正是这些措施加深了印、穆间的语言和宗教分歧，割裂了统一的民族认同，最终导致两大群体走向了对立和分裂。格莫勒希沃尔对殖民历史进行了改写，既表达了反对殖民者政治、经济侵略的思想，更突出了对英国人掌控历史话语权进行文化侵略的不满。作者在小说中建立法庭，揭露英国人的文化阴谋，就是要重夺书写历史的权力，冲破英国的文化宰制，打破英印间知识权力的不平衡。

（二）印度的内部矛盾

如果仅仅将英国视作分治的罪魁祸首，不仅会遭到英国人的坚决反对，也会使理性的印度知识分子难以信服。许多印度人认识到，虽然英国人对印、穆分而治之，但是他们并不是教派冲突的直接煽动者，他们只是为了实现帝国利益利用了印度的内在矛盾而已。小说中萨尔玛在与学者对话时说："英国人是把双刃剑，他们哪里错了？别忘了，中世纪以来所有侵略者都是帝国主义者，但他们都不是宗教的传播者和挑唆者。"[②]格莫勒希沃尔否定了英国在教派冲突中的直接作用，认为英国只是冲突爆发的外因。那么导致分治和教派冲突的内在矛盾是什么呢？传播者和挑唆者又是谁？格莫勒希沃尔在小说中进行了深入的挖掘。

1.印度教宗教文化的糟粕

印度宗教文化的糟粕埋下了分裂的种子，种姓制度就是其中的一颗毒瘤。从社群分化的角度看，种姓制度将本属于一个文明的无差别的人划分为尊卑有别的集团，给人贴上种姓的标签，破坏了人民的团结和统一。小说通过穆斯林入侵者与印度教王公的陈述，说明正是因为种姓制度，从8世纪开始，穆斯林才能打败印度教王国，建立起德里苏丹国和莫卧儿王朝。印度的伊斯兰教也是种姓制度的受害者。改宗伊斯兰教的婆罗门为了维护特权，把种姓制度的桎梏带入了伊斯兰教中，导致贱民改宗伊斯兰教之后依然受到歧视。而改宗的印度教贱民又被印度教高等种姓视为叛徒，遭到他们的歧视与仇恨，所以这部分"贱民"穆斯林自然也难以在宗教和民族认同上与印度教徒保持一致。小说中菩提树喊出废除种姓制

---

① 原著第325页。
② 原著第104页。

的口号："打倒吠陀文明！废除种姓制度！打倒婆罗门教！种姓制度是痛苦的根源！"菩提树象征正义、和平，菩提树的呐喊正是作者痛心疾首的呼吁。

除了种姓制度，印度教多神信仰也是人心不齐的原因之一。巴卑尔的将军穆罕默德·宾·加西姆在法庭上说道："印度教的真主（神）有好多个，每个婆罗门的真主都不一样。一个被抢，其他真主也不来相救，这给我提供了巨大便利。"这说明印度教多神信仰将印度教分裂为数个信仰不同主神的派别，不同派别间钩心斗角，因此外敌才有可乘之机。

此外，小说对奥朗则布的宗教政策进行了深刻剖析。奥朗则布依靠穆斯林保守派的支持，从主张宗教宽容的达拉舒科手中夺取了政权，继而实施宗教极端政策，强迫印度教徒和锡克教徒改教，激化了宗教矛盾。奥朗则布的歧视政策强化了宗教的标签，不仅埋下了教派冲突的种子，其更深刻的历史影响在于，强制改教增加了印度的穆斯林人口，改变了印度的人口结构，穆斯林能够建立起巴基斯坦，更多的支持者是印度本土改宗者的后代，真纳、伊克巴尔就是他们的代表。

2. 民族独立运动的负面影响

在某种程度上，穆斯林民族主义的产生源于穆斯林的被边缘化。在民族独立运动的过程中，穆斯林与印度教徒在政治地位、经济条件上的差距不断扩大，导致穆斯林精英的危机感和分离情绪日益强烈。这种危机感在穆斯林反对代议制、主张设立单独选区等方面都有明确体现。而民族运动的人民性特点使精英分子的这种情绪逐渐蔓延到了广大穆斯林人民之中。小说中，当埃德温娜责备蒙巴顿对分治的骚乱无动于衷时，蒙巴顿说道："事实上我看到这种场景也非常感伤……在甘地领导的人民运动中，真纳在社会民众层面将印度分裂了，即便他内心不情愿，他也无法退步，因为一旦退步，他就会丧失领导权。"除了蒙巴顿的间接表述，小说还直接揭露了真纳等穆盟领导人贪图政治权力、以宗教名义分裂国土的事实。但是分治完全是真纳的责任吗？格莫勒希沃尔清醒地认识到，民族独立运动的确促进了宗教群体的分化，但是作为运动的主要领导人，国大党领袖也同样负有不可推卸的责任。提拉克、甘地等人在领导独立运动的过程中，自觉或不自觉地将人民运动与印度教结合起来，客观上加剧了印度教徒与穆斯林的对立和冲突，挑起了印度教徒的反穆斯林情绪，促使双方教派主义迅速发酵。[①]

格莫勒希沃尔对印巴分治的内在原因进行了全面深刻的反思。最难能可贵

---

① 例如护牛运动、印地语运动、纪念希瓦吉、庆祝象头神节等运动。

的是，格莫勒希沃尔超越了狭隘的民族主义，勇于正视民族独立运动的负面影响。独立运动时期，许多国大党领导人都将印度教作为爱国民族运动的有力武器。"印度教的节日变成了发动群众、团结群众、教育人民参加反英斗争的有效手段……宗教与民族主义政治在印度教领导人和印度教徒的生活中重叠起来。"[①]印度教与民族主义的重叠导致穆斯林在民族运动中逐渐被边缘化。当这种被边缘化的挫折感和恐惧感逐渐强化，而国大党不愿对他们的地位做出保障时，独立也就成了他们的首选目标。[②]

三、对宗教与民族认同的思考

印巴分治之所以是印度人心中一块长期流血的伤疤，不仅因为它将一个完整的国家一分为二，更重要的是它给一个古老文明树立了一道政治藩篱，将同一个文明的同一个民族人为地划分成了两个不同的民族，民族认同受到了强烈的冲击。这种民族认同的撕裂感在许多其他印地语分治小说中都有所体现。耶谢巴尔的《虚假的事实》上部的副标题为"故乡与祖国"，故乡与祖国的错位、背井离乡的人心中的矛盾与苦恼都在小说中得到了充分的展现。在《黑暗》中毗湿摩·萨赫尼通过"他者"英国人理查德描述了一个统一的印度民族。相比之下，格莫勒希沃尔在《多少个巴基斯坦》中的思考更深邃。他试图通过历史追思来批驳巴基斯坦的建国理论，重构统一的印度斯坦族。

（一）否定次大陆的文明冲突

格莫勒希沃尔反对不同宗教存在文明冲突的论调，将穆斯林、印度教徒、锡克教徒都重新归化为一个原始的无差别的人。格莫勒希沃尔在小说前言中说道："我无数次思考远古时期和雅利安人进入印度时期的事情，心里始终不能接受关于摩亨佐达罗-哈拉帕文明与雅利安文明的'冲突论'"，"雅利安人没有成为入侵者的适当理由，他们不是侵略者"。在格莫勒希沃尔看来，雅利安人只是为了生存才来到印度次大陆，这和达罗毗荼人并无二致。从人类起源来看，所有人都来自非洲。小说中学者说道："我们所谈论的是所有人血脉相同的时代。那个时

---

① 邱永辉. 印度教概论［M］. 北京：社会科学文献出版社，2012：125.

② 例如，1937年穆盟在大选中惨败，请求国大党在省政府中与穆斯林联合组阁，但遭到了国大党的拒绝。这导致双方关系急剧恶化，穆盟对政治地位的担忧加剧。1940年，穆盟在拉合尔通过了建立穆斯林单独国家的《巴基斯坦决议》。

候，我们的文化一致，都在尼罗河的孕育下生长，我们共同创造了埃及文明。"①
以此论之，达罗毗荼人和雅利安人都发源于尼罗河流域，都是来到印度次大陆生
活的异乡人，穆斯林也一样，所以自然没有入侵者与被入侵者之分。印度教徒、
穆斯林和锡克教徒等所有人都是这片土地的共享者，他们共同创造了灿烂辉煌的
印度文明，具有相同的历史和血统，那么自然也应该是同一个民族，生活在同一
个国家。

（二）反对宗教战争论

作者认为印度历史上没有发生过宗教战争，所有战争都是生存空间与利益之
争。因此小说对巴卑尔的"入侵"与奥朗则布夺嫡之战进行了非宗教化描写，试
图论证"印度斯坦这片土地从来都不是宗教战争的发源地，只有为真理和文明而
发生的战争，从来也没有为某个宗教的中心地位或统治权而发生过战争。这不是
宗教战争的土地"②。

在小说中，巴卑尔为了重建王国，联合印度教王公道拉特·汗和拉其普特的
王公拉纳·桑贾打败了德里苏丹国的统治者，才逐步建立起莫卧儿王朝。因此，
所谓的穆斯林入侵不过是穆斯林与穆斯林之间争夺土地的战争。至于传播伊斯兰
教，则是巴卑尔稳固军心的借口。巴卑尔进入印度，既不是为了抢夺印度教徒的
生存空间，也不是为了传播伊斯兰教。

在常人眼中，奥朗则布是一个极端的宗教狂热分子，他颠覆了阿克巴时期的
宗教宽容政策，破坏了各个教派之间的和谐。但是格莫勒希沃尔通过历史重写，
证明奥朗则布不过是一个利用宗教武器的政治野心家。莫卧儿帝国时期一直存在
着关于宗教政策的争论。阿克巴的宗教团结政策遭到了伊斯兰教正统派的强烈反
对，"有些人甚至称阿克巴为'异端皇帝'"③，顽固派甚至打起维护伊斯兰正统
的旗号起兵反叛。沙贾汗时代也充满了保守派与温和派的斗争。太子达拉舒科主
张宗教宽容，首相萨杜拉则主张维护伊斯兰正统，实施伊斯兰教法。因此，"正
统"穆斯林奥朗则布得到了首相等保守派的支持。但实际上，对于宗教问题，奥
朗则布一直实施双重政策。为了扩大势力，奥朗则布征服了同为穆斯林的高康达
王国；为了争夺王位，他又抛开宗教分歧，争取了诸多印度教王公的支持。这说

---

① 原著第84页。
② 原著第228页。
③ 林承节. 印度史 [M]. 北京：人民出版社，2014：150.

明在王位继承战争中，保卫伊斯兰只是奥朗则布的借口，他的目的在于从太子手中夺取王位。印度教的王公也并没有因为达拉舒科主张宗教宽容就支持他，而是在现实利益面前与奥朗则布达成了联合。这些印度教"叛徒"的选择更加说明宗教只是政治斗争的工具，"为了生存，自私自利的人都愿意改变自己的宗教"。

格莫勒希沃尔否定穆斯林与印度教徒之间的宗教战争，说明他认识到印巴分治的深层原因在于印、穆之间的历史仇恨。他对历史进行想象性重写，正是淡化印度教徒与穆斯林的历史仇恨的伟大尝试。但比战争创伤更难弥合的是文化和心理上的创伤，作者否定战争和宗教政策中的宗教动机，就是为了弥合心理文化创伤。作者试图证明，穆斯林统治者的政策，不过是维持国家政权的一种手段，本质上没有任何宗教目的。小说中奥朗则布在写给儿子的信中悔罪："我为这个宗教所做的一切，动机只是增进团结，事实证明我的决定是错误的。但是我从没干过分裂国家的事情，我从来都没有认为自己是一个外国人……我的确是分裂了宗教，但是我从没想过要分裂民族。"奥朗则布的话就是作者的心声：奥朗则布虽然在宗教政策上错了，但是印度教徒和穆斯林谁都不是异族，他们都是印度斯坦人。

（三）批驳宗教民族主义

格莫勒希沃尔在论证印、穆是一个民族的基础上，批驳了巴基斯坦建国的理论基础。小说中，学者遇到了抛妻弃子前往巴基斯坦的诗人伊玛目·纳吉什。面对困顿沮丧的伊玛目·纳吉什，学者指责他"支持国家的分裂……偏向了以宗教和语言为基础的种族主义"[①]。纳吉什痛悔地承认：巴基斯坦建立在宗教仇恨的基础上，以宗教立国的做法是错误的。纳吉什的悔恨，正说明这种以语言和宗教为基础来建构民族的理论是行不通的。格莫勒希沃尔认为，巴基斯坦能够成立，不是因为穆斯林是一个民族，而是因为穆斯林充满了集体仇恨。作者清醒地认识到"如果以宗教仇恨为基础来建国，整个世界都会分崩离析，变得支离破碎"[②]。小说中，信德人、俾路支人也以文化独特性为由要求独立，巴基斯坦不得不吞下自己种下的恶果。这正说明以宗教来建构民族是不可行的。

20世纪90年代是一个动荡的年代，苏联、南斯拉夫解体，世界政治版图不断变化重塑，东帝汶、波斯尼亚、塞尔维亚、索马里、阿富汗等地的民族和宗教

① 原著第93页。
② 原著第106页。

冲突连续不断。格莫勒希沃尔在现实中反思印巴分治的惨痛教训，深刻地认识到宗教和语言不应该成为区分民族的主要因素。"宗教不是国家认同"，"宗教也只有在国家之中才能找到自己的定位"①，"国家不能建立在宗教基础上，国家建立在共同血脉和共同历史的基础上"。格莫勒希沃尔对印度斯坦因宗教分歧而分裂痛惜万分，因此，他反对任何以宗教为旗号的民族分离运动，也反对任何以宗教为名的侵略和压迫，因为宗教往往成为被利用的棋子，操纵者则是贪婪的、充满仇恨的野心家。

小说中萨尔玛的思想集中体现了格莫勒希沃尔关于印、穆群体身份认同的观念。当萨尔玛听到学者问她是不是巴基斯坦人时，她愤怒地回答道："不是，你又搞错了……我上次就告诉过你我不是巴基斯坦人，而是印度斯坦人……虽然我们的国家是巴基斯坦，但是我们的故乡是印度斯坦。"萨尔玛的话表现了故乡与祖国的错位，但是萨尔玛所表现出的统一民族的情结是印度人的普遍心态。时至今日，许多印度人依然难以接受印巴分治的事实，他们始终认为印度教徒和穆斯林都是印度斯坦人。小说中萨尔玛从巴基斯坦回到了印度，作者和广大印度人民也殷切期盼着巴基斯坦像萨尔玛一样"回归"。

四、甘地主义——"巴基斯坦传染病"的治愈之道

印地语分治小说从来不单纯反映教派冲突。在小说中，格莫勒希沃尔除了表达他对教派冲突原因的思考以及反映骚乱带给普通民众和妇女的不幸以外，还以作家的人道主义关怀对世界各国的冲突进行了思考，以博爱之心表达了对世界上所有正饱受冲突之苦的人和那些死于冲突的冤魂的同情。小说中的巴基斯坦具有双重象征意义。从物质实体看，巴基斯坦象征一切分离组织（包括已分裂出去的国家）和冲突；从精神层面看，巴基斯坦象征民族分离主义、暴力恐怖主义、教派主义和一切不理智的仇恨。作者由印巴分治联想到全世界已发生和正在发生的冲突，发现过去世界上有过很多"巴基斯坦"，而在当今世界，"巴基斯坦"仍然像传染病一样在全世界蔓延。但是可悲的是，认识到这一点的人寥寥无几。

小说中学者寄出批评总理和国防部长的信之后非常烦恼，他在想："我的激进想法会不会以保卫国家之名造成他人的死亡。难道一个人的生存必须以他人的死亡作代价吗……死亡！所有的战争都以死亡人数来判定胜负。"②小说中的学

---

① 原著第122页。

② 原著第18页。

者正是作者自己的写照。1999年卡吉尔冲突爆发时，印度国内民族主义情绪甚嚣尘上，要求打击巴基斯坦的呼声不绝于耳。作者也和其他人一样，充满了愤怒和仇恨。但作者冷静后思考，极端民族主义情绪的教训难道还不够惨痛？印巴分治的创伤难道还不够深刻？对此格莫勒希沃尔进行了深刻反思。

巴基斯坦的独立固然是伊斯兰分离主义思想在作祟，但印度教徒不也同样试图建立自己的"巴基斯坦"吗？克什米尔的印度教徒想要建立"印度教巴基斯坦"，印度东北的少数民族也要建立自己的"巴基斯坦"，独立后印度教极端教派主义情绪也日益膨胀。国内的现实让"学者"疑惑不已，这究竟是为何？再看国外，"从阿富汗到土耳其、埃及、南非……彩虹消逝，继而风暴骤起，下起了腥风血雨"①。小说中的学者将所有国家的死尸揽入怀中，为他们遮风挡雨，怒问这究竟是为何？有人回答："正因为有巴基斯坦才会产生新的巴基斯坦，这是传染病，只要有宗教、种族、民族等概念，只要成为世界第一的贪念不灭，只要霸权主义和强权理念还存在，那么巴基斯坦传染病仍会在这个世界上广泛蔓延。"②

在格莫勒希沃尔看来，教派主义冲突不限于特定国家和民族，人类社会哪里有剥削和压迫，哪里就有仇恨，哪里就会产生巴基斯坦。而剥削和压迫源于宗教、种族、民族等身份标签，这些标签的名字虽然不同，但是他们本质上却都代表着利益。一个标签便是一个利益集团，这些集团为了自己的生存就去剥削、去压迫、去争霸、去奴役其他的集团，然而由此导致的仇恨却长期难以消弭。巴基斯坦和印度如此，德国、日本、美国等任何其他国家也是如此；伊斯兰教是这样，印度教、基督教也是这样。所以，格莫勒希沃尔不赞同把人分为不同的宗教、语言或种族集团，因为区分就意味着排斥，"不愿与他人和谐共处也是一项公认的罪过"③。

格莫勒希沃尔以知识分子的高度社会责任感，从全人类的命运出发深刻反思了当今世界的一切冲突，表达了对乱世纷争的忧思和对受难人民的人道主义关怀。他不仅分析了冲突的原因，也提出了"巴基斯坦传染病"的治愈之道和他自己的和谐世界观。

---

① 原著第184页。
② 原著第187页。
③ 原著第181页。

　　小说中达拉舒科试图建立一个"理性宽容的新文明"①，它"尊重每个人的生命"②，也"没有血腥和暴力"③。"因为印度是一个多元共存的文明。它自古以来崇尚非暴力。这个文明只孕育圣人、伟人和哲人，从没有孕育出恐怖分子和圣战者……"④格莫勒希沃尔所向往的正是这样一个没有暴力、没有恐怖主义的和谐世界。要建设这样的和谐世界，就必须消灭"巴基斯坦"，铲平人与人之间的分歧，化解彼此间的仇恨。格莫勒希沃尔没有在小说中直言如何消灭"巴基斯坦"，而是用写实手法讲述了几个故事。第一个故事是，学者求学时和一位名叫维特娅的女孩互相爱慕。分治时，维特娅和家人遭遇骚乱，家人不幸罹难，她在逃跑时被一位名叫赛义德的穆斯林所救。然后她跟随赛义德去了巴基斯坦，嫁给了赛义德的邻居，成了一个穆斯林妻子。第二个故事是穆斯林和锡克教徒之间的爱情故事。女主人公杰里芭在逃往巴基斯坦的途中遭到拦截，穷困潦倒的锡克农民布达·辛格拿出所有积蓄救了她。布达·辛格的善良、真诚打动了杰里芭，她决定不顾宗教的禁忌嫁给布达·辛格。在这两个故事中，"爱"弥平了印度教、锡克教和伊斯兰教的差异，化解了宗教盲目主义所导致的仇恨。在一切差异和仇恨面前，"爱"是无坚不摧的力量。格莫勒希沃尔提倡用来化解冲突和仇恨的"爱"，不仅是跨越种族、宗教或民族的爱情，还包含一种普世的人文关怀，是甘地提倡的博爱精神。小说中学者让一位穆斯林学者点亮甘地思想的灯，让它祛除蒙昧和黑暗。因为只有崇尚"爱"、"真理"和"非暴力"的甘地主义才能使人克服怨恨、厌恶、愤怒、嫉妒和报复等恶念，才能抑制暴行。"非暴力就是纯粹的爱，主动、自觉地爱，爱一切人。"⑤印巴分治就是违背甘地主义精神的恶果。格莫勒希沃尔认为，虽然甘地死了，但他的精神依然是拯救世界的良药。

五、结语

　　尽管分治已过去很多年，但印度国内教派、种姓冲突频发。印巴之间多次爆发战争，甚至展开毁灭性的核军备竞赛，仇恨和民族主义情绪蒙蔽了印、巴两国许多人的心灵。格莫勒希沃尔是一位具有高度社会责任感的作家，他希望通过结合现实对印巴分治进行再反思，让人们认清历史，铭记教训，化解彼此的仇恨，

---

① 原著第182页。
② 原著第182页。
③ 原著第186页。
④ 原著第186页。
⑤ 朱明忠. 甘地的非暴力主义及其影响 [J]. 南亚研究，2002 (2).

用"爱"构建一个友好、和谐、多元共存的世界。正因如此,《多少个巴基斯坦》才没有沦为一部单纯的历史小说,而成了一部具有深刻现实意义的当代印地语文学经典之作。

参 考 文 献

[1] 廖波. 印度印地语作家格莫勒希沃尔小说创作研究 [M]. 广州:世界图书出版广东公司,2011.

[2] 林承节. 印度史 [M]. 北京:人民出版社,2014.

[3] 邱永辉. 印度教概论 [M]. 北京:社会科学文献出版社,2012.

[4] 唐仁虎. 解读耶谢巴尔《虚假的事实》中的主要女性形象 [J]. 南亚研究,2009(1).

[5] 唐仁虎. 教派冲突与印巴分治 [J]. 南亚研究,2012(3).

[6] 薛克翘,唐孟生,唐仁虎,姜景奎. 印度近现代文学(上、下卷)[M]. 北京:昆仑出版社,2014.

[7] 张德福.《虚假的事实》评介 [J]. 外语研究,2002(5).

[8] 钟智翔主编. 东方文学论集 [M]. 广州:世界图书出版广东公司,2011.

[9] ताप सिंह: कितने पाकिस्तान: सांप्रदायिक विमर्श, राजपुत, 2013.

解读中篇小说《妮摩拉》中妮摩拉的形象

■ 西安外国语大学　康宇歌

【摘　要】普列姆昌德（Premchand，1880—1936）是印度著名的现实主义作家，中篇小说《妮摩拉》是他的代表作之一，这部小说是作者唯一一部以女主人公名字命名的作品。《妮摩拉》主要描写了少女妮摩拉的悲惨一生。种种不幸让美丽、活泼、可爱的妮摩拉变成了悲苦、哀怨、不幸的妮摩拉，让善解人意、尽职尽责、仁慈怜爱、具有牺牲精神的妮摩拉变成了泼辣悭吝的妮摩拉。她的悲惨人生感人肺腑，发人深省。

【关键词】印度文学；普列姆昌德；《妮摩拉》

发表于1925年的中篇小说《妮摩拉》是印度著名的现实主义作家普列姆昌德（Premchand，1880—1936）的代表作之一，这部小说是作者唯一一部以女主人公名字命名的作品。《妮摩拉》主要描写了少女妮摩拉的悲惨一生。

"古今往来，凡是杰出的作家，总是时代的代言人。他们不是通过激昂的宣言，而是通过艺术的形象，来传达一个时代的脉搏、信息、呼声和使命。"[①]本部小说中的女主人公妮摩拉就是这样的艺术形象。

妮摩拉是一个温柔贤淑的少女。她的父亲是当地一位著名的律师，财运亨通。故事开始时，妮摩拉只有15岁。这时的妮摩拉，青春的花朵还未在她身上完全绽放，她还是一个天真活泼、爱玩爱闹的少女。妮摩拉与自己10岁的妹妹克里希娜每天在一起不知疲倦地玩耍嬉戏，享受着无忧无虑的童年生活：

---

① 刘安武. 普列姆昌德和鲁迅的小说创作［C］// 刘安武. 印度文学和中国文学比较研究. 北京：中国国际广播出版社，2005：388.

两个人都很调皮爱玩，爱逛，爱看把戏。两个人都喜欢热热闹闹地替洋娃娃办喜事，而家里的正经事她们都不管……她们两个人常跟弟兄们吵架，骂佣人，一听到奏乐就马上跑到门口去站着看热闹。①

然而，一件事情却让妮摩拉变得严肃、孤僻、羞涩起来——父亲为她寻找婆家一事终于有了结果。但不幸的是，父亲离世、夫家悔婚等事故接踵而至，妮摩拉悲惨一生的序曲奏响。最终，妮摩拉嫁给了年近四旬的鳏夫孟西·多达拉姆。

孟西·多达拉姆是一位律师，由于工作操劳，没有时间锻炼，身体已经有些发福。他精通夫妻生活的诀窍，因此，他想用物质享受来弥补自身的缺陷。刚结婚时，他不停地讨好妮摩拉。然而，妮摩拉对这一切却没有兴趣，因为与和自己父亲年龄差不多的人在一起，没有爱情可言，只有尊敬。她尽量想法子避开无趣乏味的孟西。这样的婚姻生活对妮摩拉来说是精神和生理上的双重折磨，她感到十分厌烦与痛苦：

因此，律师不遗余力地表示自己的爱情。可是妮摩拉对这些感到很厌烦。这些情话，要是从别的年轻人的口中说出来会使妮摩拉的心沉浸在爱情之中，然而从律师先生的嘴里说出来却像剑一样的刺伤了她的心。这些话语枯燥无味，没有活力，没有爱情，不是真心话，尽是一些矫揉造作的谎话，尽是一些废话，尽是一些毫无意义的花言巧语。她不是不喜欢香水和香油，也不是不喜欢散步和看戏。她也不是不喜欢打扮。她不喜欢的只是跟律师先生坐在一起。她不愿意把自己的青春和美貌给他观赏。因为他根本就不配看她。她认为他根本就没有资格享受这种乐趣。花儿只有在早上的新鲜空气里才会绽放。因为二者都是一样的甜蜜。②

然而，有一天，妮摩拉对孟西的态度有了转变。孟西一直没有放弃讨好妮摩拉，甚至还编造一些英勇行为以使妮摩拉崇拜自己，但在茹克米妮发现床下有蛇并向孟西求救时，他由于害怕，以找棍子为由跑出去了。妮摩拉看到孟西近日来的举动异常，开始同情可怜他，并决定通过自我牺牲来尽到自己作为妻子的责任：

她知道，她这一生再也不会有什么快乐了，那么，为什么要幻想着来消磨这一生呢？世界上所有的人并不见得都过着幸福的生活，我不过是这些不幸中的一个而已。老天爷既然选上了我，要我来承担这副痛苦的重担，那我就没有法儿把

---

① 普列姆昌德. 妮摩拉［M］. 索纳，译. 北京：人民文学出版社，1959：1.
② 普列姆昌德. 妮摩拉［M］. 索纳，译. 北京：人民文学出版社，1959：34.

它搁下，想扔也扔不掉。这样沉重的担子，哪怕压得我两眼昏花，脖子压断，腿都提不起来，可还得把它扛起来。①

从此，每天丈夫回到家时，妮摩拉掩饰内心的痛苦，微笑着迎接丈夫。孟西看到她那毫无瑕疵的美貌，心满意足。看到丈夫为了变年轻想尽各种办法时，妮摩拉连营养丰富的食物——酥油都不吃，为了让自己看起来衰老一些，以便和孟西般配。除此之外，妮摩拉忍受茹克米妮的百般刁难，一个人照料全家六口的生活起居。由此可见，妮摩拉是一位任劳任怨、甘于奉献、忠于丈夫的贤淑妻子。

作为女儿，妮摩拉是善解人意的。妮摩拉没有找到一位如意郎君，自从嫁给孟西之后就过着不幸的生活，可她并没有把自己的不幸告诉母亲，"事情已经过去了，还哭哭啼啼地使得母亲难过有什么好处呢"②。她不想让母亲担心，她是个孝顺、善解人意的好女儿。

与此同时，妮摩拉作为母亲的形象深入人心，而且小说情节以及人物性格变化的转折点均发生在妮摩拉与孩子们的故事上。妮摩拉嫁入孟西家不久后，便承担起照顾三个孩子的重任。她每天忙着照顾孩子，给他们东西吃，替他们穿衣服，和他们一道玩耍以及给他们讲故事等等。妮摩拉充满热情的心得不到爱情，但对于与孩子们在一起的这一点安慰感到十分满足。然而，这样细心周到的照料竟招致了丈夫孟西的怀疑。

孟西的大儿子孟萨拉姆和妮摩拉的年纪相差无几，两人拥有共同的兴趣爱好与话题一起讨论，妮摩拉在照顾孟萨拉姆的同时跟他学习英语。但是妮摩拉与孟萨拉姆之间的纯洁关系引起了孟西的猜疑与嫉妒。因此，孟西希望孟萨拉姆搬到学校住。为了证明自己的清白，孟萨拉姆整天把自己锁在房间里，饭也不肯吃，一天天消瘦下去。妮摩拉看到之后十分难过，并责备自己，认为自己是祸根，因为在她来之前，这个家是安静和睦的，她来了之后，父子之间产生了隔阂，她觉得自己变成了这个家里父亲和儿子之间的一堵墙。身为母亲，妮摩拉想去给孟萨拉姆送饭，但又怕被他人发现，在矛盾挣扎过后，她趁孟西还没有回来，偷偷跑去劝孟萨拉姆吃饭。恰恰在这个时候，妮摩拉听到孟西回来的脚步声，原本准备和颜悦色地劝说孟萨拉姆吃饭，这时却不得不摆出一副严肃的面孔呵斥孟萨拉姆，以免再次引起丈夫的怀疑：

忽然从男人住的房间传来了孟西先生的咳嗽声。往外一看，才知道他正朝着

---

① 普列姆昌德. 妮摩拉［M］. 索纳，译. 北京：人民文学出版社，1959：48.

② 普列姆昌德. 妮摩拉［M］. 索纳，译. 北京：人民文学出版社，1959：106.

孟萨拉姆的房间里走来。妮摩拉吓得面如土色,她马上走出房间,还没有走进自己的房门就厉声说道:"我又不是丫头,这么晚了还坐在厨房门口等别人吃饭。谁要是不想吃饭,早点告诉人家好了。"①

孟萨拉姆因此十分困惑,不知妮摩拉到底是充满慈爱的母亲,还是想把他赶出家门的恶毒妇人?妮摩拉时而关心他,时而又对他很严厉,当着父亲的面斥责他,这些让孟萨拉姆开始讨厌妮摩拉,并误以为她在父亲面前说他坏话,才导致自己不得不搬出去。孟萨拉姆走的时候,妮摩拉想去阻拦,却又有所顾虑,而在这时,孟西的孀居姐姐茹克米妮还讽刺她,说妮摩拉怕失了自己的身份才不去劝阻。想做个好母亲的妮摩拉一肚子委屈却又无处诉说:

妮摩拉就像一只没有翅膀的小鸟,看见一条蛇朝自己面前爬过来。想飞,可是飞不起来,跳起来,又掉了下去,扑扑地拍着自己的翅膀。她的心里很不安可是又不能出去。②

孟萨拉姆搬到学校之后,身体每况愈下。即便这样,孟西还是不愿意接他回家。妮摩拉很难过,也很着急,她想去照顾孟萨拉姆,但没有勇气和胆量。后来,孟萨拉姆知道了孟西对他和妮摩拉的猜疑,他觉得受到了莫大的侮辱,于是决定用生命来证明妮摩拉与自己之间的清白。当孟萨拉姆的生命快要走到尽头的时候,妮摩拉决定不再顾及丈夫的怀疑、茹克米妮的嘲讽,决定输血给可怜的孟萨拉姆。但孟萨拉姆看到妮摩拉来了以后,用自己最后的力气证明了他们之间的清白。

孟萨拉姆死后,孟西的二儿子吉雅拉姆学坏了。妮摩拉想通过奉献自我将他拯救,但最终还是徒劳。一次,吉雅拉姆偷拿了妮摩拉的首饰盒,恰好被妮摩拉看见。那里面有价值五六千卢比的首饰。那是妮摩拉生存的希望。

女人的财产就是首饰,丈夫的其他财产她是没有权力过问的,首饰就是她的力量、她的骄傲。妮摩拉有价值五六千卢比的首饰,每当她带着这些首饰出外时,她心里总是很高兴的。一样又一样的首饰就好像把她从灾难和困苦中拯救出来的一件又一件的防身武器……就靠了这些盘缠,她可以度过这一生。她也可以给自己的小女孩儿找到归宿。③

妮摩拉为小女儿攒下的家当被偷走后,她伤心欲绝,可是善良仁慈的妮摩拉

---

① 普列姆昌德. 妮摩拉 [M]. 索纳,译. 北京:人民文学出版社,1959:66.

② 普列姆昌德. 妮摩拉 [M]. 索纳,译. 北京:人民文学出版社,1959:69.

③ 普列姆昌德. 妮摩拉 [M]. 索纳,译. 北京:人民文学出版社,1959:140.

为了保全吉雅拉姆，为了保全整个家，当不知情的孟西选择去警察局报案时，妮摩拉虽然因为首饰被偷而被绝望的火焰所吞噬，但她还是选择隐瞒真相，阻止孟西报案。最终，警方介入，查出是吉雅拉姆偷的首饰时，吉雅拉姆因为害怕而自杀了。不知羞耻的孟西将所有的责任全部推给了妮摩拉，说她是心肠狠毒的祸害。不仅孟西责备她，所有人都在遣责她，让善良仁慈的她蒙受冤屈。

由上述可见，妮摩拉从结婚到此时一直是一位尽职尽责、仁慈怜爱、具有牺牲精神的母亲。在对待家里的一切事情上，妮摩拉总是想着其他人，不想让别人受到伤害，她想以惊人的忍耐力，来获取周围人的肯定，为了家庭的荣誉，她可以牺牲一切，她为了所有人而活，却唯独不为自己活。

在经历了这些生活的折磨之后，妮摩拉的性格发生了明显的变化。她变得泼辣无情、尖酸刻薄、吝啬，她不再是一个好妻子和好母亲。

孟西身体不好，面对家庭的窘境却又不得不工作，但妮摩拉却丝毫不可怜他。"多年的冤屈和痛苦把她折磨得麻木不仁。特别是首饰被吉雅拉姆偷走之后，'对前途深深的焦虑摧毁了她善良的心'。她变得粗暴、凶狠、悭吝，心里像着了火一样，成天骂人"[①]。自从首饰丢了以后，她对每一个铜板都不放过，她舍不得给小儿子西雅拉姆买糖，哪怕小孩子再怎么哭。为了省钱，她甚至连日常生活用品都不买。她让西雅拉姆买酥油，可买回来之后，她又让西雅拉姆一遍遍地去换更好的，最后都没有人愿意卖酥油给可怜的西雅拉姆。妮摩拉不再是以前那位慈母，不再为孩子考虑，而变成了一位冷酷无情的继母。可怜的西雅拉姆得不到一点关爱，他决定逃离令他痛苦的家，于是他跟着游方僧走了。此后，孟西离家找儿子，一个多月都没有回来。家里完全没有了经济来源，妮摩拉每花一拜沙，就难受得好像别人要抽她的血一样。她开始骂骂咧咧，连佣人都忍受不了，辞掉了工作。

当她所有的努力都没有回报，换来的只有讽刺挖苦和更加悲惨不幸的生活时，妮摩拉彻底绝望了。她的家庭破裂了，好朋友苏塔离她而去，她没有钱养活自己生活唯一的希望——小女儿阿莎，她生活中所有的希望都破灭了，她的性情完全变了，她变得冷酷无情。她说："谁要活就活，要死就死。我也不想害死别人，也不想救活别人。"[②]这时的妮摩拉是一个受尽生活磨难、狠心肠、冷血泼辣的形象。

---

① 陶德臻主编. 东方文学名著讲话 [M]. 银川：宁夏人民出版社，1987：433.
② 普列姆昌德. 妮摩拉 [M]. 索纳，译. 北京：人民文学出版社，1959：147.

该部小说的女主人公妮摩拉的一生可分为三个阶段，分别以结婚、两个儿子相继离开人世导致家庭破裂以及生命结束为三个节点。这三个时期她的性格有所不同。结婚前，妮摩拉是一位天真烂漫、活泼可爱的美丽少女。嫁给孟西后，她不仅成了一位温柔贤淑、善良隐忍的妻子，更是一位尽职尽责、仁慈怜爱、甘于奉献的伟大母亲。随着事故频频降临，家庭逐渐衰落，在生活的艰辛与痛苦的折磨下，妮摩拉变成了一个尖酸刻薄、泼辣冷酷的妇女。除此以外，妮摩拉是软弱的。面对父母包办的婚姻，妮摩拉从头到尾都没说过不字，她从来没有表达过自己的厌恶和不满，只是任由别人摆布。她即将嫁人离开家时，她感到伤心、烦躁，但她只是一个人躲起来独自哀叹。后来父亲去世，母亲为她选的丈夫她也是默默接受，逆来顺受地接受了这段将她的人生推入谷底的包办婚姻。

美丽活泼可爱的妮摩拉变成了悲苦、哀怨、不幸的妮摩拉，善解人意、尽职尽责、仁慈怜爱、具有牺牲精神的妮摩拉变成了泼辣悭吝的妮摩拉。她的喜怒哀乐构成了一幅哀怨而又凄惨的图画，感人肺腑，发人深省。

参 考 文 献

[1] 普列姆昌德. 妮摩拉 [M]. 索纳，译. 北京：人民文学出版社，1959.

[2] 刘安武. 印度文学和中国文学比较研究 [M]. 北京：中国国际广播出版社，2005.

[3] 陶德臻主编. 东方文学名著讲话 [M]. 银川：宁夏人民出版社，1987.

黑暗之地与动物丛林

——《白老虎》中的印度

■ 北京大学　郭　童

【摘　要】《白老虎》是一则关于巨变中的印度社会的寓言，描写了对比鲜明、差异悬殊的两个印度。作家运用生动丰富的动物意象描绘他眼中的印度，对动物的描写既符合印度真实的自然环境和地理特征，刻画了具有浓郁印度风情的自然环境，同时也隐含着更深层次的揭露和批判；作家认为揭露印度社会鲜为人知的残酷现实是他的使命。

【关键词】《白老虎》；印度；阿拉文德·阿迪加

《白老虎》（*The White Tiger*）是印度作家阿拉文德·阿迪加（Aravind Adiga，1974—）正式出版的第一部虚构类文学作品。2008年这部作品一经问世，便荣登《泰晤士报》、《纽约时报》图书畅销排行榜及亚马逊年度最佳图书榜，并于同年斩获曼布克奖（The Man Booker Prize）。曼布克奖评审主席迈克·博德鲁（Michael Portillo）评价说："这部作品以令人惊异的幽默态度直面日益紧迫的社会问题及重要的全球发展问题。"①

《白老虎》的作者阿拉文德·阿迪加凭借这部作品成为曼布克奖历史上第五个印度裔曼布克奖的获奖作家，时年还不满34岁，是曼布克奖历史上最年轻的获奖者之一（仅次于1991年的获奖者——32岁的尼日利亚作家本·奥克瑞）。阿迪加出生于印度南部城市马德拉斯（现名金奈）的一个医生家庭，后全家移民澳

---

① Man Booker Prize 2008 Winner Announced [EB/OL]. http://themanbookerprize.com/press-releases/man-booker-prize-2008-winner-announced.

大利亚悉尼。他曾先后在美国哥伦比亚大学和英国牛津大学求学，毕业后成为一名财经新闻记者，为《纽约客》、《星期日泰晤士报》、《金融时报》等媒体撰稿。阿拉文德·阿迪加于2003年回到印度，担任《时代周刊》驻南亚特派记者，三年后辞职，现作为自由职业者居住于印度孟买。除了《白老虎》以外，阿迪加出版的文学作品还有短篇小说集《两次暗杀之间》①（*Between the Assassinations*，2009）以及长篇小说《塔楼最后一人》②（*Last Man in Tower*，2011）

《白老虎》这部作品构思精巧，以书信体的形式展开故事。故事的主人公和叙述者巴尔拉姆·哈尔维用了七个晚上的时间给即将来访的中国总理写信，讲述自己从比哈尔邦拉克斯曼加尔村一个出身低贱的人力车夫之子，成长为班加罗尔一名从事汽车租赁行业的企业家的人生故事，讲述了自己从黑暗之地走向光明之地的奋斗史。然而，这部作品的主题并不是一部励志感人的草根奋斗史，而恰恰是一个残酷、充满血腥气息的黑色喜剧，轻松诙谐幽默的揶揄背后是关于现代印度社会黑暗现实的真实描画。英国《卫报》的书评中说："（这是）一则关于转型中的印度社会的诙谐精妙的寓言。"③巴尔拉姆告诫中国总理不要相信印度总理和外长赠送的宣传册中所描绘的印度，他愿意用自己的故事告诉中国总理一个真实的印度，一个"真实的班加罗尔"。④当新的世纪印度的形象不再是一个前殖民地和封闭落后的异域之邦，而是媒体的经济版面上浓墨重彩渲染的世界经济的新引擎时，《白老虎》却将读者的视线引到一个大多数读者并不知晓和了解的印度。当人们为新印度的光明未来憧憬和欢呼的时候，阿迪加却提醒读者不要忘记光明之后巨大的阴影和黑暗。"我认为，今天的印度，在对经济繁荣的炒作和喧嚣中，穷人比以往更加被无视，而忽视他们带来的危险比以往更加巨大。"⑤当一些评论指责这部作品过多渲染了印度的负面形象，甚至说这样的描写有迎合西方趣味的嫌疑时，阿迪加却在一次访谈中说："这部作品描写了多数印度人的现

---

① ［印］阿拉文德·阿迪加. 两次暗杀之间 ［M］. 陆旦俊，仲文明，译. 北京：人民文学出版社，2011.

② ［印］阿拉文德·阿迪加. 塔楼最后一人 ［M］. 陆旦俊，译. 上海：上海文艺出版社，2013.

③ Out of the Darkness: Adiga's White Tiger rides to Booker victory against the odds ［EB/OL］. http://www.theguardian.com/books/2008/oct/14/booker-prize-adiga-white-tiger.

④ ［印］阿拉文德·阿迪加. 白老虎 ［M］. 陆旦俊，仲文明，译. 北京：人民文学出版社，2010：3—4. 本文所引所有原文均出自这一译本。

⑤ Dangers of Ignoring India's Poor are Greater ［EB/OL］. http://in.rediff.com/news/2008/may/02inter1.htm.

实状况，对此的书写远比倾听那些只占我们这个国家百分之五的成功者的声音更加重要。"①

所以这不是一部关于穷人的奋斗史，它是一则关于巨变中的印度社会的寓言。书中的印度不是商业杂志中的印度，不是赠送给中国总理宣传手册中的印度，它是阿迪加眼中的印度，它是95%的印度人真实生活中的印度，它是属于穷人的印度，它是《白老虎》中的黑暗之地和动物丛林。

一、"这个印度"和"那个印度"

阿迪加15岁离开印度，时隔13年于2003年重返印度，这时他发现自己对故乡并不那么了解。之后他以《时代周刊》记者的身份去了印度的很多地方进行采访，用自己的眼睛观察和了解印度，在这个过程中他发现了印度更多不为其所了解的侧面。在这些对印度现实的新的发现中，最让他震惊的有两点：一是印度社会中的等级制度，其中最具有代表性的是主仆关系；另一点是巨大的贫富差异。印度的经济飞速发展，然而穷人并未获得财富，贫富之间的差异异常显著。"②在《白老虎》这部作品中，作品主人公及叙述者巴尔拉姆描绘的便是这样一个有着阶级差别、贫富悬殊的印度。当阿迪加在接受采访时被问及用什么标签来定义《白老虎》这部作品时，他回答说："可能是光明和黑暗的印度，我相信印度的这两个方面在书中都有所体现。我关注的是巨大的贫富差异。"③虽然身为记者，但阿拉文德·阿迪加却觉得"身为财经记者的背景让我了解到大多数商业杂志里的内容都是些狗屎"④。于是他选择用虚构的故事述说印度的现实，表达自己对印度社会的观察和思考。"这本书是对我所发现的关于印度的新的方面的记录，对我而言这是关于印度的全新体验。"⑤阿迪加看到印度经济的快速发展造成了对固有社会结构的破坏，地域发展差异、贫富差距不仅没有得到弥合反而不断加

---

① I highlighted India's brutal injustices: Adiga [EB/OL]. http://www.rediff.com/news/2008/oct/16adiga.htm.

② Dangers of Ignoring India's Poor are Greater [EB/OL]. http://in.rediff.com/news/2008/may/02inter1.htm.

③ Dangers of Ignoring India's Poor are Greater [EB/OL]. http://in.rediff.com/news/2008/may/02inter1.htm.

④ An interview with Aravind Adiga [EB/OL]. https://www.bookbrowse.com/author_interviews/full/index.cfm/author_number/1552/Aravind-Adiga.

⑤ Dangers of Ignoring India's Poor are Greater [EB/OL]. http://in.rediff.com/news/2008/may/02inter1.htm.

大。这一切令作家对印度社会面临的未来充满忧虑，在谈到白老虎这部作品时他说："事实上你可以称之为一个具有警示意义的故事，是一个关于印度未来可能面临状况的寓言。"①

（一）"黑暗之地"

书中的故事展开不久，作者便将我们的视线聚焦于"黑暗"与光明的巨大反差和对比之中。"您别看我现在坐在光明亮堂的地方，其实我出生长大的地方却是黑暗之地。"（P13）

书中不断重复"黑暗之地"的意象，何谓"黑暗之地"？这个词很容易使读者联想到奈保尔"印度三部曲"中的第一部《幽暗国度》（*An Area of Darkness*，1964）。而奈保尔作品中的黑暗意象承继自英国作家约瑟夫·康拉德（Joseph Conrad）的作品《黑暗之心》（*Heart of Darkness*，1899），这部作品把非洲描绘为黑暗之地。奈保尔第一次踏上母国的感受是非常灰暗和沮丧的，"他记忆中的印度本来就没有多少亮色，而更多的是一片黑暗，在印度真真切切的'旅行'之后，他心目中的印度在现实之中变得更加'黑暗'了，他无法摆脱'黑暗'的感觉，'黑暗'不仅是他观察的对象，而且变成了他'观察和思考印度的方式'。"②在《白老虎》中，所谓"黑暗之地"不仅是拉克斯曼加尔村，也是菩提伽雅、比哈尔邦，它隐喻的是印度所有经济落后、法制缺失、腐败丛生、贫富悬殊的地方。

更加尖刻和极致的反讽是将恒河和黑暗之地联系起来——"印度任何一个靠近海岸的地方都比较富裕，但那条河带来的却是黑暗——那条黑暗的河。"（P13）在印度教信仰和印度的文化传统中恒河绝非一条普通的河流，它是印度人的母亲河，是"吠陀之女的化身，流淌光明之河，我们所有人的保护神，打开生死循环解脱之门的圣河。"（P13）然而在巴尔拉姆看来，恒河却是"一条死亡之河——她的两岸到处都是肥油油、黑黝黝、黏乎乎的污泥，牢牢抓住生长在上面的一切植物，让它们生长迟缓，茎株矮小，艰难挣扎"。"这条圣河流经之处，尽是黑暗之地。"（P13）在阿迪加笔下，神圣之河、光明之河变成黑暗之河和死亡之河，对神圣的消解和重新解读成为对印度文化传统和宗教传统的最为犀利的抨击。无

① Dangers of Ignoring India's Poor are Greater [EB/OL]. http://in.rediff.com/news/2008/may/02inter1.htm.
② 石海军. 后殖民：印英文学之间 [M]. 北京：北京大学出版社，2008：58.

疑，在恒河的流动中，"黑暗之地"也被赋予了更深刻的内涵，"黑暗之地"的域界也被富有暗示性地扩大了。

"黑暗之地"是富人攫取财富和权力的地方。因为垄断和盘剥着不同领域，拉克斯曼加尔村的四大地主得到的绰号分别是"大水牛"、"鹳鸟"、"野猪"和"乌鸦"。"四个禽兽还是继续留在这里，盘剥着村民的每一分钱，压榨着村子里的每一滴油水，直至吸个精光。"（P24）他们住在村外的"高宅大院"里，除了收钱不会到肮脏破败的村里来。对于政客们来说，这里是他们的选票箱，所谓的民主政治中充满着对下层印度人权利的践踏以及腐败和堕落。正如巴尔拉姆的父亲所说："我见过十二次选举了，五次全国大选，五次邦选举，两次地区选举，这十二次每次都是别人替我投票。我听说在另外一个印度人们是自由投票的，那真是太了不起了。"（P90）"伟大的社会党人"和他的手下不仅贪腐恶名尽人皆知，而且面临着93项刑事案件的指控，然而他们却能长期统治着"黑暗之地"，一次次赢得选举。尽管他的党徽是象征着穷人推翻富人统治的一双砸烂镣铐的巨手，然而他的竞选承诺从来得不到兑现，民主选举对他而言不啻为一场游戏，买卖选票和政治交易更是他的家常便饭。在"黑暗之地"你见不到任何公正和良知，贪污腐败四处蔓延。连学校的老师们都会把政府拨给学生们的午餐补助揣进自己的腰包，悄悄扣下学生们的校服对外贩卖。

然而对于穷人来说，"黑暗之地"充满绝望和死亡的气息。巴尔拉姆的父亲曾经对他说："我这一辈子都是过着牛马不如的生活。我希望，我的儿子，至少一个儿子能够活得像个人。"（P28）巴尔拉姆的眼中，"父亲的脊椎好像是一节一节的麻绳，……他的锁骨高高地突在外面，活像狗戴的项圈。父亲的身上疤痕累累，从胸部往下，到腰部，再到髋部，臀部，触及之处，都是大大小小的伤口和疤痕，就像岁月的鞭子在他身上刻画出的记号。现实在父亲的身体上书写出了一部穷人的生活史，笔锋如刀，入肉三分。"（P25）这个哈尔维种姓的人力车夫因为得不到必要的治疗最终死于并非不治之症的肺结核。因为三届政府留给拉克斯曼加尔的只有三块医院的奠基石而已，一所像样的医院也没有。而即使在所谓的公立医院里也不见任何医生的踪影，政客们关心的不是穷人们的医疗服务和民生保障，吸引他们的是选票和以公共资源作为渔利的工具。于是公立医院便沦为这样一幅场景——"三只黑山羊趴在斑驳褪色的医院白色大楼的台阶上，羊粪的恶臭一阵阵地从敞开的大门吹起来。窗户上难得见到一块完整的玻璃，一只猫从破碎的窗子后面直盯盯地看着我们。"（P42）"黑暗之地"的真实图景还不止于此，在被作家戏称为"乡村乐土"的地方，有电线杆却没有通电，水龙头里流不出水来，"孩子们——一个个瘦得与他们的年龄不相称，脑袋显得特别大；无辜的眼睛忽闪忽闪着，好像在拷问印度政府的良心。"（P18）

对于出生在"黑暗之地"的人们来说，被黑暗吞噬似乎是他们的人生宿命。从巴尔拉姆的故乡拉克斯曼加尔村到拥有"印度黑暗之地上最大煤矿"（P47）的丹巴德，甚至在被"黑暗之地"的人们视为光明之地的德里，对于那些不幸生在"黑暗之地"的穷人来说，黑暗一直无处不在。"这些可怜的混蛋也是从黑暗之地到德里来寻找光明的，可是他们还是生活在黑暗之中。"（P122）

然而令人悲哀的还不仅仅是他们的生活境遇，更是他们被黑暗笼罩和洗染的灵魂。"黑暗之地"的人们以被压迫和凌辱为人生之宿命，这里最受膜拜的神明就是猴神哈努曼。"我们之所以在庙里供奉猴神，是因为他给我们树立了一个光辉的榜样——以绝对的忠诚、热爱与奉献侍奉自己的主人。"（P18）阿迪加在作品中用"鸡笼"来比喻这些人的处境和心态——"几百只灰白的母鸡和色彩鲜艳的公鸡被紧紧塞在一个个铁丝笼里，像肚子里的寄生虫一样挤在一起，你啄我我啄你，在彼此身上拉屎，相互争抢着喘气的空间。"（P153）面对终将惨遭屠戮的命运，"它们毫不反抗，也不逃出鸡笼。"（P154）似乎感觉这样的喻指和讽刺还不够淋漓尽致，阿迪加索性借巴尔拉姆之口毫不遮掩地将利剑直指印度人身上顽固的奴性——"这个国家为数不多的少数人已经驯化了剩余的百分之九十九的人——尽管这些人无论在哪个方面都和他们一样有力气、有才华、有智慧——并且让后者永远与奴性为伴。这种奴性甚至发展到了这样一个地步，如果你将解放的钥匙放在他的手中，他会咒骂着将这把钥匙扔还给你。"（P156）"关在鸡笼里面的人也在千方百计地维持着鸡笼的存在。"（P173）巴尔拉姆说："我们这个民族的骄傲与荣耀，在于我们用之不竭的爱和牺牲精神……这就是我们被困在鸡笼中、被束缚在鸡笼中的原因。"（P156）当"骄傲"、"荣耀"、"爱"、"牺牲"这些美好的字眼与散发着恶臭和血腥的"鸡笼"联系在一起的时候，尖锐深刻的反讽产生的巨大张力成为对印度文化、印度社会乃至印度人的最不留情面的抨击。

（二）"光明之地"

然而，"黑暗之地"并非印度的全部，"印度这个国家是由格格不入的两面组成的矛盾体：一面是光明，一面是黑暗。"（P13）《白老虎》中存在两个印度，一个被黑暗淹没，一个似乎铺洒着光明；前者的代表便是巴尔拉姆的出生地——

拉克斯曼加尔村，后者的代表则是班加罗尔等大都市。

　　黑暗之地无疑是地狱，然而光明之地也绝非天堂。一方面这里充满着现代化的气息——"美国运通、微软等大公司全在这里设立了办公室。这里的主干道两边到处都是大型购物中心，每个购物中心里面还有电影院。"另一方面这里依然贪腐盛行、贫富悬殊，缺乏正义和公平。所以无论是在德里还是在班加罗尔，无论是阿肖克先生还是巴尔拉姆，都得向掌握着他们财运的政客或政府官员们大笔行贿；发生车祸后司机替主人顶包，用金钱摆平警方也是家常便饭；主人们住在名为"白金汉塔楼"、"温莎公园"的豪宅里，下人们却依然住在地下室里像"兔子笼"一般的狭小房间里，如老鼠一般与蟑螂为伴；那些灯火辉煌的购物中心只属于富人们，属于穷人们的仍是无边的寂冷和黑暗。

　　然而即便如此，"光明之地"在巴尔拉姆看来仍是人生的希望所在——"并非您一来班加罗尔就看到这里人人都很道德、正直。这座城市也有无赖和政客，只是假如有人在这里想当好人，他可以当一个好人。而在拉克斯曼加尔，他根本没有这种选择的余地。这就是这个印度和那个印度之间的区别：选择权。"（P275）出生在"黑暗之地"的底层阶级没有任何选择权，被黑暗吞噬成为他们中绝大多数人的宿命，正如巴尔拉姆的父亲和哥哥。生活在"黑暗之地"的最贫穷的印度人连最基本的生活需求都得不到保障，基本的法制和正义得不到维护；而即使在所谓光明的印度，那些绝大多数来自黑暗之地的人们继续受到有钱人的压榨剥削。所以巴尔拉姆所谓的"选择权"只属于像他这样敢于冲破鸡笼，寻求自由的人，只有像巴尔拉姆这样的"白老虎"才有可能真正改变自己被黑暗吞噬的命运。然而，"白老虎"终究非常罕见，"在原始丛林中，有一种最罕见的动物，你一生只能见到一次。"（P32）所以在《白老虎》幽默风趣的调侃和讽喻中，读者感到的却是沉重，因为无论是在"黑暗之地"还是"光明之地"，属于穷人的似乎只有黑暗。《白老虎》中的"这个印度"和"那个印度"与其说是恒河流域的印度和靠近海岸的印度，与其说是被称为"黑暗之地"的印度和"光明之地"的印度，不如说那是分别属于穷人和富人、下等人和上等人的印度。因为所有光明的背后都投射着巨大的黑影，光明从来不属于只拥有黑暗的人们。

　　小说的主人公巴尔拉姆，一只稀有的"白老虎"，一个打破了"鸡笼"的成功者，不幸出生于"黑暗之地"，于是他的成长过程中一直充满强烈的身份焦虑，这种焦虑促使他寻求一切机会改变自身的生存状况和人生宿命。从拉克斯曼加尔村到丹巴德，再到德里，最后到班加罗尔，是巴尔拉姆从"黑暗之地"奔向"光明之地"的艰辛旅程。这个聪慧狡黠的人力车夫之子，有着自己独特的人生哲学和生活之道，用残酷罪恶的方式改变了自己的命运，一步步从被迫辍学的茶铺小工到有钱人家里的司机，依靠杀死主人掠走的财富作为第一桶金帮助自己最终成为企业家，摆脱了出生在"黑暗之地"的低贱种姓的人生宿命。巴尔拉姆无疑是一个异类，他将伊克巴尔的诗句"他们终是奴隶，因为他们不知世上美之所在"（P37）奉为至理名言，因为从很小的时候他就明白世上之美安于何处，因此他知道自己注定不会一生为奴。然而，在巴尔拉姆这条路途艰辛的寻找光明的人生之路上，充满了黑暗甚至血腥的算计、阴谋、残暴和杀戮。当巴尔拉姆洋洋得意地自诩为代表印度未来的企业家，向中国总理介绍造就自己成功人生的奋斗史时，其身后的污暗和血腥却如同一个巨大的黑影笼罩着他和他所在的这个处于巨变中的国家。对巴尔拉姆来说真正的噩梦不是梦见自己杀了人，而恰恰是没有杀人并且仍旧为奴——"即使他们让我顺着木楼梯走向绞索——我也永远不会说我那天晚上在德里割断我主人的脖子是犯了一个错误。我会说，只要能体验一下不当仆人的滋味，哪怕是一天、一个小时、一分钟，这一切也是值得的。"（P289）作为读者，我们该为他的成功感到欣慰，还是愤怒，抑或是加倍的悲哀呢？而对于困在"鸡笼"里的大多数人来说，《白老虎》中被吟诵多次的乌尔都语诗句"你多年来一直在寻找那钥匙/可那道门却始终敞开着！"（P228）中又蕴含着多少无奈、悲凉和失落。

二、吃人或被吃——"黑暗之地"的丛林法则

阿迪加是一位善用比喻和象征的作家，他用生动丰富的动物意象描绘出他眼中的印度。翻开这部作品，各种动物意象跃然纸上，令人目不暇接。《白老虎》中的动物意象大致可分为两类，一类是对自然环境的渲染再现，一类是具有喻指和象征意味的动物意象。就前者而言，《白老虎》中的印度仿若一个动物的王国：恒河岸边趴刨寻食的沙皮狗（P16），占领废弃黑堡的猴群（P20），茶铺附近的猪和流浪狗（P22），公立医院里的黑山羊和猫（P42），池塘里的水牛、鹤小鱼和蝌蚪（P79），部长家里的狼犬和围墙上的孔雀（P189—190），火车站不停扭动身体想要咬到左屁股上的伤口的黑狗（P224）。这些对动物的描写既符合印度真实的自然环境和地理特征，刻画了具有浓郁印度风情的自然环境，同时也似乎隐含着更深层次的一种揭露和批判。如和恒河的传统意象形成对比，颇具错位感出现在恒河岸边的沙皮狗以及出现在公立医院里的黑山羊和猫似乎与常理和想象

悖谬，然而却又真实生动地描摹和烘托着那个所谓黑暗印度的现实。

作品中更为丰富的动物意象的使用是第二类，即具有喻指和象征意味的动物意象的使用。阿迪加用生动的动物意象描摹出一个动物丛林般的黑暗印度。在印度，种姓原本意味着一个人的命运，决定了他的职业、他的等级和他所有的人生。于是在巴尔拉姆看来，旧的种姓制度下的印度像一个动物园，"一个自给自足、等级森严、秩序井然的动物园。每个人各司其职、乐得其所。"（P56）然而殖民统治以及近现代印度社会的发展，虽然表面上似乎打破了旧的种姓制度，但是并未建立起一个公正平等的社会和国家。"感谢德里那些政治家们，他们打开了动物园的笼子。飞禽走兽纷纷逃出藩篱，互相攻击，你死我活，丛林法则取代了动物园法则。那些最为凶残、饥肠辘辘的动物们吃掉了其他动物，肚子一天天地鼓了起来。"（P57）于是在现代印度的巨大黑影下，丛林法则成为求生的不二法门，要么吃人，要么被吃——"简而言之，以前在印度有上千个种姓，上千种命运。现在只有两个种姓：大肚子的和瘪肚子的。同样也只有两种命运：吃人，或者被吃。"（P57）在一个信奉丛林法则的社会里，只有赤裸裸的杀戮才能作为成功的奠基石。"这个世界上的每个重要人物，包括我们的总理，在登上顶峰的路途上不是都杀过人吗？如果杀的人够多，人们还会在德里的议会大厦附近给你立上几座铜像。"（P287）在这样一个残忍的动物丛林中，穷人天生就处于食物链的末端，喻指穷人的往往都是代表着弱小、卑微、低贱的动物意象。拥挤在狭小的屋里一起睡觉的贫穷人家让巴尔拉姆想到了"千足虫"（P19）；他眼中的人力车夫是"两条腿的骡子"（P25），茶铺的伙计是"人形的蜘蛛"（P45）；"黑暗之地"的人们来到大都市后依然被称为"乡下老鼠"（P108），建设着现代都市的工人们在庞大的机器旁边比"老鼠"大不了多少（P141），红灯区的妓女被称为"笼中的鹦鹉"（P226）；各种狗的意象用来形容既充满奴性又彼此倾轧的仆人们——"抢食肉骨头的饿狗"（P111）、"阿尔萨斯狗"（P115）、"快活的狗"（P147）、"看家的狗"（P151）；还有一些人甚至没有具体的喻指，他们似乎不配拥有一个具体的称谓，比如那些来自"黑暗之地"的流浪者，他们"身体瘦弱、面目肮脏，像动物一样住在大桥或者立交桥下面"（P106）。而居于食物链顶端的吃人者则是像"大水牛"、"鹳鸟"、"野猪"和"乌鸦"这样残忍狡诈贪婪的权贵，作品中以动物绰号替代了他们的姓名，更加深刻地喻指和揭露了他们吃人的本性和动物丛林中的黑暗和血腥。而作品中的主人公巴尔拉姆甚至本来没有被正式取一个名字，只被家人随意唤作"穆纳"（意为"小孩子"），可他终究是一只不同寻常的"白老虎",不甘一辈子生活在"鸡笼"中,当这只"白老虎"最终认识到了丛林法则的残酷真相,为了不成为大肚子的吃人者腹中的牺牲品,他最终杀死了阿肖克先生,完成了从被吃者向"白老虎"的最终转化。

　　尽管《白老虎》是一部充满幽默和诙谐色彩的作品,然而貌似轻松的揶揄调侃以及不无夸张的人物和情节却刻画出了印度最为幽暗冷酷的现实。阿迪加的这部作品在印度国内既引起巨大反响同时也遭到了质疑,一些批评者从后殖民批评的角度认为他在批判和质疑印度飞速的经济发展,《白老虎》这部作品是在向西方人献媚,是在具象化西方人眼中落后愚昧的东方。然而阿迪加却对此予以否认,他认为像他这样的作家应该去揭露印度社会鲜为人知的残酷现实。他说:"印度以及中国都在经历一个巨变的时代,有可能将继西方之后执掌世界,当此之时,对于像我这样的作家来说,重要的是必须努力揭露印度社会中残酷的不公正现象。这就是我想做的。这并不是对这个国家的攻击,而是关乎自我反省这一更为重大的进程。"① "福楼拜、巴尔扎克、狄更斯等19世纪作家的批判使得英国和法国变得更好。"② 无疑,《白老虎》是代穷人发声的作品,阿迪加认为在印度,巨大的喧嚣背后还有一个人数众多的人群无力发声,而他想做的恰恰是替这些从来不被聆听的人群说话。他说:"在印度,中产阶级的生活之下还有一种持续不断的低吟或咆哮,这种声音从来没有被记录下来。如果一天你房子里的下水道和水龙头开始说话,巴尔拉姆便是你所听到的声音。"③ 阿迪加还认为,尽管这沉默的大多数以忍耐顺从面对冷酷的现实,然而未来的印度仍将面临巨大的社会危机。"村庄和小城镇中旧的传统关系以及社会结构正在消失,社会中的动荡和阻力却在不断增加。纳萨尔巴里运动在这个国家的很多地方复燃并在不断壮大力量。""我相信印度的社会结构正在开始动摇,我不是说它一定会崩塌,但是潜在的社会动荡因素却在与日俱增。"④ 由此不难看到阿迪加身上强烈的社会责任感,他既有对印度深沉的情感,同时又具有深刻的忧患意识。

---

　　① I highlighted India's brutal injustices: Adiga [EB/OL]. http://www.rediff.com/news/2008/oct/16adiga.htm.

　　② I highlighted India's brutal injustices: Adiga [EB/OL]. http://www.rediff.com/news/2008/oct/16adiga.htm.

　　③ An interview with Aravind Adiga [EB/OL]. https://www.bookbrowse.com/author_interviews/full/index.cfm/author_number/1552/Aravind-Adiga.

　　④ Dangers of Ignoring India's Poor are Greater [EB/OL]. http://in.rediff.com/news/2008/may/02inter1.htm.

作为作家的文学处女作,《白老虎》这部作品之所以能够取得巨大成功,和作者阿迪加独特的人生经历和文化背景有着非常密切的联系。尽管都是对母国的近距离观察和审视,然而阿迪加和奈保尔是不同的,对奈保尔而言印度似乎从来都不真实,"是面貌十分模糊的一个国家"①,他带着记忆中的"黑暗"而来,又带着"黑暗"而去。而阿迪加既有幼时在印度长达15年的生活经历,也有后来在澳大利亚、美国和英国的生活、求学和工作的经历;既有作为新闻记者的敏锐目光和大量调查采访的经验和素材,也有英国文学的学业背景作为文学创作的基础。他重返母国之后的体验和感受是熟悉中夹杂着陌生,印度于他而言面目并不模糊,他观察印度的视角也并不先验地具有排斥和批判,他并非带着对"黑暗"的预设来进行对"黑暗"的验证,而是在重返母国的过程中重新发现并认识这个对他而言既熟悉又陌生的国度。如果说奈保尔看待印度的目光仿若一个局外人,那么阿迪加的视角则既像一个局外人也像一个局内人。更有意思的是,在奈保尔的文学创作中不断强化对政治和历史的关注,不断增强非小说的倾向。奈保尔说:"小说作为一种艺术形式,不再令人信服。如果我用这种社会(井然有序的社会)所创造的文学形式来描绘我自己看到的污秽不堪、杂乱无序、浅薄愚昧的社会,我总感到有点虚假。"②然而与之形成对比的是阿迪加作为新闻记者,却认为新闻报道和商业杂志中的印度并非真实的印度,他反而选择用虚构类的小说描摹他眼中真实的印度,他说:"这本书是一部小说,它是虚构的。书中章节中的内容和人物并非真实发生和存在。但是它却建立于印度底层真实的现实之上。"③

① [英] V. S. 奈保尔. 幽暗国度:记忆与现实交错的印度之旅 [M]. 李永平,译. 北京:三联书店,2003:10.
② 瞿世镜主编. 当代英国小说 [M]. 北京:外语教学与研究出版社,1998:536.
③ An interview with Aravind Adiga [EB/OL]. https://www.bookbrowse.com/author_interviews/full/index.cfm/ author_number/1552/Aravind-Adiga.

论安妮塔·德赛小说中的都市景观

■ 江西师范大学 李美敏[①]

【摘　要】安妮塔·德赛的小说聚焦于印度现代都市，为读者提供了一种阅读都市景观的方式。文本中的孟买、德里和加尔各答都是波德莱尔式的幻城，在都市景观的幻象背后是传统和现代的权力对抗。都市高度的物质文明正取代印度传统的文明模式，物质的进步导致欲望的循环，资本把城市变成自然的对立面，物质主义、人类关系的异化都是都市荒原景观的表现，寻求乌托邦实则是现代人社会精神危机的表现。德赛通过人物的都市体验，表达反工业化、反城市主义的文学主张。

【关键词】安妮塔；德赛；都市；景观；荒原

在20世纪印度英语文学史上，除了萨尔曼·拉什迪、V. S. 奈保尔、维克拉姆·赛斯这些蜚声世界的男性小说家外，还有安妮塔·德赛这位女性作家引人注目，她凭借细腻的情感和深刻的精神分析跻身于世界优秀小说家之列。虽然长期旅居国外，但她的作品聚焦于印度现代都市，都市景观交织着现代主义成为德赛文本独特的风景线。就像狄更斯是都市转变的伟大记录者一样，德赛描绘了印度现代都市兴起之时人的本质自我和权力，人和都市的关系越来越复杂和隐晦。随着都市在物理结构上变得越来越复杂，观察、描述及理解它的难度也越来越大，个体在与它的关系中也变得越发被动。透过德赛的文本，我们可以看到现代都市景观背后复杂的权力关系。

---

① 作者为江西师范大学文学院副教授。

一、传统和现代的权力对抗

城市是人与自然相遇的地方。城市允诺一种能调控环境、驯服异质，并在一定程度上控制自然的途径。① 现代都市是德赛小说的主要场域。

小说《哭泣吧，孔雀》的主角玛雅是个美丽、聪颖但神经极度敏感的女人。玛雅和乔达摩的婚姻是在她父亲的包办下完成的。乔达摩生于德里的一个中产阶级家庭，他每天忙于自己的律师事务。以德里为都市背景，作家描写了两种截然相反的对都市的态度和观念。乔达摩一家是都市主义的代表，而玛雅是传统婆罗门文化的代表，她表现出了对都市主义的抗拒。玛雅认为都市是一个堕落的世界："在我看来，我们生存的城市就像充满死亡气息的孤岛。我们被一种致命性的疾病所缠绕，自最年轻、最具活力的一代开始，只要一被这种疾病触碰，便会慢慢消亡，没有生还的希望。"② 陷入心理危机的玛雅试图为自己寻求理想的生活方式，她把乔达摩视为同父亲一样的保护者，而乔达摩的理性让她感到冷漠。在印度文化中，玛雅（Maya）这一词汇的意义是"幻觉"（又译"摩耶"），最早出现在《梨俱吠陀》中，代表一种超自然的力量。世界的原初物质起源于神的摩耶。玛雅的名字暗示着她对传统文化的坚守。而乔达摩（Gautama）是"知识"的意思，代表着现代理智的行为。

传统与现代、科学与信仰、内心和外在世界的冲突把玛雅推向心理危机的边缘，唯一能够给玛雅带来慰藉的是她美好的童年。在幻想中，玛雅把自己的身份置于"莫卧儿花园"般的地方，那里仿佛《一千零一夜》中的梦幻世界，"我（玛雅）像一个公主似的在一个玩具世界里"③。玛雅的童话意识以传统的方式呈现，但童年的幻想意识不断受到现代都市文明的冲击。

印度独立之后，都市成为现代文学的表现图景。英国殖民主义带来的西方文明促使印度由传统农业文明转向现代工业文明，印度传统文化模式日益松动，并逐渐转向理性主义。文明模式的转变为近代印度带来了新的物质生活元素，现代商品经济迅速发展，工业文明扩大了人与人的交流空间，激发了自由主义。印度传统的村社经济和稳定的种姓制度受到冲击。英语教育体制的广泛推广为印度培

① ［美］理查德·利罕. 文学中的城市：知识与文化的历史［M］. 吴子枫，译. 上海：上海人民出版社，2009：14.
② Anita Desai. Cry, The Peacock [M]. New Delhi: Orient Paperbacks, 1980: 70.
③ Anita Desai. Cry, The Peacock [M]. New Delhi: Orient Paperbacks, 1980: 89.

养了新一代知识分子。前所未有的工业文明首先冲击和挑战的是城市，无论是社会结构还是家庭关系，原有的印度均衡都不同程度地受到破坏。

乔达摩和玛雅是城市化过程中现代和传统的代表，他们的价值观迥异，都市在他们的生活中扮演了一个间离的文学场域。文本中，都市主义集中表现为派对、舞会、喝酒和俱乐部等，这些都是狂热都市世界的极致徽标。面对这样嘈杂的都市景观，作为传统婆罗门的玛雅与家庭、社会的疏离感日益增强。随着传统大家庭制度逐渐瓦解、家庭活动日益分散化，各种传统的关系处于松动和改变之中，乔达摩是这场关系变革的主导者。处于社会精英阶层的他是新知识分子的代表，深受西方理性主义的影响，在工业化上升时期，他认同并迎合现代都市化的生活。这种绝对理性的态度在玛雅看来背离了生活、信仰和传统。玛雅的心理转向寻求自我保护，因为唯有在儿童经验中，她才能获得安全感。玛雅的心理困境在于她陷于传统和现代文明的断裂之中，德里的都市景观加速了这场分离。

小说《白日幽光》以德里的都市景观建构了一条时间轴，表现了生命和历史的变化意识。小说在"鬼郭公"[①]的叫声中开始：

天未亮，鬼郭公（Koel）早开始啼叫。呜嗬如此起彼落的钟声从阴暗的树林传来，你来我往，声声互嘲、相诱，叫到激昂，叫到高亢。到了太阳升起，愈来愈多的啼声纷至沓来，塔拉无法再忍受它们啼声中的哀诉，她起床来到外廊，看到从圆柱与紫色九重葛之间投射过来、白花花的夏日阳光。[②]

这是塔拉和丈夫回到印度的第一个早晨。老房子的清晨一切依旧。各种声音的"哀诉"是回忆的发端，也是某种暗示。塔拉对老房子所承载的一切回忆进行了梳理，个体的情感体验通过德里的都市景观得以表现。敏说："德里没变。只是老朽了。学生告诉我它是一座大墓园，一栋栋屋子就是一座座坟墓，都是些沉睡的坟塚。他们说现在新德里可不同啰！那是事物发生的地方。听他们的描述，还以为在讲一个跳蚤窝呢！"[③] "坟墓"是隐喻，是德里和时间斗争的结果，德里在衰败中见证了时间的力量，体现了厚重的历史感。相对于新德里，老德里是城市现代化过程中的落伍者。老德里的荒凉意识同人物沧桑的心理达到了异质同构。

德赛多处用灰色的笔调形容老德里，老德里的景观表现了都市化工业社会的

① koel，噪鹃的俗名，属杜鹃科，啼声宛如怨妇，苍凉哀戚。
② ［印］安妮塔·德赛. 白日悠光［M］. 姚立群，译. 台北：麦田出版社，2005：23.
③ ［印］安妮塔·德赛. 白日悠光［M］. 姚立群，译. 台北：麦田出版社，2005：30.

荒凉。

她们家花园两旁还有更多的花园，邻居的屋子，像她们家一般沉寂、褪色、老旧，花园放着没人管，任凭蔓生，长出不少没分寸的野株。从屋顶，她们可以看到粉红黄色灰色的灰泥墙壁，斑驳脱落，偶见凤凰木绽放着一树夏日的绯红。

斜倾的花园大门外的马路通到阎牟那河。河水如今缩成了一条小泥流，藏在无边无际的平坦沙地中，塔拉几乎看不出来，沙地朝毛茸茸的黄色地平线不断延伸，像头沉睡的狮子，又老又残。河上只有一艘平底渡船缓缓来回晃荡。没有任何生命的迹象……①

从厚重的文字叙事中可以看到现代和传统的对抗，整个家园抵抗不住时间的摧毁，呈现出衰败的景象，人亦如此。"她（敏）整个人倚在手肘上，让斑白的头发在不过是吹自河面的一点微风中翻飞，接着又转身背靠着栏杆，仰望天空，这时天空已不再是单调白热，而是被淡淡几抹蓝、灰、紫色给切分、打皱了。"②容颜的衰老和老德里的衰败景观形成异质性同构，这种卑微的生命形式和沧桑的城市景观呈现出荒原的图景。

《白日幽光》的城市景观还在历史的层面展开，其中1947年的印巴分治是印度历史的一个巨大创伤：

这座城市在那年夏天失火了。每天晚上，火光照亮了城墙外的地平线，在天空辉映出一片橙黄红粉的节庆彩焰，偶尔升起一柱白烟，在黑暗中矗立如碑。敏，在屋顶上走来走去，想象她听得到枪声与哭叫的声音，但是，住在城外那么远，远在市民线区（Civil Lines），这里的庭院与平房躲在树篱后面，一片寂静，还真不觉得有那么回事，她告诉自己是想象罢了。她真听到的不过是阎牟那河泥巴里没完没了的蛙鸣，以及马路上偶尔行来一匹紧张兮兮的二轮马车儿。③

德赛回避了历史冲突的正面书写，对这一历史事件采用侧影、素描、印象的景观式书写勾勒出历史的创伤。作为悲剧性的主体，德赛亲历了这场历史性的分裂。德赛对德里景观的描写和家庭悲欢离合的记述，表现了传统和现代之间最为悲壮且难以弥合的撕裂。

① ［印］安妮塔·德赛. 白日悠光［M］. 姚立群，译. 台北：麦田出版社，2005：64.
② ［印］安妮塔·德赛. 白日悠光［M］. 姚立群，译. 台北：麦田出版社，2005：64.
③ ［印］安妮塔·德赛. 白日悠光［M］. 姚立群，译. 台北：麦田出版社，2005：103.

二、都市物质文明的迷惘和乌托邦的建构

西美尔创造了一种现代都市人的类型学，他认为现代都市人受到强烈的神经刺激，变得敏感并且工具化，尤其是物质化。小说《今年夏天我们去哪儿》对孟买都市景观的物质主义做了深刻的描写。

在高度物质化的城市中，人的生存逐渐变成物质的附庸。孟买的现代文明给西塔制造了压抑的生存空间。西塔的脑海里不时会闪现出整座城市被冲毁的镜头，"她几乎是成天坐在阳台上打熬着日子，抽烟、观海地过活。当初他们所以选中这套房子，就是因为看中了房子下面的这片海——这海水总有一天会汹涌翻滚上来，把这座城市给冲刷掉——她是这么看的。可是，实在有些奇怪：海水并没有带走什么，反倒是送来了许多——海浪不断地冲涌奔来，于岩石处猝然飞溅，丢撒下烂鱼腐刺、腥臭海草，还有不知哪里来的胶鞋、白骨、绿色塑料环以及锈蚀了的罐头盒。"①大海象征着潜在的危险和破坏力，代表着现代社会各种威胁和压抑的力量。正如西美尔所指出的，城市的快速变化导致人神经刺激的加剧，个体的反应变得麻木和没有价值感。T. S.艾略特在《荒原》中认为这个世界是"虚无连接着虚无"。物质的进步导致日益升级的欲望的循环，资本把城市变成了自然的对立面。

西塔试图寻找属于自己个人的乌托邦，以对抗城市文明的异化趋势。她要让自己回归到一个"自然人"的状态——一个未被社会文明遮蔽的人，只有回归到这种状态，才能到达人和宇宙的和谐。西塔身上背负着印度传统的审美价值观，坚信万物有灵，坚信在生命实践中亲证自然。在古老的村社模式中，个体和自然以和谐、融为一体的方式共存，正如黑格尔所说："在印度世界中发现了这一种美的最可爱的形式：一种无力的美，凡是一切粗鲁的、严厉的和矛盾的都已消失于其中，只有感觉和灵魂呈现出来。"②当丈夫拉曼问道："今年夏天我们去哪儿？"西塔想到的是去马诺里，马诺里是未被现代文明遮蔽的世外桃源吗？

西塔所建构的马诺里世界与现实是割裂的，实际上她所见到的马诺里岛屿却是"阴沟污水横溢，茅棚顶开，满眼残颓、东歪西倒的土坯，一团污浊邪秽的混沌"③。西塔一意孤行地前往马诺里，"倘若海里就是如此黑暗、这般地严酷，那

① ［印］安妮塔·德赛. 今年夏天我们去哪儿？［J］. 袁伟，译. 世界文学，1999（3）：118.
② ［德］黑格尔. 历史哲学［M］. 王造时，译. 北京：三联书店，1956：183.
③ ［印］安妮塔·德赛. 今年夏天我们去哪儿？［J］. 袁伟，译. 世界文学，1999（3）：97.

还是游回网里去的好；倘若现实就是不堪承受，那就只好钻到幻影里面去。她把那个海岛幻象视作了一处庇护所，一道安全的屏障。"①马诺里是西塔建构的乌托邦世界，她努力逃避城市文明，寻求自然质朴的生活方式，马诺里是西塔的精神家园。西塔的马诺里之行是现代社会精神危机的表现，西塔的焦虑是现代社会女性悬置的精神状态和身份危机感的写照。西塔甚至不能容忍屋顶上乌鸦的骚扰。乌鸦聒噪的声音是现代都市浮躁的象征。

西塔渴望逃离孟买。身居孟买的她是一个局外人，西塔在不断否定中生存：她否定理性生活、否定物质化的城市生活、否定女儿的理性选择，甚至否定腹中婴儿降临到这个"混浊"的物质世界。马诺里是成就西塔自我超越的自然世界。面对变化着的社会秩序和规范，面对"今年夏天我们去哪儿？"这样的困境时，西塔勇敢地迈出了行动的一步。就如西西弗一般，知道石头必将落下却一次又一次地将它往上推。"她的生活里哪一半是真实的，哪一半是虚假？她本人自己哪一面是真，哪一面是伪？她的生活分了两段，彼此完全背道而驰，这就是她所知道的全部。"②这是印度现代女性的生存困境：在现代都市空间中寻找"自我"，她们面临身份的困惑和对家庭关系的重新定位。西塔面对都市的物质文明，感到"生活没有停顿、没有延伸，只知道一个劲地涡旋，浑搅纷扬去，毫无任何的指向"③。而马诺里的乌托邦世界又是遥不可及的。

三、都市的荒原景观

加尔各答是《城市之声》的主要叙事场景，迦利女神是加尔各答的城市象征。她是湿婆大神之妻——雪山神女帕尔瓦蒂的化身之一。她皮肤黝黑，青面獠牙的狰狞面孔沾满血迹，像湿婆一样在眉间长着第三只眼睛。她有四臂，分别持有武器，戴着蛇和骷髅的项链，舌头上滴着血。迦利女神是兼创造和毁灭于一身的女神，是加尔各答城市的标志。英殖民统治时，加尔各答发展成为印度最大的城市之一。各种声音、光影交汇的加尔各答如迦利女神一样有着狰狞的面孔，是一座吞噬人的城市（Man-devouring city），加尔各答被喻为死亡之城。

加尔各答作为印度发达的大都市，吸引了众多的知识分子。尼罗德三兄妹先后选择了加尔各答，但又厌恶加尔各答，梦想着逃避它。他们既不能融入都市主

---

① ［印］安妮塔·德赛. 今年夏天我们去哪儿？[J]. 袁伟，译. 世界文学，1999 (3)：157.

② ［印］安妮塔·德赛. 今年夏天我们去哪儿？[J]. 袁伟，译. 世界文学，1999 (3)：199.

③ ［印］安妮塔·德赛. 今年夏天我们去哪儿？[J]. 袁伟，译. 世界文学，1999 (3)：200.

流，又不具备彻底摆脱都市的决心。

小说开篇描写尼罗德在火车站送弟弟阿伦去英国留学。这种分别的场景意味着对现实的逃避。送别之后，尼罗德"走过桥，融入光、声音和气味汇集之中，那就是加尔各答"①。加尔各答在小说中呈现出一种恐怖的形态，空气中布满着尘粒，任何人只要呼吸一口都将窒息。黑色是加尔各答的主体色彩，这种色彩对应了尼罗德、莫妮莎和阿姆拉三个知识分子痛苦、绝望和放弃的心理状况。查尔斯·查特威克在《象征主义》②一书中用"黑色的绝望"来概括现代文学中的这一现象。迦利女神作为三兄妹内心的客观对应物，增加了现代城市生活中人物内心的痛苦意识。

加尔各答作为一个充满着感官刺激的现代都市形象，每一处细节都透露出迦利女神恶魔般的本质，是一个光怪陆离的世界。加尔各答一度是印度政治、文化的中心，是西方文化和印度文化交汇之地，产生了印度最早的一批中产阶级。随着经济的发展，加尔各答成为全国发达的大都市，如幻影一般的视觉和听觉感受让人迷失自我，"逃离，逃离……就像阿伦已经逃离了一样"③。这种无助的呐喊表达出尼罗德内心的迷茫和恐惧。喧闹的城市背后是人与人之间无法抵抗的空虚和冷漠。迦利女神的毁灭性是加尔各答的真实面孔，加速了人性的分裂。尼罗德主体分裂的经验是加尔各答现代生活无序性的异化结果，"尼罗德迷失了，漂流在加尔各答这座城市"④。尼罗德处于情感的异化中，他憎恨一切外界的关系，不再追求幸福和成功，认为虚无才是事物的本质。他甚至拒绝使用家族的姓氏，对家庭其他成员也持冷漠的态度。他对朋友戴维说："任何事情对于像我们这样的人来说都是暂时的，假如我们想让它变得永恒持久，你和我都不会是处于这样的关系之中，这你是知道的。戴维，你和我会永远都是旅行者，我们将一直孤独地旅行。"⑤尼罗德是波西米亚式的精神流浪者，他没有目标，是"城市漫游者"。他是从加缪小说中走出来的人物，对他来说失败的经验才是生活的意义所在。尼罗德对朋友说："我想看我是否能继续前行，朝着下一个失败。我想经历一个失败又一个失败，一步步接近岩石底部，我想探寻此中的深度。当你爬楼梯，你发现上面是空间，你能做的是坠落，直至坠落到底部。我不想无意义地攀

① Anita Desai. Voices in the City [M]. London: Peter Owen Ltd., 1965: 10.
② Charles Chadwick. Symbolism [M]. London: Methuen, 1971: 11.
③ Anita Desai. Voices in the City [M]. London: Peter Owen Ltd., 1965: 12.
④ Anita Desai. Voices in the City [M]. London: Peter Owen Ltd., 1965: 19.
⑤ Anita Desai. Voices in the City [M]. London: Peter Owen Ltd., 1965: 93.

爬上去，我想飞速地坠落。"①尼罗德渴望自己成为一个存在主义式的英雄，去经受各种挫败。他和世界是分离的，他作为个体和社会呈现割裂的状态，世俗的一切都为他所排斥。尼罗德是"局外人"（Outsider），是加缪式的虚无主义者，从他身上可以看到印度新一代知识分子内心强烈的挣扎。

尼罗德的都市体验证实了乔治·卢卡奇批判现代主义文学的观点，他认为在资本主义工业化时期，"人被转化为一系列毫无关联的经验的碎片"②。尼罗德的自我已经分裂成无意识的碎片，他表现出对自我确定性的怀疑。这是加尔各答新一代知识分子主体意识的丧失。

文本中三个知识分子都处于焦虑的状态中，加尔各答的都市面容在莫妮莎看来更为狰狞和恐怖。"我看到这个邪恶城市的另一面，在燃烧着的火焰中的一面——无趣、空虚、绝望的面孔。小贩、苦力、清洁工、通下水道者、站台上断臂的逃难者和儿孙们——他们是同一个面孔。他们的面孔是疲倦的，如此疲倦，以致痛苦都显得次要了。他们的双手无望地伸展着，紧接着又绝望地收回去。"③拥挤、充满邪恶的加尔各答让莫妮莎感到窒息。莫妮莎看到的情景类似波德莱尔笔下的巴黎——那个"拥挤的城市，充满梦幻的城市"。波德莱尔笔下的巴黎也是一幅资本主义大都会的丑恶画卷，充满着"恶的意识"，如人间地狱般，是罪恶的渊薮。加尔各答也是一个充满恶和暴力的世界，自我追求和城市秩序之间存在尖锐的对立性，颇有艾略特笔下"荒原"的意味：

> 虚幻的城市，
>
> 在冬天早晨的棕色浓雾下，
>
> 一群人流过伦敦桥，那么多人，
>
> 我没想到死神竟报销了那么多人。
>
> 偶尔发出短促的叹息，
>
> 每个人的眼睛都盯着自己的脚尖。
>
> ……
>
> 在山岭上那座崩裂了又重建
>
> 却又在紫色的天空中突然爆炸的是什么城市

---

① Anita Desai. Voices in the City [M]. London: Peter Owen Ltd., 1965: 40.

② Georg Lukacs. The Meaning of Contemporary Realism [M]. John and Necke Mander tran. London: Merlin Press, 1962: 46.

③ Anita Desai. Voices in the City [M]. London: Peter Owen Ltd., 1965: 116-167.

高塔纷纷倒塌

耶路撒冷　雅典　亚历山大

维也纳　伦敦

一切化为虚幻①

这种荒原意识就像瘟疫一般侵蚀着莫妮莎。莫妮莎像伍尔夫笔下的达罗卫夫人，错综复杂的意识活动充满着现代人的悲观意识和死亡气息。迦利女神毁灭性的力量影响着莫妮莎的思想，让她感到"加尔各答如此拥挤，让我感到身心疲惫。在加尔各答的每一处，表面的喧闹之后是无尽的痛苦"②。莫妮莎最后的死亡是让分裂的自我消匿于城市的恐怖意识中，表达了现代困境中个体卑微的处境和悲剧性的命运。

阿姆拉是三兄妹中较为积极和乐观的一个，她对加尔各答充满着无限的期待，以为在加尔各答可以施展她的个人价值和抱负。工作不久之后，阿姆拉却同样不可抑制地陷入了"心理和情感上的瘫痪"③。她眼中的加尔各答是"恶魔般的城市，居住着不健康的、血腥的生命，居住在地下洞穴中，秘密的死亡数量逐渐上升"④。阿姆拉一度迷失于加尔各答的都市幻象中。

加尔各答的都市化呈现出复杂的现代意识，不但使个体异化，同时各种人际关系也面临着全面的异化。随着现代意识的膨胀，传统的母子关系日渐疏离，德赛通过新一代知识分子建构现代新型的母子关系。尼罗德和母亲之间关系的冷漠在某种程度上是现代意识对传统的解构。冷漠的家庭关系是都市化对人的心灵造成的异化。德赛通过人物的都市体验强烈地表现出反工业化、反城市主义的文学主张。

尼罗德把自己创办的杂志命名为《声音》(Voice)，这个命名是现代都市的隐喻。加尔各答汇聚了各种声音，强烈的嘈杂和喧闹感是心灵空虚的客观对应物，在喧闹的都市声音中，德赛展示了人物内心的精神危机，同时深刻地将都市的荒原色彩表现得淋漓尽致。

---

① [英]T. S.艾略特. 情歌·荒原·四重奏 [M]. 汤永宽，译. 上海：上海译文出版社，1994：17，39.

② Anita Desai. Voices in the City [M]. London: Peter Owen Ltd., 1965: 122.

③ [美]伊恩·瓦特. 小说的兴起 [M]. 高原，董红均，译. 北京：三联书店，1996：31.

④ Anita Desai. Voices in the City [M]. London: Peter Owen Ltd., 1965: 156.

四、结语

德赛是都市景观的记录者，她的文本提供了一种阅读城市景观的方式，德赛笔下的城市景观犹如一幅幅幻景（phantasmagoria），分裂和迷失是城市体验的综合描绘。城市景观通过人物的视觉或听觉体验得以呈现。城市稳如磐石地成为社会和历史现实的核心事实。城市景观，伴随着迅速变化的孤独者人群，是孕育幻想和碎片感的场所。德里、加尔各答和孟买都是波德莱尔式的"幻城"（unreal city），都市景观的各种面相潜藏着传统和现代的权力关系，其中物质主义、人类关系的异化都是都市荒原景观的表现。

早期印度英语小说中甘地形象的叙事功能分析

——以 M.R.安纳德作品为例[①]

■ 安庆师范大学 张 玮[②]

【摘 要】从印度民族独立运动时期起，甘地和甘地思想就影响着印度英语小说的创作，随之出现了"甘地主义文学"。一些作家以甘地为人物原型，创作出"甘地"的文学形象。安纳德是塑造了较多甘地形象的作家，在其作品中，甘地形象承载了甘地的个人魅力和思想认识，表现了人们对甘地的广泛崇拜和尊敬。早期印度英语小说中的甘地形象具有宣传甘地思想、号召民众的作用，同时也存在着形象单一、表现手法简单和文学影响力薄弱等情况。

【关键词】印度英语小说；M.R.安纳德；甘地形象

时至今日，甘地仍然被认为是印度文化、政治和精神方面的偶像，他对印度文学的影响得到学者们的广泛认同，甚至在现当代印度文学研究中出现了"甘地主义文学"这样的术语，其中涉及印度地方各语种文学，也包括印度英语文学。M.K.纳依克在《印度英语文学史》中专列一节"甘地主义旋风（1927—1947）"（Gandhian Whirlwind）[③]，论述独立前印度英语文学受甘地思想影响的情况；P.高帕拉在《印度英语小说》[④]中也以"圣雄奇迹：甘地和文学印度"为

---

① 基金项目：本文是国家社科基金项目"当代南亚英语流行小说类型研究"（15BWW025）阶段性成果。

② 作者简介：张玮（1971—），女，汉族，安徽灵璧人，安庆师范大学外国语学院，副教授，博士。

③ M. K. Naik. A History of Indian English Literature [M]. Delhi: Sahitya Akademi, 1997: 118.

④ Priyamvada Gopal. The Indian English Novel [M]. London: Oxford University Press, 2009: 43.

一节，论述从安纳德、纳拉扬和拉贾·拉奥等早期印度英语文学"三大家"到当今印度英语作家沙希·塔鲁尔（Shashi Tharoor）等作家创作中的甘地因素；中国学者石海军在《20世纪印度文学史》中也有一节"甘地主义影响下的现实主义文学"[①]，简略论述独立前甘地思想影响下的印度文学创作情况。中外学者们都认为，早期印度英语小说以印度民族独立为时代背景，塑造具有甘地思想的人物形象，描述印度人民在甘地思想指导下所进行的争取民族独立的运动，通过作品宣扬甘地思想和政治策略。在这些作品中，有些是甘地作为人物形象直接出现在文学作品中，成为情节发展的动力因素，例如安纳德的《不可接触的贱民》和纳拉扬的《等待圣雄》等。这其中尤以安纳德小说中的"甘地"形象较有特色，本文以安纳德作品为例，分析早期印度英语小说中甘地形象的特点和作用，从另一角度观照甘地对早期印度英语小说创作的影响及表现。

安纳德的文学写作生涯就是在甘地的指导和影响下开始的，这在印度作家中是不多见的。20世纪20年代初，安纳德在英国写《不可接触的贱民》时读到甘地一篇题为《年轻的印度》（*Young India*）的文章，里面写了一个青年清扫夫的故事，他被甘地对贱民坦诚无私的爱所感动，觉得甘地对自己的小说写作会有所帮助，于是他回国来到甘地位于阿拉哈巴德城郊的萨巴拉玛提静修院（Sabarmati Ashram）。在这里，安纳德同甘地一起生活了三个月，他身着印度传统服装，每天自己打扫厕所，这种生活经历使他对小说中清扫夫的工作有了真切感受。安纳德还参考甘地的一些建议对小说进行了修改，他把小说读给甘地听时，甘地对这部描写"哈里真"（Harijan）的小说很感兴趣，问安纳德："你为什么不写一本宣传册呢？"安纳德回答说："不，先生，写宣传册是您的工作，您是宣传家，而我只是一个小说家。"[②]

如中外学者所认同的那样，安纳德的现实主义作品很多是甘地思想影响下的产物，此外，他也是在小说中塑造甘地形象最多的作家。在《不可接触的贱民》、《剑与镰》和《圣雄甘地短剧》等作品中，"圣雄甘地"成为文学形象。安纳德通过人物外貌、对话和行动等叙述手法，使文学中的甘地非常贴近现实生活中的圣雄；另一方面，作品中的"甘地"形象也担负起宣传甘地思想的修辞作用，号召民众投身于印度民族独立运动。《不可接触的贱民》结尾处写到，在屈辱中劳累一天的年轻清扫夫巴克哈心情沉重，他听到圣雄甘地的演讲后，觉得生活似乎

[①] 石海峻. 20世纪印度文学史［M］. 青岛：青岛出版社，1998：90.

[②] Marlene Fisher. The Wisdom of the Heart［M］. New Delhi: Sterling Publishers, 1980: 2.

有了希望。《剑与镰》中，拉卢带领农民们步行去阿拉哈巴德抗议地主打死佃农，拉卢在阿拉哈巴德城见到圣雄甘地并聆听他的教导，甘地个人风貌和思想都给拉卢留下深刻印象。《圣雄甘地的短剧》是以甘地为主人公的15幕短剧，讲述从英国回来的青年克里希纳在甘地身边生活期间，见到不同的人去甘地那里讨论"非暴力"斗争形式、贱民取水被打、村民酗酒打妻子、机器生产、教育、印穆教徒关系等问题，以具体事例解释甘地思想。

西方叙事学家一般认为叙事作品由"故事"和"话语"两个层次构成，在故事层中包括事件、人物和背景等内容。在人物塑造方法上，有直接法和间接法。"间接塑造法主要指通过具体手法对人物形象进行多维度描写，包括对人物行动、语言、外貌、环境的描写，以及通过人物关系来映衬人物性格。"①安纳德利用外貌、语言等方面的描写，在文本中塑造出甘地的文学形象，这一形象本身具有丰富的叙事功能。

一、甘地个人魅力的载体

印度很多地方都有这样的雕像：身穿缠腰布的甘地，脚蹬一双凉鞋，手中挂着一根拐杖，正跨着大步往前走。在现实生活中，世人已经熟知瘦削的身材、皮肤黝黑、戴着一副眼镜的甘地形象。同样，作家在小说中也是如实地描写甘地的外貌。在《不可接触的贱民》中，巴克哈爬到树上看甘地：

他身上披着一条乳白色的毯子，只有他那乌黑的、修剪得整整洁洁的头让人家看得见，两只大耳朵向外突出，天庭宽阔，鼻子长长，鼻梁上架着一副眼镜，透镜一分为二，上面用来看东西，下面用来阅读。他那薄薄的嘴唇上挂着一丝空想家的微笑，嘴唇下面的坚毅的小下巴和那个架在小脖子上的没有牙齿的长颚，颇有糜菲斯托弗利的风味。②

这成为安纳德所有文学作品中关于甘地外貌描写的符号式表征，也是对现实生活中甘地外貌的油画似写实。从外貌上看，甘地是位普通的印度男人，"赤裸的身上只披一块长布"③。尽管甘地穿着土布衣服，围着土布缠腰带，外表上和任何穷困潦倒的农民一样，作家还是用人物外貌的直接塑造法写出普通外表下所传递出来的甘地的精神特征：

---

① 申丹，王丽亚. 西方叙事学：经典与后经典 [M]. 北京：北京大学出版社，2010：60.
② M. R. 安纳德. 不可接触的贱民 [M]. 王科一，译. 上海：平明出版社，1954：174.
③ M. R. 安纳德. 剑与镰 [M]. 王槐挺，译. 北京：社会科学文献出版社，2011：157.

一个奇特的小个子男人，瘦削的身材，两个大耳朵仿佛生就用来听万民苦难，困惑时颤抖的双唇，对峙时严厉瞪视别人、旋即又变温和的双眼，圣洁的前额。①

这里，"奇特"、"温和"、"圣洁"等形容词概述了描写对象的基本特点，全知叙述者向读者点明世人达成共识的甘地特点，安纳德再次以文学手法强化了甘地的个人魅力。圣雄待人和蔼，常常以微笑与来访者打招呼，这样简单而不拘形式的见面方式缓解了人们的拘谨，也便于他们倾听甘地的谈话。甘地与人交谈、表达自己思想时，不管是崇高的内容还是可笑的内容，深奥的道理还是幼稚的想法，甘地都用一种平和的语气说出来，始终不会提高自己的声音。他的演讲也是这样，不像其他政治家那样声情并茂，声调抑扬顿挫。即使对待因为不同意甘地的说法而显得怒气冲冲、情绪激动的听众，甘地也保持平静，使谈话氛围给人产生一种"伟大而崇高的精神以及纯洁和直率的气氛"②。在安纳德笔下，甘地也不失幽默，会发出孩子般的笑声。

作为文学作品中的人物形象，"甘地"并没有脱离现实生活中圣雄甘地本人所呈现给世人的外貌特点。甘地也好，"甘地形象"也罢，都因为其独具特色的外形成为一种象征，作品中人物形象的创作出发点与这个人物形象的特殊身份有关，也与人物在作品中所担负的功能（甘地思想传播者）有关。另外，现实生活中甘地的形象已经固化并深入人心，从作品接受目的来看，作家也无法对其做出创新或改变，较好的做法是沿袭生活中真实的人物形象，通过文学写实手法再现出来，以得到读者的认可和接受。

二、甘地思想的传播者

人物话语是叙事作品的重要组成部分，用对话来塑造人物和推动情节发展是小说家较为注重的手法。在叙事作品中，人物话语的不同表达方式有其不同功能。因为作品主题的关系和对读者接受的设定，安纳德小说中多采用人物直接引语的方式来记录"甘地"话语，保留其语言特征和意义。"在传统小说中，直接引语是最常用的一种形式。它具有直接性和生动性，对通过人物的特定话语塑造人物性格起很重要的作用。"③如甘地已经被世人所接受的外貌一样，安纳德小

① M. R. Anand. Little Plays of Mahatma Gandhi [M]. Edinburgh: Aspect Publication Ltd., 1991: 36.
② M. R. 安纳德. 剑与镰 [M]. 王槐挺，译. 北京：社会科学文献出版社，2011：160.
③ 申丹，王丽亚. 西方叙事学：经典与后经典 [M]. 北京：北京大学出版社，2010：157.

说中"甘地"形象的性格特征也存在一定程度的固化现象。因此，作家很少考虑人物语言、行动对人物性格的生成、发展等塑造作用，而更多地关注语言的修辞功能，作家以小说人物之间的对话方式更广泛地阐述甘地的主张和思想，甘地形象最重要的作用就是"思想传播者"。

安纳德在小说中通过甘地形象较为全面地阐发了甘地思想。甘地广为人知的"哈里真"观点、机器与手工劳动者关系和"非暴力"思想等，这些在《不可接触的贱民》、《伟大的心》和《剑与镰》中都有所表现。而在《圣雄甘地短剧》中，安纳德更是用戏剧对话简洁而明确地将人物语言变成甘地思想的直接传播方式。有些小说中，安纳德注意到文学作品不同于宣传材料或者政治家的思想手册等读物，会通过与其他人物的对话适当地缓解这种说教的方式。如在《剑与镰》中，作者利用"甘地"和小说主人公拉卢的对话表达甘地保护奶牛的主张：

我喜爱牲畜，曾致力于研究牲畜问题。很少有人认识到保护印度的牲畜资源是个涉及许多复杂问题的重大经济问题。……近年来这种情况成了日益严重的威胁。保护奶牛，我自命是萨纳坦派印度教徒，因而是个立誓要保护奶牛的人！[①]

安纳德写拉卢边听甘地说话边表达自己感受，"拉卢听到圣雄论述奶牛时所用的过于严肃的口气，直想发笑。"[②]这里用叙述干预法，适当缓冲人物对话所产生的说教功能。小说中"甘地"经常用这样的方式来表达种种观点和思想，从小说写作的时代背景和作家创作人物的目的来看，这样的文学形式是适应当时社会对文学功能的要求的。《圣雄甘地短剧》是话剧剧本的形式，能充分而全面地通过对话来演绎、解说甘地思想。如同样是"保护奶牛"这个观点，剧本不仅表达出甘地所提倡的保护神牛、奶牛的主张，同时还补充了甘地对待病牛的观点，当牛病危或受到疼痛折磨、必死无疑时，甘地的思想有所变化，他赞同对其进行安乐死（mercy killing）的处理方式。此外，如甘地主张"非暴力"斗争形式，但遇到妇女受到侮辱，他积极主张以暴力的手段保护妇女。甘地反对机器，但是他不反对人在需要的时候合理利用机器，尽管他推崇步行，但在需要的时候他也会搭乘汽车或者火车。

正如甘地和安纳德就《不可接触的贱民》的对话中所说的，写小说是作家的事情，写贱民问题的宣传单则是政治家的事情。总的来说，将甘地思想穿插到文学作品中以达到传播目的，如果能将思想和文学手段用较为合适的方法结合起

① M. R.安纳德. 剑与镰［M］. 王槐挺，译. 北京：社会科学文献出版社，2011：157.
② M. R.安纳德. 剑与镰［M］. 王槐挺，译. 北京：社会科学文献出版社，2011：157.

来，会起到很好的宣传教育作用。安纳德是较多地在作品中塑造甘地形象、传播甘地思想的作家，这种做法起到一定的效果，但作品的文学性难免就受到影响，读者接受也会受到限制。

三、"甘地崇拜"的展示者

在当代印度人的生活中，甘地已经成为一位"神"。其实早在印度独立运动时期，民众对甘地的崇拜和尊敬已经达到了空前的规模。安纳德的小说在描写人们所熟知的甘地形象和语言之外，也描写了人们对甘地的认识和反应，折射出"甘地崇拜"的规模和状况。除了人们所熟知的甘地外貌外，在众人眼里，他的外表也被赋予了"神"的光彩："他脸上同时也具有美丽和崇高的表情。他头顶中央留着一小撮头发，头发上涂着油，闪闪发亮，他的圣体发射出一道闪亮的灵光，好像圣像头上的一圈光轮。"① 人们以敬神的方式来礼遇他，"热诚的信徒打着五色的旗子，把花瓣像雨滴似的摔过去，就在这花瓣组成的帷屏后面，在'圣雄甘地万岁、印度教徒—回教徒—锡克族万岁，神的儿女万岁'的呼喊声中，那个脖子上挂满金盏花圈、素馨花圈和毛色莉花圈的小身个儿的大伟人走近前来了"②。人们拖家带口争相前往有甘地出席的集会，想亲眼看到圣雄的身姿、亲耳聆听圣雄的教诲。印度人民极度崇敬甘地，使他成了高不可攀的人物，是普通民众难以接近的"新神"，"就连得到他的接见也很困难"③。到甘地静修院拜访的人要被门口的守门人严厉盘问和检查，人们对甘地身边的人充满怨言，"这两个弟子与其说是人，倒不如说是看管登天梯的守护神。"④ 甘地对这样将自己和民众隔离起来的做法也很不满，"我们对警察关闭大门，不是也要对每个来看我的人关闭大门"⑤。对甘地思想不了解或者是不赞同的人，会抱怨这样的情形，"人变成神仙，就会抛弃凡人，靠跟其他神仙和帝国主义搞妥协过日子"⑥。小说所展现的"甘地崇拜"真实再现了印度民众对甘地的崇敬，这样的描写呼应人物所传递出的甘地思想的重要性和重大意义。

除安纳德外，其他早期印度英语作家如 R. K. 纳拉扬也在《等待圣雄》中塑

① M. R. 安纳德. 不可接触的贱民 [M]. 王科一, 译. 上海: 平明出版社, 1954: 174.
② M. R. 安纳德. 不可接触的贱民 [M]. 王科一, 译. 上海: 平明出版社, 1954: 173.
③ M. R. 安纳德. 剑与镰 [M]. 王槐挺, 译. 北京: 社会科学文献出版社, 2011: 155.
④ M. R. 安纳德. 剑与镰 [M]. 王槐挺, 译. 北京: 社会科学文献出版社, 2011: 156.
⑤ M. R. Anand. Little Plays of Mahatma Gandhi [M]. Edinburgh: Aspect Publication Ltd., 1991: 24.
⑥ M. R. Anand. Little Plays of Mahatma Gandhi [M]. Edinburgh: Aspect Publication Ltd., 1991: 18.

造过甘地形象。小说由五个部分组成，从摩尔古蒂镇上的人们等待圣雄的集会开始，到甘地在德里最后一次参加祈祷会遇刺结束，其中在第一和第五部分中，甘地作为人物形象出现在作品中。与安纳德作品一样，小说中的甘地成为主人公投身印度民族独立运动的启蒙者，甘地思想是其行动指导。小说同样采用人物对话、内心独白等方式展现甘地思想。尽管纳拉扬没有像安纳德那样对甘地外貌进行详细描写，但他同样通过甘地的言谈、生活起居和其他人物的反应来表达甘地的影响力。例如小说里群众冒着酷暑等待圣雄，"沙子是热的，太阳很毒。人群毫无怨言地坐在地上"①。印度的四月已经很热了，人们在太阳下等待甘地的场景和安纳德小说中群众参加甘地集会的情形相似，都表现出甘地的号召力和人们对甘地的尊敬。

　　总的来说，早期印度英语小说中的甘地形象很好地起到了宣传甘地思想、号召民众的作用，同时也难免存在着形象单一、表现手法简单和文学影响力薄弱等情况。随着时间推移，甘地和甘地思想在印度的政治影响力远没有在人们的生活方式、思想哲学等方面的影响广泛。另一方面，随着社会经济的发展，甘地的一些主张和做法受到质疑，这也成为当代印度社会"重新认识甘地"的导火线。笔者认为，作为一个"人"，甘地有他的局限性，接受者过分夸大他的伟大之处或局限性，都是不客观的。不管是什么思想，都有其产生的时代性，人们在认识、理解和接受时，要有实事求是的态度，有所选择有所放弃。现代社会中，人们应更多关注甘地和甘地思想所蕴含的精神意义。今日崛起的印度，甘地还是其灵魂吗？对于这个问题，每个人都会告诉你不同的甘地和印度的未来，甘地是"一个对所有的阶级、对所有的种姓、语言和宗教具有同等感受力的印度人。数百万印度人在他的身上重新认识到自我，不管是富人还是穷人，也不管是印度教教徒还是穆斯林群众，他们都感到与他息息相关，并且从他身上获得了一种归属感"②。在印度人民认识甘地和接受甘地思想的过程中，早期印度英语小说中的甘地形象起到宣传、解释和固化的作用。

---

① R. K. Narayan. Waiting for the Mahatma [M]. Chicago and London: The University of Chicago Press, 1981: 25.

② 贝尔纳德·伊姆哈斯利. 告别甘地 [M]. 王宝印，译. 北京：人民日报出版社，2009: 158.

印度教萨克蒂教派经典《女神荣光》的神话探析

■ 北京大学　何　赟

【摘　要】《女神荣光》是印度教萨克蒂教派的核心经典，它是古代印度女神崇拜的集大成之作，对后世整体印度教信仰影响深远。本文从神话情节与提毗形象两方面展开，通过文本考据探析《女神荣光》神话的特征。

【关键词】《女神荣光》；神话；女神

在婆罗门教晚期特殊的历史条件和思想背景下，以湿婆教派（Śavism）、毗湿奴教派（Vaiṣnavism）及萨克蒂教派（Śaktism）为核心的印度教三大教派初具规模。成书于五六世纪的《女神荣光》（Devīmāhātmya）是萨克蒂教派的核心经典，它的出现标志着萨克蒂教派的确立，同时也是其神学、神话、礼仪的信仰纲领。《女神荣光》既是"往世书"神话文本也是宗教圣典文本，它是《摩根德耶往世书》（Mārkeṇḍeya Purāṇa）的第81—93章，也因为特殊的宗教内涵而独立成篇，并被信徒奉为圣典。有记载的女神神话可追溯至"吠陀"[①]中，在"往世书"（Purāṇa）[②]中大量涌现，并最终自成一派为独立的神话及神谱体系。《女神荣光》是"印度教女神崇拜中最重要的一部梵语文献"[③]，它与《薄伽梵歌》（Bhāgvata Gītā）、《毗湿奴往世书》（Viṣṇu Purāṇa）、《林迦往世书》（Linga Purāṇa）一样，

---

① 在中文语境里，"吠陀"一词指四部本集和"梵书"、"森林书"、"奥义书"等为代表的吠陀文献，也指其衍生而出的思想体系。本文中加引号的"吠陀"表示前者，而不加引号的"吠陀"表示后者。对应英文翻译中的"Vedas"与"Vedic"。

② "往世书"作品数量较多，本文中"往世书"指代以"往世书"为名的这一类文献。

③ Alf Hilterbeitel, Kathleen M. Erndl. Is the Goddess a Feminist? [M]. Sheffield: Sheffield Academic Press, 2000: 123.

拥有独立的评注和宗教训诫意义①。

究其根本，"往世书神话和宗教信仰长期掌握人心"②的原因是因其符合大众的审美情趣以及精神需求。《女神荣光》的形成是特定社会文化背景下的必然。它是《摩根德耶往世书》的一部分，因而具备着"往世书"的共性，同时也有着超越"往世书"体系的个性。本章主要从神话考据的角度展开，通过与史诗神话及其他"早期'往世书'"③进行比较，分析其故事情节与女神形象的特别之处，从而探讨它在文学传统方面的"个性"。

一、故事情节

《女神荣光》分为13章，共700颂，因而后世流传的另外一个版本也名为《杜尔迦女神七百颂》（*Durgā Saptaśatī*）。本书采取印度古典文学作品常见的故事套故事的"框架式叙事结构"④。《摩根德耶往世书》的主要口述者是摩根德耶，在第一章前半部分（1.1—1.33）⑤，一位国王与一位吠舍在林中相遇，他们都因为心中的羁绊而郁郁寡欢，二人一道向林中的仙人梅陀斯（Medhas）求助。在这个故事框架里展开仙人与他们的对话，三则神话嵌套在仙人对国王的劝诫中。至全书的结尾（13.11），摩根德耶才再次出现，总结了仙人与国王的框架故事。主体部分的三则神话分布于原书第一章、第二至四章、第五至十三章，故事梗概如下：

第一则神话称颂提毗是最高的知识与存在，是世界创造、存在及毁灭的终极原因。由于提毗的力量，毗湿奴陷入"瑜伽尼陀罗（Yoganidrā）"的休眠状态。"名为摩图（Madhu）和盖达跋（Kaiṭabha）的可怖阿修罗（Asura），从毗湿奴耳中的污垢中变化而出（并且）出发去杀害梵天（Brahmā）。"（1.50）梵天忧惧于阿修罗的破坏力，向提毗祈祷：希望她从毗湿奴的体内离去从而唤醒毗湿奴降妖除魔。提毗受到梵天的称颂，唤醒毗湿奴而且用她的神力迷乱了阿修罗，最终毗湿奴醒来杀死恶魔。第二则神话是后世广泛流传的屠牛魔者（Mahiṣamardinī）

---

① Coburn, T. B. Encountering the Goddess [M]. State University of New York Press, New York, 1991: 8.

② 金克木. 梵语文学史 [M]. 南昌：江西教育出版社，1999：198.

③ 指《摩根德耶往世书》《鱼往世书》《毗湿奴往世书》《侏儒往世书》等。参见Doniger, Wendy. Hindus: An Alternative History [M]. New York: Penguin Press, Chapter 14.

④ 说法源自季羡林. 印度古代文学史 [M]. 北京：北京大学出版社，1991：315.

⑤ "1.1"指《女神荣光》第一章第一节，后文若无另外说明皆同此例。

传说的原型。牛魔摩希舍（Mahiṣa）率领的魔军大败以因陀罗为首的诸神，使得神魔秩序颠倒、三界生灵涂炭。诸神不得已向毗湿奴和湿婆大神求援。在这两位主神的率领下，诸神的愤怒及他们体内的能量（萨克蒂）汇聚成提毗，他们的武器和神力也都被提毗吸收。提毗历经一番周折，先后击杀摩希舍的各大部将，最终将摩希舍斩首。众神歌颂提毗并祈求提毗赐予他们庇护和幸福。第三则神话篇幅最长，讲述了提毗屠杀恶魔苏姆婆（Śumbha）和尼苏姆婆（Niśumbha）的故事。这两位强大而狂妄的恶魔夺走了因陀罗、阎摩、伐楼那、伐由等神的神力，诸神在困顿之中称颂提毗祈求庇佑。提毗从雪山女神帕尔瓦蒂体内现身，接受众神的称颂并与恶魔的信使对峙。苏姆婆和尼苏姆婆先后派出几支强大的魔军，试图征服和羞辱提毗，都被提毗及其各种化身击溃。最后，提毗在终极对决中战胜并杀死两个恶魔，为众神及三界带来了和平。在全书的最后三章中，众神继续为女神唱颂赞歌，女神也分别予以回应和恩赐神谕。

上述三则神话构成了整个萨克蒂神话系统的核心，也是后世各类相关演绎的重要母题。这三个故事文本也具备非常的含义，因为在《女神荣光》之前的所有文献中从未出现过的现象是："这三则神话被当作一组文本叙述，而且，提毗在三则神话中被刻画为影响神圣胜利（divine triumph）的重要因素。"[1]因此，文本探析的第一步将溯源三个故事母题进而勾勒其在《女神荣光》中的"个性"。

第一则提毗屠摩图和盖达跋的神话与另外二则有明显差异的一处情节是，最后屠杀恶魔的主角不是提毗或者各类女神，而是毗湿奴。事实上，这则神话的起源肯定先于《女神荣光》，在《摩诃婆罗多》中有两颂概述了这则神话：

这位至高之人（毗湿奴）杀死名叫摩图的大阿修罗。摩图原来产生于他的耳垢，行为暴烈，思想暴烈，企图毁灭梵天。

由于杀死摩图，孩子啊！天神、檀那婆、人和仙人们称遮那陀那（毗湿奴）为诛灭摩图者。这位神主是野猪、狮子和跨行三步者。[2]

在《摩诃婆罗多》的《森林篇》第194章中，仙人摩根德耶完整地讲述了整则神话。这则毗湿奴屠魔的神话与《女神荣光》中的细节基本一致，毗湿奴在大腿上用法轮斩下他们的头颅，因而被称为"诛灭摩图者"（Madhusūdana）。《女

---

① Coburn, T. B. Devī-Māhātmya: The Crystallization of the Goddess Tradition [M]. Delhi: Motilal Banarsidass, 2002: 211.

② ［印］毗耶娑. 摩诃婆罗多：三 [M]. 黄宝生，等译. 北京：中国社会科学出版社，2005：590.

神荣光》中第一则神话共77句，只有最后的8句叙述屠魔过程，之前的主体部分都在称颂提毗的威力及阐释她的存在。相比起来，《摩诃婆罗多》中的记载较为详细，一共有23句①。可以说，关于提毗这部分内容是《女神荣光》对这则神话的再创造。毗湿奴由原本的神话主角降为配角，虽然阿修罗被他亲手杀死，但通过此前14句（1.54—1.67）梵天对提毗的颂歌可以知道，正是由于提毗化作瑜伽尼陀罗（Yoganidrā）状态使"世界的创造者、保护者也是毁灭者（毗湿奴），陷入沉睡（nidrā）"（1.64）。为了使"不朽之王能迅速苏醒"，"用其警觉杀死这两个阿修罗"（1.67），必须称颂提毗使她从毗湿奴身体中离去。因此，阿修罗得以伏诛实质上归功于比毗湿奴和梵天都更强大的提毗。

值得注意的是，在梵天的颂歌中，提毗有许多不同的称号，她既被称作摩诃摩耶（Mahāmāyā），也被称作伟大的阿修罗女王（Mahāsurī）。这一点与提毗为宇宙本源的哲学思想是统一的，因为提毗是有德（Saguṇa）②的造物主，所以世间的虚幻与邪恶本质上也是她的作品。毗湿奴和阿修罗都因她而存在，正因如此，这则屠魔神话才具有了萨克蒂教派创世经典的地位。

第二则关于摩希舍的神话是确立提毗地位最重要的文本，后世杜尔迦信仰中"屠牛魔者"的崇拜习俗始于此。这则神话的长度大大超过第一则神话，但它在之前各类文献中的溯源却远少于前者。据科本考证，屠摩图和盖达跋的情节虽然只在上文所述的部分出现，但其形象在两大史诗以及包括《诃利世系》（Harivaṃśa）在内的插话中被多次提及③。因此，至《女神荣光》成书之时，这则故事在婆罗门教神话传统中已有一定积累。不过，牛魔摩希舍的形象则相对陌生，在史诗中他"只是见于一次插叙中，对我们的文本（《女神荣光》）的影响较为间接"④。这唯一的一次叙述出现在《摩诃婆罗多》的《森林篇》中，同样也是借摩根德耶仙人之口讲出来的，其屠魔英雄是室健陀（Skanda）。在星辰昏暗、世界混沌之中，神魔大战。因陀罗率领的天神军队对强大无比的摩希舍无计

---

① ［印］毗耶娑. 摩诃婆罗多：二 [M]. 黄宝生，等译. 北京：中国社会科学出版社，2005：389—390.

② 参见姜景奎，等.《苏尔诗海》六首译赏 [C] // 北大南亚东南亚研究：第一卷. 北京：中国青年出版社，2013：264，注释2.

③ Coburn, T. B. Devī-Māhātmya: The Crystallization of the Goddess Tradition [M]. Delhi: Motilal Banarsidass, 2002: 215-219.

④ Coburn, T. B. Devī-Māhātmya: The Crystallization of the Goddess Tradition [M]. Delhi: Motilal Banarsidass, 2002: 222.

可施，被檀那婆（Dānava）们穷追猛打着弃甲而逃。随后室健陀出场屠魔，相较于《女神荣光》中对提毗战斗场景的浓厚笔墨，此处描写相对简略：

正当天神们陷入可怕的恐惧之中，大军（室健陀）来到了。由于愤怒，他如同燃烧的太阳。他身穿红衣服，佩戴红花环，披挂金铠甲，嘴巴鲜红，手臂强壮。他站在像太阳一样金光灿烂的战车上。一见到他，提逊军队立刻逃离战场。强大有力的大军（室健陀）向摩希舍投去一支闪发光焰的锐利标枪，王中因陀罗啊！标枪击中摩希舍巨大的头。摩希舍的头裂开，倒地而死。天神和檀那婆们看到这支投出的标枪杀死成千成千的敌人后，又回到室健陀手中。大多数提逊被聪明的大军用箭射死，余下的提逊惊慌失措，被室健陀的不可抵御的会众杀死，成百成百地被吃掉。他们吃檀那婆们的肉，喝檀那婆们的血。他们兴高采烈，刹那间就消灭了所有的檀那婆①。

这则神话完全与女神无关，但在《女神荣光》中对提毗的出世、与阿修罗战斗和最后的颂歌都进行了创新性的详细描述。第一则神话解释提毗作为超验存在的本源，第二则神话中则是提毗的降世传说，她以有形的具象出现在众神面前。在这一点上，史诗与《女神荣光》中的屠牛魔神话具有一定的共性。在史诗中，战斗的主角是室健陀，这则神话奠定了他在诸神序列中的地位。在他的出场之前，对湿婆有这样的描述："在这样的战斗中，尊者（楼陀罗）也不杀死摩希舍。他想起室健陀能杀死这个灵魂邪恶者的檀那婆。"②正是因为室健陀诛杀恶魔，他才能"受到大仙们供奉"③，而且"谁专心诵读这个室健陀诞生的故事，他就会获得富裕，死后进入室健陀的世界"④。一定程度上，这则神话也是史诗中的"鸠摩罗出世"——湿婆为他确立了在世间的身份与地位。《女神荣光》中，提毗的出世记载也是萨克蒂教派的特别之处，她来源于众神体内的能量，她身体的每一个部分分别来源于一位天神的能量，最终"无与伦比的光能，生于诸神的身体，结聚在一起，其光耀遍布三界，幻作一位女子"（2.12）。随后，每位天神

---

① ［印］毗耶娑. 摩诃婆罗多：二［M］. 黄宝生，等译. 北京：中国社会科学出版社，2005：442.

② ［印］毗耶娑. 摩诃婆罗多：二［M］. 黄宝生，等译. 北京：中国社会科学出版社，2005：442.

③ ［印］毗耶娑. 摩诃婆罗多：二［M］. 黄宝生，等译. 北京：中国社会科学出版社，2005：443.

④ ［印］毗耶娑. 摩诃婆罗多：二［M］. 黄宝生，等译. 北京：中国社会科学出版社，2005：443.

又从自己的法器中"复制"了一份武器给她，比如，"湿婆从自己的三叉戟中提取出一支新的三叉戟，赠予了她"（2.19），"因陀罗，众神之王，从自己的雷锤中取出一只新雷锤，赠予了她"（2.21）。无论是提毗自身还是她的武器，都以一种之前鲜见于神话的方式形成——她由众神体内的抽象力量汇聚而成，她的武器是直接从天神的武器中抽离出的一模一样的物件。提毗的这种显象方式既不同于毗湿奴的各类化身（avatār），也不同于湿婆神各种不同的"相"（rūpa），而是一种"泛存在"。她以类似泛神论的形式存在于宇宙万物的能量（萨克蒂）中，但这些能量的存续不构成部分和整体的区别。在这则神话里，虽然最后她是由众神的能量结合而成，但实际上每位神祇的能量都可以理解为她的完整存在。同样的道理，她的武器直接从其他神明的武器中抽离而出，二者并无区别，这也是因为提毗作为"泛存在"笼罩弥漫着整个世界，不论是两把武器还是两位神祇，甚至故事里的神与阿修罗，都是她的存在方式。这一点在后文第三则神话中将被进一步加强。

第三则关于苏姆婆和尼苏姆婆的神话篇幅最长，相较于之前两则亦更为完整，在主线故事之外穿插着不少分支情节。提毗在面对主要反派苏姆婆兄弟之前，还与阿修罗军队的各类大将激战，内容十分饱满。在第四章的结尾，仙人为第三则故事定下基调："她（提毗）从高利（Gaurī）的体内生出，为了摧毁邪恶的提迭（Daityas）与苏姆婆和尼苏姆婆，也为了保护三界赐福诸神。听我道来。我会详细叙述。"（4.35—4.36）此后，第5—13章都以此为主线展开。第五章的前半部分讲述众神向提毗进行祷告与歌颂，其中出现长达28句的祷文，反复通过各种称谓与名号赞颂提毗的功德（5.7—5.34）。受到顶礼赞颂的提毗从"在恒河水中沐浴的帕尔瓦蒂"（5.37）的肉身（kośa）中以温柔相现身。随后，提毗与恶魔的信使对峙，在第6—10章中先后屠杀了烟眼（Dhūmralocana）、旃陀（Caṇḍa）、蒙陀（Muṇḍa）、血种（Raktabīja）、苏姆婆与尼苏姆婆等主要恶魔以及各类魔军。在这一过程中，提毗也以迦利、安必迦、因陀罗尼、那罗延尼等各类分身形态参与战斗。最后的三章虽属于第三则神话，但其实是在屠魔之后对提毗的再一次称颂。

相对于前两则神话，第三则不仅结构更庞杂，独创性也更强。因为在此前的神话里几乎找不到类似情节，只是部分恶魔的名字散见于少数诗句中，比如《女神荣光》中阿修罗的信使名叫"须羯哩婆"（Sugrīva），这恰是罗摩的盟友猴国国王的名字。在两大史诗中，几乎没有苏姆婆和尼苏姆婆的记载，但是根据科本考证，在两大史诗中出现的贡跋（Kumbha）与尼贡跋（Nikumbha）实际上就是《女神荣光》中的苏姆婆与尼苏姆婆的音变①。他们在两大史诗中都是阿修罗，在《罗摩衍那》中还是罗波那的将军。但即使如此，两大史诗对二者的记述仍然很少，而且基本上都只是简单提及，并无详述：

　　波罗诃罗陀有三个儿子，闻名遐迩。婆罗多的子孙啊！其名唤做（作）毗娄遮那、贡跋和尼贡跋，众所周知。②

　　在战斗中不可战胜的尼恭跋，有大智大慧，他在大地上生为最杰出的大地之主，成了一位人中王仙。③

　　鸠槃羯叻拿的儿子，英雄的尼空波……④

　　于是尼空波和罗婆萨……⑤

　　英雄钵罗诃私陀被杀，还有大力的尼空婆……⑥

　　另外，与《女神荣光》同时代或者更早一点的其他文献中可以找到对苏姆婆与尼苏姆婆的名字。《诃利世系》（Harivaṃśa）和《毗湿奴往世书》中的记载相似，都提到女神屠戮这二位阿修罗的故事⑦；在梵语戏剧作家跋娑（Bhāsa）的剧作《神童传》（Bālacarita）中女神卡尔蒂耶尼（Kārtiyāyanī）说："我杀了苏姆婆与尼苏姆婆，以及牛魔（摩希婆），击溃了天神的敌人。"⑧一般认为，"《神童传》中的黑天传说早于现存的《诃利世系》和'往世书'。"⑨因此这也可以被认为是《女神荣光》中有关传说的渊源。

　　整体而言，第三则神话中的史诗神话和早期"往世书"神话的痕迹最少，因

---

　　① Coburn, T. B. Devī-Māhātmya: The Crystallization of the Goddess Tradition [M]. Delhi: Motilal Banarsidass, 2002: 231.

　　② ［印］毗耶娑. 摩诃婆罗多：一 [M]. 黄宝生，等译. 北京：中国社会科学出版社，2005：149.

　　③ ［印］毗耶娑. 摩诃婆罗多：一 [M]. 黄宝生，等译. 北京：中国社会科学出版社，2005：158.

　　④ ［印］蚁垤. 罗摩衍那：六 [M]. 季羡林，译. 南昌：江西教育出版社，1995：49.

　　⑤ ［印］蚁垤. 罗摩衍那：六 [M]. 季羡林，译. 南昌：江西教育出版社，1995：51.

　　⑥ ［印］蚁垤. 罗摩衍那：六 [M]. 季羡林，译. 南昌：江西教育出版社，1995：665. 译本中原文如此。"尼贡跋"、"尼空波"、"尼空婆"三者是不同的意译，所指相同。

　　⑦ Coburn, T. B. Devī-Māhātmya: The Crystallization of the Goddess Tradition [M]. Delhi: Motilal Banarsidass, 2002: 233-234.

　　⑧ Bhāsa, Bālacaritam, with introduction in English and Hindi and Hindi translation by S. R. Sehgal, foreword by Dr. V. Raghavan. Delhi: Munshiram Manoharlal, 1959. 转引自 Coburn, T. B. Devī-Māhātmya: The Crystallization of the Goddess Tradition [M]. Delhi: Motilal Banarsidass, 2002: 235.

　　⑨ 季羡林. 印度古代文学史 [M]. 北京：北京大学出版社，1991：263.

此也是个性最鲜明的一则。提毗的降世与显灵方式在前两则神话都有所涉及，在这一部分里进一步升华，展现出多维度的新特点。文中有三处刻画值得注意：

第一处：

因为安必迦从帕尔瓦蒂的肉身（kośa）中出现，

她被三界称颂为"高希迦"（Kauśikī）。（5.40）

当她从（帕尔瓦蒂）体内脱离后，帕尔瓦蒂变成了黑色（kṛṣṇā）。

被称为"迦利迦"（Kālikā），她居住在喜马拉雅山。（5.41）

……

从她（安必迦）前额紧缩的眉头中立刻浮出了迦利（Kālī），

她面容可怖，手握利剑与绞索。（7.5）

第二处：

萨克蒂，从梵天、湿婆、室健陀、毗湿奴和因陀罗的体内生出，

（她们）拥有每一位天神的形态，涌向昌迪迦。（8.12）

不论那位天神是什么形态，什么装扮，什么坐骑，

他的萨克蒂便以彼种形态上前与阿修罗战斗。（8.13）

第三处：

"噢，杜尔迦，因你强大力量而错误地鸣鸣得意，不要如此狂妄！

你不过是依赖着别人的力量在战斗，却自大地以为自己很强大。"（10.2）

提毗说：

"我独自一人存在于世间；除了我，还有什么二者在此？

恶者啊，看着我力量的显像回归于我吧！"（10.3）

即刻，所有的女神们，受婆罗门尼（Brahmāṇī）带领，

回到了提毗体内的栖身之处；世间只剩安必迦，独自一人。（10.4）

提毗说：

"我显示出许多形态，因为我力量超凡。

那些都已被我收回。我独立于此。愿你已下定作战决心。"（10.5）

第一处是安必迦与迦利的互相变化，第一次是安必迦从帕尔瓦蒂体内脱壳而出，使后者变黑化为迦利；第二次则是迦利从安必迦眉心生出。这是对前文所述"泛存在"的印证，看上去"提毗的各类化身之间的关系在这个部分令人困

惑"①，但实际上这两次互生表明，安必迦与迦利并非主神与化身的关系，他们都是提毗的存在方式，因为像可以无处不在的空气一般，互相融合、分解或者在不同的容器中存续，本质都趋于一致，即无所不在的萨克蒂。事实上，《女神荣光》称呼提毗及其各类显像的名号很多，若按照上下等级的思路去理解定会产生混乱，她们都是互为一体的统一存在。

第二处是在与汹涌的阿修罗军队交战之时，众神体内的萨克蒂纷纷显象为女神来到提毗身边协助战斗。提毗从男神体内收回萨克蒂，组建了一支"拥有每一位天神的形态"（8.12）的女神部队。这些新生的女神便是自"吠陀"神话以来存在于婆罗门教神话传统中的以男神名字命名的配偶女神，但是在战斗中她们不再是男神的配偶，而是男神的力量。萨克蒂无所不在，在所有男神的体内也是如此。

第三处是战斗的最末，提毗直接以本尊显身与苏姆婆对峙。第一句话"我独自一人存在于世间"用直白的方式宣告了萨克蒂教派的核心思想②，"泛存在"的萨克蒂统归为最高神提毗。这形象地提炼了各类提毗出世的说法，即"尽管印度的女神与男神一样繁多，人们——学者和文本——通常都说女神提毗（Goddess Devi），并且倾向于将包括迦利、杜尔迦在内的所有女神都视作提毗的不同方面"③。更深层次，不仅女神，所有男神的力量源泉也都是提毗。至此，萨克蒂教派神话在解释女神的来源及其地位方面，具备了经典的说服力。

三则神话的篇幅不断增加，与史诗神话的关联却逐渐减少，取而代之的是大量新出现的以提毗为核心改编自吠陀—婆罗门教文献，或者完全创新未曾见于后者的故事情节。萨克蒂教派的个性便体现在这些新的部分之中，这种创新事实上是通过梵语文字对已经广泛存在于民间的信仰进行记载，通过梵化"本地"信仰从而巩固、扩大婆罗门教的影响。比如，作为重要母题之一的屠牛魔传说可能源于早期牛牧部落的神与"食物采集时代的早期女神发生冲突"，所以"人们会在简陋的圣殿里发现女神制伏水牛邪神"④。这几则神话故事的母题很可能是来源于非吠陀—婆罗门教的"本地"信仰，他们被梵语作者记录而进入婆罗门教正

---

① Coburn, T. B. Encountering the Goddess: A Translation of the Devīmāhātmya and A Study of Its Interpretation [M]. New York: SUNY Press, 1991: 208, Chapter 3, Note 18.

② 原文为：ekaivāhaṃ jagatyatra dvitīyā kā mamāparā.

③ Doniger, Wendy. On Hinduism [M]. Oxford: Oxfor Uni. Press, 2014: 14.

④ ［印］D. D.高善必. 印度古代文化与文明史纲［M］. 王树英，等译. 北京：商务印书馆，1998：47.

统，也反过来改变了婆罗门教神话与哲学体系。

二、提毗形象

女神的各类形象与称号是《女神荣光》文本中另外一点值得分析探讨的内容。《女神荣光》出现过的女神名号众多，为了更加直观地分析和讨论，笔者依照各类名谓的出现次数整理如下①：

名号	出现次数
提毗（devī）	131次
昌迪迦（caṇḍikā）	29次
萨克蒂（śakti）	26次❶
安必迦（ambikā）	25次
那罗延尼（nārāyaṇi）	17次❷
迦利（kālī）	14次
薄伽梵蒂（bhagavatī）	8次
婆梵蒂（bhavatī）	7次
杜尔迦（durgā）	7次
摩诃摩耶（mahāmāyā）	6次
湿婆杜蒂（śivadūtī）	6次
毗湿奴伊（vaiṣṇavī）	5次
因陀罗尼（aindrī）	5次
摩诃伊斯伐丽（māheśvarī）	5次
婆罗门尼（brahmāṇī）	5次
旃蒙陀（cāmuṇḍā）	5次
拉克希米（lakṣmī）	4次
伊斯伐丽（īśvarī）	3次

---

① 检索的底本为一种梵语原本和一种英语译本：

Sansknet project, Markandeya-Purana, Adhyayas 1-93, http://gretil.sub.uni-goettingen.de/gretil/1_sanskr/3_purana/mkp1-93u.htm.

Coburn, T. B. Encountering the Goddess: A Translation of the Devīmāhātmya and A Study of Its Interpretation [M]. New York: SUNY Press, 1991.

（续表）

名号	出现次数
高利（gaurī）	2次
帕尔瓦蒂（pārvatī）	2次

注：❶表示"力量"也是同一个词，因此次数较多。❷集中在格式统一的连续颂歌中，见 11.7—11.23。

以上统计并不完整，事实上还有各种零星出现的其他名号，但数量较少或者在后世流传不广泛，在此不一一列举。

第一类为提毗和萨克蒂，因为这两个词的特殊性，他们不仅表示对神祇的称呼，也在文中作为有具体含义的词语出现，相对抽象的萨克蒂前述较多，在此主要分析"提毗"的内涵。"devī"在共13章的文本中共出现131次，实际上，若将该词的变形计算入内的话，次数更多。它在描述性的语句中作为指示性的词语出现，通常指的就是最高存在的女神提毗。但例外情况也不少，它发挥着类似于代词的功能，指代前文所述的某位特定的女神。第六章中第二则神话的开头，描述提毗与烟眼对峙时一直使用"devī"指代提毗，二者开战后描述则变成了"安必迦在阿修罗的残暴大军之上降下一阵利箭、长矛与战斧之雨"（6.10），随后女神的狮子（siṃho devyāḥ）冲向敌军时使用的又是"devī"的变格（6.11）。在这个故事里，提毗并未变化出分身参与战斗，通过后文的描述可知这里的"女神"与提毗、安必迦指代同一主体。更生动的一处例证是在第三则神话大战血种时，"昌迪迦对迦利说：'旃蒙陀（cāmuṇḍā）张开你的嘴。用你的嘴迅速接住我击中（血种）时他身上落下的血滴，和这些血滴里产生的恶魔……'"（8.51—8.52），而后"女神用长矛刺向他"（8.55）。后一句中的"女神"指的是昌迪迦，昌迪迦也是最常用来替换提毗本尊的名称。旃蒙陀是提毗给迦利起的名字，因为她在前文中杀死了旃陀与蒙陀两位阿修罗。

另一情况是，在篇幅较大的颂歌部分里，"devī"以一种类似于呼格的形式出现，此时通常都指的是最高神提毗。在第五章的长篇颂歌中，几乎每一句都以提毗为开头：

噢，提毗，她是存在于所有生命中的毗湿奴之幻，

向她顶礼，向她顶礼，向她顶礼，顶礼，顶礼！（5.12）

噢，提毗，她是存在于所有生命中的"意识"，

向她顶礼，向她顶礼，向她顶礼，顶礼，顶礼！（5.13）

……

噢，提毗，她被认作存在于所有生命中的谬误，

向她顶礼，向她顶礼，向她顶礼，顶礼，顶礼！（5.32）

……

事实上，无论在哪种情况下，"devī"一词的出现都可以理解为提毗，因为正如第三则神话的末尾所呈现的那样，不论哪位女神，最终都会归于最高的提毗之内。这种思路在科本的英文版翻译中有所体现，他直接将"devī"出现的所有情形不加区分地都写作"Goddess"，对比鲜明的是出现的众多男神他则译作"gods"，大写字母开头的"Goddess"包含英文语境下的对提毗最高神地位的暗示。参照此种做法，本文附录的中文翻译中也将其统一译为"提毗"，少数情况下明确指代前文另一女神的情形除外。

第二类是昌迪迦—安必迦的组合，这一对女神在"吠陀"神话以及史诗神话中地位不高，但在《女神荣光》中却相当重要。排除提毗和萨克蒂这两个意义广泛的称号，昌迪迦与安必迦是出现频率最高的两个词。如果按照"本尊—分身"的逻辑去理解提毗与众女神的关系，这二者是最常用来直接称呼本尊的名号。有意思的是，昌迪迦与安必迦也代表着提毗的恐怖与温柔两种形态。昌迪迦的名字源自"caṇḍi"，本义是"凶恶、凶狠的"，她也被认为是"人祭的对象：从献祭者身体里流出的血被认为是给昌迪迦女神合适的供养"[1]。她在第一则神话中完全没有出现，在第二、三则神话中分别出现6次与23次。她主要出现在战斗的场景中，迦利在消灭旃陀与蒙陀两个阿修罗后也都回到了她的身边（7.15—7.25）；第八章中昌迪迦带领迦利和其他一些萨克蒂化成的女神参与战斗；第九章中屠杀尼苏姆婆的也是昌迪迦。安必迦与安芭（Ambā）、安芭利迦（Ambalika）都是同一个词源，表示"母亲"或者"温柔的女性"。她也没有在第一则神话中出现；在第二则对抗牛魔的神话中，她嘴中呼出的气息变作神兵（2.51—2.52）；第三则神话中，她从帕尔瓦蒂体内生出（5.40），随后迦利诞生于她的眉心（7.5），最后与苏姆婆决战时所有的分身女神都归于一体时，提毗也被称作安必迦（10.4）。虽然安必迦和昌迪迦类似，也以勇武的战斗者形象出现，但她更常见的是温柔相。原文中说从帕尔瓦蒂体内诞生的是一个温柔相的女神（5.38），后文又再次确认这个温柔相的女神就是安必迦（5.40）。

---

① Encyclopaedic Dictionary of Hinduism — Its Mythology, Religion, History, Literature & Pantheon [M]. Compiled & Edited by Subodh Kapoor. New Delhi: Cosmo Publications, 2000: 75.

这一对概念在梵语文学传统上几乎是全新的。科本考证说"昌迪迦一词在此前的梵语历史中从未出现过"①，而帕吉特在《摩根德耶往世书》的"序言"里做出了更为直接的结论——"（提毗）昌迪迦的形态显然是在这首诗（《女神荣光》）中才首次出现"②。安必迦虽然有着较为古老的传说渊源，但她曾被认为是"楼陀罗的妹妹"③，而楼陀罗则是公认的非吠陀血统的神灵之一。另外她在《摩诃婆罗多》中同样出现过，原是一个普通的女人，并非具有神力的女神。H.布鲁门伯格（Hans Blumenberg）用"诗歌与惊骇（Poesie und Schrecken）"这两个互相对立的概念来厘清"神话的本源性"④，前者是人类早期世界如儿童一般对世界的诗化，后者是"那种出现在人和物里面的神秘难解的性质所产生的效果……无非就是恐惧感，即'可怕的神秘'（mysterium tremendum）"⑤。这对概念同样适用于印度神话，女神的温柔相与恐怖相实际上代表着神话中的美好诗化与恐怖想象，这二者体现着萨克蒂神话的性质，也是后世两个极端的女神崇拜之源头。

第三类是以迦利—杜尔迦为代表的凶恶女神，她们也是至今为止民间信仰中最具代表性的萨克蒂偶像。D.金斯利（David Kinsley）将这一类女神称为"凶猛的、嗜血女神"⑥。他的考证结论值得注意：这种嗜血、凶恶的女神形象在《女神荣光》及之前的文献中都是独立存在的，她们与男神的关联——印度教神话中将迦利—杜尔迦与湿婆神话相联系实际上是后期窜入的⑦。迦利的名字"kālī"的字面意思有二：黑色的；时间的。第一层意思在《女神荣光》中迦利的两次出世

① Coburn, T. B. Devī-Māhātmya: The Crystallization of the Goddess Tradition [M]. Delhi: Motilal Banarsidass, 2002: 95.

② Mārkaṇḍeya Purāṇa [M]. translated by F. Eden Pargiter. Calcutta: The Asiatic Society, 1904: Introduction, p.xii.

③ Encyclopaedic Dictionary of Hinduism — Its Mythology, Religion, History, Literature & Pantheon [M]. Compiled & Edited by Subodh Kapoor. New Delhi: Cosmo Publications, 2000: 16.

④ ［德］汉斯·布鲁门伯格. 神话研究：上 [M]. 胡继华，译. 上海：上海人民出版社，2012: 65.

⑤ ［德］汉斯·布鲁门伯格. 神话研究：上 [M]. 胡继华，译. 上海：上海人民出版社，2012: 69.

⑥ Kinsley, David. The Portrait of the Goddess in the Devī-māhātmya [J]. Journal of the American Academy of Religion, 1978, 46 (4): 489-506, 493.

⑦ Kinsley, David. The Portrait of the Goddess in the Devī-māhātmya [J]. Journal of the American Academy of Religion, 1978, 46 (4): 494.

过程的描述中皆有体现①，第二层意思在中文译名"时母"中最为直观。她共出现14次，如果把她的另一称号旃蒙陀也计入内的话，则有19次，全部集中在第三则神话中。她的出现改变了提毗与阿修罗的战局：她首先击溃旃陀与蒙陀的部队（7.6—7.21），随后又协助提毗杀死令众女神无计可施的血种。迦利一出场就"举着诡异的骷髅饰顶的权杖，戴着人头项链；披着虎皮，她不受拘束的容貌令人畏惧，张着血盆大口，舌头可怕地垂下来，凹陷的血红的眼睛，喉中向四围发出阵阵吼叫"（7.6—7.7）。她的作战方式也充分体现着"嗜血"本性，"她将天神之敌们吞下"（7.8），"单手将战象连同御者和铃铛卷入嘴中"（7.9），"残忍地用牙齿嚼碎了他们"（7.10）。在与血种的战斗中，她也发挥了重要的作用。这位阿修罗身体流出的每一滴血都会生出一个新的恶魔，因此激战越酣魔军数量反而越多。迦利张开大口将血种喷出的血滴和新变出的恶魔都吞入腹中，直至血种最后干涸而死（8.52—8.60）。杜尔迦在文本中被提到了6次，主要在颂歌中出现："您是杜尔迦，难以跨越的生命之海上的船，消除了挂碍"（4.10）；"噢，杜尔迦，当被唤入内心，您带走所有生命的恐惧"（4.16）；"顶礼杜尔迦，不可接近的彼岸，实现一切的真实者"（5.10）；"保护我们远离危险，噢，提毗；噢，杜尔迦女神，称颂您"（11.23）。"durgā"一词的直观解释体现在这几句颂诗中，她是使人远离危险的保护者，也是不可接近者，中文中译为"难近母"也是这个意思。后世的萨克蒂神话里，第二则神话中的屠牛魔者也被描述成杜尔迦的化身。

《女神荣光》成文之时，两位女神都已经在梵语文献中出现过，《摩诃婆罗多》中的《杜尔迦颂》（*Durgā Stora*）分别提到迦利和杜尔迦②。D.乔丹认为凶恶女神具有深厚的非吠陀渊源，杜尔迦"原本是达罗毗荼的动物守护女神，在畜瘟流行时被膜拜"，"迦利是在南印和北印都被膜拜的部落与村庄女神"③。可以

---

① 原文为：

当她从（帕尔瓦蒂）体内脱离后，帕尔瓦蒂变成了黑色（kṛṣṇā）。

被称为"迦利迦"（Kālikā），她居住在喜马拉雅山。（5.41）

安必迦向他们爆发出一阵愤怒的咆哮，

她的脸在愤怒中变得像墨水一样黑。（7.4）

从她（安必迦）前额紧缩的眉头中立刻浮出了迦利（Kāli），

她面容可怖，手握利剑与绞索。（7.5）

② 这首颂歌在汉译本的《摩诃婆罗多》中并未出现，但在梵—英对译的其他校本中存在，参见 Vyāsa. Mahābhārata (Book VI) [M]. translated by Alex Cherniak. New York: New York Uni. Press, 2008: 163-165.

③ Jordan, Donna. Śakti's Revolution: Origins and Historiography of Indic Fierce Goddess [M]. New Dlhi: Munshiram Manoharlal Publishers, 2012: 196.

确信的是，在《女神荣光》形成的年代，迦利和杜尔迦已不是在某个部落或者村庄受到膜拜的地区神明，而是在整个次大陆上广泛流传的女神——同时期最伟大的印度诗人迦梨陀娑（Kālidāsa）的名字便是证明，他名字的意思便是"迦利女神的奴仆"。流传至今的祭祀迦利和杜尔迦的方式也与《女神荣光》文本中所提到的嗜血有关，这种带有鲜明部落信仰特征的祭祀方式和恐怖女神形象仍然在印度教正统内保存被解释为"被征服者对征服者的胜利"[1]，婆罗门教将强大的迦利—杜尔迦与她们的原始特性一同吸收入自己的仪轨体系。除以上三类之外，还有诸多配偶神和原来的吠陀教女神都在《女神荣光》文本中获得了新的身份，她们的形象都在一定程度上改变甚至颠覆了吠陀—婆罗门教神话传承。《女神荣光》已经足够奠定其在萨克蒂教派及女神崇拜中的开拓性地位，这些女神称号被创造性赋予的新意义更为解读其宗教意义提供了材料。

总体而言，《女神荣光》在"故事情节"和"人物形象"两方面，与之前的神话内容和神明形象有根本性不同，它开创了印度教神话体系中萨克蒂神话的新传统，同时也奠定了萨克蒂教派的宗教基础。

---

[1] Jordan, Donna. Śakti's Revolution: Origins and Historiography of Indic Fierce Goddess [M]. New Dlhi: Munshiram Manoharlal Publishers, 2012: 197.

《我能向谁问好》中的双性同体

■ 解放军外国语学院　赵小玲

【摘　要】短篇小说《我能向谁问好》是伊朗著名女作家西敏·达纳什瓦尔后期较成熟的作品，小说通过教育部退休职员库卡伯女士大量的内心活动和回忆主次不同地展现了女校校长、库卡伯女士、库卡伯的女儿、邻居等不同社会地位的女性的生活境遇。这篇短篇小说塑造了"双性同体"的人物形象，揭示了经济独立对于女性自由的关键作用，描写了两性矛盾的现实和两性和谐的愿景，体现了作者对伊朗女性地位、两性关系的思考，作品表达的观点与"双性同体"相契合。

【关键词】达纳什瓦尔；双性同体；两性和谐

一、引言

西敏·达纳什瓦尔（1921—2012年）出生在设拉子一个富裕的知识分子家庭，德黑兰大学波斯文学博士，斯坦福大学博士后，德黑兰大学教授。达纳什瓦尔的作品有短篇小说集《熄灭的火焰》（1948年）、《天堂般的城市》（1961年），长篇小说《萨巫颂》（1969年），短篇小说集《我能向谁问好》（1980年）、《彷徨之岛》（1993年）、《彷徨的骆驼客》（2001年）等。达纳什瓦尔的小说风格主要受19世纪法国作家的影响。早期作品从起点到终点顺序发展，情节单一并可预知，充满感情和浪漫主义色彩。后期作品如《萨巫颂》和《彷徨之岛》尝试一种新的视角，即虽然故事中仍然存在一位"全知者"，但"全知者"从故事主要人物的视角去观察。《萨巫颂》被公认为波斯文学上乘之作，达纳什瓦尔至《萨巫颂》已成为一位优秀的作家。

西敏·达纳什瓦尔是伊朗第一位出版短篇小说集、第一位翻译出版外国文学作品的女性，第一届伊朗作家协会主席，在伊朗现代文坛享有崇高威望。达纳什瓦尔的小说体现出女作家的母性情怀，她始终关注妇女以及她们的困境，试图通过小说展现由伊朗社会造成的对妇女的压迫，妇女的困难、愚昧、迷信等。因此达纳什瓦尔的作品主人公以女性为主，她在小说中刻画了家庭主妇、女仆、学校老师、演员等许多女性形象，她笔下的女主人公大致可以分为两个类型：一类是生活富裕的上层女性，另一类是处于底层的劳动妇女，她们通常为上层女性做佣人，因此同上层女性联系在一起。（خداوردی عباس زاده，1390：31—34）[1]

短篇小说《我能向谁问好》是达纳什瓦尔后期较成熟的作品，小说通过教育部退休职员库卡伯女士大量的内心活动和回忆主次不同地展现了女校校长、库卡伯女士、库卡伯的女儿、邻居等不同社会地位的女性的生活境遇。这篇短篇小说塑造了"双性同体"的人物形象，揭示了经济独立对于女性自由的关键作用，描写了两性矛盾的现实和两性和谐的愿景，体现了作者对伊朗女性地位、两性关系的思考，作品表达的观点与"双性同体"观相契合。

二、"双性同体"与达纳什瓦尔

"双性同体"的概念最早由西方妇女解放运动和女性主义文学批评的先驱弗吉尼亚·伍尔夫（1882—1941年）引进文学批评与创作，为女性主义文学批评建立了一个重要的标准。"双性同体"英文为"androgyny"，源自希腊文"andro（雄）"与"gyn（雌）"，原指自然界某些动物或植物自身兼具雌雄两性。最直接的意义是同一个体具备雌雄两性的心理特征，引申义为在同一个体身上同时具备男性气质与女性气质，即兼有强悍和温柔、果断与细致等性格特征。"双性同体"观的精神实质是两性平等、和睦。伍尔夫心目中的"双性同体"并不是"雌性自足"，她认为男女两性的融合和互补是最好的境界。

伍尔夫自身具有双性同体的性格，伍尔夫的双性同体性格、双性同体观点与当时的历史社会环境密切相关，并非凭空而来的孤立产物。在19世纪末至20世纪初的英国，广大女性的自我意识逐渐觉醒，各类女性解放运动风起云涌，受妇女解放运动的影响，涌现出了一大批反叛维多利亚时代培养起来的家庭天使形象

---

[1] 本文中波斯语参考文献的类似出版年份均为伊斯兰阳历。

的各类新女性。新女性与伍尔夫小说中那些具有双性同体性格的女主角极为相似。（曹玉霞、唐运兰，2013：84—85）伍尔夫多次提到记忆是生命的根基，她艺术生命的根基是建立在对其父母悠长的回忆之上的。父母间彼此依靠扶持的亲密关系深刻影响了她有关两性关系的女权主义思想。除此之外，剑桥大学精英知识分子组成的布卢斯伯里团体，对伍尔夫的女权主义思想的形成也起到了很大的作用。加入该团体对伍尔夫来说意味着她从维多利亚时代女性的自我蔑视中解放出来，并促使她在男性话语霸权的压制下确立作为女性作家的自信心。（朱彩云，2008：24）

伍尔夫的经历印证了20世纪法国最有影响的文学家西蒙娜·德·波伏娃的说法，后者认为女性在各类社会行为中所具有这样或者那样的特性，以及做出这样或者那样的举动，与其在成长过程中所受到的各种影响和压力密切相关，没有一种是由女性大脑中的先天结构或雌性荷尔蒙导致的，而恰恰是由她们的处境塑造出来的。

同样，达纳什瓦尔的生活环境和经历是她形成"双性同体"观的重要因素。达纳什瓦尔的父亲是医生，母亲是画家、女子艺术学校的校长，兄弟姊妹六人，她排行第三，家庭和睦。她年少时爱好骑行，这项运动占据了她大部分课余时间。达纳什瓦尔在设拉子的英语学校接受中小学教育，学习成绩一直名列前茅，以全国第一的优异成绩高中毕业，继而进入德黑兰大学文学系学习波斯语言文学专业。她16岁时发表了第一篇文章《冬季与我们的生活不无相似》。1941年父亲去世后，达纳什瓦尔迫于生计开始打工，为德黑兰电台和伊朗报撰稿，还曾经在对外宣传局做过临时工。1948年她发表第一部小说集《熄灭的火焰》，成为伊朗第一位出版小说集的女作家。1949年她获得德黑兰大学波斯语言文学博士学位。1951年达纳什瓦尔前往美国斯坦福大学读博士后，其间系统学习了小说创作技巧，用英语发表了几篇短篇小说，并用两年时间学习了美学和艺术心理学。回国后，达纳什瓦尔一边在艺术和音乐学校教授美学，一边担任《绘画》杂志的主编，在此期间做了很多介绍地毯、景泰蓝、金属镶嵌工艺、手工印染花布等伊朗手工艺的工作，可称之为介绍伊朗传统艺术第一人。1959年她应聘到德黑兰大学考古学和艺术史专业任教，至1979年因积劳成疾退休。（مینو محسنی，1384：57—60）

1948年，达纳什瓦尔与贾拉勒·奥勒艾哈迈德相识，两年后结婚，当时达纳什瓦尔在德黑兰的艺术学校任教。作为著名的政治活动家和小说家，奥勒艾哈迈德对达纳什瓦尔不无影响。贾拉勒·奥勒艾哈迈德曾信仰马克思主义，是人民党领导人之一，在人民党内三年后脱党，后于1947年同其他几名从人民党脱离的党员一起成立了"伊朗人民社会主义党"，1950年又加入了"伊朗劳动人民党"，而在20世纪60年代其思想有回归伊斯兰教的迹象，认为伊斯兰教可以阻止伊朗文化的西化。达纳什瓦尔与奥勒艾哈迈德共同经历了诸多政治风波、文化文学运动，对伊朗当代文学和思想界的发展具有不可忽视的影响。（دکتر رضا انزابی نژاد، 1385：45—46）奥勒艾哈迈德1969年去世后，达纳什瓦尔孑然一人度过32年的岁月。她一边在德黑兰大学任教，一边做研究、搞创作，同时作为伊朗作家协会主席，组织和参加很多文化活动，繁忙的工作充实了她孤独的生活。疾病使她一度辍笔，2007年她又开始创作，并完成了小说《去问国王》。2012年2月她逝世于德黑兰家中。达纳什瓦尔在工作和创作上巾帼不让须眉，而生活中又是一个喜欢安静的、居家的女性（دکتر رضا انزابی نژاد، 1385：45—46），具有典型的双性同体性格，即具备男性气质与女性气质，兼有强悍和温柔、果断与细致等性格特征。如伍尔芙所说：成为一个具有单一男性性格或女性性格的人是无望的，一个个体必须是双性同体的。即每人都可以充分展示自己的男性气质和女性气质，每个人对作为人的整体性的感受都不应受到禁止，这种整体性来自男女个人将他或她的男性气质和女性气质的诸多方面结合为一体。（曹玉霞、唐运兰，2013：84—85）

　　19世纪在西方形成的女权运动至20世纪已蔓延到发展中国家，伊朗也不例外。达纳什瓦尔作为一名知识女性，在所有的作品中以不同的方式试图描写伊朗妇女被剥夺的权利。她明确地认定自己是一名女权主义者，但她所追求的不是偏激的要把男人的权利夺过来的西方女权主义，而是伊朗式的、东方的女权主义，追求男女的和谐共处（دکتر کاووس حسن لی، 1386：5—25），这一点与双性同体的观点不谋而合。

三、作品中的双性同体

　　短篇小说《我能向谁问好》发表于1980年，反映了作者对伊朗女性地位、两性关系的思考。达纳什瓦尔在《我能向谁问好》中表达的思想与伍尔夫的"双性同体"观基本契合。

　　伍尔夫通过《一间自己的房间》表述了其女性意识和女权思想。《一间自己的房间》出自伍尔夫1928年在剑桥大学纽南姆女子学院以《妇女与小说》为题所做的两次演讲。她从妇女是否能写出像莎士比亚那样高水平的作品的话题说起，而最终要回答的根本性问题是：何为女人与如何做女人？正是在"如何做女人"的问题上，伍尔夫提出其"双性同体"的主张。在伍尔夫看来，女人应该是无须依附于男性而存在的独立自主的"自由人"，至于如何实现这一自由，她强调女性的经济独立和个人自主空间。与政治的自主相比，伍尔夫认为经济的独立是最根本的。她认为妇女的经济独立比选举权更重要。取得经济和政治上独立的女性要获得真正的自由，还要进行自身的思想和心理革命，清除已渗透到血液中的自觉屈从于男性所要求的妇道。（袁素华，2007：91）双性同体概念既包含了男女性别的合作，同时又保存了其二者各自的差异，并将性别差异共存于大脑中。虽然男性与女性的特点存在差异，但这两者若能够得到统一，即男性特征与女性特征融为一体，便会产生一种新的性别形态，形成一种新的社会关系。双性同体即指雌雄两性在大脑中的统一与融合，不能被分开成两股对立的力量，它也不是一种简单的一元状态，而是由异质构成的一种特定的精神状态，伍尔夫的理想实际上是获得性别的双重性，通过将男性特质和女性特质进行结合获得内心最大的满足。

　　《我能向谁问好》中的女校校长，是一位不依附于男性的自由的女性。她独自一人生活，有知识有地位，有独立的思想。小说没有对她进行正面描写，通过库卡伯回忆的只言片语，我们可以勾勒出一个模糊而又清晰的"双性同体"的女性形象："校长有满屋子的书"，"她家的活计不多……她不吃晚饭，喝一杯牛奶就去睡了。""校长写了申请，要我代替伊斯马易做她们学校的校工[①]，她一直留我做家佣直到她去世。校长总是说：'你的工作翻倍了，这样更好，你只有多多劳作才能忍受这漫长的没有朋友的一生。'她不愿意我抽大烟，总是说啊说啊直到我把烟戒了。""校长说：'你要让拉芭贝过得舒坦，让她上学，努力让她摆脱她的阶层，你不知道女人就是劳动的阶层。'愿光照耀你的墓地，你是多么智慧！""校长常说，目前的状况下不论怎么算，女人都是劳动阶层。"

　　在女校校长的庇护和引导下，库卡伯女士得以同丈夫建立起和谐的生活。由于校长的言传身教，库卡伯虽身为女佣、社会底层的一分子，却已经萌生了女性不应以男性价值标准为自己定位的想法，这意味着女性主体意识的觉醒，她意识到自己不必依附于男性，而是可以"自主"地生活。像库卡伯女士这样失去丈夫

---

　　① 值得一提的是至今伊朗也较少有女性做校工工作。

的、带着孩子的妇女，没有改嫁，也没有堕落到以偷窃、乞讨或者出卖自己为生计，完全因为她有校长为她提供工作的机会。丈夫失踪后，库卡伯一边继续做校长的家佣，一边接过了丈夫从前的工作，成为教育部的一名正式雇员。她既当爹又当妈抚养年幼的女儿，依靠两份薪水让女儿拉芭贝"穿戴像贵族家的女孩儿"，读书读到高中毕业，寄望于女儿通过读书改变身份和命运。这个阶段的库卡伯是校长的"影子"，化身为和校长一样独立的、自由的女性。然而，库卡伯的独立是不彻底的，事实上她倚赖着校长的存在。当校长去世后，她便被赶出了校长的家，并被教育部强制退休，一下失去了所有的收入来源和住所，沦落到社会底层。

《我能向谁问好》描写了"双性同体"概念所涵盖的两方面的问题：揭示两性矛盾与追求两性和谐。虽然作者认同校长"双性同体"的女性形象，但是从"你只有多多劳作才能忍受这漫长的没有朋友的一生"这句话中，可以看出作者并不认同"女性自足"，而"两性和谐"才是作者理想的生活模式，作品中借库卡伯对过往婚姻生活的回忆描画了这种理想模式。库卡伯的丈夫是校工，也是社会底层人士，夫妻二人相敬如宾，生活甜蜜，以至于库卡伯女士在丈夫失踪后的20年里一遍又一遍回忆他们在一起的日子："我们是多么相爱啊，可惜一切结束得太早。他教我认字，我念书给他听，我们一起读了五遍《勇敢的埃米尔》，三遍《大笑的太阳》，两遍《少女的吻》。校长有满屋子的书，我们看完就把它们放回原位……我们在这个城市里享尽了乐趣，我们看了多少电影、话剧！《巴格达盗贼》、《纽约的秘密》、《阿信》看了四五遍。我们的钱足够花，校长给我开了不错的工资，伊斯马易领着教育部的薪俸。""夏天校长去埃温峡谷避暑，学校放假了，我们把院子好好洒扫一遍，给自己种的矮牵牛花浇浇水，坐在葡萄藤下，听唱片……我做好柠檬果汁，递给伊斯马易，他总是说：你先喝……"这里作者描写了她理想中的两性关系。做底层体力活计的一对夫妻，业余却过着读小说、看话剧、听唱片、种花喝茶……的知识分子的闲适生活，不得不说这是一个理想。

女儿拉芭贝婚后的生活却是双性矛盾的写照。库卡伯亲眼看到了女儿的生活境况：自己视为心肝宝贝的女儿在夫家竟然像奴仆一样，侍候一大家子人。库卡伯忍不住怒斥女婿："就要临产的孕妇，一手拿着孩子的提盒，一手牵着孩子，洗、熨一家人的衣服，做午饭、做晚饭。你妈妈只知道转着念珠，不住嘴地发号施令。小叔子们好像捡来个仆人。你呢，下班回来我孩子赶忙打来热水给你泡脚，给你磨脚上的老茧……"出嫁了的小姑子们每个月身子不舒服的时候就回到娘家，呼来喝去地使唤拉芭贝。拉芭贝的俯首帖耳并没有换取丈夫的呵护，丈夫不如意时甚至对她拳脚相加，打得她脸上青一块紫一块。在这个家庭中，拉芭贝完全是低人一等的附属品，没有尊严和地位可言。

《我能向谁问好》有一个光明的结尾。库卡伯女士被打雪仗的小孩子撞到，摔倒在雪地里站不起来，正当她咒骂那群孩子、咒骂生活的时候，"几个路人朝她走过来。其中一个蓄着胡须、戴眼镜的年轻人弯下腰，拉住库卡伯的手，把她从地上搀扶起来。然后捡起她的罩袍，抖落上面的雪花，披在她头上。一个没戴面纱的漂亮女子，拾掇起散落在地上的碎肉骨头，包在报纸里递还给了她。年轻人撑着伞为库卡伯遮挡雪花，并扶住她的胳膊，说：'我送您回家。'漂亮女子说：'如果您觉得身体哪里疼的话，我们送您去医院'……库卡伯女士忽然想象眼前的这对年轻夫妇就是她的女儿女婿，她的心情一下子变好了，她向所有人问着好，而又一下子大哭起来，就像伊斯马易昨天才刚失踪一样。"作者似乎通过这对年轻夫妇在展示伊朗妇女可期待的未来。

四、实现双性同体的途径

达纳什瓦尔在《我能向谁问好》中回答了这样几个问题：第一，成为什么样的女人？——像校长那样身兼双性特质的女人。第二，什么样的婚姻是幸福的？——像库卡伯和伊斯马易那样相互爱慕、相互扶持。第三，女性如何实现以上理想？——工作，经济独立对于女性获得平等地位非常重要。随着校长去世库卡伯失去了工作，失去了经济支柱，再也无法维持女儿需要的开销，只好把她嫁人。佣人出身的女儿在婆家被视为佣人、备受欺凌甚至家暴。可是她说"我有两个孩子，我不能离婚，再说了，他对我也不是那么糟"。一方面带着孩子的离婚妇女面临的社会环境非常恶劣，另一方面拉芭贝也有自身的思想局限性，为了生存她宁愿忍气吞声。库卡伯秉承校长的观点，认为受了教育，多读书就能够改变底层妇女的命运。但是拉芭贝读到高中毕业，婚姻生活却还不如没有上过学的库卡伯，"教育改变命运"的观点在这里遭到现实的否定："当家佣哪还用读那么多书呢？"库卡伯和拉芭贝逐渐被困顿的生活逼到死胡同，看不到转机的希望，也无力改变现实。假如库卡伯女士不被强制退休，能继续工作挣得固定的收入，她和女儿的生活不会落到这步田地；假如拉芭贝能够自食其力养活自己和孩子，她也有可能选择离开不幸福的婚姻。伊朗妇女受歧视、被剥夺工作的权利，这使她们虽然有自食其力的愿望，却没有实现愿望的机会，没有经济独立的妇女无法成为"自由"的女性。说到底，妇女的命运根本上不取决于是否受到教育，而在于妇女是否享有社会公正，是否享有工作以实现自身经济独立的机会。作者更后期的作品《彷徨之岛》（1993年）、《彷徨的骆驼客》（2001年）中，越发强调妇女工作的权利。《彷徨的骆驼客》中的女主人公哈斯提参加各种社会活动，主张妇女经济独立，她的未婚夫问她"婚后是否会继续工作"时，她回答说："当然，为了经济独立。你自己更清楚这一点：男人垄断经济的结果，就是对女人更多的剥削。"（دکتر کاووس حسن لی，1386：5—25）

《我能向谁问好》中多处含沙射影地提到了宗教在女性生活中的作用，例如：邻居帕尼尔普尔夫人教库卡伯女士在厕所房顶上念"丢脸经"，诅咒库卡伯的女婿倒霉。"帕尼尔普尔夫人会念各种经"，平时对孤苦伶仃的库卡伯丝毫也不关心的她，只那么一次破天荒地跟去房顶晾衣服的库卡伯交了交心，说了念经的事之后就又形同陌路、不打招呼，一如既往地对库卡伯的疾病和贫困不闻不问；拉芭贝的婆婆一面天天转动念珠，一副非常虔诚的样子，一面高高在上地压迫儿媳妇。念经也好，转念珠也好，这些信仰的表面形式并没有使她们成为友善待人的穆斯林，却是压迫女性的帮凶。而末尾处那个帮助库卡伯的年轻女子，却并没有戴着女人恪守教规标志的面纱。这说明表面上尊崇教规的人不一定拥有善良的心，宗教或者说表面上对伊斯兰教的信仰不能为妇女带来幸福。这篇小说发表在伊斯兰革命之后，对伊斯兰教的看法作者没有非常明确地表达出来。达纳什瓦尔后来的作品如1993年的《彷徨之岛》和2001年的《彷徨的骆驼客》，其中对伊斯兰革命的态度也是有争议的，有人认为作者是赞颂伊斯兰革命的，也有人认为作者对伊斯兰革命持"人道主义的"态度。而达纳什瓦尔自己则明确表示：我的小说涉及政治但决不关乎意识形态。（محمدرضا سرشار，2007：32）这种表态也许是伊朗高压文化政策下的权宜之计。

"我的口头禅是骂人的话。真主知道我原来是内心有爱的人，我爱溪水、树木、天空的月亮，没有谁教过我诵经、礼拜、赞美、斋戒，在克尔巴拉的时候，伊斯马易在前面大声诵经，我在他身后在心里默念。等我们回到德黑兰，我忘了怎么诵经，却会骂人了。我咒骂所有没有良心的男人，咒骂所有不是人的人……"库卡伯女士退休之后孤苦伶仃、生活拮据，既没有亲人之爱也没有邻里的关怀，落魄、寂寞的她心里的爱消失了，充盈其心的是对世界、对他人的怨恨，她除了诅咒已经没有其他语言。库卡伯女士的经历说明，一个人生活幸福的时候内心是主动追求真善美的，会自然而然地认同宗教、靠近宗教，而物质生活和精神生活都非常困窘的情况下，宗教也无济于事。宗教无法改变和建设一个人的内心世界，相反，先建立外部的物质世界，才能建立起信仰。

以上三点都归结到外部环境的重要性，社会不改观妇女的命运也不会得到改变。

从《我能向谁问好》这部作品中透射出的双性同体观点可以看出，达纳什瓦尔不排斥、不忽视也不抹杀男女任一性的思想，主张尽可能结合两性中最美好的部分，以创造完满和谐的人类世界文化。而在伊朗要实现这一理想，必须让妇女享有工作的机会，宗教不是解决妇女问题的灵丹妙药。

参 考 文 献

［1］袁素华. 试论伍尔夫的"双性同体"观［J］. 当代外国文学，2007（1）.

［2］曹玉霞，唐运兰. 弗吉尼亚伍尔夫小说《达罗维夫人》和《到灯塔去》中的双性同体观点透视［J］. 琼州学院学报，2013（1）.

［3］朱彩云. 弗吉尼亚·伍尔夫的双性同体思想在男女关系及有关艺术创作中的反映［D］. 辽宁师范大学，2008.

［4］ داوردی عباس زاده ، هانیه طاهرلو: سیمای زن در آثار سیمین دانشور ، بهارستان سخن (فصلنامه علمی - پژوهشی ادبیات فارسی) سال هفتم شماره 18 پاییز و زمستان 1390.

［5］ مینو محسنی: سیمین دانشور اولین و برجسته ترین زن نویسنده در پهنه ادب فارسی ، گزارش ، شماره اردیبهشت سال 1384.

［6］ دکتر کاووس حسن لی: نشانه های فمینیسم در آثار سیمین دانشور، مطالعات زنان ، بهار و تابستان 1386.

［7］ محمدرضا سرشار: مذهب و انقلاب در جزیره سرگردانی و ساربان سرگردان ، دابیات داستانی ، تهران ، 2007.

［8］ دکتر رضا انزابی نژاد ، ابراهیم رنجبر: سیمین دانشور از آتش خاموش تا سووشون و اثرپذیری از آل احمد ، مجله علوم اجتماعی و انسانی دانشگاه شیراز، دوره بیست و پنجم ، شماره سوم ، پاییز سال 1385.

阿拉伯女作家加黛·萨曼及其早期短篇小说作品《猫》

■ 解放军外国语学院　秦　烨

【摘　要】加黛·萨曼是阿拉伯世界最富有争议的女作家之一。《猫》是阿拉伯女作家加黛·萨曼早期的短篇小说名作之一。这篇小说主要讲述了一个阿拉伯青年女性追求平等爱情的故事。加黛·萨曼大量使用了心理描写和隐喻手法，描绘了一个阿拉伯青年女性的爱情挫折和心路历程，抒发了她对平等爱情的渴望及对真实自我的坚持。

【关键词】阿拉伯女作家；加黛·萨曼；短篇小说；《猫》

一、加黛·萨曼的创作历程

加黛·萨曼是阿拉伯文学界影响巨大、最富有争议的女作家之一。她于1942年出生在叙利亚大马士革的一个显赫的知识分子家庭。她的父亲曾担任大马士革大学校长和叙利亚教育部长，是一位学贯东西的大学者。加黛·萨曼自幼深受父亲的影响，热爱文学创作，十四岁起便能写作故事。1962年，还在上大学的加黛·萨曼发表了自己的第一部短篇小说集《你的双眼就是我的宿命》。1963年，加黛·萨曼大学毕业，获得了英国文学学士学位。她随即前往贝鲁特美国大学攻读硕士学位，并开始从事戏剧理论研究。同年，加黛·萨曼发表了第二部短篇小说集《贝鲁特没有海》。这部小说集的大胆前卫的文风在当时的阿拉伯文学界引起了广泛争议，也使这位年轻的女作家在阿拉伯文坛崭露头角。在开展文学创作的同时，加黛·萨曼还发表各类政论和专栏文章。1966年，加黛·萨曼在未获得叙利亚政府的许可下，毅然前往英国，成了一名新闻记者，并在伦敦大学继续求学，后转入开罗大学获得博士学位。"六五战争"之后，加黛·萨曼深受打击，连续六年没有发表文学作品。1973年，加黛·萨曼出版了短篇小说集《古港漫游》，反映了"六五战争"之后阿拉伯民众，特别是阿拉伯妇女所遭受的苦难。1975年，黎巴嫩内战爆发，一向热爱贝鲁特的加黛·萨曼十分痛苦，先后创作了长篇三部曲小说《1975年贝鲁特》、《贝鲁特梦魇》、《亿万富翁之夜》以及短篇小说集《大海审判一条鱼》，画卷一般地展示了黎巴嫩人民所遭受的苦难以及苦难生活下人性的堕落。1982年，以色列入侵黎巴嫩，加黛·萨曼被迫流亡，此间她又创作了长篇小说《零度下的流亡》。90年代之后，加黛·萨曼笔耕不辍，先后出版了短篇小说集《方形的月亮：非同寻常的故事》和《亡灵的化妆舞会》，并出版了自传体小说《不可能的小说：大马士革的马赛克》。加黛·萨曼不仅是一位小说家，还身兼诗人、记者、出版家等多重身份。她的创作以小说为主，也包括部分诗歌、散文和时评。此外，她还在戏剧、绘画和心理学等诸多领域有较高的造诣，从而扩展了她的创作视野，使她的作品内容更加深刻。自她60年代涉入阿拉伯文坛以来，创作了多部成功的作品，曾被誉为阿拉伯世界罕见的富有才华的女作家。

二、加黛·萨曼的早期短篇小说《猫》的故事梗概

短篇小说《猫》讲述了一个阿拉伯女孩追求平等爱情的故事：年轻的主人公"我"是一个在大城市生活的年轻职业女性，长得美貌动人，周围的男性无不为之动心。数年前，主人公与当地富裕的青年艾斯阿德相恋后订婚，婚前大胆地同居在一起。艾斯阿德还把自己的公寓钥匙交付给了主人公。后来，主人公不幸染病，无奈入院治疗。艾斯阿德在主人公生病期间多次出轨，主人公病愈出院后去艾斯阿德的公寓，想给他一个惊喜，却发现他与另一女子正在浴室共浴。主人公不顾家人的反对和男友的挽留，毅然决然与其中断了恋爱关系。失恋的主人公很久走不出失恋的阴影，前男友的大幅照片仍然悬挂在自己的闺房。工作期间，公司的总裁纳迪尔被主人公的美貌所吸引，展开了猛烈的追求。主人公仍然没有走出心理阴影，对新的感情不置可否。纳迪尔要去贝鲁特出差一个月，告诉女主人公：如果愿意嫁给他，就等他回来时去机场接他。纳迪尔回来的当天，公司副总裁萨利姆打电话给主人公，安排与他同去接机。主人公无法拒绝上级的安排，经过一番思想斗争，她决定去尝试一段新的感情。她素颜束发，把自己打扮成纳迪

尔心目中清纯的样子。但在去机场的路上，萨利姆告诉她，纳迪尔已经在国外成婚，带着新婚妻子回来了。主人公听了之后十分震惊，但并未像以前一样痛苦落泪。她支开萨利姆去给总裁新娘买花，自己迅速化了一个艳妆。萨利姆回来后看到主人公的容颜，惊愕之余流露出垂涎的表情，故事至此结束。

短篇小说《猫》堪称加黛·萨曼早期的风格之作。创作这篇短篇小说时，加黛·萨曼只有二十岁，正是在对爱情充满憧憬和渴望的花季年龄。她个性独立，热爱自由，家境优越，接受过良好教育，具有浓厚的女权思想。她生活的环境却让她感到窒息，将来会成为自己生命另外一半的阿拉伯男人们，大多保守自大，缺乏对女性基本的尊重，将自己的妻子视为没有思想和灵魂的附属物。短篇小说《猫》中的几个阿拉伯男性形象，就是这样的典型，也是加黛·萨曼所深恶痛绝的对象。加黛·萨曼用自己犀利的笔锋，将几个男人的丑态充分地暴露于读者眼前。此外，加黛·萨曼还运用了当时西方流行的"新小说"创作技巧。在小说《猫》中，故事情节被充分淡化，推动故事发展的是主人公的心理活动。加黛·萨曼摈弃了全知者视角的第三人称手法，大胆使用了第一人称手法，不厌其烦地描述主人公的细微心理感受及其天马行空的幻想，倾其笔墨描写周围的环境氛围，蒙太奇镜头一般地向读者展示出一幕幕栩栩如生的生活场景。加黛·萨曼还使用了隐喻的手法，用充满神秘色彩的猫来隐喻不肯当男人玩物的独立女性，表达了阿拉伯现代女性对平等地位和自由爱情的渴求，从人性的角度出发传递出源自妇女灵魂深处的呐喊。

三、在困境中寻求独立和自尊——短篇小说《猫》中阿拉伯女性性别身份的建构

阿拉伯世界是全世界妇女问题比较严重的地区之一，传统习俗根深蒂固，妇女解放运动举步维艰。《古兰经》对男女地位有着明确的规定："男人是维护妇女的，因为真主使他们比她们更优越。贤淑的女子是服从的，是借真主的保佑而保守隐微的。"伊斯兰教虽然规定男女穆斯林在真主面前人人平等，宗教信仰和义务同一，但在现实生活中，父权制的男性权威已反映到伊斯兰妇女观中，女人要服从丈夫，也要服从父亲。父权制的确立标志着妇女成为男人的财产，在男性子孙成为延续家族的象征的同时，妇女的地位被贬得越来越低。在婚姻方面，虽然《古兰经》中规定女性有婚姻选择权，但是必须建立在家庭中一位男性监护人，比如父亲或其他男性亲属的同意的前提下，这使女性实际上丧失了婚姻自主

权。女性在婚姻关系中，始终处于被保护者和依附者的地位，她们随时面临被男方抛弃的危险。长期以来，由于伊斯兰教义教规的限制和经济上的依附地位，阿拉伯女性一直处于饱受隔离的处境中，她们将自己的面孔隐藏在黑色的面纱之后，把自己禁锢在家中，甘做男性的附属品，甚至仅仅被视为生育的工具。随着阿拉伯社会政治经济文化的不断发展，阿拉伯妇女地位问题日益凸显。越来越多的阿拉伯女性不甘处于从属地位，发出了追求男女平等和尊重妇女权益的呼声。

短篇小说《猫》中的三位男性主人公，虽然各有特点，但均是父权制的典型形象。艾斯阿德出身于城市富裕阶层，有着为人所艳羡的家境。他与女主人公订婚之后，想尽办法占有了她的肉体，但他并不满足，仍然四处拈花惹草。当女主人公生病住院后，他非但没有来照顾或探视自己的未婚妻，而将其视为自己寻欢作乐的良机。当女主人公出院后，抓了他在公寓偷情寻欢的现行之后，他表现得毫不在乎，甚至都没有出门追拦自己的未婚妻。从始至终，他从未对自己的爱情态度表示过反思和忏悔。在他的眼中，女人就是玩物，而金钱则是获得玩物的手段，至于对方所付出的痴心和真情，只不过是女人对他外貌和金钱的觊觎而已。当女主人公要和他断绝关系，他反而认为这个女人不懂事理。女主人公的上司纳迪尔，也是将爱情视为游戏的玩家。他被女主人公出众的外貌所吸引，利用自己的权位主动追求，信口雌黄，轻许诺言。出差前他还许诺要与女主人公结婚，一个月后却带着外籍新娘返回城市。他不知道女主人公要走出失恋的阴影，重新开始一段新的感情需要多大的勇气和心理挣扎。公司的副总裁萨利姆，垂涎女主人公的美貌，蠢蠢欲动而又无可奈何，沦落为被女主人公所轻视的对象。从这三个阿拉伯男性的形象来看，他们都没有从心里真正尊重女性，没有把女性放到平等的地位来看，甚至没有把女性放到人的地位来看，他们物化女性，将其视为没有灵魂和思想的附属品。他们除了限制女性之外，还试图欺骗女性，让女性相信她们已经获得了足够的权利，并为阿拉伯女性的形象设定了一系列标准，例如以绝对的顺从和美好的仪容博得丈夫欢心，在婚姻中忠贞、坚忍，而丈夫对妻子的责任就在于提供给妻子足够的花费和舒适的住房。除了这些阿拉伯男性之外，一些女性也同样自觉或不自觉地成为父权文化的帮凶，利用父权文化作为制裁同性的手段。女主人公的妈妈就是这样的典型，听到女儿已解除了婚约，她的第一反应居然是反问自己的女儿："你疯了吗？你为什么要和那么有钱的艾斯阿德分手，而他只不过犯了所有男人犯了都会得到宽恕的差错？更何况他还是个有钱的男人。"她对男人的要求很简单——金钱和名分。至于尊重、爱情和专一，在她的眼中看来都是多余的废品。对于难以走出心结的女儿,她大声质问:"你既然已经决定要和艾斯阿德解除婚约,为什么还把他的照片挂在你的卧室,都已经一年多了?"对于女儿的心理状态,却毫不关注,没有发现她心中的苦痛,更没有给予细心的开导。

文学批评家加里·舒克里有过这样的评论:"(阿拉伯)女作家们的作品千篇一律,毫无新意。只有加黛·萨曼除外,因为'她还没有如她希望的那样,实现她的自我。加黛之前的作家没有一个像她这般有勇气,敢于揭开掩饰阿拉伯人性格的厚重面纱。纵然传统的飓风扫荡了她所为之讴歌的一切,她也依然屹立飓风中央,毫不畏惧地在作品中揭露人们的所作所为,坦言心中所爱,高歌她的信仰。"加黛·萨曼认为女性的生存状况是判定一个社会是否文明和进步的尺度,只有推进两性的共同进步,才能消除歧视和压迫,因此她无法对阿拉伯女性所承受的来自家庭和社会的压力视而不见,也无法对阿拉伯女性群体陷入的困境置之不理。在她的小说中,除了批判男性和父权对女性的压制和摧残之外,还塑造了一个个具有独立人格、勇于反抗、追求自我和真爱的女性形象。《猫》中的女主人公就是这样的典型。她对爱情全心全意,不计回报地付出,把艾斯阿德视为自己生命中最重要的一切,甚至把他的巨幅照片挂在自己的闺房中,时时刻刻不分离。她爱得如此纯粹,以至于愿意在婚前付出自己的贞操,与自己的爱人达到了灵与肉的结合。两人分手之后,她仍然久久不能忘怀,艾斯阿德占据了她的心灵,成了她的梦魇:

"艾斯阿德越来越近,她感到恐惧袭来。他的死人一般的双唇附上了她的唇,像极了带着难闻气味的肉虫。她的身体感到阵阵恶心,她恨他,她感到窒息……有一天夜里她就会这样死去,就像污水井中的蟑螂。没有人会发现她,也许她还活着,但是她的身体在爱与恨中挣扎,她会拒绝所有的一切,她的嘴也拒绝抱怨,她的舌也拒绝申诉,他们会认为她已经死了。"

但与这段刻骨铭心的爱恋和情欲相比,女主人公更注重男友的尊重和专一,她选择不妥协不将就,不忍气吞声,不甘沦为金钱的奴隶,不甘成为没有思想和主见的附属品。从艾斯阿德那里,女主人公没有得到尊重,也没有得到对于出轨的忏悔,那她甘愿选择放弃,让自己成为家人抱怨的对象,成为邻里讥笑的可怜人。在她生活的这个保守的城市里,一个失去贞操的女人,注定将面临巨大的困难,周围的一切让她痛苦和压抑,但她毅然坚持自己的选择。当新的一段感情到来时,她的态度是谨慎而认真的,经过前思后想之后,她决定走出心结,冒险去经历新的感情：

"纳迪尔，她爱他，她想付出她的真心，她想再冒一次险。她想看星星，看着它们的光闪。她的内心不再恐惧，她感到安宁，她充满希望。她推开阳台的门，走进去。冬季的暗夜要靠星星点亮，它让星星的光芒更加凸显，但是为了追求幸福而点燃自己的女人们有那么多……"

纳迪尔是她走出心结和痛苦的那颗亮星，但事情并非如此，纳迪尔"只不过是一朵不下雨的乌云"，他只想利用她"来治愈自己"，他也是将爱情视为游戏、将女人视为玩物的人，与艾斯阿德是一丘之貉。遭受两次打击的女主人公心里十分痛苦，但她并未自暴自弃，而是以一个崭新的美丽面容来对待这个残酷的世界。

"她用手扯下来她的发带，散开了她的头发，上了一点眼影，抹了一点腮红，领子束得太紧让她难受，她把领口敞开，一只猫就这么诞生了。她的眼里没有泪水，但是有无穷的黑暗。萨利姆回来了，手上拿着一束很难看的花，颜色杂乱，但是很大一束。这正是她想要的。车又启动了。再一次，猫开始蠢蠢欲动，她风情万种。萨利姆只看了她一眼，眼睛里就燃起红色的火焰。她看着萨利姆，就好像一只蜘蛛冷静地等待她网边飞着的苍蝇。没过一会儿，苍蝇落网了，她笑起来。机场的灯光在不远处闪烁。她没有看到，她只看到她卧室里挂着的艾斯阿德的照片，令人作呕，那个木质的相框活像一口棺材。"

这就是一个性格独立刚强、热爱自由平等、期待男性尊重的阿拉伯女性青年的写照，她已经与阿拉伯所谓的"主流文化"彻底离散，去拥抱一个真正的自我，而这样的女性自我，必然被保守的社会所不容。这篇小说创作五年之后，加黛·萨曼因言获罪，被叙利亚政府缺席判处三个月监禁，理由是她"引导青年走上了邪路"，但真正的原因是加黛·萨曼鼓励阿拉伯青年追求自我，抛弃那些限制女性权利与个人自由的落后思想。

四、心理描写和形象隐喻——短篇小说《猫》写作策略评析

加黛·萨曼在大学攻读的是文学和新闻，但她本人对心理学十分感兴趣，阅读了大量心理学书籍，并研修了心理学课程。她能娴熟地将西方精神分析方法用于小说创作之中，几乎每篇小说中都会运用大量的心理描写，短篇小说《猫》更是如此，可以算作一篇非常典型的心理小说。在这篇将近万字的小说中，故事发生的场景只有两个：主人公的家里和去接机的车上。场景范围相当狭窄，空间转

换比较模糊。社会的约束成了禁锢人身自由的枷锁，却无法成为头脑和思想的桎梏。在狭窄的空间内，故事情节无法有序铺开，但却给了思想和心理天马行空的机会。空间和时间固然不能割裂，但回忆使时间失而复得，从而使空间得以重现。时间的无序和紊乱打破了空间的条理性，而幻想、追忆使空间不断地得到铺陈。从接了萨利姆的电话之后，到上去接纳迪尔的汽车之前，主人公的心理活动占据了小说一半以上的章节。她不停回忆与艾斯阿德在一起的点点滴滴，艾斯阿德在她心中既是高大的，也是卑微的，他摧毁了她对生活和美好的信任。他偷情时被抓了现行之后表现出的"一脸正色、毫不在意、狂妄自大"更是不断刺痛她的心灵。她在反思自己是什么，自己的价值是什么，她想表现出冷酷和强大，但她发现自己力不能及。她甚至幻想到自己是蜂王，蜂王能够轻易绞杀求偶的雄蜂。她在思考爱情是什么，她在思考爱与被爱的甜蜜，灵与肉结合的冲动，但她后来发现"爱仅仅是一把剑，她交到所爱的人手中，就给他们伤害或是拖累自己的权力"。后来，她的思想进入癫狂的境地，她感觉自己快要死去，但艾斯阿德却来了，甚至要拥抱和亲吻她，但他的背叛让她觉得他的肉体如此恶心，她从幻想癫狂中醒了过来，看到了镜子中的自己，"她对美的感觉融化了她的心，她渴望通过给予真心来获得一种美好，因为给予真心才意味着她还活着。她身旁的瓶子里一朵凋零的玫瑰，正在退去苍白，流出诱人的风情。她低下头，寻找自尊。"主人公一系列的心理活动是遭受背叛、痛苦挣扎后走出心结的心路历程，当她走出心结再次拥抱爱情却遭受欺骗时，她已经强大到"眼里没有泪水，但是有无穷的黑暗"，并从萨利姆垂涎而不可得的眼神中获得了报复的快意。她像城市里的猫一样独立，不是任何人的附属品，任何人也不能将其视为自己的个人财产，在绝望和痛苦中主人公找回了女性的独立和自尊。心理描写推动了故事情节的铺开，并展示出更强的叙事能力。

隐喻是文学语篇生成与理解的重要机制，是作家创造性地使用语言的重要手段。隐喻能在看来互不相干的不同事物之间建立新的联系，从而使读者产生兴趣，产生特殊的文体效应。短篇小说《猫》中使用了大量的隐喻，女主人公被隐喻为"猫"、"蜂王"、"蜘蛛"、"值四个硬币的玩偶"，艾斯阿德被隐喻成"照片"、"肉虫"，纳迪尔被隐喻成"星星"、"雄蜂"、"乌云"，萨利姆则被隐喻成"苍蝇"。猫在伊斯兰文化中具有特殊的意义，是圣洁的动物。伊斯兰经典《哈底斯》中记录了这样的故事：胡莱勒的猫扑杀了正要攻击穆罕默德的毒蛇，救了穆罕默德一命，穆罕默德则关爱地抚摸了它。穆罕默德称胡莱勒为小猫之父，因此在阿拉伯语中小公猫被称为胡莱勒。穆罕默德要求人们善待猫，给予它足够的关心和照顾。《哈底斯》还记载了有人因为虐待猫死后被送入地狱的故事。艾斯阿德和纳迪尔都亲切地称呼女主人公为猫，但他们却一再欺骗她，让她成为一只"在城市游荡的流浪猫"。这些自认为具有阿拉伯传统思想的男人，却没有恪守传统的美德，巨大的反差更体现出他们的丑陋和虚伪。此外，猫具有独立的品性，"猫的眼睛是深邃的"，它不会完全成为主人的玩物，甚至准备随时离开主人去外面游荡。当纳迪尔开始追求她，并且许下结婚的承诺时，她难以判断他的真心，不知道他是为了欲望还是为了感情而来的，纳迪尔犹如交配季节的雄蜂，躁动不安而让她心神难宁，蜂王作为蜂群的头领，在自然界中能够绞杀她的配偶，但作为人类的她，却如何拒绝上司动机未明的求爱？当她不断挣扎，慢慢摆脱心理纠结，准备开始新的感情时，纳迪尔成为她的星星，成了她前进的方向，而艾斯阿德则与墙上的大幅照片合二为一，相框甚至成了他的棺材，她所怀念的灵肉合一则成为令人作呕的肉虫附体。但当她发现纳迪尔带着新婚爱人返回城市时，她知道了他只是一朵不下雨的乌云，他的那些誓言早已随风而逝。一次次的爱情挫折没有让女主人公崩溃绝望。她重新收拾打扮了自己，让自己甚至变得有些妖艳，成了一只蜘蛛，而她的美貌则成了蛛网，垂涎美貌的萨利姆犹如一只苍蝇，陷入蛛网后难以自拔，她从他的眼神中获得了报复的快感。但这一切的原因，都是因为她不想当"只值四个硬币的玩偶"，在"男人的手指拨弄下转动"。在这篇短篇小说中，隐喻在语言的各个层次上都有体现，成为推动小说情节发展的重要因素，发挥了重要的语篇功能。

五、结语

小说《猫》以第一人称的视角，通过主人公的心理描写向读者展示了一个追求独立和自尊的女性形象。主人公是加黛·萨曼的影子，她勇敢不屈的内心是作者真实心声的写照。小说中主人公对爱情和爱人的态度，实际上就是作者心目中阿拉伯青年女性的爱情宣言：爱得大胆热烈，不计得失，甚至追求灵肉合一，但当面临爱情与自尊的抉择时，她选择了不忍气吞声，不与所谓的社会传统妥协。作为一位有思想的阿拉伯女青年，年轻的加黛·萨曼用自己的文字诠释了自己对阿拉伯社会中爱情的思考，清晰地传递了她对平等爱情的渴望。这在当时乃至今天看来具有相当的进步意义和前瞻性，在保守的阿拉伯社会必将引起争议。阿拉伯地区的妇女解放运动方兴未艾，目前仍是全世界共同关注的一个问题，以反映阿拉伯妇女问题见长的阿拉伯女性文学目前仍是阿拉伯文学研究的热点之一。加黛·萨曼是阿拉伯女性文学创作的重要作家，对她早期女性主义小说创作的研究具有很强的现实意义和较高的理论价值。

参 考 文 献

［1］林丰民. 文化转型中的阿拉伯现代文学［M］. 北京：北京大学出版社，2007.

［2］马明贤. 伊斯兰法：传统与衍新［M］. 北京：商务印书馆，2011.

［3］杨建玫. 女性的书写：英美女性文学研究［M］. 北京：经济管理出版社，2012.

［4］曾艳兵. 西方现代主义文学概论［M］. 2版. 北京：北京大学出版社，2012.

［5］［阿］加黛·萨曼. 你的眼是我的宿命［M］. 贝鲁特：加黛·萨曼出版社，1962.

［6］［阿］哈南·阿瓦德. 加黛·萨曼文学中的阿拉伯大事件［M］. 贝鲁特：先锋出版社，1989.

文化研究·········

越南传统家庭信仰的基本特征

■ 解放军外国语学院 徐方宇

【摘 要】越南家庭传统信仰涵盖了越南人对于天、地、人的信仰，且呈现出其家庭界域内的某些共性规律和特征。其主要表现为在形成方面具有原生性，但受到汉文化或强或弱的整合；反映了强烈的土地崇拜意识和深刻的"恩义"观念，具有浓厚的灵魂、亡魂崇拜色彩，且体现了越南人鲜明的"家"的界域观。

【关键词】越南家庭；民间信仰；特征

在民俗学研究中，民间信仰的特征是一个经典论题。学界一般倾向于勾勒民间信仰的总体特征，这些特征包括自发性、功利性、民族性、散漫性、封闭性、包容性、渗透性以及俗信化趋势等等。越南人家庭传统信仰在大体遵循上述总体特征的同时，也呈现出自身的若干特点。

我们知道，家对于越南人而言是一个重要概念。这不仅因为家构成了越南村落社会的基础，更因为其中孕育了越南人最重要的信仰——祖先崇拜，不仅如此，越南人对于天、地、人的信仰，如天界的时间神、九天玄女，地界的灶神、财神、树精，以及阴界的祖先、祖姑、前主、祖师、圣人等，都在家的界域内得到崇信。因此，对家庭界域内传统信仰的研究，不仅可以窥探越南民间信仰的全貌，而且在信仰根植于其中特定的"家"的界域内，其本质特征将得以呈现。

一、形成特点

（一）祖先崇拜

祖先崇拜是原始时代宗教崇拜最为重要的内容和形式之一，它普遍存在于各民族的原始信仰之中，有学者甚至认为它是一切宗教的起源。①祖先崇拜也是古代东南亚的早期文明的标志性要素之一，美国著名的人类学家克罗伯曾把东南亚古代文化归纳为包括祖先崇拜在内的26种特质；②法国学者塞代斯认为，东南亚古代早期文化在宗教方面表现为泛灵信仰、祖先崇拜和土地神崇拜。③

前辈学者在宗教学、人类学、民族学和考古学方面的研究成果使我们有理由相信，在汉文化开始系统向越南地区渗透之前，以及在灵魂不灭观念④、鬼魂崇拜信仰和图腾崇拜⑤的氏族寻根意识产生之后，今越南地区应该已经存在人类学意义上的原始祖先崇拜了。吕大吉认为，"从根源上说，祖先崇拜乃是以血缘关系为纽带的社会体制在宗教上的表现，只要社会体制存在着血缘宗法关系，祖先崇拜就是必然出现和存在的宗教现象"⑥。由此可以推断，越南东山文化时期，以血缘和地缘关系聚居的公社单位为固定并保留这一原始的宗教观念意识和初级形式创造了条件，⑦并使祖先崇拜后来在越南的发展与兴盛成为可能。

当汉文化于秦汉之际传入越南地区后，"其生活及一切建制悉仿自中国"⑧。越南学者阮徐之认为，在汉文化父权大家庭组织的影响下，越南在家族—宗族组织中仍保留了大家庭意识的烙印。为建立户籍制度，汉朝统治者将宗族制度强加于越南，他们给每个村社取一个族姓，上千年后，越南人逐渐习惯并按血缘大家族关系聚居在一起。⑨在这里，姓氏是与宗法制相结合的。汉文化将越南农村公

---

① 斯宾塞的鬼魂说持此观点。这一观点与泰勒的"万物有灵"观相当，但他更强调死去的祖先的灵魂在宗教起源上的意义。他认为宗教起源于祖先崇拜，然后演化为更加复杂的形式。但他的"祖先崇拜"，是包括氏族或部落首领、文化英雄、巫医、战争中的英雄人物以及血缘关系上的祖先等"最广大的意义而言"的。

② 转引自贺圣达. 东南亚文化发展史［M］. 昆明：云南人民出版社，2011：94.

③ 赛代斯. 东南亚的印度化国家［M］. 蔡华，杨保筠，译. 北京：商务印书馆，2008：25.

④ 根据越南考古资料，山围文化时期，越南地区的古人就有随葬习俗；而在和平文化的墓葬中，有石器和穿孔的贝饰，反映了希望死者死后永生的观念。灵魂不灭及灵魂崇拜是人类最原始的生死观。

⑤ 东南亚普遍存在的图腾崇拜类型，在山区表现为鸟图腾崇拜，在平原、江河流域则表现为蛇图腾崇拜。Đinh Gia Khánh, Văn hóa dân gian Việt Nam trong bối cảnh văn hóa Đông Nam Á, Nxb Khoa học xã hội, năm 1993, tr.217-219.

⑥ 吕大吉. 宗教学通论新编［M］. 北京：中国社会科学出版社，1998：505.

⑦ 农村公社是原始公社瓦解向阶级社会过渡的普遍形态，也是越南早期的社会结构形态，呈现出"亦姓亦村"的特点，血缘关系在公社中仍得以保留。

⑧ 黎正甫. 郡县时代之安南［M］. 上海：商务印书馆，1945：169.

⑨ 转引自 Phạm Đức Dương, Văn hóa Việt Nam trong bối cảnh Đông Nam Á, Nxb Khoa học xã hội, năm 2000, tr.65.

社体制一定程度上血缘宗法化是显而易见的。

越南建立独立自主的封建国家之后，仍与中国保持密切的宗藩关系。至李朝开始重视儒教，到后黎朝初年，越南进入了独尊儒教时期。这样一来，中国传统的儒家思想以及中国传统社会赖以存在的核心——祖先崇拜和血缘关系结合的血缘宗法的政治制度必然会对越南的社会政治制度、伦理纲常及人们的精神生活产生深刻的影响。最晚自李朝李太祖封长子始越南就已有长子继承制。范琼芳分析，可能也就是从这个时候起，越南人就有了明确的种族延续和重视家庭在社会中地位的意识，财产继承权意识也或多或少地形成了。[①]后黎朝时期，黎圣宗制定《二十四训条》，倡导以儒家伦理确定家庭、乡党乃至整个社会的关系。[②]《黎朝刑律》则明文规定不得变卖"香火田"，否则将以"不孝罪"论处，[③]这实质上是对祖先崇拜的一种法律保护了。

由此可见，在汉文化儒家思想的影响下，越南原初形式的祖先崇拜得以系统化、礼仪化和体制化。儒家思想为越南祖先崇拜的保存和延续提供了深刻的思想、道德、哲学及法理基础，并使祖先崇拜受到了历代封建王朝的保护。越南学者邓严万认为，正是儒家思想给当地这一朴素的观念（指祖先崇拜）以哲理、组织、仪式以及深刻的信念。[④]除儒教外，佛教、道教文化的因子也融入了越南人的祖先崇拜信仰，尤其是在仪式方面，这也使得其信仰更具神圣性和神秘性。

另一方面，越南的祖先崇拜以及与其相应制度等也显现出与汉文化不同的特点，如在宗族制度方面，越南社会并不像中国社会的血缘宗族制那样，中国的血缘群体不仅体现为一种社会关系、政治组织，它还是一种与自然经济相适应的经济单位，而越南的家族没有明显的经济目的，它的存在"只是为了解决两个问题：保障外婚制度和使祖先崇拜得到最广泛的延续"[⑤]。另外，在香火继承方面，越南妇女在特殊情况下（如家庭无男子继承人）也享有一定权利，这与中国传统社会妇女地位也形成区别。这些都是越南本土底层文化起作用的结果。

---

① Phạm Quỳnh Phương, *Tín ngưỡng thờ cúng tổ tiên*, Ngô Đức Thịnh, *Tín ngưỡng và văn hóa tín ngưỡng Việt Nam*, Nxb khoa học xã hội, năm 2001, tr.45.

② 阮朝国史馆：《钦定越史通鉴纲目》，正编，卷二十四。

③ Phạm Quỳnh Phương, *Tín ngưỡng thờ cúng tổ tiên*, Ngô Đức Thịnh, *Tín ngưỡng và văn hóa tín ngưỡng Việt Nam*, Nxb khoa học xã hội, năm 2001, tr.48.

④ Đặng NghiêmVạn, *Điểm qua tình hình tôn giáo hiện nay trong "những vấn đề tôn giáo hiện nay"*, Nxb Khoa học xã hội, năm 1994, tr.43.

⑤ Phạm Quỳnh Phương, *Tín ngưỡng thờ cúng tổ tiên*, Ngô Đức Thịnh, *Tín ngưỡng và văn hóa tín ngưỡng Việt Nam*, Nxb khoa học xã hội, năm 2001, tr.46.

（二）土公（灶神）信仰

越南家庭界域内的土公神信仰，就其功能来看，与汉族的灶神信仰相当；在物质载体方面，受汉族祭灶习俗影响较大。

我们知道，汉代以降，灶神信仰在中国民间广为流传，至宋朝已经形成了腊月二十三或二十四祭灶的习俗。越南的灶神节也定于腊月二十三，因为在这一天土公要去向天神汇报他们在人间的所见所闻，这是"月晦之夜，灶神亦上天白人罪状"、"古传腊月二十四，灶君朝天欲言事"的中国灶神"职责"的翻版。而源于中国典籍的、用汉越语书写的越南土公即灶神牌位，如"定福灶君"、"第一家之主"等等，更为越南祭灶习俗受汉族祭灶习俗的影响这一事实提供了佐证。从两国在祭灶习俗上的相似点来看，汉族祭灶习俗于宋朝之后对越南影响最大。

然而与汉族有着相似物质载体的越南土公即灶神信仰习俗却对应着与汉族祭灶习俗完全不同的精神载体和文化内涵，它应形成于越南从汉族引入祭灶习俗之前甚至在汉文化影响越南之前更早的时间里。越南土公是以掌管厨房之事的范郎（"土公"）、掌管家庭之事的重高（"土地"）和掌管集市、菜园之事的氏儿（"土祇"）构成的三位一体的神灵系统，与之相应的是三位灶神生前重情重义、因珍惜夫妻情义而死、死后被封神的推源故事。其深层象征是越族先民对"三石鼎足"式火塘的崇拜，体现的是越南人"有德能司火，无私可达天"之土公神神格内涵的推崇。[①]从火塘崇拜到土公神的演变过程中，汉式灶神及汉族人们祭灶仪式对它产生了或多或少的影响，而关于土公的传说在其流传过程中也因受汉文化等因素的影响发生了某种程度的变异。

总体而言，越南人家庭传统信仰的形成受汉文化的影响是显而易见的，我们还可以举出更多的例子来证明这一点，比如越南关于财神信仰的推源传说源于中国古典志怪小说《搜神记》和《录异记》中录入的一个传说故事，这个传说故事在中国有很深的渊源；比如中国古代的阴阳五行观对越南家庭信仰体系的渗透，如关公信仰等等；然而我们还要看到，越南家庭信仰仍具有较强的原生性，它们多源于本民族的早期信仰，其后受到汉文化的整合。在此整合的过程中会产生两种可能：第一种可能是强势汉文化显示出它的相对优越性，经过一番本土化的过程之后，转化为原生信仰发展的内在因素；第二种可能则是原生文化的传统内涵顽强地持续下来，最多只是借助汉文化的某些因素作为其信仰的外在承载形式。

---

① 徐方宇. 汉族、越族民间灶神信仰之比较研究 [J]. 东南亚研究，2006（3）：90.

前者如越南家庭的祖先崇拜，后者如土公神信仰。

二、强烈的土地崇拜意识

上文曾提到，土地崇拜是东南亚早期文化在宗教方面的表现之一。对于越南这样一个典型的农业国来说，土地（神）作为越南地区先民的崇奉对象是顺理成章之事。从土地有灵观念及相应的巫术仪式的产生，到身兼数职的社会神的出现，是许多民族土地崇拜共有的演变过程。与东南亚地区崇拜女性的传统有关，土地母神应是越南先民土地崇拜的较早形态之一，它至今仍广泛存在于越南民族的民间信仰中，土地神后来在越南的发展受中国民间文化及道教的影响比较大。但对于传统的农耕民族来说，对土地的崇拜意识几乎已经渗透到他们的血液里，转化为民族的潜意识。从越南传统家庭的信仰体系中，我们仍能感受到浓厚的土地崇拜意识。比如它直接左右了越南人对家庭财神信仰选择。

越南民间财神信仰的推源传说最早见于中国晋代干宝的《搜神记》和《录异记》，后被多种旧籍所引，其母题在中国文化语境中被命名为"求如愿"型故事。"求如愿"故事之所以能在中国民间文化中占有一席之地，一个重要原因就是它"造就"了中国民间的一项传统新年习俗，即"打灰堆"（或"打粪堆"）以及"岁旦粪不扫出户"。越南不仅从中国引入如愿故事和"岁旦粪不扫出户"的年节习俗，而且故事的主人公如愿还做了异域的财神。

据吕微的研究，如愿故事的原型即世界洪水创世神话之一种——"动物潜水取土造地"神话，它在中国农耕文化语境下的阐发和生成形式即古老的"息壤"神话，如愿故事则是息壤神话在中古时期重新阐释的结果：其"重要价值即在于，通过关于粪土中本藏匿着财富的暗示，重新解读了息壤神话，即认为息壤本是神所赐予人类的一块神圣的粪土——水底之淤泥"，"它可能反映了汉民族对农业肥料种类认识的深化"。[1]在原始神话到传说故事的转换过程中，汉民族"粪肥至上"的农业价值观逐渐形成了。

由此我们看到，如愿故事及其直接引发的中国传统年节习俗有着极为丰富的农耕文化内涵，这一内涵与越南地区的农耕文化语境十分契合。从越南人对财神的祭祀方式可以看出，其财神信仰正是建立在对土地中"本藏匿着财富"的认知观念基础上的，如神龛两边的对联上写着"土能生白玉，地可出黄金"，而供财

---

① 吕微. 神话何为 [M]. 北京：社会科学文献出版社，2001：177—178，180.

神的神龛或供桌也是贴地面而放等等。所以越南家庭所供的传统财神实质上是越族人对土地神崇拜的另一种置换形式，它反映了人们以"土地"为基础的财富观和价值观。在越南南方的许多地方，土地神和财神是同一的，这恰恰表明了人们的财富观念正是建立在对土地的依恋基础之上的。①

除财神深受越族土地意识的影响外，以"三石鼎足式"火塘崇拜为内涵的土公神信仰显然也是受到土地崇拜的影响。"地有土公，河有河伯"的认识在越南深入人心，而在家庭的界域内，三位灶神职能的重要性与人们观念中家庭土地神的职能相当，都是家庭的保护神，于是越族家庭的灶神信仰就与土地神信仰合二为一了，灶神由此便具有了土地神的职能和属性。越南学者陈玉添认为：之所以土公既是土地神又是灶神，是因为土地、家、灶对于定居的农耕民族来讲是同一的，它们的地位同等重要。②除土公外，受汉文化影响，越族人还常常在家中单供奉另一位专职土地神——土地（通常与财神供在一起）。对于越南人来说，灶神受土地神的影响以及家庭土地神的出现是人们对土地崇拜意识在居住空间上的反映，它与传统农耕文化背景下土地在人们生活中的重要性密不可分。

另外，人们对与其家庭有着地缘关系的"前主"的祭祀也多少反映了人们对土地界域的神秘观念，这也是以浓厚的土地意识为前提的。

三、深刻的"恩义"观

信仰者和信仰对象构成了信仰的主体，信仰即是信仰者与信仰对象之间的互动过程。信仰对象构成的无形世界是对信仰者精神需要的一种折射。人们得以从信仰世界中寻找精神的寄托，正是"通过对世俗价值的贬抑和对神圣价值的推崇"来实现的③。

越南以祖先崇拜为核心的家庭信仰体系具有深刻的伦理性，其中包含深刻而朴实的"饮水思源"的意识和"感恩"、"报恩"思想，这一思想意识来源于越南先民对血缘关系的崇拜以及浓厚的土地意识，它是对儒家"孝悌是为仁之本"的孝道思想的本土化诠释。越南学者潘继炳在其《越南风俗》一书中写道："我们祖先崇拜的习俗十分虔诚，这是我们的不忘本之心，是人们的义举。"④悛映

① 徐方宇. 越南民间传统财神信仰的象征意义及其变迁 [J]. 解放军外国语学院学报，2006（5）：116—120.

② Trần Ngọc Thêm, *Tìm về bản sắc văn hóa Việt Nam*, Nxb Thành phố HCM, năm 2001, tr.251.

③ 王晓朝. 宗教学基础十五讲 [M]. 北京：北京大学出版社，2003：228.

④ Phan Kế Bính, *Việt Nam phong tục*, Nxb Văn hóa Thông tin, năm 2001, tr.28.

也说:"供奉祖先是出于子女对过世的父母、祖父母和曾祖父母的诚敬和感恩之心。"①

除了祖先崇拜,在越族传统家庭信仰体系中,对祖师的崇拜也体现了人们知恩图报的观念意识,信仰对象"施恩"、"有恩"于信仰者与信仰者以祭祀的方式"报恩"之间的双向互动即构成了信仰本身。而如果我们在越南人的"报恩"观念中解读其民间信仰,则其信仰的功利目的亦是通过"渴望施恩"与"受恩"后"报恩"的方式实现的,这里体现了祭祀之"礼"与"恩"的关系。

越族人所推崇的"恩"、"义"价值观念还表现在信仰者对信仰对象"品格"需求的基础之上。信仰对象需符合人们心目中神圣价值所赋予的高尚品格才能成为人们供奉的对象,他们必须或是如忠义之士关羽,或如重情重义的三位灶神,或如有恩于主人的如愿神等等,这种根深蒂固的传统观念很大程度上决定了人们对其信仰对象的选择和取舍,它是越南民间信仰的重要基石。

越南学者悛映指出:"越南人承认任何一种宗教,只要其教条不与民族的根本道德和祖先的遗训相违背,它即是我们东方世界道德基础的精髓:仁、义、礼、智、信。"②可见,当儒家文化的基本精神转化为越南文化的内在特质时,儒家文化的伦理价值观也相应成为越南民族所尊崇的神圣价值,这一价值在越南文化中的本土渊源即饮水思源、友爱互助、报本答恩、"为他"等朴素的恩义观念。在越南人的观念中,"义"首先是"报恩答义",是对"根"的追忆;③"义"通过"礼"来实现,礼是道德的实践层面。"报恩答义"是一种对源头的追忆与怀念,也是对现实生存状态的反思。"报恩"文化心理是越南民族普同的、深刻的文化心理,它在很大程度上支配着越南人的精神生活。

四、浓厚的灵魂、亡魂崇拜色彩

从上述形成特点我们看到,越南家庭传统信仰具有较大的原生性,这种原生性是建立在灵魂、鬼魂崇拜的基础之上的。事实上,民间信仰多是在"万物有灵"的基础上,因人们对神秘现象"既敬又畏"或"敬"善"畏"恶的心理机制作用而产生的;人们所敬的"善"被当作是自然神或人(神),而为人们所畏惧的"恶"则属于精灵或鬼灵一类。

---

① Toan Ánh, *Nếp cũ - tín ngưỡng Việt Nam*, Nxb Khai trí, năm 1970, tr.23.

② Toan Ánh, *Nếp cũ - tín ngưỡng Việt Nam*, Nxb Khai trí, năm 1970, tr.11.

③ Nguyễn Đăng Duy, *Văn hóa học Việt Nam*, Nxb Văn hóa thông tin, năm 2002, tr.243-245.

首先，正是因为对人死后的灵魂世界所持的坚定不移的信仰，才使得祖先崇拜在越南人的精神生活中根深蒂固，它也是越南人祭祀有血缘或地缘关系的亡魂的信仰基础。祖先崇拜和对有血缘关系的亡魂（如"祖姑"）的祭祀在越族家庭中占有重要地位，它所体现的灵魂观念是明显而深刻的。值得一提的是在越南传统家庭信仰中占有一席之地的对血缘关系亡魂的祭祀。越南人认为若家中未婚年轻人在某个时刻非正常死亡，死后托梦或通过其他形式让活着的亲人感应到，将是非常灵验的。这些亡魂去世3年后可与祖先共用一张供桌（但也不与祖先的排位混淆），有些家庭据说有很灵验的魂灵，如五代或三代"祖姑"等，人们将他们的牌位放在一个专门的神龛里供奉。

其次，在精灵观基础之上产生的神灵观支配着越南人在家庭界域内对如天神、时间神、山神、五虎神等的祭祀和信仰，它们被视作具有神秘而抽象的"灵魂"，其作用是为人排忧解难、消灾降福。祭祀它们一般都有固定的日期，遇到对家庭来说重大事件或天灾人祸时也举行祭祀。越南家庭信仰中对星的崇拜是因为人们将星的变化这一神秘的"有灵"力量与自身的吉凶祸福相联系，由此产生了对不同类型星辰的祭祀，如掌管年龄命运的星辰太阳星、太阴星以及灾星白虎星等。

再次，对庭院内树精的祭祀属于精灵崇拜的范畴；而单从祭祀的目的来看，越南家庭对"前主"的祭祀也具有鬼灵信仰的性质。祭祀精灵、鬼灵的目的主要不是为了祈福，而是为了避免它们的骚扰而禳祸。树精的祭祀场合往往是家里有人生病、家中东西被偷等，人们将其归咎于树精发威以示自己的存在，此时要在树根处设置供桌祭祀树神。"前主"则是已故的房屋前主人，人们认为即便他已经过世，还是会常常光顾故居的无形世界。所以，新主人要立供桌祭祀"前主"，以避免亡魂的骚扰。祭祀精灵或鬼灵一般没有固定的日期，主要在家人有病或灾时才被动祭祀；并且，对鬼灵、精灵的供桌或神位一般位于庭院中，祭祀也在庭院中进行。可以看出，在家庭界域内，"恶"与"鬼"的概念是缺位的，唯有如此，才能保证家的安全。

五、鲜明的"家"的界域观念

越南家庭信仰体系体现了越族人鲜明而强烈的对"家"之界域的认知。"家"是人们最基本的视觉，它主要通过祭祀的对象和方式而在历时、共时的家庭成员界域和空间界域中表现出来。首先，越族家庭中的祖先崇拜传达了人们对家庭人员组成的界域意识：从家庭祭祀的祖先范围以及祭祀者的范围，可以判断人们意识观念中家庭成员的纵向及横向组成情况。纵向是从自己算起上溯4代以内的直系血亲，即考（妣）、祖考（妣）、曾祖考（妣）、高祖考（妣）和包括姑、姨、叔、伯在内的旁系血亲。"祭祖如祖在"，在人们的观念中，虔诚的祭祀可使阴、阳间的人保持密切的联系，这样祖先们的灵魂则可穿越阴阳之隔，时刻保佑子孙后代，他们代表着家族的本原，因而在家中占有至高无上的地位；家中晚辈去世后也依然是家中的一员，也可享受到家中香火，这是越南传统家庭跨越时空的纵向建构。而祭祀者群体则反映了家庭成员的横向组成，主要包括家长、女主人以及内亲、外亲等。我们看到，在越南的传统家庭中，人们的观念意识基本上是"上溯"的，这使得其家庭的界域可以跨越时空的阻隔，实现几代人之间的对话。"家"是一个连续的整体。

在家庭的空间建构方面，传统中国的"五方五土"观念深刻地影响了越族人的宇宙空间观和他们对世界万物的哲学观，这一认知观念也通过家庭对诸神的祭祀体现出来。如在祭祀土公神的牌位上写着"本家东厨司命灶府神君，本家土地龙脉尊神，本家五方五土福德正神"，土公即家庭土地神，其职责范围当然限定在家庭界域内，而"本家土地"和"五方五土"正是对家这一界域范围的认知和强调。对财神的祭祀同样也体现了这一界域观，人们将财神定位于"五方五土龙神，前后地主财神"，即其所辖界域都是以家为中央的东西南北四方；五虎神也满足了人们对家庭东西南北中五方安全保护的需要。只有当这个以家庭房屋为中央、向东西南北四方一定范围内辐射的"家"的界域得到天上、地下和人间无形世界中祖先及神灵们的庇佑时，人们才感到是安全的。

以上从五个方面论述了越族家庭传统信仰体系的基本特征，这些特征突显于其作为民俗信仰的基本特征基础上，体现了这个信仰体系的传统文化内涵，有着鲜明的民族性和界域性，值得深入研究。

参 考 文 献

[1] 贺圣达. 东南亚文化发展史 [M]. 昆明：云南人民出版社，2011.

[2] 黎正甫. 郡县时代之安南 [M]. 上海：商务印书馆，1945.

[3] 吕大吉. 宗教学通论新编 [M]. 北京：中国社会科学出版社，1998.

［4］吕微. 神话何为［M］. 北京：社会科学文献出版社，2001.

［5］王晓朝. 宗教学基础十五讲［M］. 北京：北京大学出版社，2003

［6］阮朝国史馆. 钦定越史通鉴纲目［O］. 卷二十四.

［7］赛代斯. 东南亚的印度化国家［M］. 蔡华，杨保筠，译. 北京：商务印书馆，2008.

［8］Đặng NghiêmVạn. Điểm qua tình hình tôn giáo hiện nay trong "những vấn đề tôn giáo hiện nay"［M］. Hà Nội: Nxb Khoa học xã hội, năm 1994.

［9］Đinh Gia Khánh. Văn hóa dân gian Việt Nam trong bối cảnh văn hóa Đông Nam Á［M］. Hà Nội: Nxb Khoa học xã hội, năm 1993.

［10］Ngô Đức Thịnh. Tín ngưỡng và văn hóa tín ngưỡng Việt Nam［M］. Hà Nội: Nxb khoa học xã hội, năm 2001.

［11］Nguyễn Đăng Duy. Văn hóa học Việt Nam［M］. Hà Nội: Nxb Văn hóa thông tin, năm 2002.

［12］Phạm Đức Dương. Văn hóa Việt Nam trong bối cảnh Đông Nam Á［M］. Hà Nội: Nxb Khoa học xã hội, năm 2000.

［13］Phan Kế Bính. Việt Nam phong tục［M］. Hà Nội: Nxb Văn hóa Thông tin, năm 2001.

［14］Toan Ánh. Nếp cũ - tín ngưỡng Việt Nam［M］. Hà Nội: Nxb Khai trí, năm 1970.

［15］Trần Ngọc Thêm. Tìm về bản sắc văn hóa Việt Nam［M］. Hà Nội: Nxb Thành phố HCM, năm 2001.

略论印度佛教怛特罗成就师

■ 中国社会科学院　李　南

【摘　要】从8世纪始至13世纪印度最终被穆斯林征服，佛教怛特罗与印度其他怛特罗教派在印度宗教中逐渐占据主导地位。此时，佛教怛特罗的代表人物——佛教成就师们走上历史舞台。他们来自社会各个阶层，犹如一群英勇无畏、自由不羁的反叛者，对于其时一切固有的典章制度、道德规范、风俗习惯乃至正统的经典学说展开无情的揭露和猛烈的抨击。成就师们执着追求的，是佛教的终极成就——证悟佛觉，亦称作大手印。大手印是对于终极的怛特罗奥秘——无二观的最高体验，其修习方式不仅独具一格，且惊世骇俗。一般认为，首位传承大手印法者为大成就师沙罗诃。

【关键词】佛教；怛特罗；成就师；沙罗诃

一、成就师及其地位、成就法

自8世纪始，佛教怛特罗与印度其他怛特罗教派在印度宗教中逐渐占据主导地位。其时，印度西北边陲一股具有毁灭性打击的可怕力量正在日益增长，而在印度本土，曾经煊赫一时的笈多王朝诸多继承者之间却陷入自相残杀的纷争之中，印度的主流文化正走向衰落。旧有的体制日渐失效，社会却依旧固守着保守的种姓制度。由于各种僵化的形式主义统治了社会生活，故而繁缛的仪式仪轨左右着宗教，烦琐的经院哲学主导着学术理论。此时，穆斯林军队大敌压境，进而长驱直入，带着宗教的偏执与狂热大肆烧杀掠夺，以剑与火逼迫人们皈依伊斯兰教。形势如此危急，印度却犹如一盘散沙，缺少一个充满生气、同仇敌忾的社会力量与强敌对峙。值此山河破碎、民族危亡之际，印度转而乞灵于具有古老传统的怛特罗。因为怛特罗具有坚定的不二之玄学体系、自然本能解脱的学派，以及大批吃肉喝血的凶恶神祇，能够为抵御外侮带来毫不妥协的精神力量和强大的精神支柱。于是，怛特罗的影响首先在前线国家乌底衍那迅速增长，继而又在东印度的波罗王朝获得大力发展。

从8世纪始至13世纪印度最终被穆斯林征服，精彩纷呈的古老印度文明放射出最后的璀璨光芒。虽然国内绝大多数艺术成果都被穆斯林摧毁，然而波罗王朝在孟加拉、比哈尔、奥里萨和阿萨姆留下的大批精美雕像，波罗王朝帝王们建立的许多气势恢宏的大学遗址，以及绚丽多姿的卡杰拉霍神庙群，均见证着怛特罗艺术天才们卓越的创造能力。卷帙浩繁的怛特罗典籍，彰显出这一时期印度文化独有的精神气质。其中的佛教怛特罗典籍，生动描绘了那些代表印度文化的精神气质、目的和理想的人，那些具有变革社会之创造力的创始者和教化大众、使之皈依佛法的引导者，亦即怛特罗之路的导师和楷模，这些人被称作成就师（悉陀师）。何谓成就师，从字面上解释，成就师（siddha）就是成功达到其禅修目的的怛特罗行者。其获得的成就被称作成就（siddhi，悉底）。成就具有法术神通和佛觉佛果两个层面，前者指的是世俗层面，后者指的是终极层面。据称，成就师有84位，皆为修炼佛教怛特罗的著名行者。

84是个"完整"或者"圆满"的数字。因此，84位成就师可被视作以怛特罗方法修炼的成千上万个行者中的代表原型，堪称高手和典范。在7世纪中叶之前，怛特罗佛教尚未得到充分发展，仅仅在师徒之间秘密相传，秘密修炼，虽然形成一个不间断的传承链条，然而在这初始阶段，关于怛特罗的情况世间鲜有人知，其传承之链更是无人知晓。约成书于公元三四世纪的《文殊师利秘密仪轨经》（*Mañjuśrīmūlakalpa*）与《秘密集会》（*Guhyasamāja-tantra*）等典籍的问世，使得怛特罗佛教逐渐得以披露。嗣后，有关建立金刚乘年表的更多资料问世，这些资料呈现出一些重要的师徒传承表。某些零散的记录在多罗那他的著作和松巴堪布·益西班觉著《如意宝树史》中发现，而西藏的资料《八十四大成就者传》则系统地记载每一位成就师的传略。他们的名字是：

1.卢伊巴（鲁伊巴，Luipā）；2.黎拉巴（游戏金刚，Līlāvajra）；3.毕鲁巴；4.宗比巴（董比巴）（董比呬鲁迦，党比黑鲁伽，Ḍombī Heruka）；5.沙瓦力巴（舍巴里巴，Śabaripā）；6.沙拉哈巴（沙罗诃，Saraha）；7.吉嘎力巴；8.米那巴；9.果阿嘎（牛护）；10.卓朗卡；11.韦那巴；12.香底巴；13.登底巴；14.札马力巴；15.嘎卡巴；16.龙猛（龙树，Nāgārjuna）；17.纳嘎那巴（波杰巴，甘赫巴，Kānho-pā）；18.嘎拿力巴（圣天菩萨提婆）；19.达卡那巴；20.那洛巴（Nāropā）；21.夏力巴；22.提洛巴（蒂洛巴，Tailopā，Tilo-pā）；23.札查巴；24.巴查巴；25.杜甘帝；26.阿卓基；27.嘎拉巴；28.多毕巴；29.甘嘎那；30.甘巴拉；31.顶嘎巴；32.班德巴；33.当底巴；34.古古力巴；35.古吉巴；36.达马巴（达摩巴，Dharma-pā）；37.马希巴（Mahīpā）；38.阿津达；39.巴哇希；40.那力拿巴；41.布苏固巴（寂天菩萨）；42.印打菩提（因陀罗部底，Indrabhūti）；43.梅果巴（Meghapāda，Mekopā）；44.果达力巴（多杰巴）；45.甘巴力巴；46.札连达拉（珈蓝陀里巴，Jālandharipā）；47.拉呼拉（罗怙罗，Rāhula-pā）；48.丹马巴；49.多卡力巴；50.梅帝尼（Medinī-pā）；51.山卡札；52.甘帝巴；53.卓吉巴（Yogī-pā）；54.札鲁吉；55.葛鲁拉；56.鲁吉卡；57.拿古纳；58.札雅南达；59.巴札力巴；60.赞巴卡；61.毕夏拿；62.帝力巴；63.古马力巴；64.札巴力巴；65.玛尼巴札（宝贤，Manibhadrā）；66.梅卡拉（Mekhalā）；67.噶拿卡拉（Maṅkhalā-pā）；68.噶拉噶拉；69.甘大力；70.达忽力；71.邬笛力巴；72.嘎巴拉；73.吉拉巴拉；74.沙嘎拉；75.沙瓦拉噶；76.纳卡波笛（龙菩提）（Nāgabhodhi-pā）；77.达力嘎巴（陀里迦巴，Dārikapā）；78.布达力巴；79.巴拿哈；80.郭卡力巴；81.阿南科（无记金刚，Anaṅgavajra）；82.拉克希米噶拉（世尊母罗希米，Lakṣmīṅkara，Bhagavatī Lakṣmī）；83.沙母达；84.恰力巴。

　　作为众多佛教怛特罗成就者的杰出代表，这84位成就师应该是历史上的真实人物，因其独特学识与精神成就而蜚声于那一时代的佛教界。许多经籍与歌诀皆由他们创作，一部分以原文形式保存，大部分则存留于藏文译本中。

　　对于成就师活跃的年代，学界历来众说纷纭，莫衷一是。如大成就师沙罗诃（Saraha），多罗那他与《如意宝树史》的作者松巴堪布·益西班觉均认为他是佛教怛特罗，尤其是大手印学说及其修行活动的最早作者和弘传者之一。著名印度梵文佛教学者巴达恰利（Bhattacharyya）也将其列为成就师中第一人。关于沙罗诃生卒年代，存在不同说法。我国有些藏学家如刘立千、克珠群佩等人认为活跃于公元2、3世纪的龙树为沙罗诃的亲传弟子，照此推断，沙罗诃应为龙树的同时代人。巴达恰利亚认为沙罗诃活跃于公元7世纪，因为他与法称（Dharmakīrti）（公元600—650年）生活于同一时代。西方学者大多主张沙罗诃是8世纪前后的人。而印度著名藏学家罗睺罗·桑格利德亚耶纳（Rāhula Sāṅkṛtyāyana）则认为，沙罗诃是大手印法门与胜乐系的首位上师，堪称成就者传统的奠基人。虽然迄今尚未发现其确切年代的证据，然而，由于已知沙罗诃在那烂陀时曾师从于师子贤（Haribhadra），而师子贤是波罗王朝第二位大帝法护王（Dharmapāla）（公元770—815年）的同时代人，故沙罗诃理应活跃于其统治时期。此外，沙罗诃的继承者是天护王（Devapāla）（公元810—850年）的同时代人，似可将他与法护王统治时期，特别是将他与始于那烂陀的佛教复兴联系起来，因而沙罗诃的生活年代应该为8世纪后半叶至9世纪上半叶，罗睺罗甚至将其诞生年代精确到了公元769年。另有学者认为，《八十四大成就者传》所列第一名卢伊巴（鲁伊巴，Luhī-pā）极有可能与纳特派（nātha）① 的圣贤鱼主② 同时代，后者大约生活在公元10世纪初期。成就师龙树（龙猛，Ngārjuna）生活在公元10世纪，蒂洛巴（Tīlo-pā）与孟加拉的摩醯巴拉（大地之主，Mahipāla）国王一世（公元988—1038年）同一时代，而那洛巴（Naropā）是他的弟子。札连达拉（珈蓝陀里巴，Jālandharipā）与纳嘎那巴（波杰巴，甘赫巴，Kānho-pā）同样也生活在约11世纪中叶。如此看来，最为著名的大成就师皆生活于10世纪和11世纪。有些成就师可能活跃于12世纪，而大部分成就者的年代似可定位于11世纪。

与以往的佛教法师迥然相异的是，成就师的家庭背景多种多样，所扮演的社会角色也是各不相同。他们的身影几乎遍布印度社会的各个阶层，既有王公贵族，又不乏贩夫走卒、引车卖浆者流，包括了国王与大臣，僧人与瑜伽行者，诗人与乐师，工匠与农夫，主妇与妓女等等。其中，80位是男性，4位是女性，共有5位出家众，即香底巴、龙树、卡那力巴（圣天·提婆）、夏力巴以及布苏固，其余则是在家瑜伽士。尤其值得一提的是，他们当中，还活跃着不少的低等种姓者。84位大成就师中，最振聋发聩的名字是蒂洛巴、那洛巴、沙罗诃、鲁伊巴、甘帝巴和董比巴等人。他们是生活在社会底层的草根大众中的杰出成就者，是游走四方行乞的瑜伽术士。在弘扬佛法时，多采用真言、手印和怛特罗等法门，而不是通常意义上的传法。

成就师们犹如一群英勇无畏、自由不羁的反叛者，对于现行一切固有的典章制度、道德规范、风俗习惯乃至正统的经典学说展开无情的揭露和猛烈的抨击。他们反对婆罗门教的说教和仪式，反对婆罗门的梵文八股，反对偶像崇拜，即使对佛教金刚乘的形式主义亦持有异议。他们运用中古印度阿波婆朗娑

---

① 纳特派是当时行瑜伽修习的另一教派。对于该教派的定义，印度学界尚未形成统一观点，认为其属于佛教、湿婆教派，抑或为两种教派之混合的观点都有。

② 又称摩阐衍陀罗那陀、鱼因陀罗主（Matsyendranātha），为印度纳特崇拜第一代人间导师。

（Apabhrams）俗语，创作出双行诗（Doha）和修行诗（Charya pada），并编辑成《双行诗库》（*Dohakoṣa*）。在这些神秘的歌诀中，成就师们以犀利的笔锋，对于僵化刻板而又难以消除的旧有的风俗习惯，对于社会难以摆脱的腐朽的种姓制度，对于没落繁缛的宗教仪式，对于故弄玄虚、烦琐无益的学说理论以及大量的社会和宗教的弊病，进行了淋漓尽致的揭露和毫不留情的抨击。他们热情讴歌自然的生发和新鲜的活力，故而其教说无不与丰富多彩的现实生活息息相关，而非死气沉沉、枯燥无趣的形而上的玄学思索。他们尤其强调世间生活的理想，并不主张自我苦修，自残或者出家遁世，热衷于向普通民众宣传通过瑜伽修炼来取得"成就"。但也不可否认，成就师们所宣扬的宗教观点往往含混不清，语言亦较随意。此外，尽管他们思想类同，行动上却缺乏一致性，几乎不受教规戒律的束缚。

大部分成就师生活于东印度的帝国波罗王朝时期。在几代波罗帝王的慷慨赞助下，佛教怛特罗获得了蓬勃发展。佛教大学在超戒寺和苏摩普利寺（Somapuri）建立起来，而古老的那烂陀寺大学更是规模宏大，声名远播。经过数代人的努力奋斗，那些以鲜明的战斗性著称的成就师开始掌握一些世俗权力，其影响逐步扩大。此时，社会对于怛特罗的态度变得更为包容，在相当程度上开始接受其义理。怛特罗的一个重要特点是具有灵活性和可变通性，谙熟兼收并蓄之道。在此，有必要对怛特罗的悠久历史做一个简短的回顾。最初，它是属于前雅利安的、对于大母神的部族崇拜，与原始的生殖崇拜一脉相承。之后，它又属于印度教社会的低等种姓和贱民阶层，旨在各种世俗的目的，例如治愈疾病等，其主体部分是顺势巫术和模拟巫术①，这成为怛特罗各教派崇拜的内容。经过数个世纪，当怛特罗变得"梵语化"和更为精深微妙之时，这些教派吸取了婆罗门教的神祇、仪式和真言咒语的元素。随后，奥义书的哲学，钵颠阇利（Patanjali）的《瑜伽经》和大乘佛教哲学的内容亦被吸收进来。于是，怛特罗完成了一个关键性的变革，由一个只重仪式的法术神通之体变身为一种救世神学的体系，以从人类之苦中获得解脱为其终极目标。怛特罗佛教传承谱系中的第一批成就师，大概是由髑髅派（Kapalikas）信徒、与之相似的原始湿婆教派以及持异端的左道邪说的佛教僧人组成。不过，初期有关佛教怛特罗的教义学说及其修行仪轨，除了

---

① 按照原始思维，相同的因可以导致相同的果，亦即具有相同特征的事物可以导致相同的结果。原始人及其巫师们认为，只要通过模拟活动（在原始宗教中便是"顺势巫术"或"模拟巫术"），人们便能够实现自己的愿望。

在师徒之间口口相传，基本上秘不传人。究其原因，大约主要是为了避开婆罗门正统派的敌对与攻讦。因为，怛特罗以实际行动坚决反对婆罗门至上，并倡导食肉、饮酒等行为。而在一些受到性力派影响的怛特罗中，还描述了不可接触者与再生者修习者的性交媾等修持活动。这些对于婆罗门来说，不啻深恶痛绝。直至《文殊师利根本仪轨经》与《秘密集会》的相继问世，这一局面才得以改观。《文殊师利根本仪轨经》起源相对较早，约成书于4世纪至9世纪，是大乘佛教发展为金刚乘的转型之作，具有承前启后的作用。该经被视作第一部真正意义上的佛教怛特罗，这部怛特罗大约编订于6世纪或者7世纪，但直至因陀罗部底（？）于8世纪将其"揭示"于世，其最终形式才得以完成。

佛教怛特罗在戒律方面十分宽松，例如，它允许蒂洛巴等成就师保留其世俗的身份、财产和乐趣。此外，它不分种姓和性别，向所有人敞开大门，这些都使它颇具号召力。此时，社会对于佛教怛特罗的接受度已经空前提高。在这一点上，许多大成就师功不可没。众所周知，佛教在其以往的各个阶段，包括原始佛教、部派佛教、大乘佛教中，皆出现了印度最伟大的思想家。同样，成就师当中也不乏杰出的智者，他们为许多重要的怛特罗经典写出注疏。为了与大乘义理、伦理观保持一致，在作疏的过程中，当遇到意义不明或产生歧义的情况时，他们会删去可能背负污名或者粗俗的修炼活动的迹象。

成就师以何种面目示人呢？其时，对于普通的印度民众来说，"成就师"一词首先引出的就是具有神通法术的力量。倘若一位瑜伽术士能够穿墙、升空、飞天、变水为酒、治愈病患，或者精通读心术，就应该冠以成就师的称号。而这位行者往往形象怪异，行动诡谲，经常身涂尸灰，眼神疯狂，闪闪放光，以歌声感动得自己和他人落泪。他一现身就使得街头混混儿安静下来，甚至令贞女离家出走。他长发飘飘，每每在发髻中佩戴一个不可坏灭的标识——金刚。他用髑髅碗吃饭，同鸟儿说话，与麻风病人共眠。他既可能是身世显赫的王公贵族、达官显宦，亦可能是一位普通的僧人、毫不起眼的农夫，抑或是一名地位卑下的奴仆、流浪乞丐。凡夫俗子无法得知他的真实身份。然而，在这吊诡的外表之下，成就师们执着追求的，却是佛教的终极成就——证悟佛觉，亦称作大手印。

二、大手印及其传承

大手印（mahāmudrā），音译是"摩诃穆德罗"。"摩诃"意为大，伟大，亦有无限之意。"穆德罗"即印契，与法印之"印"同义，是以世间国王印玺，譬喻法王佛陀亲许的佛法宗要。手印（mudrā，穆德罗）亦指一种姿势、运动或象征；在密教中，往往是指修法时行者双手与手指所结的各种姿势，亦称印相、契印、密印，或单称为"印"。它属于本尊①身、语、意三密中之身密，是修行者为了表达与诸尊本誓同一而于指间所结的密印。藏传佛教认为，大手印属于无上瑜伽部，意为佛祖亲手印定，为殊胜无上佛法心髓，故为"大手印"。此处，于"大印"之中加上"手"字，为尊称佛之手，并表示无二分别、空乐智慧。"印"亦代表佛之无二分别智，且此智为最上秘密殊胜智慧，好似印契，说明万法无不与佛之妙智一一契合，更无一法能够逾越此智。至于称其为"大"字，依照《大手印明点续》所言："'大'者，谓更无深广殊胜，有过于此。而综合诸法，惟此为最高无上，故名大手印。"②因此，佛教怛特罗认为，大手印虽是佛法的一种，却将一切教法包含其中，并将一切教法之精华集于一体，可见其殊胜地位不可撼动。因此，大手印所要成就的，不是别的，正是证悟佛觉。大乘佛教认为佛有三身，即法身、报身和应身。法身清静无为，证显真如的自性法体，具足一切功德智慧；报身是指菩萨经过波罗蜜（到彼岸）的修行与誓愿的完成，因一切功德圆满而得到报果，成为具有住纯净之土、恒受用法乐之身的佛陀；应身是如来为了教化六道众生，根据不同对象的需要而变化出的各种形象的佛身。在晚期金刚乘中，三身佛的思想更多地体现在性修行仪轨中。同时，该乘主张，除三身之外，佛还有第四身，为俱生的佛陀，俱生身与其他三身合为一体，四身为一不二，此亦可称作大手印。大手印是辉煌的标识，至高的姿势，绝对的真理。人们常用许多极其艰深难解的词语解释术语大手印。然而，抛开这些，在无上瑜伽部母续中它与一个至高真实（胜谛）的重要象征——女阴同义。还需指出的是，金刚乘认为，真正的大手印需经金刚乘第四灌顶授予方可称之为大手印。

大手印之传承，应该源自印度佛教大成就师。如前所述，一般认为，首位传承大手印法者为大德沙罗诃大师，所传教法属"俱生乘"（sahajayāna）。据西藏多罗那他《七系付法传》所言，沙罗诃是龙树之师，并首度开启大手印教法之传承。其传承谱系依次为沙罗诃——龙树——舍婆黎——卢伊波（卢伊巴，鲁伊巴）——征吉波——谛洛巴（提洛巴，蒂洛巴）——那洛巴——钟毗波——俱萨罗跋陀罗。谛洛巴传人那洛巴，是东印度超戒寺"六贤门"之一，他很有可能在那

---

① 本尊系指密教行者所依止的佛菩萨。

② 刘锐之：《诸家大手印比较研究》，第一章"大手印之命名与摄义"，张曼涛主编：现代佛教学术丛刊（74）《密宗仪轨与图式》，台北：大乘文化出版社，1979年版，第308页。

烂陀寺做过主持。他的门人很多，弟子当中，值得一提的是大译者玛尔巴。因为那洛巴大手印教法的精髓，正是通过他传承给米拉日巴、冈波巴和一批西藏的大成就师，从而使得大手印教法得以在西藏传承，弘扬发展。而依据《祝袚大手印》等典籍，谛洛巴一系大手印传承可上溯至佛灭百年许的胜喜金刚。此外，还有说法称萨罗诃之前大手印系的传承始自金刚持，传至金刚空行母——金刚手—萨罗诃，又由萨罗诃递传龙树——提婆——月称——马当格——谛洛巴。概而言之，印度金刚乘诸家大手印教法皆出自萨罗诃。正如在《青史》、《大手印法门谭》中西藏著名大成就者郭沧巴（1189—1258年）所说："对于释迦世尊教法，说名大手印超越道，首倡者为萨罗诃。"①

萨罗诃的诗颂中，以一句"平常心念住本体"②之语概括了大手印修要，明确指出行者可于世俗事务、日常生活中修持大手印定，而不必拘泥于坐相，亦无需远离世间。沙罗诃颂又云："种种行相无根本，犹如疯狂无定事，无作之行如孩童。"③意指任运而行，悲空双运，随缘修行六度，度化众生，与此同时，却又任持自性明体刹那不乱。这些大手印修持者每每偕密行伴侣于阴森的寒林冢墓中、荒僻的峰峦密林里以及熙攘的闹市之路口修行。他们噤声，乞食，行头陀事。对于世人的讥笑嘲讽，攻讦污蔑，甚或谩骂殴打，他们皆视而不见，心若止水。可谓在种种顺逆境缘中保持明体刹那不乱，不起一丝杂念，无所畏惧，犹如狮子，又似虚空，不依一切。

大手印成就（mahāmudrāsiddhi）总是伴随着世间成就，共有八种，一般称作八种共通成就。八种共通成就在成就师不同的传承谱系中，名称会有些许的变化。较为常见的说法为：宝剑、丸药、眼药、神行、金丹、飞游、隐身和土行。或谓不同的名称：1.宝剑升空；2.开天眼；3.丸药长寿；4.神足；5.采精英；6.护毒靴；7.水银；8.掘伏藏宝。

这里的丸药或曰仙丹，属于摄生术，指的是一种服后能增长色身精力的药。具体说来，就是将花、草、药、石等制成药，以期延年益寿，与道教的金丹术相类。据称，大成就师中，不少人深谙此术。例如夏力巴大师便修炼水银摄生术达十二年之久，历经曲折之后，在修法器具中炼出红色余甘子④，表明摄生术已

① http://cidian.foyuan.net/list168/42/佛教大词典《中华佛教百科全书》。

② http://cidian.foyuan.net/list168/42/佛教大词典《中华佛教百科全书》。

③ 刘锐之：《诸家大手印比较研究》，第九章"道大手印"，张曼涛主编：现代佛教学术丛刊(74)，《密宗仪轨与图式》，台北：大乘文化出版社，1979年版，第336页。

④ 即橄榄子，为古代辟谷摄生术药物之一。

修成。他随即与妻儿及一匹马将余甘子服下，皆获悉地。后龙树菩萨曾向其求此法。

"眼药成就"也值得一提。此处的眼药，并非医治眼部疾患的眼药水或眼药膏，而是成就神奇透视功能的眼药，可以透视地下矿藏，还可隔墙、隔山看东西，皆毫无阻隔。"眼药成就"又称"眼力成就"，共八种，包括将物体击落、变形、移动、复原；以眼观驯服猛兽、使恶者向善、令死者复生等等；宣扬密法之神通广大，不可思议。之所以在八大成就中"眼药成就"往往名列前茅，盖因眼睛是心灵的窗户，眼力每每反映了心灵之力。不过，此眼药需依明咒加持，依法修得，而行者不仅要外表持咒，还需将内在的气脉转化，并具足福报，而后方可获得眼药成就。

八大成就中的"隐形"成就也较引人注目。隐形往往借药达成，关于此法，有悉数获得八大成就的龙树的故事为例：龙树大士早年未修佛法前，便已遍学世间学问，且学识超群，却又不满足于此，极想获得法术神通，以便取乐。后得偿所愿，向一位隐士求得隐身药丸。龙树等四名青年随即依仗隐身之术，出入王宫玩乐，并使一些宫女怀孕。国王闻悉详情震怒，令人将宫门紧闭，又命百名武士手持刀剑向空中乱砍，龙树的三个朋友被杀现形。而龙树本人却逃过此劫，因为他躲在国王背后，求佛加持，发誓此番若能保住性命，定将真心向佛，努力学佛。后来龙树果然持守誓约，终成佛教八宗之祖。

当然，这些成就虽然神奇，但还属世间成就，而非至高成就。最高超世成就是证悟佛果而成佛。

对于上述法力，既可作字面上的释义，亦可作譬喻性的释义，如何解释需视信仰和理解而定。如是，穿墙术既可从字面上解释为一位成就师激发出信徒们信仰的神通之力，亦可作譬喻性的解释，说明真实的性质如梦如幻。在此，一切事物皆被体验为光和空。一切成就必须根据基本教义——"唯识无境"来理解；对于成就者来说，并无身/心、物质/精神的不二区别。此外，这些成就的一大作用，是它们在修持成就法（修习法）（sādhana）达到大手印成就的过程中，可作为一种重要的技术辅助手段。

三、修行活动

大手印是对于终极的怛特罗奥秘——无二观的最高体验，无二观亦即主观/客观、能知/所知、我/他的结合。

　　行者要想证悟这种大手印中的同一无二，首先必须消除自我与他人之间的隔阂障碍。当成就师具备了能够完全感召其追随者的能力时，一片天地刹那间为他打开。此时他已经获得知人心思、先知先觉的神力，得以指导追随者修持成就法。与此同时，随着终极神秘体验的悟得，成就师充满大悲情怀，自然地完成了菩萨誓，亦即承诺自利利他，并毫无偏执地采用任何所需的方式与途径。

　　成就师常以情人的性关系作为上述无二观的最佳譬喻，谓虽然二者达到圆满和合，但是各自的身体却是分开的。大手印结合中的二元成分是方便（善巧、手段）与智慧（般若），方便又等同于男性，而智慧等同于女性。因此上师代表了为获得佛觉的清净大乐而必要的方便，而荼吉尼（空行母，Ḍākinī）带来了圆满洞察力与智慧，清净识与大乐。那么，与此相应，大手印的修习法门，就可以理解为双修之法。如是，方便与般若，构成了大手印修法的基本的二元成分。在不同的成就法中，对其义理、修行次第、修行目的的解释可能不尽相同。不过，一般来说，方便皆被称作"悲"，而般若则为"空"。在此同一无二之和合中，悲系指菩萨以千变万化的各种方便对于大千世界的需求所自然生发的感应。这些善巧方便由包括一切怛特罗神祇的整个神殿显示，特别是由忿怒神佛显示。因为他们代表了将负面力量嬗变为清净欢喜之万应灵药的精神力量。与男性的悲并列的是女性的空。般若的完整定义，即是证悟诸法万物的本质为空的深刻洞察力。或曰，空具有证悟清净、无二识的能力，这种识是本能地自我证悟"无生"的各种表现形式。当悲与空结合时，无论成就者的方便以何种特定的形式表现，它都被赋予自我证悟和空的特性，是荼吉尼的赐福。

　　引人注目的是，金刚乘成就者的修行目的和方式，与他们同一时代其他教派，例如湿婆兽主派瑜伽行者（pasupata saiva yogin）的苦行目的与方式并不完全相同。后者折磨自己的身心，甚至不惜以自残自弃的方式实施严苛苦行。而成就者往往颇为享受其修持过程。他们期望通过修持消除罪愆，获得清净，达到解脱。纯正密教的主要经典《金刚顶经》（《金刚顶一切如来真实摄大乘现证大教王经》）卷上的一段著名论断"奇哉自性净，随染欲自然，离欲清净故，以染而调伏"①，明确指出，修习者若想达到离欲清净之目的，需要通过以染欲调伏的各种途径来完成，亦即由贪染供养三昧。根据"事事无碍"的教说，可以衣食供养，可以歌舞供养，也可以五欲所要求的任何方法供养。《佛说最上根本大乐金

---

　　① 《大正新修大藏经》第18卷，第209页中。

刚不空三昧大教王经》卷三称,"云何清净法?谓大欲大乐"①,此处的染欲主要还是指利用两性关系进行的性修炼,即"大欲大乐"。在晚期密教金刚乘阶段,"大乐"即是涅槃,其本性为终极殊胜真理,其状为空与悲或者般若与方便的无二结合,是一切诸佛的智慧体现。入大乐系的秘密法门,即能"成就诸佛自性","即身成佛",甚或"刹那成佛"。可以说,成就者们对于金刚顶经这一说教的身体力行似乎达到了登峰造极的地步。他们声称,"世界充满自然欢乐。跳舞唱歌,享受它!""享受你的感官之乐,不过,切勿沉湎其中。当饮水时,不要沾湿自己。"②注意,后一句正是区分成就者与耽于声色的肉欲享乐者的关键所在。于是,享乐既是成就师们修持成就法的结果,又是手段。在84位成就师当中,不少人禅修的对象就是感官之乐,如鸟语花香、音乐、性乐等等,而成就法的结果就是获得清净大乐。

有关成就师的传记,例如《八十四大成就者传》,其故事结构往往与医治病患的过程相类似,即包括症状、处方和治疗方法。仿佛是一位病人意识到自己的病症,对自己的人生经历心生憎恶懊悔,愿意不惜一切代价治愈此症。其时,一位上师必然出现,在弟子的恳求下,上师为其灌顶,赐予教诲,根据他的根器资粮制定禅修方案;有关的禅修指导通常是指生起次第和圆满次第。而后,弟子在上师的悉心指导下正确修持其成就法,并终获大手印成就。在这一过程中,最初的病症被治愈。成就者在他的有生之年证得佛位,在自身中到达荼吉尼天界。

这些传说无一例外皆强调上师的绝对重要,强调上师的不可或缺。对于弟子来说,首要的条件是,他必须作为祈求者接近上师,需满怀虔敬之心、于吉时前来恳求上师给予灌顶和指教。初始阶段,弟子往往会像常人一般,简单地将上师视作一位不同凡响之人,仅仅拥有某些过人的特定知识。然而一旦进入灌顶阶段,弟子的先入之见便会消失殆尽,建立起全新的上师/弟子的关系。灌顶的要点是上师揭示出自身即为佛陀,使初入者悟得与这位上师/佛陀同一的体验。其后,初入者的基本修持活动即是反复参悟这种同一性的终极体验,并将其充分地融入他的日常生活当中。他需证悟上师/佛陀的身体与一切人同一,与一切诸法同一,将上师/佛陀的话语与一切人的语言以及一切声音同一,将其心识与遍及一切的清净无二识同一。最终,他成功地将自身与上师等同起来。因此,虽然这位初入者将会始终如一地对上师——那位在灌顶时作为佛陀化身的人保持尊重,

---

① 《大正新修大藏经》第8卷,第798页中。

② Cf. Sadhu Santideva, *Encyclopaedia of Buddhist Tantra*, Volume 2, New Delhi, India, 2001, p.406.

但是逐渐地，他的上师观获得扩展，发展为无一例外地包括一切有情，也包括他自身。这即是一位成就者必须持有的观点。

据称，许多成就者都有化身为荼吉尼的上师，还有不少成就者根本就无人类上师。无上瑜伽部可划分为父续、母续和无二续：父续强调生起次第和方便；母续偏重圆满次第和般若；无二续同等对待上述二续。母续或曰瑜伽女怛特罗广泛流行于成就者群体当中。在大成就者传说里，出现频率最高的，往往是胜乐金刚与喜金刚的名号。而荼吉尼通常是以胜乐金刚的明妃金刚亥母的形象出现。故荼吉尼的形象，便频频出现在成就者的心目中。有时，一位智慧荼吉尼现身于报身佛的幻乐之界中，在吉时为一位行者灌顶。如若他的慧根已得到充分开启，便可看到荼吉尼在面前显灵：或者闻其声，或者于观想中得睹尊容或得闻其声。有时，荼吉尼以化身显现：世间的荼吉尼常常以一名妓女或者舞女的身份在修习者面前现身。这种情形在印度、西藏及尼泊尔都可能出现，她或许会现身于酒馆或者妓院，可能是女主人，也可能是老板娘。这种将妇女与荼吉尼的同一，表现出无上瑜伽部彻底的无二性，意在表明，每一位妇女都是荼吉尼。即使她本人并未意识到这一点，甚至从未听说过荼吉尼的名字，但她依然是那位怛特罗行者的荼吉尼。即便缺乏美貌和智慧，但每一位妇女都是纯洁无瑕的迷人荼吉尼，是智慧的化身。对于一位成就者来说，荼吉尼可能是他的母亲，而对于另一位来说，她又可能是一位年轻的姑娘。显而易见，作为能够使一位修行者修习圆满次第的上师，荼吉尼是再合适不过的不二人选。她以与他结合的方式共修，一如般若与方便结合，故而以这种方式修持的现象频频发生。还有些成就者由菩萨灌顶，包括文殊师利、观世音和多罗菩萨，有些以报身的形象出现，有些则以化身的形象出现。

在成就师的传说中，上师与弟子频繁出没于尸陀林（又称寒林，是焚尸场所），并在此相遇。尸陀林具有多重象征意义。首先，它是个体自我的死亡之床；当弟子充满焦虑担忧，自暴自弃，倍感孤独，会不知不觉地在那里踯躅徘徊。显然，此处是个适合遇到上师的地方。怛特罗行者赞美尸陀林，认为它是冥思宝贵人体的理想场所，可以静思冥想诸法万物的变动不居、死亡与业报以及空性本身。它还是一个严寒冬夜取暖的极佳去处。于是，上师与弟子在尸陀林相遇了，正可谓心有灵犀一点通。在此，这位弟子对于纷乱世界而言业已死亡，却在光明世界中获得重生。豺与鬣狗在暗影中出没，发出凄厉的嚎叫，令人毛骨悚然；乌鸦和秃鹫在头上盘旋，如同豺狗一样，欲啖人肉。火葬柴堆劈啪作响，烈焰熊熊燃烧，火星四处飞舞。此时，位于体轮中的荼吉尼赞拿梨明妃①点燃并溶化了虚妄分别，焚烬诸漏和一切偏执，将它们以不灭的万应灵药的形式，滴入荼吉尼的髑髅碗中。万物放射出空性的光辉，而众有情犹如鬼魅的幻象，在尸陀林那阴森森的氛围中狂欢。此外，在尸陀林中，修习者还可发见怛特罗行者生活方式中的各种器物，例如：用作碗的髑髅，用作喇叭的股骨，用作项圈、头冠、手镯的人骨等等。如是，那些传说中的成就者在尸陀林中接受着灌顶和教诲。

在灌顶中，睿智强大的上师向初入者弟子正确地揭示出佛性，将其引入曼荼罗，识其本尊神祇。在未遇上师之前，由于自身固有的种种虚妄偏执，这些初入者大都空虚失落，精神极度痛苦，基本上未曾有过禅修体验，此时颇有顿开茅塞之感。灌顶之后便是上师的教诲。修习者需认识到，上师/佛陀的话语声音本质上是空和清净欢喜，是构成秘密教义的最重要的清净识。在教诲的过程中，象征性的联想暗示常会出现，它超越各种概念，既直接又透彻。成就者需要克服虚妄分别而聆听并领悟吸取，以防出偏走火入魔，甚至堕入万劫不复的深渊。在上师指导下修习者所精勤修持的怛特罗或曰金刚乘的成就法门，多属生起次第和圆满次第，是多种方便之道，存在着无数的可能性。其首要特征，是与大量的怛特罗修行融为一体。这些怛特罗修行主要包括：观想神祇和吟诵真言，身体瑜伽和调息，复杂的炼丹术仪轨，观想禅修，以及朝觐等等。此外，怛特罗作为一种"多种方便之道"，还动用了人们全部的日常活动作为禅修的基础，正如成就者修持的各种成就法所展示的那样。在成就师传说中，我们看到，帝王在宝座上入定，农夫在田野中修持，好色之徒在床榻上禅修，而鳏夫在尸陀林里修行。此外，行者禅修时，可能会面临种种可怕的精神错乱和令人惊骇的反常甚至邪恶的观念。然而，据称，任何一种心境都是达到修习者自身转变的途径和手段。于是，各种有缺陷的个人品格，也属于获得大手印成就的方便善巧。

在成就师的禅修活动中，经常运用炼丹术的譬喻，以解释怛特罗的禅修技巧：瑜伽行者是一位炼丹术师，混乱虚妄的心识为炼丹的原材料，清净识为金子，行者的目的即是将此原料转化为金子。而行者所拥有的原材料的性质却无关紧要。因为怛特罗的一个基本原理主张，善与恶、道德与邪恶、乐与苦都是同样的虚妄不实。但是，作为类似炼丹过程的原料，万法万物皆具相等的价值。若欲望是支配他的心毒，那么遵照上师赐予的灌顶和指导，一种控制欲望的禅定就向

---

① 即为忿努母、拙火，她首先从脐轮中发起大智之火，将人体中的色、受、想、行、识等杂染的五蕴身心一并焚毁，并以佛眼母等焚烬诸漏，除去虚妄的因缘。

他揭示出一切欲望的空性，使他认识到自己心识的究竟性质，并继而证悟整个宇宙的究竟性质，从而最终获得大手印成就。这个过程中存在的一大危险在于，初入者有可能会滥用这一义理，宣称邪恶和情欲与道德和清纯具有同样的终极性质，将其视作基本原理，为享乐主义和道德沦丧辩护。不过，由于初入者誓言绝对服从上师，灌顶时需对上师承诺誓约，这种危险可减少到最低程度。这些誓约被称作三昧耶（samaya，本誓），对于初入者来说，破坏他的三昧耶即意味着将自己与上师一并投入地狱。修持怛特罗法门风险之大，于此可见一斑。因此寻求合适高明的上师，并严格遵循其教诲，便是修习者首先的要务。

对于怛特罗修行法门的多种方便之道，《八十四大成就者传》一书做了具体的论述，并为大多数成就者所修习的生起次第和圆满次第等术语做出清晰释义。生起次第使修习者在心中观想生起智慧本尊，清净身心，从而获得成熟的成佛条件，故又称成熟道。在生起次第的禅修中，一般程序为：最初，行者需观想与空同一；其后，从空中生起一个种子真言，又从种子真言中生起曼荼罗的主神、一群附属神以及一众天女（明妃），需观想他们皆处于一座宫殿中，四周以墙和大门环绕。然后，行者以手印、真言和三摩地这三种善巧悟得曼荼罗中的神祇。而后，通过手结象征性的印契，口诵主尊神生起的真言以及观想诸神的形象，在一个与上师的心识等同的三摩地中，激发出行者的精神感应或心灵作用。最后，从行者的头、喉和心等体轮中散发出光芒，于是，这一基本的观想和吟诵次第便告结束。这些体轮与上天的上师/佛陀的体轮相应一致，因佛的三身富有活力，其散发出的光芒复又被行者吸收。于是，行者以这种方式，达到与主尊神的同一；而该尊又是佛识与佛性的体现，宣示着无二绝对真实。正是在这一点上，曼荼罗，上师的身、语、意以及行者的体验并无区别。接下来，行者的观修进一步扩充，包括对神祇的供养，祷告仪式，重温三昧耶本誓，赞美与崇拜，以及其他类似的程序。最后，观想再次融入它生起的空性之中。生起禅修可使行者证悟相对真理的性质：悟得一切现象的生起皆为虚幻不实，均为感官六根的作用，需悟得有识无境和缘起性空之究竟义理。

圆满次第教说修习者利用各种殊胜密法，包括大手印禅修、拙火瑜伽、梦瑜伽等，以及在圆满禅修中至关重要的身体瑜伽，亦即使清净大乐明点生起的方便般若和合瑜伽。此和合瑜伽即是特点鲜明的"乐空双运"的男女双身修法。圆满次第强调修气、脉、轮、明点为特色的"性瑜伽"的理论与实践，以亲证极乐极智之境界，从而使修习者悟得空性，解脱成佛，因而又称解脱道。不过，鉴于相对真理和终极真理犹如一枚硬币的两面，故生起次第与圆满次第皆指向相同的目标。上师在生起和圆满禅修的两个次第中都给予弟子指导训诲。可以说，"生起"和"圆满"次第表明了禅修蕴含的义理。前者为空是形式，亦即空即色，后者是一切事物皆是空，亦即诸法皆空。例如，髑髅碗象征着前一个原理，而碗内空空如也则象征着第二个原理。从根本上说，圆满次第禅修技巧必须在各种修习形式中直观空性，或者将这些形式融入空性中。这种身体瑜伽修持使左脉与右脉结合于中脉，将中脉与方便般若和合——大手印联系起来，并使菩提心（bodhicitta）——红白精滴在生殖轮中混合，而后沿中脉上行，依次经过位于心区的法身轮、位于喉部的报身轮，最终达到头顶莲花（顶髻轮）。这一修炼过程的正确完成，将会使悲与空、般若与方便圆满地结合，修习者也终将达致与神合一、与空合一的涅槃或大乐境界，从而达到即身成佛的终极目标。这即是将清净欢喜和空结合的瑜伽。

这种以观想、禅定、修行三位一体为结构方式的无上瑜伽部的修持活动，并无特定形式。在传说和歌诀中，它往往通过譬喻与象征描写出来。在成就师的歌诀"双行诗"中，成就者的行为以无限与俱生（sahaja）、无私与大悲为其特征。修习者在一种结合的神秘体验中参悟到清净识和空性，从而决定了他可以连续不断地、不自觉地发出大悲的行为。之后，成就者的行为领域不再受任何限制。表面上看，他似乎我行我素，无拘无束。然而此时，他的行动皆为由菩萨本誓所激发的身语意一体的活动。因为菩萨誓已充盈着他的身体，在菩萨誓的驱动下，无私之爱自然流淌，他自觉地行动着，其性质是自利利他，可视作佛业。由于他的行为具有俱生，亦即自然、自发的特征，可使他从情感与精神牢笼的桎梏中解脱出来。故而成就者不受制于以往行动的业果。

如是，在上师的正确指导下，在本人的精进勤修下，这位修习者终于证得大手印成就，从而最终在荼吉尼的天界获得终极解脱。也有说法称成就者在自己的身体中到达荼吉尼的天界，表明自他悟得佛觉后，他的生命进行了一次重演；在他终极的神秘体验中，他到达净土，在那里，他不断地与荼吉尼共舞，以这种方式存在着。据称，大多数成就者并未到达荼吉尼天界，他们仅仅完成了世间成就，却也获得长生永寿，留在世间为人类工作。

值得一提的是，成就师们几乎毫不顾及传统习俗与社会规范。根据他们的教说，一切阶级同一，男人和女人、婆罗门和董巴（Ḍomba）、国王和奴隶之间并无差别。在84位成就师中，属于低等种姓者不在少数，约一半人来自董巴、查马罗（Chamāra）、旃德拉（Chāṇḍāla）、洗衣工、制油工、裁缝、渔夫、樵夫、皮匠等阶层。此外，成就师中不乏一些人，包括著名成就师沙罗诃，原本为婆罗门种姓，却自愿成为贱民。这样一来，晚期金刚乘受到了社会低等阶层成员的热烈拥护，并似乎在不可接触者、自愿放弃种姓者和浪迹天涯的流浪者中特别流行。于是在许多情况下，上师的角色也往往由低等种姓人士担任。

这些特点，在成就师的著作中得到鲜明体现。我们看到，无我天女（Nairātmyā）被想象成一位董比姑娘或曰董比妃（Ḍombī）。在一首歌诀中，大成就师甘赫巴唱道，他将迎娶董比妃。娶她之后，他就会脱离轮回，获得再生，作为妆奁，将得到无上之界。"在众瑜伽女的陪伴下，他以与她交合度时。她日夜与他相伴。那位行者享受着董比妃的陪伴，俱生欢喜使他痴狂，哪怕片刻也不离开她。"[1]同样，布苏固巴（寂天菩萨）也描述道：中脉代表通向大乐的进程，而该进程是以一位旃德拉女子的形象出现，并且宣称自己已经迎娶了她。董比巴想象一位马单伽（Mātaṅga）姑娘驾一条船往来于恒河和耶木拿河中央，她代表无我（nairātmya），而无我通过中道将人们引向终极欢喜。沙罗诃则将无我和空性当作一位住于大欢喜之地（Mahāsukhasthāna）的沙巴里（abarī）姑娘对待。而因陀罗部底宣称，像旃德拉那样的低等种姓女子十分适合秘密修行成就法。为此目的，《秘密集会》特别推荐了洗衣工的女儿。甚至一些妇女也成为成就师，例如居住在香巴拉城（Sambhalanagara）的因陀罗部底国王的姊妹拉克西米噶拉，摩揭陀国（Magadha）的家庭主妇宝贤（玛尼巴札），以及德米科达地区的梅卡拉和噶拿卡拉断头母姊妹。

四、大成就师沙罗诃

如前所述，沙罗诃是成就者传统的奠基人，为大手印法门与胜乐系的首位上师。一般认为，沙罗诃活跃于公元8世纪后半叶至9世纪上半叶。沙罗诃的出生地是罗阇尼（Rajñi）城，巴达恰利亚认为该城位于东印度，也有人主张在奥里萨或者南印度。根据《如意宝树史》的作者松巴堪布·益西班觉和《八十四大成就者传》的描述，沙罗诃属于婆罗门种姓，父亲为婆罗门，而母亲却是一位空行母（荼吉尼）。因而沙罗诃既深谙婆罗门教义，又精通佛法，尤其对密法情有独钟。他在国王拉那巴（宝果，Ratnaphala）及其婆罗门众臣面前实施法术，创造

---

① Cf. N. K. Singh, *Buddhist Tantricism*, Delhi, India, 2004, p.30.

奇迹，从而使他们舍弃婆罗门教，皈依佛教。

之后，他来到那烂陀寺成为佛教比丘，师从师子贤，后者是著名学僧和弘法者寂护（Śāntarakṣita）的弟子。阿阇梨师子贤教授沙罗诃寂护的《中论》（*Mādhyamika*）传统以及《般若波罗蜜多》（*Prajñāpāramitā*），而佛智（Buddhajñāna）则教授他大乘学说。其后，他成为那烂陀寺的住持。据记载，离开那烂陀寺后，他造访了奥里萨（Orissa），导师兽仪轨（Viśukalapa）向他传授《秘密集会》。接着，他又前往大国（Mahārāṣtra）。他与当地一位十五岁的低等种姓女孩邂逅，同她共修瑜伽。据称，这位女孩乔装成为一位制箭师的女儿接近他，成为沙罗诃的上师与明妃，实际上是他的妻子。两人同修大手印仪轨后，沙罗诃证得圆满。从此他被称为悉陀师沙罗诃（Siddha Saraha）。沙罗诃（Saraha）还被称作沙罗诃跋德罗（Sarahabhadra）或者罗睺罗跋德罗（罗怙罗贤，Rāhulabhadra），被认为是佛教怛特罗学说和修行活动的最早作者和弘传者之一，多罗那他主张沙罗诃为《佛钵经》（*Būddhakapālatantra*）的作者，该经是佛教怛特罗的一部开山之作。佛教怛特罗从无著（Asaṅga）时代，甚至从佛陀时代起便被秘密修炼，而沙罗诃是普及怛特罗的首批大成就师之一。正是通过以沙罗诃为首的一群成就师的学说教导，佛教怛特罗修习法门首次公开，走向大众之中。

沙罗诃常常吟唱神秘主义的诗颂歌诀。他创作了大量的梵文诗颂，其译文保留在藏文丹珠尔（Tangyur）之中。近代以来，一些印度学者通过不懈努力，陆续校勘出版了沙罗诃诗颂的梵文本以及英译本。《三组双行诗》（*The Three Cycles of Dohās*）是沙罗诃最为著名的诗作。每一组由 100 多节诗构成，以阿波布朗舍语写出，格律采用了双行诗的形式。除此之外，沙罗诃还有修行诗问世。

在诗作中，沙罗诃借助于描摹自然与人类的明喻和隐喻的手法说明大手印的性质，并解说如何运用俱生乘的方法获得大手印。他的诗歌内容生动，风格优美，形象化的描述和比喻恰到好处，充满了具象之美，这使他跻身于伟大的印度诗人之列。由于他作为诗人和本初上师（adi-guru）——胜乐系和大手印法的首位上师的地位，沙罗诃堪称一位最杰出的大成就师（mahāsiddha）。

成就师们大胆蔑视、无情鞭挞深植于印度社会数千载的种姓制度，勇于挑战婆罗门阶层的权威，主张众生平等，在这方面沙罗诃堪为勇士和先锋。他本人出身高贵，却不惜放弃婆罗门种姓，自甘降低身份，娶一位属于低等种姓的制箭匠人的女儿为妻，成为贱民。就在他的第一首双行诗中，他便对自己从前所属的高等种姓展开猛烈抨击。他认为，婆罗门只会徒劳无益地阅读吠陀，却根本不了解事物的本质。沙罗诃宣称饮食禁忌毫无用途。由此，他起而反对在种姓上的高低之分。他鼓吹低等阶层的精神力量，主张低等阶层与其他阶层一律平等。他甚至鼓动人们在低等种姓旃德拉（Chāṇḍāla）人的家中进食。就这样，他发起了一场低等阶层反对社会不公的强大运动。这一运动获得迅猛发展，其他行者，包括俱生派成就师（Sahajayānī Siddhas）和纳特师（Nāthas）纷纷响应，皆表示不知有什么种姓制度，并群起而攻之。

在这些诗颂中，他还站在佛教怛特罗的立场，对于婆罗门教、耆那教等所谓外道的教义教理及其修行方式进行批判，宣扬赞美悲智和合、菩提心等大乘佛教思想。最重要的是，沙罗诃提出俱生乘的主要义理，以及有关大手印、大乐等俱生乘的修持法门。俱生（sahaja）具有本能、天生、自然之意，俱生乘（sahajayāna）指的是通过本能的、天生的、自然的方法、手段、途径而获得成就达到圆满的瑜伽教派和修持法门。一般认为，俱生乘始于沙罗诃。在他看来，俱生乘即为易行乘。沙罗诃是大手印法门的首位传承者。他主张，达到圆满成就应不拘任何形式，甚至宣称根本不必禅修或者实行任何瑜伽修炼，而应与人的本能相应，可于吃、喝、寻欢作乐包括寻求肉欲之乐时获得；他主张，与感官直觉的每一刹那的同一不二，皆为空性与终极大乐禅定的组成部分，这种禅定即是俱生。这种教义意味着抛弃宗教规范仪轨而获得涅槃。在这一过程中，沙罗诃对于最正统的宗教修行活动，甚至对于许多怛特罗的形式都采取了否定的态度。

此外，沙罗诃认为，虽然众生皆有佛性，但若无上师指导，几无可能将其证悟。因此，心口相传的方式绝对必要。他在诗中吟唱道：

记住，朋友们，

内在的绝对——俱生！

勿于别处寻求它，

而只在上师的双唇。

领悟上师话语的终极性质

而心识不死，身体年轻。①

值得注意的是沙罗诃的妻子，那位制箭者的女儿，她成为大成就师的荼吉尼上师和明妃亦即共修伴侣。"沙罗诃"（Saraha）译作"弓箭手"［sara=箭，ha(n)=

---

① Cf. Keith Dowman, *Masters of GreatMahamudra*, New York, 1985, p.66.

射出]。此处，沙罗诃所持的箭代表刺穿二元之心的般若识。

我们再看看大成就师沙罗诃所获得的成就。《八十四大成就者传》中对此进行了生动的描写。其中提到，早年，当沙罗诃还在其出生地东印度拉吉大城的若里巴地区时，虽然他昼间遵循婆罗门规范，夜间则行佛教修持，但他却饮酒。众婆罗门因其破坏婆罗门教规而怒不可遏，聚集到拉那巴国王面前，要求国王将他逐出婆罗门种姓。面对国王的质询，沙罗诃却矢口否认，并发下毒誓，声言若是自己喝了酒，手就会被烧掉。他当众将手放入滚沸的酥油中，却完好如初。紧接着，沙罗诃又接受了一系列的严峻考验，包括饮下滚烫的融铜、投水、在天秤上称重等，结果仍是安然无恙。具有讽刺意味的是，入水后，除了沙罗诃外，同行的婆罗门全部下沉；而在天秤上的规则是：分量重者表示未饮酒，轻者表示饮了酒，结果一边放上了两人重的六个大铁块，却还显示是沙罗诃重。于是众皆折服，国王王后、众臣民以及众婆罗门纷纷摒弃外道，皈依佛教，证得佛果。在这一脍炙人口的类似于神裁法的传说中，沙罗诃充分展示出他对于五大元素的控制力，特别是对于火大（热）和地大（重量）的绝佳控制力。也就是说，成就师沙罗诃能够以意志令抽象的、主观的心识影响一个物质的实体对象，令其发生难以置信的种种改变。瑜伽行者以其超自然的神通法力，将物体中的五大基本元素"地、水、火、风、空"重新编程，制造出与自然相反的各种幻象，令观者无不佩服得五体投地。然而，沙罗诃对于温度和重量的操纵充其量不过是由一种功力深厚的成就产生的小效果，还只能归类于被称作神通法术力量的世间成就的范畴。

这部传说又写道，沙罗诃携十五岁的妻子抵达一人迹罕至之处精勤修行。一次，妻子为他烹制莱菔菜（萝卜），沙罗诃本人则在三摩地中修持。十二年后他才起身，问妻子菜是否已做好。妻子回答说，十二年过去了，现正当春季，哪有什么莱菔菜。于是沙罗诃又说要去山上禅修。妻子遂向他指出："在身体寂静的地方并非真正的寂静。心中没有妄念分别的寂静才是真正的寂静。虽然你住于三摩地中十二年，还有对莱菔菜的细微分别，如果不能断除的话，即使到山顶居住，又有何利益。"①一席话说得沙罗诃心服口服。他摒除了执着与虚妄分别，专注于精进修持，终获大手印之无上成就。沙罗诃遂又利益众生无数，最后携妻

---

① 参见明吉·金贝巴班智达口授传承、蒋扬·钦哲·汪波等编纂《八十四大成就者传》第6—7页，http://wenku.baidu.com/link?url=fp8cIjX-VMv5GM5UtgaYl_SmFm-BJekfJ4_MFe4NhuulXoOAuKJL SIPcQPkoDZcKx SkhWEF8QTOzHGjhoTKYeLTnMiXdO8BIg6Y1t3g0L4C。

同往空行净土。在这部分传说中，沙罗诃的上师——他的制箭种姓妻子以莱菔菜为例为他指点迷境，莱菔菜是一种对于幼稚的、二元的观念和先入之见的比喻，这种观念和先入之见是一种惑，由感官而生的实有之见构成的各种观念造成，它不能通过被动的三摩地消除。沙罗诃那位非凡的荼吉尼妻子通过怛特罗特有的洗脑方式，将她的夫君置于此种境界，以非禅定的方式从心识中去除各种实有观。于是，原初的清净真实的神秘体验持续占据主导地位，使他参悟到大手印者的至高境界，这一境界即是朴素的无二智慧，是空，是消除迷惑，这一境界是直接证悟清净真实。而沙罗诃在此也修得成就师的终极目标，即大成就之果。

沙罗诃所倡导的简便易行的俱生——易行乘的修行方法、诸种姓平等的公正主张和实修，使他在广大民众，特别是低等种姓者之中大得人心。据传，由于他的神通法力和不懈努力，他曾一次使五千人众及其国王皈依佛教。

翻译研究
·········

20世纪50年代中国现代文学在印度的译介与接受初探

■ 伦敦大学 贾 岩

【摘 要】本文聚焦中印人文交流中相对鲜被关注的一个面向——中国现代文学在印度的译介与接受。为了更加细致、翔实地揭示这一宏观文学现象的微观表现和具体成因，本文将中印两国建交的最初十年作为重点考察时期，以一手译本、媒体报道、统计数据等资料为依据，将该时期印度对中国现代文学的接受模式大体归纳为三类：第一类，以左翼渠道直接引进和阅读中国官方发行的英文外宣书刊；第二类，以印度语言翻译和介绍中方制定的文学"经典"和文学规范；第三类，借助特殊的"跨文化经验"和"政治资本"编纂更具主观色彩的文学选集。在对现象进行归纳的同时，本文还尝试结合政治、意识形态、个人等多重因素，对印方的文本选择和改写等行为进行了初步解析。

作为中印文化交流史上的重要一环，中印文学互译对于充实各自文化资源、塑造彼此在对方期待视野中的文化形象，都发挥着相当关键的作用。就印度经典和现当代文学在中国的译介状况而言，多角度、成体系的研究成果已颇具规模，特别是在"中印经典和当代作品互译出版工程"的有力带动下，该主题近几年已俨然成为中国印度文学研究界的一个热点。① 相反，印度对中国文学（特别是

---

① 近三年问世的相关研究至少包括：张玮《20世纪后半期以来的中国—印度文学交流》(2013)、任筱可《现当代印地语文学在我国的译介与研究状况》(2013)、薛克翘主编《中印文化交流百科全书》(2014)"中印文学交流"部分、姜景奎《印度经典汉译的历史、现状和展望》(2014)、曾琼《印度文学汉译史小议（1949—2009）》(2014)、黎跃进《新中国印度文学思潮流派译介与研究的考察》(2015)等。

"五四"以降的现当代文学）的译介情况尚未引起足够的关注。① 这在很大程度上受制于译本自身在语种和地域上的分散性，同时也囿于印度的中国研究者和图书馆相关人员在译本编目方面的缺失。研究素材及相关考察的匮乏，也反过来不断强化着我们印象里中印双向人文交流"中盛印衰"的既有认知。

　　本文试图以20世纪50年代（即中印建交最初十年）为历史焦点，以英语和印地语为着重考察的目标语言，借助若干未被以往研究者关注的一手资料，对当代中印人文交流初始阶段，中国现代文学在印度翻译、传播的主要介质、内容和影响加以梳理分析，同时结合当时当地的社会情境，揭示推动这些文本和话语流动的政治文化因素。②

一、中国外宣书刊在印度的传播与影响

　　20世纪50年代初期，对于刚刚经历政权更替的中国而言，文学之于道德、社会生活和政治的相对重要性均被提升到了罕见的高度，对上至领导层的政策制定、下至普通读者的日常生活都产生着重大影响。③ 在此情形下，国家往往通过各种方式，对写作、出版、翻译、阅读等文学活动进行调节、引导和控制，其直接表现便是文学活动的"高度组织化"。④ 对内，文联、作协及各类机关刊物的设立旨在对国内的文艺工作者进行统一管理，以保证文学规范的顺利实施；对外，新闻总署国际新闻局⑤的组建则力求以文学翻译打破西方对中国的舆论封锁，在国际范围内树立和传播良好的新中国形象。作为最早和新中国建交的非社会主义国家且左翼势力较为活跃的印度，自然第一时间成为"中国文学走出去"战略版

---

　　① 曾琼《国民文化心态与汉文经典翻译的缺失——近百年印度的汉文学译介》（2012）是目前就该议题开展的最具综合性和批判性的专题研究。周志宽《鲁迅与中印文化交流》（1990）和薛克翘《鲁迅在印度四例》（1999）为我们了解鲁迅作品在印度的传播个案提供了宝贵的一手资料。

　　② 需要说明的是，中国现代文学在印度的译介早在两国建交前已经出现。1943年，隶属全印进步作家协会比哈尔邦分会的作家塔马奈（Tamanai）将埃德加·斯诺（Edgar Snow）编选的短篇小说集《活的中国》（Living China）译成乌尔都语；1945年，由外交官龚普生翻译的英文版丁玲短篇小说选《我在霞村的时候》由印度普库塔伯出版社出版；1947年，阿马尔·达斯古普塔（Amal Dasgupta）编译的孟加拉语版《现代中国小说》问世，收入鲁迅、张天翼、端木蕻良、沈从文、丁玲、卞之琳、姚雪垠等作家。

　　③ 见 Perry Link. The Uses of Literature: Life in the Socialist Chinese Literary System [M]. Princeton, New Jersey: Princeton University Press, 2000: 5.

　　④ 见洪子诚. 中国当代文学史 [M]. 北京：北京大学出版社，1999：22—23.

　　⑤ 国际新闻局于1952年改组为外文出版社，又于1963年改组为外文出版发行事业局。见郑晔. 国家机构赞助下中国文学的对外译介：以英文版《中国文学》（1951—2000）为个案 [D]. 上海外国语大学博士论文，2012：26—27.

图上的重要一站。在1950年新闻局对外发行英文刊物的50多个国家和地区中，印度的销量高居榜首，美、英次之；而在以各国左派书店为主体的分销网点中，孟买人民出版社（People's Publishing House）则是新闻局的最大同业。① 由此可见，20世纪50年代我国外宣书刊在印度拥有十分可观的读者群和较大的影响力。这一点可从英文版《中国文学》（*Chinese Literature*）在印度传播、接受的个案中管窥一斑。

英文版《中国文学》于1951年10月创刊，是新中国唯一一本专门向国外译介中国文学的官办刊物。它和大部分对外展示本国文学的刊物一样，被官方赋予了某种参与"民族身份文化构建"乃至"塑造民族国家"的历史使命。② 于是，在《中国文学》初创的十年里，其本文选择、编译团队、翻译策略、运营机制、发行对象等各个环节均受各级政府机构即"赞助人"的严格操控。其中，中宣部、国务院外办和对外文委属制定方针政策的"一级赞助人"，而外文局和作协属行使领导权力的"二级赞助人"。③ 由于这些机构皆为当时国家意识形态的拥护者和贯彻者，这一时期《中国文学》所呈现的主题、内容和审美趣味也完全局限在国家意识形态允许的边界内，与当时中国文学主潮中"左"的价值评判标准紧密挂钩，基本以战争、革命、斗争为故事背景，以工农兵为主要书写对象。

20世纪50年代，印度之于英文版《中国文学》的特殊性主要体现在发行量和接受度两方面。1950年至1960年，在中国外宣书刊主销亚非拉地区的战略背景下，印度长期占据英文版《中国文学》全球发行榜的头把交椅。时任刊物副主编兼编辑部主任叶君健曾在1956年的一次作协会议上特别提到印度，称"《中国文学》在印度的销行数曾经一期达到过七千多份，平均每期也在五千份上下"④。据此推算，在当时《中国文学》各期发行总量中，仅印度一国的发行量

---

① 见郑晔. 国家机构赞助下中国文学的对外译介：以英文版《中国文学》（1951—2000）为个案 [D]. 上海外国语大学博士论文，2012：110. 孟买人民出版社主要发行各类马克思主义相关读物，或与印度进步作家协会孟买分会有密切联系，20世纪40年代曾出版多部英译毛泽东政论著作。

② 参见 Johan Heilbron, Gisèle Sapiro. Outline for a Sociology of translation: Current Issues and Future Prospects [C]// Michaela Wolf, Alexandra Furaki. Constructing a Sociology of Translation. Amsterdam / Philadelphia: John Benjamins Publishing Company, 2007: 101.

③ 见郑晔. 国家机构赞助下中国文学的对外译介：以英文版《中国文学》（1951—2000）为个案 [D]. 上海外国语大学博士论文，2012：26—29.

④ 见中国作家协会辑. 中国作家协会第二次理事会会议（扩大）报告发言集 [C]. 北京：人民文学出版社，1956：249.

便可占据三分之一。①

值得一提的是，印方对《中国文学》的反馈在各国读者中也实属活跃。1951年《中国文学》创刊号销往印度后，印度共产党文化部门曾写信盛赞刊物出版及时，认为："通过它不仅可以了解中国的新文学，还可以了解中国人民在中国共产党领导下所进行的革命斗争。"②不仅如此，不少印度进步作家读到创刊号后，也以致信形式祝贺刊物的诞生。他们写道："通过《中国文学》，我们眼前展开了新中国新的人民形象，你们反压迫、反剥削、敢于抗争，给大家指出了一条道路。"③不仅有印度读者表示希望《中国文学》编辑部推出印地文版，甚至有人在信中明确提议，希望编辑部刊发批判林语堂和赛珍珠的文章，以纠正外国一般读者对中国的错误印象。④由上述反馈不难发现，英文版《中国文学》在印度的读者群基本以左翼知识分子为主。他们在很大程度上共享着《中国文学》的编译者及其背后国家机构所推崇的文学规范，甚至将其内化为自身的文艺观和价值取向。⑤这与同期中国对印度进步主义文学的大量输入互为"镜像"，也从一个侧面勾勒出20世纪50年代中印间意识形态主导的文学交流特征。

二、印度本土对中国文学的主动接受

除中方组织编译的英文外宣书刊在印度被直接阅读以外，这一时期也有部分中国现代作家、作品被印度本土知识分子译介成各种地方性语言。以印地语为例，20世纪50年代以单行本形式出版的译本包括：鲁迅的《狂人日

---

① 根据郑晔的统计，20世纪50年代中期《中国文学》每期全球发行量估计在一万五千至两万册之间。见郑晔. 国家机构赞助下中国文学的对外译介：以英文版《中国文学》（1951—2000）为个案 [D]. 上海外国语大学博士论文，2012：103.

② 吴旸. 中国文学的诞生 [C] // 中国外文局编. 中国外文局五十年回忆录. 北京：新星出版社，1999：490.

③ 吴旸. 中国文学的诞生 [C] // 中国外文局编. 中国外文局五十年回忆录. 北京：新星出版社，1999：490.

④ 中国作家协会辑. 中国作家协会第二次理事会会议（扩大）报告发言集 [C]. 北京：人民文学出版社，1956：245—248.

⑤ 事实上，并不是所有印度进步作家都对中国外宣书刊中的选择标准和作品质量持积极态度。布拉帕格尔·玛杰维（Prabhakar Machwe）就表示："毫无疑问，中国古诗要远胜于中国现代官方文学刊物上发表的那些不伦不类的诗作。"见Carlo Coppola, eds. Marxist Influence and South Asian Literature [M]. Delhi: Chanakya Publications, 1988: 62.

记》①、《阿Q正传》(*Āh kyū*，1955)，冯雪峰的《雪峰寓言》(*Subah ke bādal*，1956)，孔厥、袁静的《新儿女英雄传》(*Nayā suraj*，1956)，胡石言的《柳堡的故事》(*Bed ykshoṃ kīchāya meṃ*，195?)，以及文学选集《中国现代短篇小说》(*Ādhunik cīnī kahāniyāṃ*，1956)。另有零星作品不定期刊载在《短篇小说》(*Kahānī*)、《时代觉醒》(*Yugcetanā*)等印地语文学杂志上，如鲁迅的《药》、陈淼的《钢铁工人》等。根据上述列举的单行本译本，可大致归纳出以下三重特点。

首先，从译者的人员构成来看，大都直接或间接地挂靠于印度左翼团体。例如，《狂人日记》的译者维德亚·萨格尔·努迪亚尔(Vidya Sagar Nautiyal)既是知名印地语小说家、戏剧家，也是北方邦共产党党员。《中国现代短篇小说》的译者西沃丹·辛赫·觉杭(Shivadan Singh Chauhan)和维杰·觉杭(Vijay Chauhan)均为印度进步作家协会骨干成员，同时也是惯以马克思主义文艺观检视印地语文学的批评家。②诸译者中最为丰产的当属努尔·纳比·阿巴西(Nur Nabi Abbasi)，《阿Q正传》、《雪峰寓言》、《新儿女英雄传》三部印地语译本均出自他之手。尽管从现有资料无法明确判断阿巴西的政治立场，但结合他同时期的其他文学活动(如对苏联作家高尔基、美国左翼作家霍华德·法斯特和乌尔都语进步作家曼都的译介)可以初步判断，其文学品味带有较强的"左"倾色彩。

其次，从译本的生成过程来看，主要从中方提供的英译本转译而来。尽管该时期印度的汉学已初具规模，但学者们的研究兴趣大都集中于中国历史、文化、宗教、哲学及古代中印交往等课题，对文学(特别是现当代文学)的关注极为有限。20世纪50年代，国际大学、加尔各答大学、贝拿勒斯印度大学、德里大学等印度高校均已开设中文专业，但这些语言习得者亦未投身文学翻译事业。由此造成的直接结果是，除《中国现代短篇小说》是从印方(K. M.潘尼迦)编选的英文版译出以外，其余印地语译本均参考中国的外文出版社发行的英文书刊译出，且译文十分忠于原文，因而不可避免地囿于当时中国文学权威对文本类型和内容的限定范畴。阿巴西在翻译过程中对英文版篇目名称进行了有限的改写，如

---

① 由于笔者并未找到该译本的实体书，暂时无法提供确切的译名和出版信息。据周志宽介绍，该译本出版于1952年，是印度独立后鲁迅作品被首次译入印地语。见周志宽. 鲁迅与中印文化交流 [C] //宋庆龄基金会、西北大学合编. 鲁迅研究年刊1990年号. 北京：中国和平出版社，1990：387.

② 西沃丹·辛赫·觉杭对中国文学的关注由来已久。早在1942年，他便撰写《中国的作家和艺术家》一文，赞扬中国的文艺工作者在中国共产党领导下从事的创作活动。见刘安武. 印度印地语文学史 [M]. 北京：人民文学出版社，1987：443.

将《新儿女英雄传》英文名"*Daughters and Sons*"译成"*Nayā suraj*"（新太阳），将《雪峰寓言》英文名"*Fables*"及第一则故事"The Well and the River"分别译成"Subah ke bādal"（朝霞）和"Jivan aur vikās"（生活与发展）等。由此，英译本中原本中性化的作品名称在进入印地语语境后，被再度以有明确政治指向性的语汇或意象替代，继而成为自我标榜或协助读者识别文本政治属性的一个重要标志。

最后，从印地语译本前言、后记等"副文本"中对中国作家作品的评介来看，基本沿用了当时中国文学界普遍使用的评价标准。在印地语版《阿Q正传》中，译者阿巴西认同鲁迅"现代中国文学之父"的历史地位，称他为"中国文化革命卓越而伟大的领导者"，并将鲁迅之于中国文学的地位与普列姆昌德之于印度、高尔基之于苏联做了类比，[①]从而使那些对鲁迅缺乏了解的印度读者，在进入文本之前先行对其人其作建立了概念和情感的双重认同。这种浅含着比较文学意识的创造性表述，在同时期中国译介和评论普列姆昌德的话语场中尚未出现。此外，阿巴西在全文翻译《阿Q正传》的同时，还在文后附译了鲁迅研究专家冯雪峰的论文《论〈阿Q正传〉》，作为辅助读者欣赏鲁迅、解读阿Q的参考指南。由此可见，当时的印地语文学界不仅从中国引进作为阅读对象的文本，还一并引进文本的阅读方式和文学价值的评估尺度。

事实上，上述现象并不仅限于印地语译本。20世纪50年代在印度发行量颇具规模的英文版《中国文学》几乎每期都会刊发由文学界"权威人士"撰写的文学评论，内容以介绍中国当前文艺方针和发表文艺评论为主。更值得一提的是，奠定新中国文艺方向的毛泽东《在延安文艺座谈会上的讲话》（以下简称《讲话》）早在1950年前后便以英文小册子的形式在印度流传，截至1952年6月，又相继出现孟加拉语[②]、马拉提文语、印地语、泰卢固语、泰米尔语和马拉雅兰语等六个印度地方语版本，共发行一万九千册，其中有些还发行了不止一版。[③]《讲话》在印度备受追捧的现象引起了中国官方媒体的关注。继1951年6月对

---

① 见 Lu Xun. Āh kyū [M]. Nur Nabi Abbasi, trans. New Delhi: National Publishing House, 1955. 更多阿巴西对鲁迅的评价，见周志宽. 鲁迅与中印文化交流 [C] // 宋庆龄基金会、西北大学合编. 鲁迅研究年刊1990年号. 北京：中国和平出版社，1990：387.

② 孟文版由泰无量（Amitendranath Tagore）和石真共同译出，二人还曾将赵树理的《小二黑结婚》译成孟加拉语。见马祖毅，任荣珍. 汉籍外译史 [M]. 武汉：湖北教育出版社，1997：648.

③ 印度进步作家、艺术家赞扬毛主席《在延安文艺座谈会上的讲话》[N]. 人民日报，1952-06-22.

该现象进行首次介绍后一年，[①]《人民日报》于1952年6月再刊文章，引用穆尔克·拉吉·安纳德（Mulk Raj Anand）、马尼克·班纳吉（Manik Bandopadhyay）、耶什巴尔（Yashpal）、阿姆利德·拉伊（Amrit Rai，普列姆昌德之子）等七位作家、艺术家的言论，详细报道了印度进步文艺界一致称赞"这篇伟大著作"的盛况。报道引用的印方言论呈现出一个显著的共同特征，即着重强调毛泽东《讲话》对印度当代文学（特别是进步文学）发展的现实指导意义。印度人民戏剧协会秘书长尼兰真·森（Niranjan Sen）的评价颇具代表性，他称："印度的许多作家和艺术家都阅读、讨论、应用过这篇杰作……把它的教训应用在印度的具体实际中。所有正直的作家和艺术家都认为，这篇文章是正在为创造人民文艺而作艰苦斗争的印度作家和艺术家的唯一基本原则和他们手中的最锋利的武器。"[②]虽然引文的可信度暂不可考，但《人民日报》在报道印度作家言论时的重点把握和最终的效果呈现仍值得玩味。代表官方声音的撰稿人似以某种优越的姿态和口吻，通过呈现印度进步作家对毛泽东《讲话》的"集体皈依"，进而划定中印两个文学场域间的权力关系，即中国文学场对印度文学场的辐射和训规，以及后者对前者的学习和仿效。这与我国当时冷战格局下积极争取第三世界领导权的外交心理不无关系。

三、汉籍印译的另一种可能：潘尼迦《现代中国短篇小说》

如果说20世纪50年代中国现代文学的印译整体上高度依赖左翼阵营的单一管道，同时受制于中国文学体系自身的运作模式，那么印度驻新中国首任大使K. M.潘尼迦（Kavalam Madhava Panikkar）编纂的英文版《现代中国短篇小说》（*Modern Chinese Stories*）则是一个与众不同的案例。身兼外交官、作家、史学家等多重身份，潘尼迦借助他独特的跨文化经验、政治资本和文学趣旨，在兼顾中国主流文学规范的同时，成功展现了中国现代文学和社会的多重面向，并以微妙的形式嵌入了他更具个人化的观察、思索和声音。

选集于1953年在印度新德里出版，共收录九位现当代中国作家的十二篇短篇小说，包括鲁迅的《狂人日记》、《孔乙己》、《肥皂》，郁达夫的《过去》，杨振声的《报复》，叔文的《小还的悲哀》，老舍的《月牙儿》，茅盾的《林家铺

---

① 印热烈欢迎我人民文学作品，毛主席文艺理论著作尤受重视 [N]. 人民日报, 1951-06-23.

② 印度进步作家、艺术家赞扬毛主席《在延安文艺座谈会上的讲话》[N]. 人民日报, 1952-06-22.

子》，丁玲的《我在霞村的时候》，邵子南的《地雷阵》和赵树理的《李有才板话》、《小二黑结婚》。随作品一并收入的还有潘尼迦的"致谢"、"前言"，九位作家的简介，以及译者黄昆（"Huang K'un"之音译）撰写的长文《现代中国文学运动》。[①]

潘尼迦在"前言"中明确提到，选编这部短篇小说集的主要目的是为中国以外的人们"提供一个自1911年革命以来中国的真实图景"[②]。为此，史学功底深厚的潘尼迦本可从自身视角出发作文著书，但他却将释放话语的权利让渡到了中国本土作家的手中，因为他相信"只有中国作家自己才能精准述说他们的人民所面临的问题，以及这些问题得以解决的方法"[③]。与作家们同时释放话语的还有隐匿在文本背后的"中介人"，他们当中不仅包括北大中文系教授杨振声、西文系教授常风瑃，还有一批旅居中国的英国外交官兼汉学家，如威廉·燕卜荪（William Empson）、德雷克·布莱恩（Derek Bryan）、爱德华·尤德（Edward Youde）等。潘尼迦借助自己丰厚的"政治资本"，将中国的一流学者和外国的知华人士同时纳入选集的备制过程，在选择作家、编辑文本等问题上同时参考双方意见，既弥补了自身在专业知识上的缺陷，也保证了选集相对中立、客观的立场。

客观的出发点决定了编者力求"代表性"和"综合性"的筛选标准。在这部选集中，我们可以同时领略不同时代、不同性别、不同文学流派乃至不同政治立场的中国作家群像，以及他们透过文字审视中国社会变革的不同视角。[④]需要特别指出的是选集中作家政治／文学身份的分野。其中，既有在解放初期中国文坛的结构性更迭中处于核心地位的鲁迅、茅盾、老舍、丁玲[⑤]、赵树理等"左翼作家"或"解放区作家"，同时也选入了因缺乏积极进取的革命精神而在当时文坛

---

① 选集并未提供译者 Huang K'un 的任何个人信息。据笔者推测，此人极有可能是中国知名物理学家黄昆。黄昆早年对文学有浓厚兴趣，1945年赴英攻读博士学位，英文一流，1951年回到北京大学物理系任教。林煌天在对潘尼迦选集的简短介绍中直接使用了"黄昆"这一姓名。见林煌天主编. 中国翻译词典［M］. 武汉：湖北教育出版社，1997：137.

② K. M. Panikkar. Modern Chinese Stories [M]. New Delhi: Ranjit Publishing House, 1953: v.

③ K. M. Panikkar. Modern Chinese Stories [M]. New Delhi: Ranjit Publishing House, 1953: v.

④ 九位作家中，最年长者（鲁迅）生于1881年，最年轻者（邵子南）生于1916年，其余作家有四位生于19世纪90年代（郁达夫、杨振声、老舍、茅盾），三位生于20世纪10年代（叔文、丁玲、赵树理）。从性别构成上看，九人中包括七位男性作家和两名女性作家（叔文、丁玲）。

⑤ 丁玲虽在1955年和1957年的两次"极左"路线中被先后指控为"反党小集团"成员和"右派分子"，终被拒斥于文坛之外，但她在潘尼迦编纂选集期间尚位居中国文学界的领导层。

处于较边缘地带的"浪漫主义"作家郁达夫和"京派作家"杨振声、叔文等。将各种文学面貌有机整合为一体的,是潘尼迦别具匠心的编纂思路,即勾勒一副中国革命演进、变迁的历史长卷。他以分属两个时代的代表作家——鲁迅和赵树理作为长卷的起终点,认为"是鲁迅为赵树理所体现的胜利开辟了道路,是鲁迅的激进勇猛转化成了赵树理拨云见日般的幽默感"①。从《狂人日记》、《孔乙己》中彻底的绝望、麻木,到《小还的悲哀》、《过去》、《林家铺子》、《月牙儿》里的迷茫、苦楚,再到《我在霞村的时候》、《地雷阵》里闪现的希望与信念,最终在《小二黑结婚》、《李有才板话》的从容、明朗中落脚。整部选集的基调犹如由暗及明的光谱,标记着20世纪上半叶的中国从"旧"到"新"、从"过去"到"现在"、从"悲观"到"乐观"的变革进程,这一过程在时空维度上的延展和情感维度上的转换具有高度的内在连贯性。所以,与其说这部选集是十二篇短篇小说的机械组合,不如说它是由十二个叙事片断以一以贯之的逻辑链有机融合的叙事整体。它在发挥"文学文本"的基本功能之外,还被编者赋予了一重被作为"社会历史文本"阅读的可能性。

潘尼迦写下这篇"前言"的时间是1951年,彼时距离他到中国履新已有三年。三年间,他亲历了中国现代史上最具重大意义的变局之一,见证了共产党革命的胜利、国民党政权的瓦解和新的人民政府的建立。他从南京辗转北京,作为为数不多的外国使节之一,近距离接触了新中国的政治领袖、知识分子、平民百姓等社会各界人士。②这种在当代中国实属罕见的跨文化经验,赋予了潘尼迦——一个来自印度的"局外人"——某种微妙的"局内人"视角和情结。他在"前言"中写道:"中国人民的举止、风俗和观念在革命时期发生了飞速的变化,而他们真实、鲜活的面貌在国外却鲜为人知。"③他还说:"为避免中国革命在国外遭到误解,就让赵树理来做它友善的代言人。"④潘尼迦言辞间对中国的亲熟乃至袒护正是他"局内人"心理的有力印证。由此可见,他期待视野中的读者不仅限于印度,而是他所身处的中国之外的(特别是对中国抱有偏见的)英语世界。

---

① K. M. Panikkar. Modern Chinese Stories [M]. New Delhi: Ranjit Publishing House, 1953: vi.

② 有关潘尼迦使华期间的详细见闻,可参见 K. M. Panikkar. In Two Chinas: Memoirs of a Diplomat [M]. London: George Allen & Unwin Ltd., 1955.

③ K. M. Panikkar. Modern Chinese Stories [M]. New Delhi: Ranjit Publishing House, 1953: v.

④ K. M. Panikkar. Modern Chinese Stories [M]. New Delhi: Ranjit Publishing House, 1953: vii.

潘尼迦对中国文化的兴趣毋庸置疑，①但若把这部选集单纯视作对中国革命的一次集中颂扬，必然也会冒着将复杂文化现象一般化的危险。事实上，在肯定新中国诸多瞩目成就的同时，潘尼迦并未掩饰自己对于某些潜在问题的质疑。在回忆录《两个"中国"之间》，他这样评价当时的中国："相较于国家，个体的价值显得微不足道。正是这点怪异之处，使得人们在赞赏革命为中国和亚洲所做出的总体贡献的同时，难免也会生出些许悲哀。"②这从很大程度上解释了选集中叔文（张兆和）的意外"闯入"。

与其"作家"头衔相比，张兆和在当时乃至后世更为人熟知的身份是"沈从文的妻子"。"作家"张兆和的全部文学成就仅用《湖畔》中的五个短篇便可概括。不论作品产量还是创作技艺，她都无法比肩丈夫沈从文。那么，潘尼迦拾张弃沈的做法很可能就是一个带有政治企图的行为，它影射了文本选择背后更深层次的社会矛盾。沈从文的文学生涯在1948年左翼文化界发动的猛烈抨击中遭遇巨大挫折，③但他作品的艺术高度并不因此在海外知识分子的眼中贬值，相反可能还会受到格外的关注。或许是源于对中国文人命运沉浮的悲悯，或许是因为读过英译沈从文的小说，④或许是出于沈氏夫妇挚友杨振声的举荐，潘尼迦可能一度产生了在选集中收录沈从文作品的想法。但这一明显违抗中国主流文学规范和意识形态底线的行为，与他一国驻华大使的官方身份之间产生了某种必然的冲突。而以"替身"形式收录张兆和便是他化解冲突的最佳方式，因为这样即可用合理的方式实现沈从文在选集中的隐性显现。更重要的是，这种隐性的显现不仅存在于沈从文与张兆和的现实关系中，也存在于后者被收入选集的小说文本中。《小还的悲哀》中，主人公小还因某种不能自控的原因（母亲吸食鸦片）被同学群起攻之，无地存身。他在"杂乱的语声"中走出教室，"觉得有二十双令人难

---

① 旅华期间，潘尼迦对中国传统戏曲产生了浓厚兴趣，曾把《西厢记》从英文译成马拉雅兰语。见 K. M. Panikkar. An Autobiography [M]. K. Krishnamurthy, trans. Madras: Oxford University Press, 1977: 242.

② K. M. Panikkar. In Two Chinas: Memoirs of a Diplomat [M]. London: George Allen & Unwin Ltd., 1955: 179.

③ 因创作风格与文学主潮格格不入，"又不想作出折衷性的处理"，沈从文在新中国成立后被迫离开文坛，专注于古代服饰与文物研究。见洪子诚. 中国当代文学史 [M]. 北京：北京大学出版社，1999：79.

④ 20世纪三四十年代在西方出版发行的各种当代中国短篇小说集几乎都收录有沈从文的作品，如埃德加·斯诺的《活的中国：现代中国短篇小说》(Living China: Modern Chinese Short Stories, 1936)、王际真的《当代中国短篇小说》(Contemporary Chinese Stories, 1944)、袁家骅的《当代中国短篇小说》(Contemporary Chinese Short Stories, 1946) 等。

堪的眼光钉在脊背上，热辣辣的，老扯不断"。他"丧魂落魄"地在幻觉中穿过人来车往、尘土飞扬的街道，回家后劝诫母亲而不得，反落得一通奚落。① 小还身上强烈的屈辱和无助感，使这篇成文于1934年的小说成了十余年后沈从文现实际遇的写照；而小还的"悲哀"与潘尼迦对中国革命怀有的"悲哀"又构成了一对既有文本与当下情感的互文。换言之，潘尼迦（及参与选集编纂的其他"中介人"）借张兆和的作品，不仅表达了对沈从文的推崇和同情，也隐喻了中国文人在20世纪四五十年代高压政治环境下身不由己的真实处境。

总体而言，20世纪50年代中国现代文学在印度的传播和译介尚处萌蘖阶段，其特征表现为对中国外宣书刊的高度依赖、意识形态主导的文本选择、地方语译本的整体性缺失，以及缺少有独特审美品位的经典序列制定意识。关于印度对中国文学的接受情况，文中所引言论多为中方当时的官方表述，可能一定程度上遮蔽了现实情况的复杂性。中国现代文学对印度进步文学运动究竟产生过何种影响？在印度非左翼团体中又有着怎样的传播轨迹和接受面貌？英语阅读习惯多大程度上制约了以地方语种译介中国文学的动力？与中国文学相比，印度对其他世界文学传统又抱有何种不同姿态？回答以上问题，需要挖掘更多鲜为人知的译本，参考更多来自中印两国及第三方的官方及个人资料，借助更具批判性的研究方法。从这个角度来看，本文仅仅迈出了试探性的一步。

---

① 《小还的悲哀》原载于1934年2月7日《大公报·文艺副刊》。

印度近现代诗歌文学在中国的翻译与研究

■ 北京外国语大学　李亚兰

【摘　要】自佛经汉译开始，中国对印度文学的翻译与研究已有了悠久的历史，除对佛经的翻译之外，还有对梵语古典文学、戏剧、小说、诗歌的翻译。受印度近现代文学发展的特点以及我国对印度近现代文学的译介与接受视角的影响，我国对印度近现代文学的关注，主要集中在小说、民间故事等文体上，诗歌作为印度近现代文学的重要体裁，并未得到应有的关注。汉语译介的印度近现代诗歌以泰戈尔诗歌为主，并构成了印度近现代诗歌汉译与研究的主体，其他语种及诗人的诗歌作品翻译较少。克服目前翻译中存在的问题，全面译介印度近现代诗歌，向中国读者呈现印度诗歌发展的客观历史，是十分必要的。

【关键词】印度近现代诗歌；汉译；研究

印度文学的汉译，从佛经翻译开始。古代中国对印度经典的翻译以梵语为主要媒介，以佛教经典为主要对象，至今有一千多年的佛典汉译历史。非佛教经典如数论派的《金七十论》（真谛译）、胜论派的《胜宗十句义论》、天文学经典《九执历》等也得到了翻译，此外，还有一些医学、数学、艺术相关的经典被翻译成汉语，散见于佛教经典的翻译中。近代以来，中国对印度文学的翻译，自泰戈尔的诗歌翻译始，体裁涉及诗歌、民间故事、童话、寓言等。新中国成立后，翻译人才得以系统培养，印度文学的汉译无论从内容还是语种上来看，都更加多元。对印度文学的翻译，20世纪50年代形成第一次译介高峰，80年代初又形成第二次译介高峰。据粗略的统计，1949年到1989年间，翻译的印度文学作品近200多种，涉及五大语言文学，即梵语、英语、印地语、孟加拉语和乌尔都语文学,体裁包括诗歌、小说、戏剧、文论作品以及文学史等。进入21世纪,自中印两国联合声明中强调要加强双方文化经典作品的互译之后,随着中印经典互译工程项目的逐步落实,中国对印度文学的翻译将形成第三次高峰。

我国对印度近现代文学的关注,从汉译本看,更多地集中在小说这一文体上。汉译的印度近现代小说作品包括印地语作家普列姆昌德、耶谢巴尔,英语作家安纳德、纳拉杨,孟加拉语作家班吉姆、萨拉特,泰米尔语当代著名作家阿基兰,乌尔都语作家克·阿·阿巴斯、克里山·钱达尔、密尔·阿门等作家的著作。诗歌是印度文学的重要体裁,也是汉译印度文学的重要选材对象。但是,印度诗歌的汉译大多为古典文学作品,包括早期梵语文学家马鸣所作的佛教文学长诗《佛所行赞》,20世纪50年代金克木先生所译的迦梨陀娑的梵语诗《云使》,60年代人民文学社出版的两大史诗选译本,以及80年代由金克木先生所译的《印度古诗选》、《伐致呵利三百咏》,季羡林先生译的两大史诗之一《罗摩衍那》,季羡林、刘安武先生选译的《印度古代诗选》,金鼎汉先生所译的《罗摩功行之湖》等等。印度近现代诗歌的汉译,则集中体现在对泰戈尔诗歌的翻译中,其他语种、流派甚或作家的诗歌作品翻译数量相较而言较少,这构成印度近现代文学作品汉译的突出特点。在此,笔者试图对印度近现代诗歌作品的汉译情况进行梳理,在综述的基础上呈现其具体特点,究其成因,并由此探讨翻译印度近现代诗歌的必要性。

一、印度近现代诗歌的翻译与研究

印度近现代诗歌的汉译始自对泰戈尔诗歌的翻译。1915年10月15日,陈独秀在出版的《青年杂志》上刊载了自己译自《吉檀迦利》的四首《赞歌》,就此开始了中国对泰戈尔诗歌的汉译历程。此后,对泰戈尔诗歌的翻译一直是印度近现代诗歌汉译的主要内容。据刘安武先生统计,20世纪初至1949年中华人民共和国成立,"我国翻译介绍了印度文学作品40种左右(不包括发表在报刊上的散篇)。这40种中占一半的是泰戈尔的作品"[①]。20世纪上半期对泰戈尔诗歌的翻译多依据英文,新中国成立之后,出现了许多由孟加拉原文直接翻译的版本。同时,泰戈尔诗歌的汉译在题材、数量上逐渐扩大,至2000年河北教育出版社出版刘安武、倪培根、白开元翻译的《泰戈尔作品全集》,泰戈尔的全部诗歌均获

---

① 刘安武. 汉译印度文学 [J]. 中国翻译, 1991 (6).

得汉译。泰戈尔诗歌的汉译不仅数量全，且译本多，仅《吉檀迦利》在中国就有
10种以上的汉语全译本。在作品翻译的基础上，对泰戈尔诗歌的研究也逐步深
入和全面，题材上包括泰戈尔的宗教哲理诗、爱情诗、自然诗、历史故事诗、儿
童诗及社会问题诗歌等，体裁上包括他的散文诗和韵律诗研究，内容上包括泰戈
尔诗歌的思想内容、艺术特点、诗歌理论以及翻译研究等，都得到了较为深入的
研究[①]。20世纪初中国学界兴起的泰戈尔热潮，可以说经历了一个多世纪仍经久
不衰，以至于言印度近现代诗歌必称泰戈尔。汉语世界中，泰戈尔诗歌几乎成为
印度近现代诗歌的代名词。

相对于丰富全面的泰戈尔诗歌作品翻译及研究，其他印度近现代诗歌作品的
汉译及研究成果则相对较少，可以列数的有如下几例：

第一，印度女诗人陀露多的英语诗歌翻译。陀露多（Toru Dutt，1856—1877
年）是孟加拉女诗人，曾于剑桥留学，用英语和法语写作，还把印度古代梵语
诗歌译为英语，主要的诗集有《A Sheaf Gleaned in French Fields》（1876年）、
《Ancient Ballads and Legends of Hindustan》。1909年，苏曼殊对印度女诗人陀露
多的诗歌进行了翻译，将其一首小诗《乐苑》译成汉语，并在译文题记中说：
"梵土陀露多为其宗国告哀，成此一首，词旨华深，正言若反，磋乎此才，不幸
短命！译为五言，以示诸友，且赠其妹于兰巴干，兰巴干者，其家族之园也。"
他还在与友人的通信中称赞陀露多"才女也，其诗名已播遍欧美"、"以诗鸣恒河
南北，固以国运所关，每一著笔，辄恻恻做亡国之音有《乐苑》一章，即为祖国
告哀而作，盖盛言印度之为黄金乐土，而今乃非自有也"[②]。从题记和与友人的
通信中可知，苏曼殊翻译这首诗，一来是缅怀故人，二来是为寄托自己的"宗国
之思"。

第二，印度女诗人萨洛吉尼·奈都夫人的英语诗歌翻译。萨洛吉尼·奈都夫
人（Mrs. Sarojini Naido，1879—1949年）是印度著名的民族诗人，同时又是一
位杰出的政治家。奈都夫人年轻时曾在英国留学，在印度文坛上占有一席之地，
有"印度夜莺"的美称。其诗歌都是用英文写成，题材涉及多方面，包括对祖国
的歌颂、对于生命的热爱、对于未来的希望、劳动人民的生活、爱情等等，使
用抒情的手法，表达炽烈的爱国主义，散发出了活泼、新鲜的气息。1955—1965
年间，冰心翻译奈都夫人的诗歌《萨洛吉尼·奈都诗选》，共选译《生命》等诗

---

① 姜景奎. 新中国60年泰戈尔诗歌研究之考察与分析 [J]. 燕赵学术，2011（2）.

② 黄轶. 苏曼殊印度文学译介论 [J]. 中国比较文学，2007（1）：80—88.

歌十一首,后收入《冰心译著选集》和《冰心译文集》。之后台湾全右出版社出版了糜文开翻译的《奈都夫人诗全集》。1994年,上海译文出版社出版了吴岩翻译的奈都夫人诗集《金色的门槛》,从奈都夫人三部诗集中编选翻译,大概译出了其全书的"八成光景",是我国大陆出版的第一部奈都夫人的诗集。吴岩在译后记中,评价奈都夫人的诗歌体现了鲜明的印度特色,在抒发印度政治、文化背景上的思想情感的同时,体现了印度独有的气氛、情趣、形象、色彩、意境;并将其与泰戈尔的诗歌比较,认为奈都夫人的诗歌相对于泰戈尔的诗歌的悠远,更自有一份美丽,只是在色彩和形象上略显繁缛。

第三,印地语阴影主义流派三大诗人诗歌的翻译。阴影主义是20世纪二三十年代流行于印地语文学中的诗歌流派,其诗歌风格充满浪漫主义,在体裁与题材方面突破传统的束缚,在思想内容方面注重描述个人的内心体悟与感受,追求个性解放,充满人道主义精神以及感伤情感。伯勒萨德(1889—1937年)、尼拉腊(1896—1961年)、本德(1900—1977年)是阴影主义流派的三大代表诗人。1988年人民文学出版社出版《孟加拉母亲——印度诗选》一书,除选入泰戈尔的作品外,还由刘安武译出上述三位诗人的二十多首诗篇,这是第一次系统地译介阴影主义流派的诗歌。刘安武先生选译的诗歌,不仅从总体上反映了阴影主义诗歌的主要特征,更特别关注诗歌的思想内涵,所选译的诗歌表达了积极、明快的诗风,充满爱国主义情感。

第四,伊克巴尔等乌尔都语诗人诗歌的翻译①。穆罕默德·伊克巴尔(Muhammad Iqbal,1877—1938年)是南亚次大陆著名的穆斯林诗人、哲学家和社会活动家。我国在20世纪50年代开始翻译和介绍伊克巴尔的诗歌,曾先后出版了三种《伊克巴尔诗选》:1957年邹荻帆所译《伊克巴尔诗选》,由中国人民对外文化协会出版,包括了伊克巴尔20首诗歌;1958年伊克巴尔逝世20周年之际,人民文学出版社出版由邹荻帆、陈敬容翻译的《伊克巴尔诗选》,该译本收入了伊克巴尔43首诗歌;1977年在伊克巴尔诞辰100周年之际,人民文学出版社再次出版由王家瑛选译的《伊克巴尔诗选》,收入伊克巴尔用乌尔都语创作的四部诗集《驼队的铃声》、《杰伯列尔的羽翼》、《格里姆的一击》、《汉志的赠礼》中的37首诗歌。这些诗歌集中反映了伊克巴尔反对西方文明、反抗殖民主义、主张穆斯林独立建国的思想。此三种《伊克巴尔诗选》,1957年版和1958年版

---

① 尽管印巴分治后,伊克巴尔被视为巴基斯坦诗人,但其创作年代属于英属印度时期,因而在此将其作品的翻译算作印度近现代文学汉译中。

由英文《伊克巴尔诗》（*Poems from Iqbal*，John Murry publishers）转译成汉语，1977年版则由王家瑛直接译自乌尔都语。从此，作为诗人的伊克巴尔进入了中国读者的视野。1999年，伊克巴尔的波斯语叙事体哲学长诗《自我的秘密》中译本出版，此部长诗由刘曙雄译自1994年巴基斯坦伊克巴尔研究院出版的《伊克巴尔波斯语诗歌全集》，是对伊克巴尔诗歌翻译及研究的代表性作品。此外，阿木、山蕴、李宗华和张世选等学者也翻译介绍了伊克巴尔的一些诗歌。①

第五，孟加拉语诗人纳兹鲁尔·伊斯拉姆的诗歌作品的翻译。纳兹鲁尔·伊斯拉姆（Nazrul Islam，1899—1976年）是著名的孟加拉语诗人，因创作充满反帝反封建精神而有叛逆诗人之称。孟加拉语诗歌作品中，除泰戈尔之外，汉译作品最多的是伊斯拉姆的诗歌。1979年人民文学出版社出版了黄宝生翻译的《伊斯拉姆诗选》，其中包括诗人的代表作《叛逆者》，呼吁弱小者进行斗争、号召印度人民奋起争取自由的诗作《歌曲》、《进行曲》、《疯狂的过客》，歌颂勇士斥责懦夫的《生命颂》和《死之颂》以及几首抒情诗等22篇诗歌作品②。这是中国首次介绍泰戈尔之外的孟加拉语诗人的作品。2006年，中国国际广播出版社出版白开元所译的《卡齐·纳兹鲁尔·伊斯拉姆诗歌选》，其中译诗400多首，呈现了伊斯拉姆诗歌作品的总体特征。伊斯拉姆的诗歌作品语言积极向上，充满对独立、自由、平等的向往，尽管其作品相对较多地被介绍到中国，但目前为止，除《卡兹·努兹鲁尔·伊斯拉姆爱国题材歌曲研究》③、《从〈叛逆者〉一诗看卡吉·纳兹鲁尔·伊斯拉姆的叛逆性格》④这两篇论文外，尚未出现更多有关伊斯拉姆及其诗歌创作的研究成果。

第六，散落在印度文学史等著作中的印度近现代诗歌选译。在刘安武先生翻译的《印度现代文学研究》、《印度印地语文学史》，薛克翘等所著的《印度近现代文学》，郁龙余和孟昭毅等所著的《东方文学史》，石海峻所著的《20世纪印度文学史》中，均含有对印度各语种、各流派诗人的诗歌的节译。如19世纪晚期20世纪初印度爱国诗人诗歌的节译与介绍，对阴影主义诗人诗歌的节译与介绍，对新诗派诗人阿格耶诗歌的节译，20世纪后期诗人的诗歌简介等，这些节译尽管不能展现某一诗篇的全貌，但也丰富了印度近现代诗歌在中国译介的

---

① 蔡晶．新中国60年印度乌尔都语文学研究的回顾与评析［J］．外语教学，2015（4）.

② 中国出版年鉴［M］．北京：商务印书馆，1980：417.

③ 李雪．卡兹·努兹鲁尔·伊斯拉姆爱国题材歌曲研究［D］．中央音乐学院硕士论文，2010.

④ 于殿周．从《叛逆者》一诗看卡吉·纳兹鲁尔·伊斯拉姆的叛逆性格［J］．南亚研究，1983（3）.

图景。

印度文学史类的著作，不仅对印度近现代诗歌汉译做出了贡献，同时也集中体现了中国对印度近现代诗歌的研究成果。其对不同地方语种、诗歌流派和作家作品的介绍，是当前我国除泰戈尔诗歌研究之外，对印度近现代诗歌研究的主要成果。除了文学史类著作及泰戈尔诗歌研究，其他印度近现代诗歌的研究，只有伊克巴尔研究略成规模，阴影主义文学思潮以及其他流派、作家作品的研究屈指可数，对近现代诗学理论的研究更是非常少见。总体而言，对印度近现代诗歌文学的翻译与研究尚有极大的发展空间。

二、印度近现代诗歌在中国的译介特点及成因

综上所述，印度近现代诗歌的汉译与研究，无论从数量还是规模来看，均以对泰戈尔的诗歌翻译与研究为主，对其他语种及诗人的译介，主要由从事印度文学文化研究的学者们选取代表作家或作品进行翻译与介绍，比较零散，未形成有影响的规模。归纳起来，印度近现代诗歌的汉语译介与研究呈现如下特点：其一，在作家作品选取上，以对泰戈尔的孟加拉语诗歌的翻译与研究为主，其他诗人的作品，多为零星翻译，不成系统，更缺乏深入研究；其二，在诗歌作品语种选择上，以英语、孟加拉语、印地语、乌尔都语等为主，印度其他语种的近现代诗歌作品未见涉及，仍有待发掘译介；其三，在题材的选择上，除对泰戈尔诗歌的翻译涉及宗教诗、哲理诗、儿童诗等之外，大多汉译作品均选取抒发民族主义情感、反映现实生活场景的进步主义诗歌为主，浪漫主义抒情诗、哲理诗等受到关注较少；其四，在译介与研究的方法上，不重视研究诗歌的格律与韵律，更重视诗歌的思想主题，对泰戈尔诗歌的翻译开创了散文诗译体的先河。

印度近现代诗歌汉译上述特点的形成，受中国对印度诗歌的接受视角、印度近现代诗歌自身发展特点以及翻译人才队伍的客观条件等几个主要因素的影响。

首先，从我国对印度文学的译介与接受视角来看，对外国文学的译介在不同时期有不同的诉求。19世纪末至整个20世纪的中国，弥漫着爱国主义、国际主义和反抗殖民主义的时代气息。19世纪晚期到20世纪早期，中国文学界翻译外国文学的触发点，一方面为感时忧国，希望从外国文学中获得经验，另一方面希望通过吸取世界文学的养分促进新文学运动的发展；到20世纪30年代，随着左翼文学运动的兴起，文学翻译成为左翼文学运动的有机组成部分，译介外国文学的目的在于加强中国文学与世界文学，特别是无产阶级文学运动的联系，通过介

绍世界文学的形势，影响中国文学的发展；到20世纪四五十年代，反法西斯斗争的需要使得中国对世界文学的关注呈现出一种总体的倾向，那就是更加关注那些在主题上反帝反封建、同情贫苦人民、向往自由解放的具有社会现实关怀的作品。这一译介倾向直接影响了中国译者对近现代印度文学作品的选择。早期对泰戈尔诗歌的译介，一方面受泰戈尔新诗风格的吸引，另一方面也希望通过学习泰戈尔诗歌弘扬东方民族精神，同时滋养新文学运动。20世纪80年代的第二次译介高峰时期，对印度文学的翻译尽管已经呈现出多样化特征，但总体来说仍偏向现实主义而否定浪漫主义。

其次，从近现代印度文学，特别是诗歌文学自身发展特点来看，印度近现代诗歌是地方语言文学发展的一部分，随着印度民族觉醒与思想启蒙的出现，印度文学关注的重点逐渐从中世纪的宗教感情转向民族主义和社会现实。一方面，诗歌主题的变化带来诗歌形式的变化，相较于古典诗歌，印度近现代诗歌格律自由，不如古典诗歌严谨、富有浓厚的古典印度文化色彩，近代早期印度诗歌文学从艺术角度讲，甚至乏善可陈；另一方面，随着印度文学发展到现代时期，诗歌已不再是主流的文学体裁，诗体文学不如非诗体文学更易于表达追求民族独立与解放、关注现实社会生活的时代主题，小说在印度近现代文学的发展中逐渐占据重要地位。这也导致中国译者在引介印度文学时，关注的重点转向小说、戏剧等文学样式。此外，从19世纪晚期开始，印度诗歌从"旧式"诗歌的桎梏中摆脱出来，开始以自由的形式反映社会现实与个人生活，先后经历了帕勒登杜时期的诗歌、民族觉醒时期的爱国主义诗歌、阴影主义诗歌、进步主义诗歌（20世纪30年代中期）、实验主义诗歌（20世纪40年代中期）等几个发展阶段，诗歌的主题一条主线关注社会现实，一条主线注重表现人的心灵，二者时而融合，时而对立。其中，对人的内心世界的探索与西方流行的人道主义、个人主义、存在主义、自由主义、弗洛伊德主义等思潮有所结合。相对于小说等文体，现代诗歌更注重从精神与情感的内在角度去描述外部世界的冲突与矛盾，直接描述现实生活的诗歌不占主流。进步主义诗歌之外，印度近现代诗歌的发展更加强调个人内在的精神与感情，尤具个性化。

如此看来，就形成了中国译介印度近现代诗歌的倾向与印度诗歌客观发展本身的错位。一方面，中国对印度文学的译介与接受视角倾向于表达反帝、反封建思想，追求民族解放，并展现东方文明特点的现实主义诗歌；另一方面，印度近现代诗歌除早期民族主义爱国诗歌、进步主义诗歌外，主流的诗歌发展转向深沉的内在精神与思想世界；加之对非诗文体文学作品的关注超过了对诗歌文学的关注。凡此种种均影响了印度近现代诗歌汉译特点的形成。

最后，印度近现代诗歌的译介也受翻译人才队伍的影响。尽管从20世纪40年代开始，中国印度语言翻译人才队伍逐渐成形，并不断发展壮大，但主要语言人才仍集中在印地语、乌尔都语、孟加拉语几个语种上，其他语种尚没有专业的语言人才。与此同时，诗歌翻译对译者的要求较高，而多语言人才的培养过程相对缓慢，这也限制了印度近现代诗歌文学的翻译。

三、译介印度近现代诗歌的必要性

如上所述，当前对印度近现代诗歌的翻译与研究尚有很大的发展空间。不同时代对印度文学译介视角与印度近现代诗歌文学发展特质间的错位，造成了当前对印度近现代诗歌译介的不足。那么，进入21世纪，在即将迎来对印度文学翻译与研究的第三次高峰之时，是否有必要重新审视对印度近现代诗歌的译介现状，进一步组织对印度近现代诗歌的翻译呢？回答当然是肯定的。

首先，近现代印度诗歌文学的发展，伴随着印度民族觉醒、思想启蒙以及民族独立运动的历史进程。这一时期是各种思潮蓬勃发展的时期。相较于小说、戏剧、散文等更多反映社会变革与外部现实的文体而言，印度近现代诗歌更关注个人及内部精神世界。传统与现代、东方与西方、个人命运与民族命运等主题，在诗歌中有更深沉、更具个性与精神性的表达。以近现代印地语诗歌文学为例，阴影主义诗歌、实验主义诗歌中自生的向人道主义、唯美主义、人性与个人内心世界转向的趋向，反映出不同时代的印度人应对社会现实的不同方式。因此，了解印度近现代诗歌，有助于更加深刻地洞悉一个时代的思想发展变革历程。更全面多元地译介印度近现代诗歌文学作品，从研究印度思想史、考察印度传统文化与西方思想文化的交融以及探索印度诗歌艺术发展变革的角度，均具有重要的意义。

其次，从当前我国对印度文学的译介现状来看，古典文学的翻译从诗歌、小说、文论等各方面，均出现了较高质量的译介成果，中世纪宗教文学的翻译与研究也取得较大发展，近现代印度小说文学的译介，也展现了较为全面、客观的面貌。反观近现代印度诗歌文学的译介，尽管泰戈尔诗歌在一定程度上反映了印度近现代诗歌发展中的浪漫主义文学思潮，但是对泰戈尔诗歌的翻译与研究并不能概括近现代印度诗歌文学中的阴影主义以及各个语种文学中广义的浪漫主义、后浪漫主义诗歌文学，以泰戈尔诗歌为主要译介内容的现象一定程度上遮蔽了对近现代印度诗歌文学的客观了解。从全面介绍印度近现代文学的角度出发，也需要重视对印度近现代诗歌文学的译介。

最后，时代的变化不可避免地使得汉语译者与读者的接受视角产生变化。长期以来，印度近现代诗歌文学汉译中存在的重现实主义轻浪漫主义、重思想而轻艺术的译介与接受视角，随着时代的发展也产生了变化。社会经济的发展、精神生活的丰富使得民族与国家、个人与集体、传统与现代的冲突更为尖锐，对外国文学译介的诉求随之有所改变。印度近现代诗歌文学中包含丰富的哲学思考与情感表达，是近现代印度文学在精神、艺术领域深入探索的呈现，对印度近现代诗歌文学，特别是浪漫主义诗歌文学的译介，将为中国当代文学的发展提供更宽广的参照，从这一角度讲，也需要更加丰富的汉译印度诗歌作品作为基础。

总之，印度近现代诗歌的翻译与研究，以泰戈尔的诗歌译介与研究为主，取得了丰富的成果。但是，这一现状也遮蔽了印度近现代诗歌文学的客观面貌，不足以全面地表现印度近现代诗歌文学发展的历史过程。当前对印度近现代诗歌的译介与研究，与印度近现代诗歌文学的发展及其在印度文学史上的重要地位不相符合，需要更多的学者、译者给予更充分的关注。